中央编译局文库编辑委员会

主　　任：贾高建

副 主 任：魏海生　柴方国　季正聚　崔友平

委　　员（按姓氏笔画排序）：

　　　　　冯　雷　牟建君　杨雪冬　沈红文　张凤宝

　　　　　陈家刚　胡长栓　郗卫东　葛海彦

国家"十二五"重点图书

国际共产主义运动历史文献

第60卷

主　编　王学东
副主编　戴隆斌（常务）童建挺

共产党和工人党情报局文献（2）

本卷主编　崔海智

《国际共产主义运动历史文献》顾问委员会

贾高建　顾锦屏　高　放　张中云　胡文建
宋洪训　沈志华　洪肇龙

《国际共产主义运动历史文献》编辑委员会

主　　编：王学东
副 主 编：戴隆斌（常务）　童建挺
编　　委：（以姓氏笔画为序）
　　　　　王　瑾　吕瑞林　邢艳琦　许宝友　张文成　张文红
　　　　　陈新明　林德山　胡振良　姚　颖　晏　荣　崔海智
　　　　　彭萍萍　薛晓源

参加本卷译校工作的有（以姓氏拼音为序）

陈新华　崔海智　戴隆斌　方　琼　高增训　郭家申　何孟良
侯静娜　林　桦　刘　力　刘新宇　吕允连　强德正　沈志华
孙士明　王希礼　王英杰　吴　红　徐锦栋　徐元宫　杨克胜
岳书幡　张建荣　张建设　张菊萍　张木生　张廷文　钟平和

参加本卷编辑出版工作的有

李媛媛　苗永姝　贾宇琰　盛菊艳

总 序

国际共产主义运动，是由以马克思主义为指导的无产阶级政党领导的国际性的无产阶级革命运动，其宗旨是推翻资产阶级统治和一切剥削制度，建立和发展社会主义制度，进而最终实现人的彻底解放，建立共产主义社会。

国际共产主义运动迄今已有一百六十多年的历史。19世纪40年代，马克思、恩格斯在创立科学社会主义理论的同时，努力把它与当时西欧无产阶级的革命实践相结合，于1847年6月创建了第一个国际性的无产阶级政党——共产主义者同盟，亲自拟定并于1848年2月公开发表了同盟纲领《共产党宣言》。这标志着国际共产主义运动的兴起。

自从共产主义者同盟建立以来，历经第一国际（国际工人协会）、第二国际、第三国际（共产国际），国际共产主义运动由小到大、由弱到强，从西方推进到东方、从欧洲扩展到全球，终于突破资本主义链条上一个又一个薄弱环节，取得了社会主义由一国到多国的胜利。二战后社会主义阵营的建立、民族解放运动的胜利进军、社会主义国家革命与建设的重大成就，为国际共产主义运动史书写了辉煌的篇章。20世纪末，由于东欧剧变、苏联解体，国际共产主义运动遭遇了严重挫折。但是，历史并没有因此而终结。由《共产党宣言》奠基的国际共产主义运动仍在曲折中前进。各资本主义国家中的共产党、工人党仍在不断探索无产阶级取得解放的道路；中国等社会主义国家仍继续高举社会主义伟大旗帜，为完善社会主义、最终实现共产主义而不懈奋斗。

国际共产主义运动一百六十多年跌宕起伏的发展历程，积累了卷帙浩繁的文献档案，留下了丰富的历史遗产。深入发掘和充分利用这些文献档案，对于我们准确地了解和把握国际共产主义运动的发展进程及各个时期的特点，科学地研究和总结国际共产主义运动丰富且宝贵的经验教训，具有极其重要的意义。特别是无产阶级国际组织，作为国际共产主义运动的重要载体，其文献档案对于国际共产主义运动史研究更是具有特殊的重要意义。

早在1984年春，中国国际共产主义运动史学会就发起编辑出版《国际共产主义运动史文献》。当时由中共中央编译局、中国社会科学院马列主义毛泽东思想研究所和近代史研究所、中共中央党校和中国人民大学等单位共同组建了编辑委员会。编委会商定：这套文献主要收编共产主义者同盟、第一国际、第二国际、第三国际、共产党和工人党情报局这五个国际组织已发表的全部文献档案，包括历次代表大会、代表会议和其他重要会议的记录、决议和有关文件；收编材料力求齐全；凡外国有选编完整的版本者，根据外国版本翻译；凡文件散见于外国不同出版物者，尽力搜集完整，组织力量统一编译；文件完全按照原件翻译，译文力求准确，不作修改删节，以便读者根据完整、准确的第一手材料了解这些国际组织的历史。在当时代管全国哲学社会科学基金的中国社会科学院科研局的资助下，经过编辑委员会、编译工作者和中国人民大学出版社的共同努力，这套文献于1986年开始陆续出版，截至1997年共出版了21卷。

到上世纪末，文献的编辑出版工作遇到了巨大困难。首先是编委会发生了重大变故，主编林基洲、副主编王颖和校纪英相继谢世；其次是出版经费难以为继。为继续出版这套文集，中国国际共产主义运动史学会多方努力，组成以会长顾锦屏为主编的新编委会，从全国哲学社会科学规划办公室争取到一笔资助，于1999—2001年又出版了两卷。此后，因缺乏经费，编辑出版工作完全陷于停顿。

2010年，在中共中央编译局和中国国际共产主义运动史学会的鼎力支持下，中央编译出版社以这套文献申报国家出版基金项目，获得立项资助。中共中央编译局对此项目高度重视，在国家出版基金资助的基础上，给予了相应的资金支持，组建了新编委会，成立了专门机构负责文献整理和编辑工作，并将这套文献纳入"中央编译局文库"出版规划。

经新编委会研究决定，这套文献定名为《国际共产主义运动历史文献》，在其前身《国际共产主义运动史文献》的基础上重新编辑出版。通过进一步广泛搜集资料和适当改变编辑方式，新《文献》的资料更详尽、收文更齐全。例如，在原《文献》的某些卷次中，对已出版的马克思主义经典著作中译本只列目录，不收正文，而新《文献》则全部依据最新的中译本收录，以方便读者查阅。此外，《国际共产主义运动历史文献》扩大了文献资料的搜集和选材范围，采用开放式结构，规模暂定60卷，约2500万字。

中共中央编译局和中国国际共产主义运动史学会对这套文献的编辑出版工作给予了强有力的支持，中央编译出版社为这套文献的立项和出版做了大量艰苦细致的工作，文献的前两任编委会和编译工作者在十分困难的条件下为这套文献奠定了良好的基础，中国人民大学出版社为这套文献的重新编辑出版提供了帮助，在此一并表示衷心感谢。

《国际共产主义运动历史文献》
编辑委员会
2011年12月20日

编辑说明

共产党情报局成立的一个重要目的是加强苏联对东欧各共产党、加强对法共和意共的控制，遏制其独立倾向的发展。但在共产党情报局建立之后，情报局其他成员在一些重要的对外政策问题上没有同苏联协商，表现出了一系列民族主义独立倾向，其中以南斯拉夫共产党最为突出。为了对南斯拉夫施加压力，苏联领导人于1948年6月19—23日在布加勒斯特组织召开了共产党情报局第二次会议，通过了关于南斯拉夫问题的决议。南斯拉夫领导人拒不妥协的立场，以及东欧其他国家反苏倾向和民族主义独立倾向的进一步的发展促使苏联领导人把反对铁托的斗争同对东欧各国共产党的整肃结合起来，利用共产党情报局在东欧国家开展了一场整肃运动。这一运动一方面巩固了苏联对东欧国家的控制，另一方面对东欧各国社会主义发展道路的选择、对苏联与东欧各共产党的关系都产生了深远的影响。

本书收入的俄国档案文献主要包括三个部分的内容：（1）苏南冲突的起源与公开化，其中的档案文献主要为《历史档案》（Историческийархив，№2，1993）和《历史问题》（Вопросыистории，№4-7、№10，1992）杂志上刊登的俄国档案材料；（2）共产党情报局布加勒斯特会议，其中的档案文献主要为意大利费尔特里内利基金会和俄罗斯现代史文献保管和研究中心编辑、1998年在莫斯科出版的《1947、1948、1949年共产党情报局会议：文件与资料》（Совещания Коминформа，1947，1948，1949. Документы и материалы）一书中公布的俄国档案文献。

(3) 苏联在共产党情报局内部的整肃,其中的档案文献主要为1997—1998年在莫斯科出版的两卷本俄国档案集《俄国档案中的东欧:1944—1953年》(Восточная Европа в документах российских архивов, 1944 - 1953 гг., Том 1 - 2),以及2002年在莫斯科出版的俄国档案集《东欧中的苏联因素》第二卷(Советский фактор в восточной европе 1944 - 1953, T. 2, 1949 - 1953 гг.)。本卷中未注明的脚注为俄文原书或者原作者加的注释,本卷主编加的注释标明为编者注。

本卷中的部分内容是根据社会科学文献出版社2002年出版的《苏联历史档案选编》(第22、24卷)中的译文进行编辑的。本卷主编依据中央编译局编译马克思主义经典著作的标准对人名、地名、组织机构、报刊等专用名进行了统一,并对书中个别译文进行了重新校订。

目　录

苏南冲突的起源及公开化 ········· 1

莫洛托夫与吉拉斯关于南斯拉夫形势和政策的谈话记录
　（1944年4月24日） ················ 3

斯大林与赫布朗关于南斯拉夫军队和外交问题的会谈记录
　（1945年1月9日） ················ 13

莫洛托夫与舒巴希奇关于南斯拉夫外交问题的谈话记录
　（1945年4月6日） ················ 31

萨德奇科夫与保加利亚公使托多罗夫关于成立南斯拉夫联邦的
　谈话记录（1945年10月23日） ················ 37

萨德奇科夫与南人民农民党领袖关于选举失败原因的谈话记录
　（1945年11月12日） ················ 39

丘瓦欣关于斯洛文尼亚局势和新政府组成原则与卡德尔的
　谈话纪要（摘录）（1945年11月29日） ················ 41

萨德奇科夫关于南斯拉夫新宪法草案给莫洛托夫的报告
　（1945年12月17日） ················ 44

萨德奇科夫关于南斯拉夫政治局势给莫洛托夫的信
　（1945年12月18日） ················ 50

斯大林与铁托会谈的苏方记录（1946年5月27日） ·········· 56

斯大林与铁托会谈的南方记录（1946年5月27日）……64
斯大林与铁托会谈的南方记录（1946年6月9日）……66
国家安全人民委员菲京关于南人民阵线内反对派活动给
　苏斯洛夫的报告（1946年6月30日）……75
拉夫连季耶夫与铁托关于反对派活动等问题的谈话（摘录）
　（1947年4月2日）……77
莫洛托夫关于向铁托介绍联共（布）中央给法共中央信件
　给拉夫连季耶夫的指示（1947年6月7日）……81
拉夫连季耶夫与卡德尔关于参加马歇尔计划问题的电话记录
　（1947年7月4日）……83
拉夫连季耶夫与卡德尔关于南斯拉夫干部政策问题的谈话记录
　（1947年7月6—7日）……84
拉夫连季耶夫与铁托关于阿—南争论问题的谈话记录
　（1947年8月14—15日）……87
联共（布）中央对外政策部准备的关于南斯拉夫现状的
　备忘录（摘录）（1947年9月）……90
拉夫连季耶夫关于铁托在南人民阵线第二次大会上讲话向
　莫斯科的报告（节录）（不早于1947年9月27日）……97
联共（布）中央对外政策部关于情报局会议后南斯拉夫
　反应的调查报告（1948年1月28日）……98
苏联领导人关于南向阿尔巴尼亚派遣军队问题给铁托的
　电报（节录）（1948年2月1日）……102
拉夫连季耶夫关于铁托对苏联来电反应给苏联领导人的
　报告（节录）（1948年2月1日）……103
莫洛托夫关于要求南共领导人访苏给铁托的紧急电报
　（1948年2月2日）……104

柯拉罗夫关于苏、保、南领导人会谈的笔记（摘录）
　　（1948年2月10日） ················· 105
吉拉斯关于苏、保、南代表会谈给南共中央的报告
　　（1948年2月10日） ················· 115
苏南关于就重要国际问题相互协商的议定书
　　（1948年2月11日） ················· 125
卡德尔等人关于2月10日会谈情况给南共中央的电报
　　（1948年2月11日） ················· 126
莫洛托夫关于军事援助和贷款等问题与卡德尔的会谈纪要
　　（1948年2月12日） ················· 127
莫洛托夫与卡德尔关于铁托访苏和贷款问题的谈话记录
　　（1948年2月13日） ················· 129
卡德尔关于同莫洛托夫会谈情况给铁托的电报
　　（1948年2月13日） ················· 131
铁托关于阿尔巴尼亚问题给吉拉斯和卡德尔的电报
　　（1948年2月13日） ················· 132
拉夫连季耶夫与铁托关于苏南经济关系问题的谈话记录（摘录）
　　（1948年3月10日） ················· 133
莫洛托夫就苏南关系一些问题致铁托电
　　（1948年3月13日） ················· 136
丘瓦欣与霍查关于阿国内政治形势的谈话记录
　　（1948年3月16日） ················· 138
铁托就苏南关系一些问题给莫洛托夫的信
　　（1948年3月18日） ················· 144
莫洛托夫关于撤回苏联专家致铁托或卡德尔的电报
　　（1948年3月18日） ················· 147

联共（布）中央对外政策部关于南斯拉夫意识形态问题
　　给苏斯洛夫的报告（1948年3月18日）………… 149
铁托关于苏联撤回专家致莫洛托夫的信
　　（1948年3月20日）………………………………… 163
波波维奇关于会见莫洛托夫致铁托电（1948年3月24日）…… 166
莫洛托夫关于召回苏联专家与波波维奇的谈话记录
　　（1948年3月24日）………………………………… 167
波波维奇关于会见莫洛托夫给铁托的报告
　　（1948年3月25日）………………………………… 169
斯大林、莫洛托夫关于苏南关系诸问题致铁托的信
　　（1948年3月27日）………………………………… 173
铁托、卡德尔关于答复对南共的指责致斯大林和莫洛托夫的信
　　（1948年4月13日）………………………………… 180
南共中央关于中央全会决定给联共（布）中央的通报
　　（1948年4月13日）………………………………… 196
日丹诺夫关于转交匈共信件致铁托的信
　　（1948年4月14日）………………………………… 198
南共中央政治局关于苏联公开苏南分歧致日丹诺夫的信
　　（1948年4月16日）………………………………… 199
波波维奇关于会见莫洛托夫致铁托电
　　（1948年4月19日）………………………………… 201
莫洛托夫关于会见波波维奇给拉夫连季耶夫的通报（摘录）
　　（1948年4月19日）………………………………… 204
拉夫连季耶夫与贝布莱尔关于苏南关系恶化问题的谈话
　　记录（摘录）（1948年4月21日）………………… 205
莫洛托夫致拉夫连季耶夫转贝布莱尔的电报（摘录）

（1948年4月23日） ……………………………… 209

西米奇关于与拉夫连季耶夫会谈的纪要（摘录）
（1948年4月23日） ……………………………… 211

拉夫连季耶夫与别洛夫斯基关于保南联盟问题的谈话记录
（1948年4月27日） ……………………………… 213

联共（布）中央关于南共问题致南共中央的信
（1948年5月4日） ……………………………… 214

铁托、卡德尔关于处理分歧问题的意见致斯大林和
莫洛托夫的信（1948年5月17日）……………… 238

苏斯洛夫就共产党情报局会议问题致季米特洛夫的信
（1948年5月18日） ……………………………… 240

苏斯洛夫关于召开情报局会议致铁托的信
（1948年5月18日） ……………………………… 241

铁托关于南共不出席情报局会议致苏斯洛夫的信
（1948年5月20日） ……………………………… 242

苏联关于对意和约给南斯拉夫的照会
（1948年5月20日） ……………………………… 243

联共（布）中央关于驳斥南共答复致南共中央的信
（1948年5月22日） ……………………………… 245

莫舍托夫递交联共（布）中央信件时与铁托和卡德尔的
谈话记录（不早于1948年5月22日）…………… 249

南斯拉夫关于对意和约给苏联的照会（摘录）
（1948年5月28日） ……………………………… 255

莫洛托夫关于赫布朗和茹约维奇问题给铁托或卡德尔的
电报（摘录）（1948年6月9日）………………… 257

南共中央关于赫布朗和茹约维奇问题致联共（布）中央的

声明（1948年6月17日）················· 258
联共（布）中央关于赫布朗和茹约维奇问题致南共中央的信
（1948年6月19日）················· 259
情报局关于邀请南共出席情报局会议的信函
（1948年6月19日）················· 261

情报局布加勒斯特会议

（1948年6月19—29日）················· 263
情报局布加勒斯特会议：关于程序问题的讨论记录
（1948年6月19日）················· 265
南共中央关于拒绝出席情报局会议的声明
（1948年6月20日）················· 269
日丹诺夫关于同保领导人谈话致斯大林电
（1948年6月20日）················· 272
日丹诺夫等关于保代表团立场致斯大林电
（1948年6月20日）················· 276
日丹诺夫等关于同陶里亚蒂等人谈话致斯大林电
（1948年6月20日）················· 277
日丹诺夫等关于同拉科西谈话致斯大林电
（1948年6月20日）················· 280
布加勒斯特会议关于南共拒绝出席会议的讨论记录
（1948年6月21日）················· 283
日丹诺夫等关于不答复南共要求致斯大林电
（1948年6月21日）················· 287
布加勒斯特会议关于会议日程安排的讨论记录
（1948年6月21日）················· 288

布加勒斯特会议关于开幕式的会议记录
（1948年6月21日） ………… 291
日丹诺夫关于南共状况的报告记录（1948年6月21日）………… 294
日丹诺夫等关于会议讨论程序问题致斯大林电
（1948年6月21日） ………… 315
波、匈、法、保代表团关于日丹诺夫报告的发言记录
（1948年6月21日） ………… 317
日丹诺夫等关于波、匈、法、保代表团发言致斯大林电
（1948年6月21日） ………… 338
日丹诺夫等人关于注意科斯托夫发言致斯大林电
（1948年6月21日） ………… 343
日丹诺夫等关于情报局驻地等问题致斯大林电
（1948年6月21日） ………… 344
南共中央关于致共产党情报局的信致保共中央
（1948年6月22日） ………… 346
捷、意、罗代表团关于日丹诺夫报告的发言记录
（1948年6月22日） ………… 349
日丹诺夫等关于捷、意、罗代表团发言致斯大林电
（1948年6月22日） ………… 369
布加勒斯特会议关于各项问题决议的讨论记录
（1948年6月23日） ………… 382
情报局关于南斯拉夫共产党情况的决议（摘录）
（1948年6月28日） ………… 405
南共中央关于情报局决议的声明（摘录）
（1948年6月29日） ………… 413

苏联在情报局内部的整肃（上） 421

联共（布）中央政治局关于同东欧各国签订互助条约问题给
　　外交部的指示（1947年10月14日）............ 423
斯大林关于阿尔巴尼亚局势给铁托的信（节录）
　　（1947年12月23日）............ 424
苏斯洛夫与拉科西关于匈共情况的会谈纪要
　　（1948年2月19日）............ 425
联共（布）中央对外政策部关于匈共民族主义宣传的调查报告
　　（1948年3月24日）............ 430
梅德韦杰夫关于二月事件后捷国内情况给联共（布）中央的
　　报告（1948年3月29日）............ 435
联共（布）中央对外政策部关于捷共错误给苏斯洛夫的调查
　　报告（1948年4月5日）............ 442
联共（布）中央对外政策部关于波兰工人党反马克思主义
　　观点的调查报告（1948年4月5日）............ 474
联共（布）中央对外政策部关于保共从南共错误中吸取
　　教训的调查报告（不晚于1948年6月3日）............ 492
季赫尔关于情报局刊物上表现的反南倾向给主编尤金的信
　　（1948年6月7日）............ 499
南共中央关于召开南共五大致联共（布）中央的信
　　（1948年7月1日）............ 502
情报局秘书处关于共产党代表团参加南共五大的决定（摘录）
　　（1948年7月5日）............ 503
基尔萨诺夫与费伊奇关于从苏联召回所有南斯拉夫公民的
　　谈话记录（1948年7月6日）............ 505
联共（布）中央政治局关于成立共产党情报局秘书处技术

部门的决定（1948年8月26日）………………………… 507
波兰工人党中央"关于执行共产党情报局六月会议决定"
　的资料摘录（1948年10月7日）……………………… 509
丘瓦欣与佐泽关于在阿共一大发言进行自我批评的谈话纪要
　（1948年11月5日）…………………………………… 518
联共（布）中央政治局关于对阿共领导人立场的评价给丘瓦欣的
　电报（1948年11月20日）…………………………… 522
丘瓦欣与尼沙尼关于佐泽的错误及阿南、阿苏关系的谈话纪要
　（1948年12月7日）…………………………………… 523
哥穆尔卡关于拒绝参加波兰统一工人党领导机构致斯大林的信
　（1948年12月14日）………………………………… 526

苏南冲突的起源及公开化

莫洛托夫与吉拉斯关于南斯拉夫形势和政策的谈话记录*

（1944年4月24日）

摘自维·米·莫洛托夫的工作日志

绝密

在双方相互问候后，莫洛托夫①说，现在南斯拉夫的形势对人民解放军来说大概是困难的。

吉拉斯②承认形势是困难的，又说，不过形势毕竟有好转。主要是政治形势有好转。

吉拉斯接着说，铁托元帅指示他们在莫斯科会见莫洛托夫，并就盟国和苏联承认南斯拉夫解放委员会③问题得到说明。为此会采取哪些

---

* 1944年4月，以米洛凡·吉拉斯为首的南斯拉夫人民解放军代表团访问莫斯科，这次会谈于4月24日17时开始。

① 维亚切斯拉夫·米哈伊洛维奇·莫洛托夫（1890—1986），时任苏联人民委员会第一副主席兼外交人民委员。

② 米洛凡·吉拉斯，当时任南斯拉夫人民解放军最高司令部成员，南共中央政治局委员。战后任南共中央书记兼宣传部部长。1953年任联邦共和国副总统、人民议会主席。1954年被撤销一切职务。

③ 1942年11月26—27日在比哈齐召开的第一次会议宣告南斯拉夫反法西斯人民解放委员会成立，并作为领导南斯拉夫人民进行解放斗争的全国性政治代表机构，在1945年8月7—10日的第三次会议上，被宣布成为民主联邦南斯拉夫临时国民议会。1943年11月29—30日，在亚伊采召开的人民解放委员会第二次会议上，成立并选举了南斯拉夫全国解放委员会，作为具有人民政府职能的执行机构，直到1945年3月7日临时政府成立。

步骤?

莫洛托夫回答说,苏联应当根据自己与盟国的关系解决这一问题。

莫洛托夫说,苏联政府还继续与在开罗的南斯拉夫政府保持关系,但是,这是纯粹形式上的关系。与此同时,我们正在进行与在开罗的政府①断绝关系的有关准备工作。譬如,我们让西米奇在苏联报刊上发表他的信②,我们与在伦敦的比查尼奇③保持着关系,苏联报刊经常解释南斯拉夫全国解放委员会关于各种问题的立场。由此可见,正在做必要的准备工作。

莫洛托夫说,前不久丘吉尔曾经致函莫洛托夫,并附上了他致铁托元帅的两封信的副件。丘吉尔在信中请求支持他对南斯拉夫的立场,以便找到国王与铁托和解的途径。苏联政府答复丘吉尔说,与国王的谈判未必有益。我们认为,必须与铁托达成协议,这对盟国有益。

苏联政府在承认铁托问题上的立场,并不取决于英国和美利坚合众国的立场,不过,不考虑这些国家的立场是不对的。大概吉拉斯和特尔季奇④知道,英国人不止一次建议苏联政府和米哈伊洛维奇⑤建立联系,但是,苏联政府拒绝了这一建议。不仅如此,苏联政府还向南斯拉夫派遣了使团⑥,援助人民解放军,诚然,在使用空军援助方

---

① 指当时驻开罗的南斯拉夫王国流亡政府。

② 塔诺耶·西米奇是南斯拉夫反法西斯政治人物,曾任南斯拉夫流亡政府驻莫斯科大使,1943年11月宣布与流亡政府决裂,拥护铁托。但他的声明是1944年3月才刊登在莫斯科报纸上的。战后初期,西米奇曾出任南斯拉夫外交部部长。

③ 身份不详。

④ 随同吉拉斯访苏的代表团负责人之一。

⑤ 德拉查·米哈伊洛维奇(1893—1946),南斯拉夫流亡政府大臣、军队参谋长,1941年投靠德国占领当局,与南共领导的武装力量作战。1946年被判处死刑。

⑥ 苏联军事使团于1944年2月23日抵达南斯拉夫,与西方国家的使团不同,苏联军事使团不是派驻最高司令部,而是派驻南斯拉夫全国解放委员会的。

面还不够。

目前还没法说什么时间和采取什么步骤承认铁托。

吉拉斯说他完全明白莫洛托夫的答复,并认为这一答复是正确的。

吉拉斯称,委员会不能与国王和解,因为和解就意味着人民解放运动受制于国王。

莫洛托夫问,国王在南斯拉夫还有没有威望。

吉拉斯回答说,国王在塞尔维亚多少还有些威望。对克罗地亚来说,国王是中央集权的象征。在塞尔维亚境外的塞尔维亚人对国王态度不好。不知道马其顿人的态度如何。总之,人民解放运动领导人认为,高喊共和国的口号还为时尚早。

莫洛托夫问,人民解放运动在塞尔维亚的根基是否牢固。

吉拉斯回答说,人民解放运动在那里的影响很大,但是从组织上巩固得不够。米哈伊洛维奇在那里的影响很小。

莫洛托夫问吉拉斯是否低估了米哈伊洛维奇在塞尔维亚的影响。

吉拉斯承认说有可能低估了,他说,奈迪奇①的军队是由米哈伊洛维奇的军官指挥的。奈迪奇内务部的多数警官是米哈伊洛维奇的拥护者。米哈伊洛维奇有一个名单,上名单的人在把德国人赶出南斯拉夫后要被杀头。这个名单上有利奥蒂奇②等人,但是名单上没有奈迪奇。米哈伊洛维奇在宣传中自称拥戴英国人。米哈伊洛维奇的切特尼克③有1.5万人,但是不能打仗。他们首先是士气低落。至于说巴维利奇的乌

---

① 奈迪奇,米兰(1878—1945),战前曾任南斯拉夫陆海军大臣、总参谋长,德国占领时期率军投降,出任塞尔维亚吉斯林政府的首脑。

② 身份不详。

③ 原意是"参加队伍的人",最初是南斯拉夫反对土耳其奴役的民间武装人员,后为王室所利用。二战期间站在德国占领当局一边,成为米哈伊洛维奇领导的反共民团武装组织。

斯塔沙分子①，他们一直很能打仗，是"大克罗地亚"思想的狂热斗士。他们大都已被人民解放军消灭。他们起初有7万人，现在大约还剩2.5万人。

莫洛托夫问，德国人是不是正在从南斯拉夫撤军。

吉拉斯回答说，德国人从南斯拉夫撤出了两三个师，但同时又从意大利开来一个师。因此，在这方面没有很大的变化。

莫洛托夫问，南斯拉夫人民解放军占领了哪些地方。

吉拉斯和特尔季奇在地图上给莫洛托夫指出了人民解放军控制的地区。

莫洛托夫问，铁托的部队有没有出海的路。

吉拉斯回答说，现在没有出海的路，不过以前有过。如果巴尔干各国有像红军那样的军队，这种出海的路早就会有了。

莫洛托夫问，萨洛尼卡的居民属于哪个民族。

吉拉斯回答说，萨洛尼卡的居民大都是希腊人，但萨洛尼卡周围农村住的是马其顿人。

吉拉斯说，铁托运动最重要的一项任务就是巩固它在塞尔维亚的阵地，因为这对争取国际承认来说意义重大。

莫洛托夫同意这一看法，他说，人民解放运动的敌人大概认为，塞尔维亚的局势将对承认一事造成困难。

吉拉斯说，铁托没有向各大国发正式照会，要求给予承认，因为他认为目前这样做不适宜。

莫洛托夫说，当然需要等待合适的时机，他又问吉拉斯对这一问题

---

① 第二次世界大战期间克罗地亚的极端民族主义运动。战前在意大利组织的以克罗地亚脱离南斯拉夫为宗旨的乌斯塔沙运动成员，于1941年4月回到南斯拉夫，建立了单独的克罗地亚国家，配合德国法西斯镇压南斯拉夫人民的抵抗运动。

的看法。

吉拉斯称，他们很想尽快得到承认，特别是得到苏联方面的承认。苏联在南斯拉夫的影响很大，倘若苏联给予承认，它的影响还会扩大。

莫洛托夫说，我们已经为这一步采取了准备措施。

吉拉斯称，要丘吉尔承认难，不过，他不承认南斯拉夫人民解放运动也难。

莫洛托夫说，关于承认一事我们正在研究。在这一方面已经采取了一些步骤，不过，正式的行动只能在适宜的时机才能采取。不仅要考虑南斯拉夫和苏联的形势，还要考虑我们两国以外的形势，在我们两国以外，我们的敌人和半敌人要比朋友多。因此，必须选择既对苏联最有利，也对南斯拉夫本国人民最有利的时机给予承认。至于说支援南斯拉夫人民解放运动，我们保证给予支援。这种援助从技术上至今组织得不力。很长时间我们不能给予大力援助，不过，现在我们战场上的形势有了改善，我们能够增加我们的援助。

目前，对德战场上的形势是盟国将更加活跃，对我们来说，在这一时期和盟国保持良好关系至关重要。

莫洛托夫说，关于意大利，我们的立场是支持那里进行联合的一切努力。联合一切力量打击希特勒是主要任务。在莫斯科会议上，苏联代表团强调了苏联旨在意大利争取建立民主政府和反对法西斯残余的意向。但是，盟国现在不急于落实莫斯科会议的决定[①]。前不久，意大利政府进行了改组，它将会有助于团结广大群众反对希特勒德国。意大利人民的主要意向就是要和平，要想得到和平，必须打倒希特勒和墨索里尼。

---

① 1943年10月19—30日，苏美英外长在莫斯科举行会议，讨论加速打败德国及战后欧洲安排问题。会议通过了《关于意大利的宣言》等文件。

我们准备与任何人结盟，只要他准备打败德国。

莫洛托夫接着说，对于铁托来说，巩固自己在塞尔维亚的地位至关重要。

吉拉斯回答说，人民解放运动领导人没有轻视自己在塞尔维亚的地位，如果不能保证在塞尔维亚的影响，那将一事无成。目前，在塞尔维亚的游击队不多。组织游击队需要武器援助。

莫洛托夫说，大概盟国给了一些援助。

吉拉斯说，这些援助不够。他们计算过，英国人给予人民解放军的武器只够装备一个营。吉拉斯指出，英国人向南斯拉夫运送武器没有任何困难，因为他们在意大利有大量武器。

吉拉斯又说，英国人对空投武器组织不力。空投的弹药没有包装，都散落了。向没有铁路的山区空投了硝酸甘油炸药，而在有铁路而且需要炸药的地方，英国人却不向那里空投。英国人用降落伞空投无线电台，可是降落伞打不开，无线电台都摔坏了。这是意外还是组织不力？难以说清。

吉拉斯说，如果苏联飞行员能帮助人民解放军那就好了。

莫洛托夫回答说，我们已向盟国提出在巴里①和布林迪西②地区为苏联飞机安排基地的问题，我们现在还没有得到答复。

莫洛托夫问人民军和英国人的关系怎么样。

吉拉斯回答说，从表面看关系还好。

莫洛托夫推测说，英国人正在南斯拉夫建立自己的情报网。

吉拉斯回答，英国人在这方面将一事无成。

莫洛托夫提醒吉拉斯说，英国人能够在南斯拉夫找到他们需要的关

---

① 意大利东部的港口城市。
② 意大利东南部的城市。

系。他们是些狡猾的人，腐蚀了我们许多人。

例如前不久，在美国的苏联采购团的一个工作人员发表了仇视苏联的声明。我们使馆已经声明，他是个不想归队的红军逃兵。原来是有人收买了他，做了他的工作。莫洛托夫指出，他不认为这是美国政府干的。

莫洛托夫询问科尔涅耶夫将军[①]在南斯拉夫表现怎么样，而且要求坦率地讲，南斯拉夫人是否对科尔涅耶夫不满意。

吉拉斯回答说，科尔涅耶夫是个聪明正直的人。南斯拉夫对他是满意的。总的来说，使团的人都很好。

莫洛托夫询问戈尔什科夫[②]在那里干得怎么样。

吉拉斯回答说，戈尔什科夫很好，那里对他是满意的。

吉拉斯又说，现在盼着苏联军官去希腊和阿尔巴尼亚。

莫洛托夫回答说，我们正在物色我们这方面的人。

吉拉斯说，希腊问题是个非同寻常的问题。

莫洛托夫回答说，前不久，丘吉尔给我们发来一封语气恼怒的信，他在信中抱怨塔斯社发表了在埃及的希腊武装力量发生哗变的报道。我们答复说，塔斯社播发的是它掌握的消息。我们允诺，塔斯社将对自己的新闻报道进行更加认真的检查。丘吉尔请求我们支持他在希腊问题上的立场，但是我们回避了这个问题。

吉拉斯说，希腊的形势与南斯拉夫的形势有本质的区别。

莫洛托夫问这种区别是什么，吉拉斯回答说，英国人在希腊阻挠人民力量联合。

莫洛托夫问，铁托和希腊有没有联系。

[①] Н.В.科尔涅耶夫中将是苏联驻南斯拉夫军事代表团团长。
[②] 戈尔什科夫也是苏联驻南斯拉夫军事代表团成员。

吉拉斯回答，只有无线电联系。

莫洛托夫问，希腊有没有铁托的人。

吉拉斯回答，那里暂时没有铁托的人，不过会有的。

莫洛托夫问，全国解放委员会与保加利亚人的关系怎么样。

吉拉斯回答，保加利亚问题是个棘手的问题。吉拉斯说保加利亚人犯了错误。他说他指的是进步人士，而不是保加利亚政府。保加利亚人没有作武装斗争的准备，没有把自己的干部派到农村和山区，而是把他们留在城市，结果很大一部分干部在城市牺牲了。

莫洛托夫问，斯大林和铁托关于保加利亚问题的电报有没有通报吉拉斯和特尔季奇。当得到否定的回答后，莫洛托夫说，我们以斯大林和莫洛托夫的名义，对铁托关于保加利亚问题的电报作了答复，复电指出，南斯拉夫是苏联的盟友，而保加利亚是苏联敌人的朋友。关于马其顿问题，这份电报说，没有铁托，这个问题是不会解决的。

莫洛托夫接着讲道，一周前，他向保加利亚公使斯塔梅诺夫递交了照会，要求保加利亚政府停止帮助德国人，停止在保加利亚为他们提供反苏基地。

莫洛托夫同时指出，共产党人不能代保加利亚政府受过。

吉拉斯说，如果马其顿人民开展反对德国人的斗争，这样就能解决马其顿问题。马其顿人就会明白，他们应当跟谁一块儿走，是跟反对德国人的塞尔维亚民族和克罗地亚民族一块儿走，还是跟其他民族一块儿走。

莫洛托夫问两位代表有什么实际问题要提出来。

吉拉斯回答说，最为迫切的是武器问题。他答应提交南斯拉夫人民解放军所需武器的清单。

吉拉斯接着说，他们想拜见斯大林同志。

莫洛托夫答应征求斯大林同志的意见。

莫洛托夫问两位代表是否见过西米奇。

吉拉斯作了肯定的回答，并说，西米奇有些过分浓厚的塞尔维亚情绪。另外，西米奇在与南斯拉夫军事使团谈话时，主张在南斯拉夫建立苏维埃政权。

莫洛托夫说，他刚才讲的给铁托的那封电报指出，我们反对南斯拉夫苏维埃化。

吉拉斯说他也是这么想的，他认为南斯拉夫应当是民主共和国，但不是法国那样的共和国，而是蒙古那样的共和国。必须没收背叛了人民的那些人的工厂。

莫洛托夫说，贝奈斯①也赞成把大型工厂移交给国家。贝奈斯表现不错。譬如，今天《真理报》转载的他的那篇文章有一定价值。

吉拉斯指出这篇文章有自由派思想。

莫洛托夫说，我们和贝奈斯签署条约时，我们没有对波兰加入条约关上大门。当时贝奈斯说，和波兰反动人士打交道会一事无成，必须砍掉这些人的脑袋。

吉拉斯讲，南斯拉夫国内建立苏维埃的条件还没有成熟。建立苏维埃在目前来说是冒险。

南斯拉夫作为一个自主的国家也许得存在2—3年，甚至5年。不过应当考虑到，南斯拉夫人民对苏联无比热爱，人民愿意和苏联一起生活。

莫洛托夫问吉拉斯和特尔季奇对梅西奇有什么看法。

特尔季奇回答说，必须在战斗中观察他。他也许是个好指挥员，但是政治上不成熟。特尔季奇说，在苏联的南斯拉夫部队最好设政治委员职位，这样能加强部队的政治纪律。南斯拉夫人民解放军中的政治委员

---

① 爱德华·贝奈斯（1884—1948），捷克斯洛伐克总统，其时流亡国外。

都是共产党员。

莫洛托夫回答,在苏联的南斯拉夫部队的组织形式应当和人民解放军一致。

会谈结束时,吉拉斯和特尔季奇请求莫洛托夫同志促成他们拜会斯大林同志。

会谈进行了1小时25分。

(记录:波采罗布)

斯大林与赫布朗关于南斯拉夫军队和外交问题的会谈记录

(1945年1月9日)

绝密

苏联方面参加会谈的有：维·米·莫洛托夫、А. Ф. 基谢廖夫和 В. М. 萨哈罗夫。

南斯拉夫方面参加会谈的有：南斯拉夫军队最高司令部参谋长阿·约万诺维奇。

代表团成员向斯大林同志和莫洛托夫同志问候后，斯大林同志问代表团是否一路顺利，赫布朗①用俄语回答："非常顺利"。赫布朗口头转达了铁托元帅对斯大林同志的问候。

斯大林同志问代表团带来了什么问题。

赫布朗回答，有三类问题：一、对南斯拉夫的经济援助问题；二、南斯拉夫的外交要求；三、南斯拉夫军队的装备和组织问题。

赫布朗在谈到需要苏联经济援助时说，首先需要粮食援助，不过，除粮食外，南斯拉夫还想从苏联得到南斯拉夫一些工厂必需的原料、军

---

① 安德利亚·赫布朗（1899—1951），1919年加入南共，战后任南共中央政治局委员，南斯拉夫经济委员会和计划委员会主席，兼工业部部长。赫布朗是当时访问苏联的南斯拉夫全国解放委员会代表团团长。1946年6月被贬职，1948年因赞成苏联立场被逮捕，1951年6月在狱中自杀。

用和民用服装及靴子、卫生物资、大学和中小学用的设备、宣传物资（新闻纸、书籍、油墨等）。

斯大林同志问，南斯拉夫是否从联合国善后救济总署得到过什么援助，赫布朗作了否定的回答，并补充说，根据租借法案从盟国得到过某些援助。斯大林同志指出，也要从联合国善后救济总署获得援助；接着又问，南斯拉夫是否打算作为战争赔款从匈牙利得到什么赔偿。

赫布朗回答说，匈牙利人给南斯拉夫造成了大约 9 亿美元的严重物质损失，因此，南斯拉夫要求赔偿损失。

斯大林同志又问，南斯拉夫是否打算作为战争赔款从德国得到什么赔偿。

赫布朗作了肯定的回答，并补充说，他们还打算参加对德国某些地区的占领。

斯大林同志说，现在正就匈牙利媾和的条件与美国人和英国人进行谈判。看来，匈牙利的战争赔款额将为 3 亿美元，即与罗马尼亚和芬兰的赔款额一样多。美国人和英国人反对大量战争赔款，因为他们认为，大量战争赔款会削弱匈牙利，匈牙利的购买力会减弱。

赫布朗说，战争赔款额太小，并说他明白美国人和英国人为什么反对增加赔款额，因为他们害怕匈牙利太弱。

斯大林同志问南斯拉夫的煤炭生产如何。

赫布朗回答，过去南斯拉夫开采煤炭，但产量很低，现在的煤炭产量更低，储量减少了。南斯拉夫领导人打算从匈牙利获得煤炭，并希望得到苏联的帮助。

斯大林同志在谈到对南斯拉夫的全面经济援助时说，现在，在战争时期，苏联不可能给予南斯拉夫大量的经济援助；将来可能会给予援助，但是，现在战争正在进行，不可能给予大量援助。

斯大林同志接着问，南斯拉夫是否收到了粮食，赫布朗作了肯定的回答,并补充说,但是从罗马尼亚和南斯拉夫北部提供的粮食也算在了俄罗斯提供的粮食账上。照赫布朗的说法,这不是俄罗斯的粮食。

斯大林同志解释说,部分粮食可以算是红军缴获的战利品,这完全合乎情理。斯大林同志接着补充说,南斯拉夫人对战利品问题总是有一种不正确的理解。南斯拉夫领导人,包括铁托,认为红军应当把在南斯拉夫缴获的一切留给南斯拉夫人,这是不对的。战利品属于缴获它的那支军队所有。如果军队知道缴获的东西必须送人,它就不会努力夺取战利品。军队不仅想在战斗中消灭敌人的有生力量方面立功,而且想在夺取敌人的物资,即战利品方面立功。要求红军交出所有的战利品是不对的。

赫布朗说,把在南斯拉夫缴获的粮食运往匈牙利,这给居民留下了不好的印象,许多南斯拉夫人对此不能正确地理解。

斯大林同志回答说,粮食是运给红军的,与红军驻扎在哪里根本没有关系;粮食运往匈牙利是给红军的,它没有稳定的粮食供应就不能作战。军队浴血奋战,却认为他们偷了东西,这是对红军的侮辱。斯大林同志提到了吉拉斯的言论,他曾经说,苏联军官的精神和政治面貌比英国军官的精神和政治面貌差。[①] 斯大林同志强调指出,这是完全不正确的,这是侮辱。不能根据个别情况概括一支军队,不能因一个丑恶的人就侮辱整个红军。必须理解一个战士的心,他奋战三千公里,从斯大林

---

① 1944年秋苏联红军进入南斯拉夫并解放贝尔格莱德以后,在红军战士中发生了多起强奸、杀人、抢劫等危害南斯拉夫公民的事件。为此,1944年10月南斯拉夫共产党主要领导人与苏联军事代表团团长科尔涅耶夫举行了一次会谈。会谈中,吉拉斯说:"我们的困难还在于我们的敌人利用这点攻击我们,他们把红军和英国军队加以比较,认为英国军队没有那类违法乱纪的行为。"(据吉拉斯所著《同斯大林的谈话》)科尔涅耶夫当即对此提出强烈抗议,认为吉拉斯把红军同"资本主义国家"的军队相比,是对红军的侮辱。

格勒打到布达佩斯。战士认为自己是英雄,他干什么都行,今天活着,明天可能被打死,人们会原谅他的一切。在长期艰苦的战争中,战士们累了,已经筋疲力尽。持"温文尔雅的知识分子"观点是不正确的。英国军官在希腊彻头彻尾地表现了他们的精神面貌。会有个别情况给我们战士脸上抹黑,我们为此也枪毙了人。不过必须记住,他们筋疲力尽了,精神已经紧张到极点;他们认为自己是英雄,什么事都允许干,什么事都可以干。斯大林同志讲了最近的一件事,有个飞行员,一个很好的飞行员,在一个地方聚众畅饮,在那里打死了一个人。他被关进监狱,应当枪毙。调查了很长时间。原来他完全喝醉了,记不得自己干了什么事。斯大林同志说他保释了这名飞行员,因为这是个很好的飞行员。现在已经将他释放,派到了前线。必须记住,战士随时都有危险,特别是飞行员,不仅在战斗中有危险,而且只要在天上随时都有危险。德国人不那么容易打,然后还要追击他们。由于筋疲力尽,人们失去了平衡,不能用通常的尺度去衡量他们。

接着,斯大林同志对给予南斯拉夫物质援助问题的讨论进行了归纳,他说,会给予一切可能的援助,会进行援助。

赫布朗把话题转到军事问题上,他说,在军事方面,南斯拉夫期望得到苏联的两种援助:军事装备和人员(教官和顾问),期望帮助南斯拉夫建立一支按现代化标准组织的军队。

约万诺维奇在对赫布朗的讲话作补充时强调,南斯拉夫已经有这样一支军队的骨干和基础。必须组建军队的中央领导机构,即总参谋部、集团军司令部、军司令部和其他较大的司令部。

斯大林同志问,现在南斯拉夫军队有多少个师。

约万诺维奇回答:现有50个师,51.8万人。随着南斯拉夫全境的解放,将再动员30万人。50个师中有小规模的游击队师,应当进行改编。这样一来,师的总数将减少到40个。打算将来组建3个集团军,另外组建12个军。每个集团军5个师，每个军3个师。

斯大林同志问，南斯拉夫的一个师现在有多少门火炮，基谢廖夫将军回答说，现在一个师有72门火炮，其中包括迫击炮，南斯拉夫人想把1.25万人的师的火炮数量增加到84门。

斯大林同志指出，这么多大型师不现实，建如此多的师，军官不够。斯大林同志举了波兰的例子，波兰曾经动员了20个师的兵力，但是军官不够，于是不得不把师的数量压缩到10个，其中5个师现在前线，另5个师最近也将调往前线。斯大林同志说，不过，这将是些优良师。师的编制为8000—9000人。如果南斯拉夫有20个师，但是优良师，这就很好了。问题不在数量。师可以很多，但是其价值却很小。必须培养军官，这一点至关重要。即使是20个师，这已经很多了，不应热衷于数量。斯大林同志又说，中国抗战持续了8年，但是那里学习抓得不紧。建了400个师，但是又不培养军官，因此，他们的军官不行。前不久，日本人从北进犯，8个日本师打败了43个中国师。考虑到南斯拉夫缺乏军官这一实际情况，斯大林同志谈了一个想法：应当用轻型火炮装备几个游击队师，把它们留在后方。师的编制应当少于1.3万人。斯大林同志说，对南斯拉夫来说，20个师就够了，这就很好了。以后每个师可以扩编成军，1个师就成了3个师。师多了，供养很困难，它们打起仗来是不会顽强的。斯大林同志提醒他们注意这件事情的困难，并说，目标必须提出来，但是现在达不到，师不过是纸上的师。

斯大林同志问，南斯拉夫军队怎么建设：是统一指挥，还是塞尔维亚军队、克罗地亚军队和其他军队分立。

约万诺维奇回答，将统一指挥。

斯大林同志问，语言怎么办，通用哪种语言。

约万诺维奇回答，将通用塞尔维亚—克罗地亚语，斯洛文尼亚语和马其顿语只在斯洛文尼亚和马其顿使用，因为这两种语言与塞尔维亚—

克罗地亚语不同。

斯大林同志说，我们会帮助组建司令部：我们给人，给我们的条令，但是南斯拉夫必须有自己的军官，有好的连长、营长。南斯拉夫过去有这样的军官，因为南斯拉夫当年有一支很好的军队，南斯拉夫人主要是拜过法国人为师。

约万诺维奇说，现在南斯拉夫士兵的战斗力也很强。基谢廖夫补充说这个军队毕竟还不顽强，并且举了一个实例：南斯拉夫第21师在敌人不大的压力下就溃退了，而且损失了一部分火炮。斯大林同志插话说，这种情况到处都有，德国人有，我们也有。

斯大林同志询问南斯拉夫军队将来采取什么样的编制，基谢廖夫将军回答说，军队有两种编制方案。按第一种方案，每个师都是正规的整编师；按第二种方案，一部分师为非满员师。对这类师的司令部，已经详细研究过。

斯大林同志说也可以采用旅的编制，并以红军的经验为例说明，1942年红军的编成中有100—120个旅，每个旅的编制为4500—5000人。这些旅英勇善战，后来变成了师。这样的旅非常容易指挥，当指挥员有了经验，他们也能统率正规师。也许，南斯拉夫应当有7—10个1万人编制的师，其他师改编为旅，好让年轻的军官获得管理和指挥的经验。这种旅甚至可以叫做师。以后可以再把它们变成正规的现代化师，不过现在应当让军官成长。1942年红军就是这么做的，后来这些旅扩编成了师。斯大林同志说，游击队员必须训练，他们不适用于现代化的军队。当红军在游击区会合后，就把游击队撤到了后方，一部分游击队员留在部队或者送去学习，其他的都被遣散了。在后方他们是好样的，但是进行野战不行：他们不想进行野战，也不习惯军队的纪律。

约万诺维奇说，在南斯拉夫建40个师的干部是足够的，对此斯大林同志指出：须知必须指挥他们，指挥这些师。斯大林同志在阐述这一想法时说，德国人是很会打仗的人，他们知道，没有军官就不可能有军队，因此，他们每到一个国家，就把所有的军官抓起来押往德国。他们在波兰、南斯拉夫和法国都搜捕军官。戴高乐在与斯大林同志谈话时就抱怨法国缺乏军官。

斯大林同志的话题回到南斯拉夫今年师的编制问题上，他谈了一个想法：也许应当建7000—8000人的师。斯大林同志接着说，对游击队员必须严格要求，严加约束使他们适应现代化的军队。对这一点他们往往不会心甘情愿，但是，为了现代化的军队，必须训练他们。

斯大林同志问，德国人是否正在从南斯拉夫撤离，约万诺维奇作了肯定的回答，并强调指出，与此同时，德国人正在一些方向上构筑工事。斯大林同志说，德国人将会争夺萨格勒布，争夺卢布尔雅那，因为他们知道，这些据点能掩护驻意大利德军集团的侧翼。斯大林同志问，南斯拉夫哪些地区解放了。

约万诺维奇回答：塞尔维亚、马其顿、黑山几乎全境以及伏伊伏丁那已经解放。德国人在利卡和克罗地亚滨海地区防御得特别顽强。

斯大林同志的话题又回到南斯拉夫军队的编制问题上，他指出，先和我们的人商量一下，必须解决以下问题：编什么样的师，编多少师。用不着编大型师。日本人一个师以前是2万人，但是现在他们正在把一个师的兵力压缩到1.7万人或者更少。斯大林同志说，一个师的正规编制为1.2万—1.3万人。指挥干部问题是个特别大的问题，因为培养指挥员必须花数年的时间。

斯大林同志问，过去预定向南斯拉夫提供的装备，南斯拉夫已经收到了多少。

基谢廖夫将军回答说，已经收到近10个师的装备。

斯大林同志命令查清已经收到什么装备。

斯大林同志回答说，还得解决建什么样的师的问题。斯大林同志接着说，所有的问题将和布尔加宁①同志和安东诺夫②将军讨论。

约万诺维奇请求向南斯拉夫军队派遣教官，并说，已经规定给予他们一定的权力和义务。他们将享有相应部队副指挥员的权力，可以向上一级报告自己的意见。还规定苏联教官着南斯拉夫军装。

斯大林同志说，教官穿南斯拉夫军装的话应当懂南斯拉夫的语言，否则，穿南斯拉夫军装没有意义。波兰的经验表明，苏联军官穿了波兰军装，但不会说波兰话，化装没起到作用。这就像戴了个面具一样。教官应当只是教官、顾问。他无权取消指挥员的决定，也不能将决定强加于指挥员。斯大林同志说，我们目前可以提供教官。斯大林同志又说，南斯拉夫人的一个弱点就是靠顾问，南斯拉夫人什么时候明白顾问会离开，他就知道必须学习了。

斯大林同志谈了由于新的轻便火炮的生产我们炮兵编成的一些变化，并问，一个南斯拉夫师应当有多少门不小于72毫米口径的火炮。

基谢廖夫将军回答说，这样的火炮应当有36门。

斯大林同志问，南斯拉夫军队是否需要缴获的装备。

约万诺维奇作了肯定的回答，并补充说，还需要弹药，斯大林同志说："当然"。

斯大林同志说，南斯拉夫现在没有我们的部队。

基谢廖夫将军说，初步打算建几个兵种（炮兵、坦克部队、工程部队），它们也需要装备及其他物资。还要给南斯拉夫军队建3个包括供应机关、指挥机关和后方机关在内的军事机构。

---

① 尼古拉·亚历山德罗维奇·布尔加宁（1895—1975），时任苏联人民委员会副主席、国防委员会委员和副国防人民委员。
② 阿列克谢·因诺肯季耶维奇·安东诺夫（1896—1962），时任苏军总参谋长，大将。

约万诺维奇特别强调了急需运输工具,由于缺乏运输工具,整个军事机构和后方服务机构不能正常发挥作用。原有的公路和运输工具都毁坏了;国内马匹很少。

关于这个问题斯大林同志说,汽车运输问题之所以困难,是因为不仅要提供一定数量的汽车,而且主要是汽车运输需要大量汽油,这个问题难得多。不过,将为较重型的火炮提供一定数量的汽车。所有的轻型火炮必须靠骡马拖运。

斯大林同志问,初步打算具体建什么样的坦克部队和工程部队。

约万诺维奇回答说,初步打算建4个坦克旅、9个工程兵营和2个高炮团。此外,预计在最近3年内培训好南斯拉夫的空军人员,并从苏联得到8—10个航空师的技术装备(约1000架飞机)。

斯大林同志问,关于正在向南斯拉夫人移交的2个航空师的装备,干部培训进行得怎么样。

约万诺维奇回答说,由于缺少足够数量的教练机,训练有困难。

斯大林同志问,从总的方面说怎么为军队培养军官,有没有军事学院。

约万诺维奇说,有分别培训炮兵、机枪手和通讯人员的军官学校。炮兵干部的培训情况最好。南斯拉夫没有军事学院,不过初步打算建立联合军官学校,培训初级和中级军官,办高级指挥员进修班。

斯大林同志指出,除了为单个兵种,如机枪手、坦克兵和炮兵培养军官外,还必须培养诸兵种合成部队指挥员。斯大林同志指出,必须发扬南斯拉夫训练和培养军事专业人才的传统。

斯大林同志问代表团还有什么军事方面的问题。

约万诺维奇说,主要问题都谈过了,只有一个请求:为军事测绘研究所提供设备,贝尔格莱德原有的设备被德国人运走了,还有一部分给了保加利亚人。

军事问题的讨论到此结束，斯大林同志请南斯拉夫方面阐述实质性的政治问题。

赫布朗首先阐述了南斯拉夫对匈牙利的要求。他说，匈牙利与南斯拉夫接壤的州及其首府佩奇市蕴藏的煤，对南斯拉夫的经济至关重要。该州居民基本上是匈牙利人，但是也有一定数量的斯拉夫人。该州连同佩奇的几个矿场必须并入南斯拉夫。另外，南斯拉夫对匈牙利的领土要求还包括，将所谓的包姚三角地，即匈牙利包姚市的一部分领土并入南斯拉夫。该州是历史上巴兰尼亚省的一部分，有许多斯拉夫人。

斯大林同志插话："匈牙利人同意吗？"

赫布朗回答说，匈牙利人当然不会同意，但是，拥有这些州对南斯拉夫至关重要，也许，可以用武力占领这些州。

斯大林同志说，南斯拉夫人去占领晚了一些，又说他也不怜悯匈牙利，但是美国人和英国人会强烈反对这样做。在解决领土问题上他们主要遵循的是民族原则。斯大林同志又说，生活在这些区的南斯拉夫人必须自己提出并入南斯拉夫的问题。必须作出决定，大声疾呼。必须为合并进行斗争。

斯大林同志接着问，南斯拉夫人是否知道德国人在伦蒂市地区每年开采5000吨石油的消息。

赫布朗和约万诺维奇回答说不知道，之后，斯大林同志在地图上给他们指出了这一石油产地。

赫布朗请求让南斯拉夫代表参加对匈牙利和谈问题的盟国管制委员会。

斯大林同志说，这要力争，我们方面不会反对。

接着，斯大林同志和莫洛托夫同志就捷克斯洛伐克代表和南斯拉夫代表参加该委员会问题交换了意见。

赫布朗又阐述了南斯拉夫对奥地利和意大利的要求。南斯拉夫人提出，将科鲁什州（现属奥地利卡林西亚省）斯洛文尼亚人居住的那一部分并入南斯拉夫。第一次世界大战后该州属南斯拉夫，但是那里举行全民投票后并入了奥地利。

赫布朗又说，现属意大利的伊斯特拉半岛，连同的里雅斯特港、包姚港和里耶卡（阜姆）港，也必须并入南斯拉夫。伊斯特拉半岛的居民为克罗地亚人和斯洛文尼亚人，只有港口城市有一定比例的意大利人。赫布朗出示了该地区的民族分布图，上面标有南斯拉夫所要求的边界。

斯大林同志说，必须让这些州自己要求并入南斯拉夫。

赫布朗讲，去年，克罗地亚和斯洛文尼亚的反法西斯议会应这些州人民关于并入南斯拉夫的要求，作出了相应的合并决定。其后，南斯拉夫反法西斯人民解放议会也批准了这些决定。

赫布朗接着说，从战争最初的日子至今，这些州就有广泛开展的南斯拉夫人游击运动。

约万诺维奇补充说，现在，南斯拉夫的两个军、一个师和几支游击队在这些州作战。这些州完全掌握在南斯拉夫人手中。

赫布朗继续说道，在的里雅斯特和里耶卡（阜姆）只有人数不多的几个自治分子团体，他们在英国人的保护下，要求给予该地区自治权。

斯大林同志询问了这些团体有多少人，当知道数量微不足道时，半开玩笑地说把他们淹死。接着，斯大林同志和莫洛托夫同志讲了同丘吉尔的非正式谈话，在这次谈话中，丘吉尔建议将伊斯特拉半岛划出，成为一个自治州，它能使未来的奥地利得到进入亚得里亚海的出海口。

赫布朗把话题转到罗马尼亚问题上，阐述了南斯拉夫对罗马尼亚的领土要求，即将罗马尼亚蒂米什瓦拉地区的领土，包括蒂米什瓦拉市，并入南斯拉夫。赫布朗对此提出的根据是，该地区有一个县的居民全是塞尔维亚人。蒂米什瓦拉市的居民以前主要是德国人，现在也可以交给南斯拉夫。

斯大林同志问报刊上有没有出现这方面的文章，当得到否定的回答后，他说，必须让该地区的人民，即塞尔维亚人，自己提出并入南斯拉夫的问题。总之，这是将来和会讨论的问题。不过，要把这个问题提到和会上，必须有众所周知的证据。

赫布朗还请求改变与罗马尼亚在雷希察市地区的边界，因为这座位于罗马尼亚领土上而离南斯拉夫边界只有20公里的城市，有几个南斯拉夫非常需要的制铁厂。如果不能将雷希察并入南斯拉夫，那么，保证南斯拉夫通过其他途径从这些工厂获得钢铁，对南斯拉夫来说非常重要。

然后，赫布朗说，他想向斯大林同志通报与保加利亚的关系。赫布朗称，事情进展非常艰难，过错在保加利亚人。保加利亚人不接受南斯拉夫关于联邦的条约草案。

斯大林同志说，他看过条约草案，这个草案不合适，保加利亚和南斯拉夫是可以加入联邦的两个国家，而这个联邦的前景是在二元制原则的基础上进一步完全联合这两个国家。根据南斯拉夫人现在建议的联邦条约，保加利亚人将获得与南斯拉夫各民族诸如塞尔维亚人、克罗地亚人、马其顿人和斯洛文尼亚人平等的权利，保加利亚人认为，这个条约草案有吞并他们的意图。必须向完全联合努力，这将是欧洲历史上的一个时代。但是必须一个阶段一个阶段地朝这一目标走，先从联盟，从互相援助开始，然后逐步走向联合。这不是权宜的联盟，而是永久的联盟。这是自由的联盟，是自由结成联邦的两个国家的有机联盟。不能造成想吞并保加利亚人的印象。

赫布朗说，南斯拉夫领导人认为，保加利亚人希望签署友好互助条约，是力图缓解保加利亚解决马其顿问题的困难，摆脱它因站在德国一边参战陷入的那种孤立状态的困难。条约能使保加利亚人逃避战争期间所犯罪行的责任。从另一方面说，保加利亚可以保留它作为一个主权国家的地位。南斯拉夫领导人没有接受签署互助条约的建议，并于1月初通过了联邦条约的新方案，新方案的基础也不是二重原则，而是保加利亚加入联邦，享有南斯拉夫的塞尔维亚、克罗地亚、马其顿等各个民族将享有的同等权利。南斯拉夫领导人认为，这样的话，将来的联邦能够通过内部努力正确地影响保加利亚。联邦条约在南斯拉夫将很容易获得通过。按照规定，条约应当由南斯拉夫各联邦成员诸如塞尔维亚、克罗地亚、马其顿等的最高权力机关批准。南斯拉夫政府提出联邦条约的第一个方案时，认为条约应在1944年12月31日签署，1945年1月1日宣布。初步打算1月1日隆重庆祝条约签署。所有的问题，乃至细节都作了规定：找好了举行庆祝活动的礼堂，指定了乐队，等等。但是，南斯拉夫的方案没有被接受，保加利亚同志通知说，来自莫斯科季米特洛夫同志的电报劝阻了他们，他建议签署友好互助条约。南斯拉夫领导人认为这样做不正确，遂于1月初提出了另一个联邦条约草案。

斯大林同志再次强调，必须逐步走向联合，保加利亚人要联盟，他们要建立两位一体的国家，这很好。最好签署10年或者20年的友好互助条约。现在应当把二元制原则作为联合的基础，按奥匈帝国模式建立两位一体的国家，但是又避免了旧奥匈帝国存在的许多弊端。

如果形势急剧转变，保加利亚人可能会倒向美国和英国，甚至倒向土耳其。必须准备基于二元制原则上的联邦制联合。

莫洛托夫同志强调，即使友好互助条约也会使土耳其人和希腊人害怕，使罗马尼亚人害怕，欧洲会一片慌乱。这将是欧洲的一个大事件，大家都害怕，只有苏联一家不害怕。

斯大林同志和莫洛托夫同志对捷克斯洛伐克会有什么样的反应交换了意见。捷克人不会害怕的，因为他们支持斯拉夫人团结的原则，但是，他们害怕这是左派斯拉夫人的联合。此外，这将影响捷克斯洛伐克的内部关系，斯洛伐克人可能要求在捷克斯洛伐克采取类似的措施。

斯大林同志问对希腊有什么要求。

赫布朗回答说，南斯拉夫打算得到希腊的马其顿和萨洛尼卡。这些要求过去没有提，以免给希腊人民解放军造成困难，因为这样做会削弱希腊人民解放军在国内的地位，给它的地位造成困难。现在，要提出这个要求了。

莫洛托夫同志说，希腊的马其顿人自己可能提出这个问题。

斯大林同志说，会造成这样一种局面：你们和罗马尼亚、匈牙利、希腊都是敌对关系，好像你们打算和全世界打仗；造成这种局面没有好处。

斯大林同志询问对希腊共产党人的看法。赫布朗回答说，过去，在被占领时期，他们对希腊共产党人的看法很不好，不过，最近他们表现很好。

斯大林同志问赫布朗是否认为，希腊民族解放阵线退出帕潘德里欧政府①是正确的。

赫布朗作了模棱两可的回答后，斯大林同志说，这是没有征求我们意见而迈出的不正确的一步。

斯大林同志询问与阿尔巴尼亚的关系。

赫布朗回答说，阿尔巴尼亚人是南斯拉夫最好的朋友。赫布朗称，阿尔巴尼亚人民解放运动中有各党派的代表，但是，起决定作用的是共产党。索古国王在国内得不到支持。国内有不大的反动团体，但对阿尔巴尼亚人民解放运动没有危险。

---

① 1944年4月以希腊社会民主党领袖乔治·帕潘德里欧为首组成的新一届流亡政府。

赫布朗继续讲道，阿尔巴尼亚政府代表团前不久访问贝尔格莱德时，签署了南阿友好互助条约，还签署了贸易条约。

斯大林同志说，既然南斯拉夫承担了条约义务，那么它就应当履行条约义务。一旦出了麻烦就不得不打仗，它能不能打英国，它有没有足够的力量，这还是个问题。对阿尔巴尼亚应当慎重。英国人只承认实力。贝尔格莱德解放了，这很好，这又创造了有利条件。英国人害怕红军向希腊开进，假如红军朝那里开进，那里的局面当然会是另外一个样，但是，在希腊没有海军就一事无成。英国人看到红军没有向希腊开进感到吃惊。他们无法理解不允许军队采取分散运动的战略。红军的战略是建立在集中运动基础之上的。

斯大林同志又询问阿尔巴尼亚军队的情况。

约万诺维奇回答，阿尔巴尼亚有三个军，由八个师组成。

斯大林同志说，不应当和英国人打仗。关于和阿尔巴尼亚的关系问题，必须等一等，斟酌一番。互助条约还没有批准，没有宣布，这很好。建议2月以前不公布条约。

斯大林同志接着问，阿尔巴尼亚现在是什么政府，是全国委员会还是临时政府。

赫布朗回答说，阿尔巴尼亚前不久成立了临时政府，临时政府已经向同盟国政府提出了承认的问题。但阿尔巴尼亚临时政府至今没有得到承认。

斯大林同志问，南斯拉夫人是否承认了阿尔巴尼亚临时政府。

赫布朗回答说还没有承认，在地拉那只有南斯拉夫的军事使团。

斯大林同志问，南斯拉夫是否承认了保加利亚政府，保加利亚政府是否承认了南斯拉夫全国解放委员会。

赫布朗回答说，保加利亚在贝尔格莱德有部长级公使托多罗夫，而在索非亚有南斯拉夫的军事使团和贸易使团。

斯大林同志对莫洛托夫同志说，按照国际关系法，好像应当先建立外交关系，然后再签署条约和协定。接着，斯大林同志问赫布朗，南斯拉夫组建政府的事怎么样。

赫布朗回答说，舒巴希奇①到达伦敦后收到丘吉尔的一封电报，他在电报中赞成舒巴希奇与铁托签署再经修订的协议，并表示希望尽快组建南斯拉夫政府。但是可以看出，英国人故意拖延统一政府的组建（我们给舒巴希奇的期限是12月31日前），这对南斯拉夫的形势产生了很大的负作用。

前不久，贝尔格莱德给在伦敦的舒巴希奇发了一封电报，电报指出，组建新政府的时间不能迟于1月下半月。

赫布朗称，以铁托为首的南斯拉夫领导人所持的态度是：如果1月15日前不能组成统一政府，那么，就宣布南斯拉夫全国解放委员会为南斯拉夫临时政府。

斯大林同志说，现在不应宣布全国解放委员会为临时政府。临时政府应当得到承认，英国人和美国人大概不会承认它，苏联政府倒是可以承认，但是现在它还受波兰事务的牵制。在波兰问题上，苏联政府不顾英国和美国的态度简单从事，承认了临时政府，丘吉尔吞下了这颗苦果，而罗斯福垂头丧气，现在还在生气。

斯大林同志建议，在2月份之前，当许多问题还没有明朗之时，暂缓宣布成立政府。②

斯大林同志谈了他的推测：丘吉尔由于在希腊得手非常得意，正在

---

① 伊万·舒巴希奇（1892—1955），战时南斯拉夫王国流亡政府首相。1945年3月参加南斯拉夫联合政府，出任副总理兼外交部长，不久后提出辞职，住在萨格勒布。

② 经维斯岛（南斯拉夫）谈判，铁托和舒巴希奇于1944年11月1日签署合作协议，双方商定成立统一政府。1945年3月7日，铁托组建了南斯拉夫民主联邦临时政府，在28名政府成员中，11人为共产党人。舒巴希奇出任副总理兼外交部长。

寻找借口在南斯拉夫故伎重演。不应在这件事上给丘吉尔帮忙。当然，希腊人民解放军被打败对南斯拉夫也是坏事。希腊反对派没有足够的力量与武装进攻抗衡。希腊民族解放阵线代表退出了帕潘德里欧政府，他们做得不对。他们没有征求我们的意见，让丘吉尔轻易得手了。在南斯拉夫不要发生争斗，不要让丘吉尔轻易得手。不能给他借口，而丘吉尔正在寻找这样的借口。丘吉尔在希腊很多方面已被搞得焦头烂额，故伎重演不会那么容易，何况还怕我们。

接着，斯大林同志对挑起与罗马尼亚和匈牙利的战事是否合适表示了怀疑。他又说，首先应当力求把政府的组成明确下来。丘吉尔认为，铁托—舒巴希奇政府不能满足人民的要求，因为不论是铁托还是舒巴希奇，都是克罗地亚人。但是英国人失算了，这一点现在看得出来。

斯大林同志说，希望南斯拉夫方面在作出重大决定之前最好征求我们的意见，否则，我们会陷入尴尬的境地。

斯大林同志在谈话过程中说了一句：从族系上说，阿尔巴尼亚人也是斯拉夫人。他接着说，南斯拉夫领导人要想自信，必须有实力。有一个众所周知的道理：如果你不能进攻，那就以守为攻，积蓄力量，然后再进攻。对待资产阶级政客必须谨慎从事。他们资产阶级政客胸怀非常狭窄，报复心很强。要控制自己的感情；如果感情用事，一定会输的。列宁当年没有想过我们在这次战争中所争取到的这种力量对比。列宁当时认为，所有的国家都将进攻我们，倘若某个很远的国家，譬如美国是中立国，那就很好了。而现在的结果是一些资产阶级反对我们，另一些资产阶级和我们站在一起。过去列宁没有想过可以与一派资产阶级结盟，和另一派资产阶级打仗。这一点我们做到了；左右我们的不是感情，而是理性、分析、权衡。

在会谈结束时，莫洛托夫同志建议分组讨论南斯拉夫代表团提出的问题，并允诺挑选权威人士参加讨论。

赫布朗在告别时转达了南斯拉夫代表团全体人员的请求：允许代表团在回国前会见斯大林同志，斯大林同志对此表示同意。

会谈持续了3小时15分钟。

（记录：基谢廖夫少将，萨哈罗夫少校）

莫洛托夫与舒巴希奇关于南斯拉夫外交问题的谈话记录

(1945年4月6日)

绝密

4月6日17时,莫洛托夫同志会见了南斯拉夫外长舒巴希奇。会谈一开始舒巴希奇就讲,南斯拉夫依然处在艰难的经济形势中。

莫洛托夫同志说,当南斯拉夫全境解放之后,南斯拉夫的经济形势将会好一些,当然,还会有不少困难,但是最困难的时候已经过去。南斯拉夫的经济生活还没有走上正轨,不过,从种种迹象看,它正在复苏。

莫洛托夫同志问舒巴希奇,南斯拉夫联合政府是否在齐心协力地工作。

舒巴希奇回答说,南斯拉夫政府是齐心协力工作的。每个政府成员都能畅所欲言。舒巴希奇本人对政府的情况完全满意,南斯拉夫政府中的气氛一天比一天好,不过舒巴希奇说,某些老政治家,尤其是来自侨民中的老政治家,有时候还不明白,生活不会止步不前,它在发展完善。

莫洛托夫同志指出,现在,各个民族的生活中都在出现许多新的因素,必须寻找和解的基础,寻找在这种新条件下齐心协力工作的基础。

莫洛托夫同志问,苏联政府同意任命弗拉迪米尔·波波维奇为南斯拉夫驻莫斯科大使的答复，是否已经送达南斯拉夫政府。

舒巴希奇确认，南斯拉夫政府已经收到认可波波维奇的答复。

舒巴希奇问，苏联政府是否收到了南斯拉夫的苏南友好互助和战后合作条约草案，莫洛托夫回答说，南斯拉夫的条约草案已经收到，和我方的草案没有实质性的差别，由此得出的结论是：南斯拉夫想的和苏联想的完全一样，因此，它们容易达成协议。

舒巴希奇问，莫洛托夫同志是否认为有必要确定条约的有效期。

莫洛托夫同志回答说，最好确定一种期限，并依据苏联与英国和捷克斯洛伐克签署类似条约的经验，建议将条约有效期规定为20年。

舒巴希奇问莫洛托夫同志，他认为应有几名南斯拉夫代表签署该条约，是一名还是两名。舒巴希奇接着补充说，如果认为该条约有必要由两名南斯拉夫代表签署，那么在这种情况下，大概由铁托元帅和舒巴希奇签署，如果只需一人在条约上签名，那么，他主张由铁托元帅签署条约。

莫洛托夫同志回答说，必须由一名还是两名南斯拉夫代表签署条约，以及具体由谁签署，这应当由南斯拉夫政府自己决定。

莫洛托夫同志问，南斯拉夫政府是否讨论过条约草案，舒巴希奇回答说，政府知道该草案。舒巴希奇通知说，南斯拉夫政府还打算与苏联开始经济谈判，也签署相应的经济条约，并且问，作为南斯拉夫代表团成员来的贸易和供应部长彼得罗维奇可以找谁谈这个问题。

莫洛托夫同志建议彼得罗维奇部长与对外贸易人民委员米高扬会晤。

舒巴希奇请苏方考虑到他急于赴旧金山参加会议，因此，打算4月10—11日离开莫斯科。他想让彼得罗维奇能在他离开莫斯科前与米高扬会晤，因为舒巴希奇非常需要知道苏联和南斯拉夫之间大概的贸易额。他估计，美国人将向他提出美国和南斯拉夫间的经济联系问题，他不想犯某种无意的错误，因此，他想尽早知道南斯拉夫和苏联之间贸易的性质和总额，即使大概的情况也行。

舒巴希奇通知说，南斯拉夫的一些经济专家将赴美国，专门讨论根据租借方案向南斯拉夫供货的规模。联合国善后救济总署的供货很重要，南斯拉夫已经与该组织的代表签署了相应的协定，不过，租借法案更为重要。

莫洛托夫同志说，租借法案主要是提供军用物资。

舒巴希奇说，南斯拉夫还是想通过租借法案获得工业设备。

舒巴希奇谈到南斯拉夫和美国间可能的经济联系时称，美国人对南斯拉夫的胃口非常大。

莫洛托夫同志只插了一句话：无限大。

莫洛托夫同志又问，南斯拉夫是否想向苏联政府提出赫布朗曾提过的那些经济问题，舒巴希奇回答时强调，将提出同样的问题。

舒巴希奇说，南斯拉夫政府想在勘探和开采南斯拉夫金属矿藏和油田方面使用苏联专家。舒巴希奇称，据最近的资料，南斯拉夫在萨瓦河和德拉瓦河间有非常大的石油储量。德国人在勘探石油储量方面做了不少工作。他们甚至在南斯拉夫境内开始小批量开采石油。据舒巴希奇转告，南斯拉夫政府不想允许外国人勘探和开采南斯拉夫的自然资源。譬如，英国人和美国人知道南斯拉夫有石油，但远非什么都知道。过去，在这次战争前，英国人和美国人对在普洛耶什蒂兴办石油开采工业和石油加工工业感兴趣，利用他们对政府的影响，企图阻挠南斯拉夫对石油产地的勘探和开发。1939年，当南斯拉夫政府与一家德国公司签订了在南斯拉夫开采石油和矿产的合同后，美国大使专门拜会了舒巴希奇，建议他阻止落实这项交易。由于签署这项合同的政府第二天（1939年8月25日）辞职，舒巴希奇利用他对克罗地亚银行的权力，向摄政者保罗提出了抗议，反对与德国公司的交易，当然，他并非从英国人和美国人的愿望出发，而是从他本人的信念出发。

莫洛托夫同志问，南斯拉夫政府与英国人和美国人的关系发展得怎么样。

舒巴希奇回答说，他们与英国人和美国人的关系发展得很好，他本人正在尽一切努力，使这种关系将来依然很好。

舒巴希奇又说，他担心英国人和美国人可能仍对南斯拉夫政府不满，因为南斯拉夫政府没有把他莫斯科之行的目的通知他们。舒巴希奇曾预先通知英国人和美国人，说他要赴莫斯科，不过，他对莫斯科之行是这么说的：铁托元帅要去拜访斯大林元帅，舒巴希奇陪同他去。舒巴希奇在与英国和美国的代表谈话时，并没有提及将要签署苏南条约。

莫洛托夫同志说，这件事现在可以对英国人和美国人讲了，因为这件事已经不是秘密了。

舒巴希奇问，他可否与莫洛托夫同志谈一谈修改南斯拉夫边界的问题。

莫洛托夫同志回答说可以。他同时说，他们不能解决这个问题，不过，他们当然可以讨论这个问题，并请舒巴希奇陈述南斯拉夫的要求。

舒巴希奇说，南斯拉夫的要求仅限于伊斯特拉半岛以及奥地利和匈牙利与南斯拉夫接壤的几个地区。关于这个问题舒巴希奇通知说，丘吉尔在和他会谈时，对南斯拉夫的领土要求非常模糊地谈了自己的意见，并建议南斯拉夫在备忘录中不要提出伊斯特拉半岛问题。据舒巴希奇讲，梵蒂冈正在大做文章，反对将伊斯特拉半岛移交给南斯拉夫，它炮制了类似建立伊斯特拉独立国家方案的各种方案，按照梵蒂冈的设想，这样的国家能在斯洛文尼亚的天主教徒中施加影响。舒巴希奇认为，如果在这次战争中南斯拉夫部队占领伊斯特拉半岛，那么在这种情况下，南斯拉夫解决修改它与意大利边界的问题就比较容易，考虑到各种反对意见和争执，舒巴希奇已经给南斯拉夫的一些教授布置了任务：对南斯拉夫的领土要求做出非常严谨而且客观的论证。

莫洛托夫同志说，客观的论据难以说服所有的人。

舒巴希奇强调，南斯拉夫政府的打算是：南斯拉夫的边界应在严格遵守民族和民族学原则的条件下加以修改。

舒巴希奇允诺将附有南斯拉夫领土要求详细说明和地图的备忘录寄给莫洛托夫同志。

莫洛托夫同志问，组建南斯拉夫联合政府的问题为什么在伦敦研究了那么长时间。

舒巴希奇相当详尽地讲述了他与英国人和彼得国王谈话的经过。艾登①，特别是丘吉尔，拖了很长时间不接见他，而且还要和国王进行谈判，仅仅这一原因就把事情拖延了。在一次会谈中，艾登甚至说了这样一个想法：如果国王不赞同铁托和舒巴希奇的协议，那么舒巴希奇就不得不辞职，舒巴希奇对此表示反对，说他将择善而从，在目前的情况下，他未必会辞职，由于国王的原因，南斯拉夫无论如何不会发生希腊或者波兰发生过的那种事情。国王千方百计地企图说服舒巴希奇辞职，并且援引了自己的特权。舒巴希奇明确地向国王声明，如果国王和人民一起走，他就和国王一起走，否则，他就离开国王。问题最后是这么解决的，国王希望保全自己的威信，在同一份命令中要舒巴希奇辞职，同时又委托他组建新内阁。

莫洛托夫同志问，这个问题最终是否解决了。

舒巴希奇回答说，雅尔塔会谈和莫洛托夫同志的电报解决了这个问题。如果不是这封电报，英国人肯定还会拖延。

---

① 罗伯特·安东尼·艾登（1897—1977），1940—1945 年出任英国陆军大臣和外交大臣，1945—1951 年艾德礼工党执政时期仍留在下议院。1942 年以后长期为英国保守党领袖。

舒巴希奇问，铁托元帅能否拜访现在莫斯科的丘吉尔夫人。

莫洛托夫同志反问道：为什么不能。

莫洛托夫同志又问，南斯拉夫代表团有没有在莫斯科逗留期间的计划，它准备向苏联政府提出什么问题。舒巴希奇回答说，他们首先打算签署友好互助和战后合作条约，然后签署经济协定，谈一谈修改南斯拉夫边界的问题，讨论某些内务和外交问题，了解即将召开的旧金山会议的情况。

莫洛托夫允诺让舒巴希奇阅读苏联政府掌握的有关旧金山会议的材料。

舒巴希奇请莫洛托夫同志同意专门与他会晤，以讨论条约草案，并请他确定这次会晤的日期。

莫洛托夫同志同意会晤，并说这次会晤可在4月7日举行。

会谈持续了一个半小时。

（记录：拉夫里谢夫）

萨德奇科夫与保加利亚公使托多罗夫关于成立南斯拉夫联邦的谈话记录*

（1945 年 10 月 23 日）

摘自苏联驻南大使萨德奇科夫的工作日志

秘密

保加利亚人问我，由于舒巴希奇的辞职，盟国与南斯拉夫的关系有无什么新情况。我简要地向他通报了苏联与美国政府之间就南斯拉夫问题的信函往来。我同时还向他报告了美国政府关于承认阿尔巴尼亚的提案。保加利亚人发表意见说，英国人和美国人将放弃阻挠阿尔巴尼亚和南斯拉夫原定选举的企图。他说，无论如何，他们在南斯拉夫和阿尔巴尼亚无计可施：不管在这个国家还是那个国家，各民族团结一致，任何干涉他们内部事务的企图从一开始就注定要失败。

保加利亚人对当时（1945 年 1 月）保加利亚未能与南斯拉夫统一深为遗憾。按照他的看法，当时的形势对此十分有利。据他说，维·米·莫洛托夫同志曾指示他们保加利亚人，如果他们希望与南斯拉夫统一，那就快些予以落实，但保加利亚政府却拖延了这件事，并且还提出一系列琐碎而无关紧要的问题进行讨论，结果就把时间耽误了。盟国知道了历次会谈的情况并予以反对。按照托多罗夫的看法，这就犯下了

---

* 分送：维·莫洛托夫、弗·德卡诺佐夫、亚·拉夫里谢夫，归档。

"命中注定的不可避免的错误"。公使指出,现在我们不得不长期等待解决这一问题的良好局面的出现。

托多罗夫找我商谈这一问题已经是第二次了,从他的谈话的口气判断,他似乎对此真的感到遗憾。

И. 萨德奇科夫

萨德奇科夫与南人民农民党领袖
关于选举失败原因的谈话记录*

(1945年11月12日)

摘自萨德奇科夫的工作日志

秘密

约万诺维奇和日夫科维奇①因昨天制宪会议选举结果心情沉重,且沮丧地找到了我,他们声称,获得席位的数量与他们在塞尔维亚农民中间的实际影响不相符。他们把从50名人民农民党候选人中只选了5—6人进入联邦议会的情况说成是"群众恐怖"、年轻人不负责任的行为,以及地方上的共产党人不想遵守与他们在选举中达成的精诚合作的条件。日夫科维奇抱怨贝尔格莱德没有给他机会,哪怕是召开一次选举会议。伏伊伏丁那的情况也是如此,那里的地方委员会以各种借口取消他与选民的会见。

情绪激动、灰心丧气的约万诺维奇指出,贝尔格莱德的"塞尔维亚青年联盟"撕毁了所有号召投票赞成他的海报。当他来到自己选区皮罗特时,青年们从四面八方围住了他,并开始有节奏地高喊:"要战士,要战士"或"英雄铁托,英雄铁托",这一喊声持续了20—30分钟。

---

* 分送:维·莫洛托夫、弗·德卡诺佐夫、亚·拉夫里谢夫,归档。
① 德·约万诺维奇和日夫科维奇均为南斯拉夫人民农民党领袖。

这样一来，他根本无法与自己的选民们说上几句话。

他们对关于自己党的表决结果是这样解释的，即没有给他们在居民中开展独立工作的机会。在已经形成的局面中，他们则不知道该如何进一步行动：是继续留在人民阵线内还是转到反对派中去，留在人民阵线就会导致在人们当中影响的损失，但转到反对派则意味着要从自己党的重大政策——与依靠苏联的共产党人的合作上后退。他们本人都同意完全与共产党人打成一片，或参加到统一的工人农民党之中。这就是当前谈论的话题。但按照他们的看法，转到一党制还为时尚早——塞尔维亚农民目前对此还没有准备。在取消他们的党的过程中，部分跟他们走的农民将转向右倾并追随反动势力。因此，他们想听听我的意见，他们该如何进一步行动，同时想知道苏联希望见到一个什么样的南斯拉夫。

我回答他们说，他们提到的问题均属于南斯拉夫的内政问题，我们不能干涉这样的事务，苏联只是希望与南斯拉夫保持良好的关系，而这种关系目前还算不上好。至于涉及未来的国家制度，我曾指出，那就是你们自己在人民阵线纲领中确定的民主联邦共和国。我个人认为，这一决定是正确的。而为建造新的人民民主共和国大厦，眼下显然需要参与人民阵线所有民主力量的合作。

约万诺维奇和日夫科维奇对此表示感谢，他们说，有了这一点也就足够了。

最后，我建议他们与铁托元帅会晤，并与他坦率地谈谈所有这些问题。

临别时，约万诺维奇提醒说，他们已经落实了我在上次谈话中提出的有必要保护人民阵线统一的意见。

萨德奇科夫

丘瓦欣关于斯洛文尼亚局势和新政府组成原则与卡德尔的谈话纪要（摘录）*

（1945年11月29日）

秘密

在铁托元帅的招待会上我遇见了卡德尔①，他在做了手术之后刚刚从卢布尔雅那返回贝尔格莱德。我知道卡德尔曾专心致志地从事斯洛文尼亚大选的筹备工作，所以我请他介绍一下斯洛文尼亚此次大选的结果。

卡德尔说，斯洛文尼亚此次之所以有较大比例的选民没参加投票，其主要原因在于斯洛文尼亚的领导人忽略了反动势力反对人民阵线的斗争，在卢布尔雅那和各地方的斯洛文尼亚领导人过分地相信自己肯定会胜利，盲目乐观，在竞选运动期间没有进行必要的政治工作。由于这种盲目乐观、一味自信，在斯洛文尼亚的主要地区之一（马里博尔）有一些十分可疑的人混进领导层，而且其中有些人后来被发现竟然是外国直接派遣来的间谍。选举委员会机构人员不纯，而在马里博尔州各选举委员会竟然全部掌握在反动势力和同外国间谍机关有联系的人手中。对于这些人同外国间谍机关有直接联系这一点，我们没有任何怀疑。例

---

* 抄送：莫洛托夫、德卡诺佐夫，归档。

① 爱德华·卡德尔，时任南斯拉夫部长会议副主席。

如，在举行选举那一天，即11月11日，反动势力在选民中曾大力散布流言说选举将不举行，肯定会延期，在这一天将发生英国人发动的武装干涉，因为据说英国人将不准许进行这次选举。在进行这种宣传的同时，在南斯拉夫—奥地利边境（英国人占领区）出现了蓄意的部队调动，发生了挑衅的射击等。所有这些事实都说明存在一个南斯拉夫反动势力（在某些盟国的帮助下）事先制定的计划，该计划的目的是：如果不能使选举无法进行，起码也要对选民加以恐吓，努力降低投票率，从而争取增加投"空白票"者的数量。据卡德尔称，反动势力在某种程度上已成功地实现了这一计划，如果说阻止选举的进行未能成功的话，那么在马里博尔选举区投"空白票"者的比例不仅在斯洛文尼亚，而且在全南斯拉夫也是最高的。卡德尔指出，这一比例竟高达40%，这无疑是影响到了整个斯洛文尼亚投票的总的结果。卡德尔说，目前正在纠正错误，而许多间谍已经被揭露出来并被关了起来。卡德尔说，在11月11日之后，在斯洛文尼亚已经揪出并关押了200多同外国间谍机关有联系的人。

　　卡德尔认为，尽管在11月11日的选举中遭到了这种相对的失败，但就整体而言斯洛文尼亚人民阵线毫无疑问仍然取得了巨大的政治胜利。卡德尔说：不但如此，而且这种情况还表明，在斯洛文尼亚，人民阵线实际上是由一个政党——共产党组成的，因为在形式上参加人民阵线的其他政党，首先，其成员人数甚少；其次，都不拥有多少令人重视的政治实力，而且没有群众基础。现在，除了共产党人以外还有一些作为单独个人的社会党人加入了人民阵线，这些人在加入人民阵线的当时就宣布说，他们是以个人身份加入人民阵线的，不代表任何政党（指目前侨居意大利的托帕洛维奇的社会党残渣余孽）。加入阵线的还有一些基督教民主党人，这些人中有许多是共产党人。卡德尔得出的结论是：如果在斯洛文尼亚的大选中出面的不是人民阵线而是共产党，结果大概也会是一模一样。卡德尔说，之所以是这样一种情况，其原因是在于选民们政治觉悟的提高和共产党在居民中的巨大威望。……

3. 我请卡德尔介绍一下政府关于立宪会议工作的计划。在12月1日议会主席团选举之后，政府形式上将提出辞职。铁托将立即着手组织新的政府。未来的政府在组成人员方面将比以前少一些，因为预定要取消一系列部。其中，将取消负责各联邦事务的部（6个部）、教育部，采矿工业部按照新的方案应当同重工业部合并，而林业部则应当同农业部合并（森林工业将转归工业部），同时予以取消的还有社会保障部，它的职能将转由各联邦共和国相应的部门负责。

我问，参加人民阵线的个别政党在政府中将有哪些代表。卡德尔回答说，他们将争取做到让所有参加人民阵线的政党都有代表参加政府。其中，他们打算邀请农民党的德拉戈留布·约万诺维奇、共和党的费拉多·西米奇（斯塔诺耶·西米奇的兄弟）参加政府。卡德尔指出，外交部部长一职的问题虽然尚未最后决定，但铁托目前打算让斯塔诺耶·西米奇出任。

我询问了议会讨论和通过新宪法文本的程序问题，卡德尔说，现在的宪法草案还只是个草稿，还需要进行认真的推敲。在这次的议会会议上，预定要选举出一个将负责对宪法草案最后定稿工作的宪法委员会。在此之后，宪法全文将提交全民讨论。至于最后通过宪法文本，看来不会早于1月份。

我对卡德尔向我提供的情况表示了谢意。

苏联驻南斯拉夫大使馆参赞　德·丘瓦欣
1945年11月29日于贝尔格莱德

萨德奇科夫关于南斯拉夫新宪法草案给莫洛托夫的报告[*]

（1945年12月17日）

贝尔格莱德市

秘密

关于南斯拉夫新宪法草案问题

致维·米·莫洛托夫同志：

今年12月3日南斯拉夫各报发表了供全民讨论用的南斯拉夫新宪法草案，它的基本原则有以下几方面：

南斯拉夫宣布为人民共和国，国名全称是南斯拉夫联邦人民共和国，并被认为是平等和自由结合的各民族的联邦。参加南斯拉夫联邦人民共和国的成员有6个人民共和国：塞尔维亚、克罗地亚、斯洛文尼亚、波斯尼亚和黑塞哥维纳、马其顿及黑山。在塞尔维亚的构成中规定有伏伊伏丁那自治省及科索沃和梅托希亚自治州。联邦国家与各独立共和国之间的相互关系的确定与苏联宪法差不多，但是也有本质区别，即各独立国家无权脱离南斯拉夫联邦人民共和国。铁托与卡德尔在与我的谈话中为这一区别提出论据说，在南斯拉夫没有像苏联那样存在着深刻

---

[*] 分送：维·莫洛托夫、弗·德卡诺佐夫、亚·拉夫里谢夫，归档。

的民族差别，因为南斯拉夫各民族同系斯拉夫人，此外，他们的人数很少，不具备作为真正独立国家存在的条件。

宪法规定了人民政权的各项原则，其中第 6 条指出，一切权力来自人民并属于人民，实现这一权利的形式是各级人民委员会。所有国家政权机关都要在普遍、平等和直接选举的基础上以无记名投票方式选举产生。

国家总的经济结构的划分确立了国家三种经济关系形式——国有、集体和私人所有制经济的存在，宪法规定不准搞对外贸易垄断，而是要对它实行国家监督，同时还规定了经济发展将按照总的经济计划执行，而该计划则是依靠国有和集体经济，以及对私人经济的监督。

宪法保障私人所有制和个人的积极性，但需要保持在下列范畴内："任何人都不得利用私人所有制的权利损害民族的联合"，"私人所有制可能会受到限制或没收，如果整体利益要求这样做的话，但只能通过合法手段，并对私有者进行合法的赔偿"。

第 19 条则指出，土地属于耕种土地者所有，绝不容许出现私人大土地占用者。

综上所述，效仿资产阶级民主共和国宪法的南斯拉夫的草案是从"人民主权"的概念出发的，但是草案的其他各条均体现出对未来阶级分化政策的基本路线，例如第 19 条指出，"国家特别保护和帮助中农和贫农"。第 20 条则规定，为了免遭经济奴役，国家帮助劳动者联合和组织起来，接着就把这种帮助的形式具体化了。第 32 条还宣布："每个公民必须各尽所能地工作；谁对社会无所贡献，谁就不能从社会取得任何东西。"

我曾问卡德尔，当存在剥削阶级——企业主、商人和地主的情况下，如何看待南斯拉夫当前条件下关于社会主义的提法，即如何认定这些人在目前发展阶段乃是社会的生产者和有益的成员,或者如何把他们从社会的平等成员中开除出去,亦即怎样使他们合法化或在今后消灭他们。

卡德尔回答说,他们将在此基础上收拾本国的资产阶级。卡德尔声称,我们现在就已经碰上了妨碍工业企业恢复的资本家的严重怠工事件,这类违抗在今后大概还会增强。因此,我们势必要走上暴力镇压他们反抗的道路,卡德尔这样说:"在这条道路上,我们不是胜利就是灭亡,我们没有其他路可走"。

草案的制定者依据我国宪法确定了每个公民的权利义务,但是,按照铁托的指示,凡在现实中对公民权进行保障的一切条款都被删掉了。

宪法草案规定,由平等的两院——联邦院和民族院构成的人民议会是国家的最高权力机构。

在人民议会闭会期间,人民议会主席团是国家最高权力机关。

联邦政府是南斯拉夫联邦人民共和国最高执行和管理机关。政府由主席、副主席、各部部长、联邦计划委员会主席、联邦监察委员会主席、高等院校和科学事务委员会主席、卫生委员会主席和社会保障委员会主席等组成。草案的起草者依据我国宪法确定了人民议会主席团与联邦政府的权限和相互关系,但是在南斯拉夫的草案中,某种或多或少制约了人民议会主席团的权利而偏袒联邦政府的倾向颇为引人注目。例如在任命和罢免联邦委员会各部部长、主席、大使,以及授予荣誉称号和奖励,均得事先说明人民议会主席团是"遵照联邦政府的提议"行事的。

任命和罢免高级军事指挥员的权力归人民议会,而不是它的主席团。

铁托在与我谈话时指出,这些附加条件和修改是他提出的,其目的在于限制里巴尔①的野心。

在制定宪法草案的过程中，在南斯拉夫共产党人当中似乎发生了严重的争论。

宪法的第一稿是由南斯拉夫法学家在卡德尔和莫萨·皮亚德②领导下制定的，用赫布朗的话说，这一最初草案几乎只是想把苏联宪法简单地译成了塞尔维亚—克罗地亚语而已。

例如，今后的南斯拉夫打算改称为"南斯拉夫人民共和国联盟"，就政权的本质和起源问题而言，一切政权归城市、农村等方面的劳动者所有，铁托认为这一提法并不正确，同时提出了目前相应条款的提法。就个人的意见，我支持现在通过的共和国国名。

然而，在我看来，铁托作出了一处不适宜的修改。在交报界发表前卡德尔给我的草案第二稿中，第73条写道，议会主席团在南斯拉夫遭到进攻或者在必须履行南斯拉夫联邦人民共和国的国际义务的条件下（第49条与苏联宪法如出一辙）可宣布为战争状态。在发表的草案全文中，对第二种情况就没有规定，它是依据铁托的提议去掉的，其理由是，与国际义务有关的紧急军事手段将由作为国防部长的他来实施，而战争状态则由人民议会宣布。

当卡德尔找我交换对宪法草案的意见时，我以自己个人的名义指出，最初的提法要好一些，因为它为落实苏联—南斯拉夫条约双方通过的义务规定了相同的条件。

卡德尔声称，作出这种改变并未征得他的同意，他甚至还不知道是

---

① И.里巴尔是民主党左翼领袖，在南斯拉夫反法西斯人民解放委员会第一次会议上，曾被选为执行委员会主席。

② 莫萨·皮亚德，南斯拉夫共产党创始人之一。战后任南斯拉夫国民议会、联邦议会副主席。

怎么回事。卡德尔无法恢复在制宪会议宪法委员会讨论草案时的最初提法。

现在进行的草案讨论形式有合法的，也有不合法的。

对草案的背后批评大都具有敌对的性质，发表的意见严重对立，并且以其当事人的社会和政党属性所转移。塞尔维亚的资产阶级代表人物对人民阵线持敌视态度，并且声称草案是从苏联宪法那里抄袭过来的，是莫斯科授意的结果，甚至还是驻贝尔格莱德的苏联大使馆制定的。他们认为，这个草案的通过将会把南斯拉夫变为像改称人民国家的蒙古共和国一样纯粹是苏联的附庸。

另一组批评者认为，虽然南斯拉夫草案在保证个人自由和不受侵犯方面比苏联宪法走得远，但毕竟还不是民主的，因为它没有规定组织和政党活动的自由。他们断言，苏联宪法公开承认一党制，那样一来，作为南斯拉夫的草案也就暗中看好这一体制。

第三组代表从"左"的方面批评宪法草案。他们认为，草案与一般的资产阶级宪法没有多少区别，如果通过，就不会出现从资产阶级制度过渡到社会主义制度，因为它没有保护劳动者的起码权利。他们甚至还指出宪法草案侵犯了一些共和国的主权，因为它不承认它们有权脱离南斯拉夫联邦。

在制宪会议宪法委员会讨论草案的过程中，参加人民阵线的所有各党代表都对新宪法的基本原则持肯定态度，同时也都从个人角度提出了一系列修改，但人民农民党领袖德拉戈留布·约万诺维奇的发言却属例外。他以伪善的面目反对南斯拉夫未来经济和国家制度的基础本身。实际上，他的伪善讲话带有强烈的反苏色彩，并且把它与苏联的一党制混为一谈。在他看来，南斯拉夫共产党人想把这种制度以及法西斯主义和中世纪的野蛮制度强加给南斯拉夫。他认为，宪法草案过多地强调保证国家的统一而损害了一些民族、政党、个人等的自由，鉴于他的讲话大大超出了对宪法草案批评的范围,并进而转为对当今南斯拉夫对内对外政策的全面批评,因此,对其中的一些内容,我将在有关国家政治形势的信函中作进一步的详细介绍。

12月14日,宪法草案提交宪法委员会投票表决,委员会的所有成员,其中也包括德拉戈留布·约万诺维奇都投票通过了作为南斯拉夫联邦人民共和国未来宪法基础的草案。

尔后,委员会对其作了逐条审查,毋庸置疑,制定出的宪法草案最终会获得通过。

苏联驻南斯拉夫大使　萨德奇科夫

萨德奇科夫关于南斯拉夫政治局势给莫洛托夫的信[*]

（1945年12月18日）

贝尔格莱德市

秘密

关于南斯拉夫制宪会议选举后的形势（情报）

致维·米·莫洛托夫同志：

制宪会议选举和共和国宣告成立巩固了南斯拉夫的国际和国内地位，充分显示了南斯拉夫各族人民解放斗争中诞生的民主制度的威力和强大生命力。

一、南斯拉夫人在对外政策方面感觉自己更有信心了。他们正确地认为举行制宪会议选举和宣告共和国成立是在确立新南斯拉夫外交政策的斗争中所取得的决定性胜利。他们把这一胜利与苏联积极支持新南斯拉夫的外交政策相联系。这一看法不仅存在于国家的统治集团，而且也存在于广大的民主知识分子阶层和人民当中。选举结束后，农业部长瓦索·丘布里洛维奇就马上拜会了我。他是农业党成员，而且一直持观望态度。选举后，他首先来到大使馆，其目的就像他说的那样，是为了谈一谈他对南斯拉夫外交形势的印象。他声称，直到不久前，在南斯拉夫

---

[*] 分送：维·莫洛托夫、弗·德卡诺佐夫、亚·拉夫里谢夫，归档。

领土上依然存在着苏联和西方盟国外交政策路线的对立，这种冲突在国内可以强烈地感觉出来。但现在可以说，这种冲突以苏联和南斯拉夫的胜利而告结束，而且对立的路线现在已经转移到了匈牙利、法国和罗马尼亚等国家。

在与大使馆参赞科热夫尼科夫同志的交谈中，米洛凡·吉拉斯声称，英国人和美国人在南斯拉夫玩弄了一场反对苏联的大游戏。在这场游戏中，他们最大限度地利用了格罗尔①和南斯拉夫其他反动分子，然而他们却遭到了沉重的外交失败，没有能阻挠制宪会议的选举、召开和宣告联邦人民共和国的成立。

吉拉斯说，英美人的这一失败是苏联毫不动摇地支持新南斯拉夫的坚定的外交政策的结果。

这在某种程度上反映了南斯拉夫社会舆论对国内最新事态的总评价。

贝尔格莱德的气氛与全国各地一样，其特点是相当平静。而且还意识到，一直密布在南斯拉夫上空的阴霾有些已经移出它的边界。

从英美报界的基调及在这里的英美代表人物的所作所为判断，同盟国大概已决定容忍在南斯拉夫出现的政治变化。众所周知，对下议院提出的问题，即英国政府是否准备承认南斯拉夫，贝文②借口官方没有得到这一问题的信息而回避做出回答。然而，英国，还有美国，与南斯拉夫官方的外交关系，在该国废除王位、宣布成立共和国之后没有发生任何变化。路透社驻外工作人员在11月30日发出的一条信息说，伦敦正

---

① 米朗格·罗尔（1876—1952），战时加入了南斯拉夫流亡政府，1945年3月任联合政府副总理。1945年8月提出辞职，并成为1945年秋天成立的公开反对党的领袖之一。1945年11月议会选举失败后，格罗尔放弃政治活动，从事戏剧学研究。

② 欧内斯特·贝文（1881—1951），时任英国工党政府外交大臣。

式认为，虽然宪法变了，但对铁托元帅政府的承认依然有效。

据现有情报表明，在贝尔格莱德的英国代表所要达成的目标只是使立宪会议任命的新政府承担起南斯拉夫的旧有义务。看来，与此相关的是英国人一方面对南斯拉夫国家制度的改变不急于做正式决定，而另一方面却开始了与南斯拉夫政府的经济谈判。

主要问题是英国人提出要求承认他们在特列普查矿山的租赁公司。据贸易和供应部部长彼得罗维奇声称，南斯拉夫政府不打算承认英国人对矿山的租赁权，但同意赔偿他们在特列普查投资上的损失。

很显然，英国人拖延正式承认南斯拉夫共和国的目的在于借此保护和巩固自己在南斯拉夫的经济地位。

二、人民阵线的胜利使反对派的活动陷于瘫痪。正如前摄政王曼迪奇在与我交谈时所说的那样，"反对派被轻易地消灭了"。它的全部计划都寄托于外来干涉，但这一点却没有发生。有些反对派代表就此对英国人进行了指责，并且声称后者背叛了他们。

据特别来源的情报称，格罗尔给人的印象是一个灰心丧气的人。在一次谈话中，他认为英美与苏联之间在不久就会发生战争，而且无法避免。人们证实说，格罗尔本人就希望这场战争。因为他预料盟国会获胜，同时还希望这一胜利会使他重新上台。

今年11月底，在萨格勒布举行了前克罗地亚地区农民党积极分子代表大会，出席这次会议的共计50人。而作为会议的召集人和会务工作主持人的有舒巴希奇、舒特伊和扬奇科维奇。有关恢复舒巴希奇和舒特伊领导的克罗地亚农民党以及有关出版党报的问题是代表大会的中心议题。与会者指出，党的纲领应当建立在忠诚于现政府的进步反对党的原则之上。有些与会者则声称，他们认为舒巴希奇及其追随者没有在制宪会议上提出自己的候选人名单是一个错误。按照他们的推测，这个名单会得到克罗地亚25%—30%的选票。与会者似乎一致表示要参加下一次克罗地亚代议机关的选举。

三、早先从各种来源获得的消息说，人民农民党领袖德拉戈留布·约万诺维奇力图在人民阵线内部组建反对派，这一消息大概是可靠的，并且从德拉戈留布·约万诺维奇在 12 月 11 日宪法委员会会议的发言中得到了证实。他这种典型的耍两面手腕和伪善的讲话有以下几点内容。他首先声明，提出的宪法很好，符合人民阵线的纲领，然后他就转到大谈特谈自己的怀疑和批评意见，以及各种警告，等等。同时他还声称，一些老的"历史上的政党"在选举中遭到失败是因为共产党人为实现自己的目标而拙劣地利用了他们。在人民阵线中，这些党仅仅是"抬水的木棍"。在提出的宪法草案中，甚至都没看到留给其他政党的位置。该草案是毫不声张地根据一党制原则制定的，在苏联坦率和公开通过的内容，南斯拉夫共产党人做起来却要躲躲闪闪。但是，德拉戈留布认定："国家主义"的一党制不符合南斯拉夫各民族，尤其是塞尔维亚农民的心愿和传统，他坚持要避开这种制度，进而避免新的国家制度与法西斯主义和中世纪野蛮政权的雷同。这样，德拉戈留布·约万诺维奇就以毫不含糊的口气将我们的国家制度与法西斯主义混为一谈。迄今为止，格罗尔及其同伙还没有发表过如此公开的反苏声明。

谈及国家生活中自由与统一的关系问题，约万诺维奇也在国家主义、依靠自由———一些民族、政党及个人的自由、保证统一方面，对共产党人进行了指责。

在对外政策方面，约万诺维奇指控共产党人奉行有利于苏联的偏向政策。他认为这将会引起西方世界对南斯拉夫的敌视。在约万诺维奇看来，共产党人奉行的对内政策是无异于使南斯拉夫苏维埃化的路线，它也会受到西方盟国的敌视。

谈及国家的经济结构，约万诺维奇表示反对经济全面国有化的倾向。他同时认为这为资本主义世界对南斯拉夫的进攻打开了一个缺口，他还主张新宪法要保证全体公民的劳动权利。

约万诺维奇证实说，宪法草案有一部分将难以在南斯拉夫民族中通过，因为它没有考虑到他们历史上形成的特点以及他们的政党传统，这些民族将会感到自己被蒙骗。因为在亚伊采召开的南斯拉夫人民解放反法西斯委员会第二次会议上，他们得到了民族自决权，包括从南斯拉夫分离出来的权利，宪法草案并没有为他们的这种权利做出规定。

谈及农民问题，约万诺维奇对目前对待农民立场的正确性表示怀疑。他表达的内容大致如下：农民从事的一切就是要开展独立运动，不仅是经济独立，而且还包括政治独立。他们没有被破坏统一的言辞所迷惑，他们拥护与城市工人的联盟，但联盟就意味着平等。如果达不到这一点，那他们就会寻找其他方法和其他途径，以保证自己的社会和政治特征。

卡德尔、皮亚德以及克罗地亚共和国农民党主席、农民联盟执行委员会瓦索·丘布里洛维奇等人都对德拉戈留布·约万诺维奇的言论进行了批评。

约万诺维奇针对批评指出，人们没有正确理解他，他并没有提出什么原则性分歧意见，他从总体上是拥护宪法草案的。但他同时指出，他引用的所有论据都是有效的，而且对自己的任何一个观点都不会放弃。

因此，德·约万诺维奇的发言实际上证明了人民阵线内部已经从思想上出现了新的反对派。这时，它的行动纲领实际上与格罗尔的纲领相一致，其基本路线也已确定了下来。正如在约万诺维奇的声明中看到的那样，新的反对派指望从外部得到西方盟国的支持，在内部得到富农的支持。但目前事态仅限制在反对派思想、行动纲领的出现，但还没有形成组织。德·约万诺维奇在没有得到支持和同情后，就决定后退，并投票赞成通过宪法草案。他正在进行积极有效的工作，成立广泛的反对派集团。他正在从事两方面工作，首先是实现农民联盟和由他领导的人民农民党的合并，其次，他开始致力于建立有农民党、社会民主党、社会党及民主激进党参加的所谓"民主联盟"。

会谈的结果目前尚不清楚。但有一点是肯定的，即激进分子似乎已拒绝参加这一联盟。

新的反对派的前景如何呢？

当然，"农民反对派"将比"格罗尔反对派"有力，但是未必能在议会和国内产生大的影响。

议会两院中只有 10 名人民农民党选出的代表，但据卡德尔说，其中共产党员代表就占了 4 名。如果约万诺维奇转到反对派方面去，那么他也许会从自己党内拉走 4—5 人，从共和党拉走 3—4 人，以及从其他政党拉走若干人。因此，在议会中他将成为无足轻重的少数派。

共产党采取措施的目的在于防止农民联盟与人民农民党的联合，同时还在于使人民农民党发生分裂，并且将德拉戈留布·约万诺维奇本人开除出党。共产党人这些努力的最终结果如何还难以评估，但这方面的一些成效已经显现出来。

苏联驻南斯拉夫大使　伊·萨德奇科夫

斯大林与铁托会谈的苏方记录[*]

（1946年5月27日）

秘密

苏联方面参加者有：维·米·莫洛托夫，苏联驻南斯拉夫大使安·约·拉夫连季耶夫①

南斯拉夫方面参加者有：内务部部长亚·兰科维奇②，总参谋部参谋长科·波波维奇③，塞尔维亚部长会议主席内什科维奇④，斯洛文尼亚部长会议主席基德里奇⑤，南斯拉夫驻苏联大使弗·波波维奇

会议开始时斯大林同志问铁托，如果今后将的里雅斯特的法律地位

---

[*] 根据《斯大林接见人员登记簿》的记载，会谈从1946年5月27日23时持续到5月28日0时30分。

① 此时，拉夫连季耶夫已接替萨德奇科夫出任大使。

② 亚历山大·兰科维奇（1909—1983），时任南共中央执行局主管组织和干部工作的书记，南斯拉夫内务部长。

③ 科查·波波维奇（1908—?），1945—1953年任南斯拉夫人民军总参谋长。

④ 布拉戈耶·内什科维奇（1907—?），塞尔维亚共产党中央书记。

⑤ 博里什·基德里奇（1919—1953），1946年6月出任南斯拉夫部长会议经济委员会和计划委员会主席。

确定为一个自由城市①,那么所指的仅仅是市区呢,还是也包括了市郊地区,怎样一种法律地位好一些呢?是照梅梅尔模式,还是照但泽模式呢?②

铁托回答说,有一些斯拉夫人居住在市郊。所说的可以只限于市区。但他希望继续坚持把的里雅斯特列入到南斯拉夫的组成之中。随后,铁托以南斯拉夫政府的名义向维·米·莫洛托夫同志表达了谢意,感谢苏联代表团在巴黎外长会议审议意大利和南斯拉夫的边界问题时所

---

① 的里雅斯特是亚得里亚海沿岸城市,原属奥匈帝国,1918年为意大利占领,其绝大部分居民是意大利人,后来,邻近地区的大部分斯洛文尼亚人和克罗地亚人也迁居到此。1945年5月初南斯拉夫军队突破德军在意大利的防线,与西方盟国军队在索查河会师,共同占领了的里雅斯特市,但双方关系日趋紧张。5月12日和15日,杜鲁门以及英美政府接连照会南斯拉夫,要求南斯拉夫军队限期撤退。5月19日铁托代表南政府声明:"南斯拉夫有权留在自己解放的国土上"。5月22日占领军双方发生了军事冲突。当时,苏联政府对此保持缄默。6月2日英美政府再次发出照会,要求南斯拉夫撤军。6月9日南斯拉夫被迫与英美达成撤军协议,但未放弃对的里雅斯特的主权要求。此后,苏联在国际会议上支持南斯拉夫的要求,建议的里雅斯特市在南斯拉夫联邦国家的范围内作为一个独立的联邦存在,而将的里雅斯特港口确定为自由港。西方大国反对将的里雅斯特及其附属地区划入南斯拉夫,提出将的里雅斯特及周围的地区作为"自由的城市"。稍后,在1946年6月底,这样的建议由法国提出来了。

② 梅梅尔为波罗的海港口城市,1525年归属普鲁士公国。第一次世界大战德国战败后,《凡尔赛和约》规定,暂由国际联盟共管。后根据国联1923年决定归属立陶宛,有关公约规定,梅梅尔在实施内部管理方面享有立法等广泛的自主权,但不能超出立陶宛的宪法范围。1940年立陶宛加入苏联后改名为克莱佩达。但泽原称格但斯克,1793年起被普鲁士占领,改名但泽。第一次世界大战德国战败后,根据《凡尔赛和约》,但泽成为由国际联盟托管的拥有自己的立法和权力机构的非军事自由城市,但波兰享有其对外联系和经过其领土的铁路和水路交通线的监控权。

给予的支持。①

莫洛托夫同志询问了梅梅尔和但泽在法律地位上的区别,他指出,梅梅尔模式的法律地位比较好。

斯大林同志问铁托,南斯拉夫工农业的情况怎样。

铁托回答说,所有的土地都种上了,可以指望有一个中等的收成,并说,工业方面搞得是好的。

随后,斯大林同志建议铁托谈一下南斯拉夫代表团今晚想讨论的问题的范围。

铁托提出了以下一些问题:苏联和南斯拉夫之间的经济合作、军事合作,南斯拉夫和阿尔巴尼亚的关系。

关于经济合作问题,铁托说,南斯拉夫不愿意向美国借债。如果美国同意提供借款,那么就会同时要求南斯拉夫在政治上做出让步。要进一步发展工业,南斯拉夫没有钱。南斯拉夫很希望从苏联方面得到援助,特别是通过建立苏南合营公司。南斯拉夫有各种丰富的矿藏,但它无法组织生产,因为没有所需的各种机器。其中,南斯拉夫也有石油,但是没有钻探机。

斯大林同志说道:"我们来帮助。"

对斯大林同志关于南斯拉夫是否出产铝、铜和铅的问题,铁托作了肯定的回答,他说,南斯拉夫有很多铝土矿和各种矿石,可供生产这些金属。

斯大林同志说,外贸部曾多次向南斯拉夫人提出,他们准备就组织

---

① 在1946年4月25日至5月16日的巴黎外长会议上,的里雅斯特及周围地区的归属问题是审议对意大利的和约时讨论的主要内容之一。以莫洛托夫为首的苏联代表团积极地支持了南斯拉夫的领土要求。但在7月举行的巴黎和会上,莫洛托夫在没有满足南斯拉夫提出的先决条件的情况下,单方面同意了法国提出的自由区方案,引起南斯拉夫强烈不满。

合营公司问题进行谈判，但没有从南斯拉夫人方面得到肯定的回答。因此，产生了这样一种印象，南斯拉夫不愿意成立这些公司。①

铁托表示异议，他说，与此相反，他曾不止一次地向萨德奇科夫大使谈到，南斯拉夫政府希望建立苏南合营公司。

斯大林说，在建立苏南合营公司之后，是否有必要准许其他大国也加入南斯拉夫的经济。对此，铁托回答说，南斯拉夫政府不打算让其他大国的资本进入自己的经济。

随后，作为简明的归纳，斯大林同志说道，就这样吧，就在建立合营公司的基础上来考虑苏南经济合作的问题吧。

铁托对此表示确认，说道，他打算在明天就这一问题，以书面的形式提出自己的建议。②

关于军事合作问题，铁托说道，南斯拉夫政府希望为南斯拉夫军事需要而得到的苏联的供应，不是采取相互贸易的结算方式，而是以贷款的方式进行。南斯拉夫的军事工业不大，它能够生产一些迫击炮、地雷。在很多地方干部是有的，但是没有相应的设备，因为这些设备都被德国人运走了。南斯拉夫政府希望作为赔款，从德国得到一些机器，以便恢复一些军工厂。但南斯拉夫本身毕竟无法满足军工的需求，因此，在这方面南斯拉夫政府寄希望于苏联的援助。

---

① 1945年春，南斯拉夫提出采取租让形式请苏联参与开发南斯拉夫的自然资源。苏联方面同意参与开发，但要求采取合营公司的方式。不久，南斯拉夫表示同意。1946年4月新任大使拉夫连季耶夫到贝尔格莱德后，苏南双方开始谈判，但在谈到第一个合营公司——航空公司时，就出现了分歧。南斯拉夫的代表拒绝接受苏联的草案。铁托表示，这个问题将推迟到莫斯科进行讨论。

② 第二天，南斯拉夫代表团提交了以苏联对外贸易部的协定草案为基础的修改草案。6月8日苏南签署了经济合作协定。协定规定将在南斯拉夫建立8个合营股份公司，但成立公司还需要单独签订具体的协定。后来由于苏南谈判中的分歧，到1947年2月只签订了建立两个合营公司——航空公司和多瑙河航运公司的协定。

斯大林同志说，南斯拉夫理应有一些军工厂，例如有一些飞机厂，因为南斯拉夫人在拥有丰富的铝土矿的条件下，是有能力生产铝的。同时，也需要有一些生产炮兵武器的工厂。

铁托说，要是能够在苏联铸造炮筒，而在南斯拉夫进行加工，那就好了。

在涉及领海疆界问题时，斯大林同志说，要保卫领海疆界，就需要有一支优良的海军。要有鱼雷艇、护卫舰和装甲舰。尽管苏联在这方面也还薄弱，但是，正如斯大林同志所说的："我们给以帮助。"①

关于阿尔巴尼亚问题，斯大林同志指出，阿尔巴尼亚内部的政治局势现在还不明朗，有消息说，那里在共产党政治局和恩维尔·霍查之间出了一些什么问题。传来的消息说，科奇·佐泽希望在党代表大会之前来莫斯科，以便观察、分析、研究某些问题。恩维尔·霍查也表示希望与佐泽一道来莫斯科。②

斯大林同志问铁托，他对阿尔巴尼亚共产党的情况是否知道些什么。

铁托在这些问题上显得好像消息不很灵通，他回答说，霍查打算在近期内到贝尔格莱德。因此，铁托认为，应该这样答复阿尔巴尼亚人：

---

① 苏联报纸对访问结果是这样报道的："苏联政府同意在长期贷款的条件下供给南斯拉夫军队武器、弹药等等，以及协助恢复南斯拉夫的军事工业"。但实际上签署具体协定还要进行专门的谈判。

② 恩维尔·霍查（1908—1985），阿共中央第一书记，阿尔巴尼亚部长会议主席。科奇·佐泽（？—1949），阿共中央主管组织工作的书记，阿尔巴尼亚部长会议副主席兼内务部长。当时，霍查与佐泽之间矛盾很深。阿共中央原定1946年5月25日召开第一次代表大会，但一直没有召开。1948年11月阿共召开第一次代表大会，佐泽作为铁托分子被清除出党，并于1949年被判处死刑。

关于佐泽和霍查前往莫斯科的问题,待霍查去贝尔格莱德之后再加以研究。

莫洛托夫同志说,我们曾经多次制止阿尔巴尼亚人前来莫斯科的意向,但阿尔巴尼亚人始终坚持这一点。

斯大林同志指出,阿尔巴尼亚人前来莫斯科,在英美方面可能引起不良的反应,而且这将加剧阿尔巴尼亚外交局势的复杂化。

接着,斯大林同志问铁托,恩维尔·霍查是否同意阿尔巴尼亚作为联邦成员加入南斯拉夫。

铁托作了肯定的回答。①

斯大林同志说,目前要同时解决这样两个问题,即阿尔巴尼亚加入南斯拉夫联邦的问题和的里雅斯特的问题,对南斯拉夫来说将是困难的。

铁托对这一意见表示同意。

因此,斯大林同志进一步说,最好首先讨论阿尔巴尼亚和南斯拉夫之间的友好互助问题。

铁托说,这个条约的主要内容应该对保卫阿尔巴尼亚的领土完整和民族独立预先做出规定。

斯大林同志说,应该为这一条约找到一种形式,以便使阿尔巴尼亚

---

① 早在战时,南共便对阿共有着重要影响。战后,两国领导人均有结成联邦的想法。1946年3—4月双方商定霍查将访南,并签订南阿友好条约,其中包括经济合作协定和简化边界制度的协定,同时还签署一个秘密军事协定。4月22日铁托将这一情况通报给苏联大使,并透露了南阿结成联邦的意向。苏联方面研究后认为,阿加入南联邦的事情应推迟,简化边界制度的协定和秘密军事协定也不宜签订。5月7日拉夫连季耶夫通知铁托,苏联希望他提前访苏,并在莫斯科专门讨论南阿条约的问题。

更接近南斯拉夫。①

斯大林同志提到了保加利亚加入联邦的问题。

铁托说，搞联邦是不会有什么结果的。

斯大林同志随即甩出一句反驳的话："这件事应该做"。

铁托声称：搞联邦之所以不会有结果，因为事实上存在着两种不同的政治制度。除此之外，在保加利亚，其他一些政党的势力是很大的，可是在南斯拉夫，尽管存在着其他一些政党，但全部政权实际上都在共产党的掌握之中。

斯大林同志说，对这个问题不必担心。起初可以局限在友好和互助条约的问题上，而实质上应该做得更多一些。

铁托对此表示同意。

莫洛托夫同志说，目前可能会发生一些困难，因为同保加利亚还没有缔结和约。保加利亚可以被视为前敌对国。②

斯大林同志指出，这不应该有什么实质性意义。大家知道，苏联已经与波兰订立了友好条约，但当时波兰还没有被其他国家所承认。③

---

① 莫斯科会谈的结果体现了苏联的意图，阿尔巴尼亚与南斯拉夫联合的问题被暂时推迟了。与此同时，苏联准许南阿签署友好互助条约和经济合作协定，赞成阿尔巴尼亚要接近南斯拉夫的方针。1946年6月底霍查访问莫斯科，7月初南阿签署了有关文件。

② 自1944年年底以来，南斯拉夫和保加利亚的共产党领导人就开始进行了有关两国结成联邦的谈判。这些谈判是根据斯大林的倡议或经斯大林批准而进行的，当时斯大林表示必须加快成立联邦。但是，西方盟国对此坚决反对。1946年年初，保加利亚重新提出关于成立联邦的问题，对此，苏联和南斯拉夫都强调应在缔结对保和约以后进行。铁托访苏期间，苏、南、保三国领导人在莫斯科会晤，确定南保之间将真正实现最密切的合作，但友好条约应在对保和平条约之后签署。

③ 苏联军队1944年7月进入波兰后，扶持波兰工人党等抵抗组织建立了临时政府。在1945年4月苏联与该政府签署友好条约时，西方各国支持的是波兰在国外的流亡政府。

随后,斯大林同志对会谈是这样归纳的,他说,南斯拉夫政府在经济问题和军事问题方面所考虑的那些事情,都是可以办成的,现在有必要成立一个委员会,以便对这些问题加以研究。

　　铁托向斯大林同志通报了南斯拉夫与匈牙利的关系问题,并通报了拉科西①贝尔格莱德之行的情况。铁托说,南斯拉夫政府决定不在外长会议上提出南斯拉夫对匈牙利的领土要求问题(对包姚三角地的要求)。② 铁托对南斯拉夫与匈牙利签订了关于赔款支付问题的协议表示满意。

　　斯大林同志说,如果匈牙利希望与南斯拉夫保持和平关系,那么,南斯拉夫应该支持这种愿望,因为他注意到,对南斯拉夫来说,所存在的基本困难是在与希腊和意大利的关系问题上。

(记录:拉夫连季耶夫)

---

① 马加什·拉科西(1892—1971),匈牙利共产党总书记,匈牙利政府副总理。

② 战争后期,南斯拉夫曾向苏联提出南斯拉夫对匈牙利的领土要求问题。1946年4月底拉科西访问贝尔格莱德,并与铁托讨论了这一问题。铁托表示,如果给予在匈牙利的少数民族以民族权利,并保证在边界地区南斯拉夫的经济利益,他们不准备在外长会议和巴黎和会上提出对匈牙利的领土要求。拉科西对此表示同意。

斯大林与铁托会谈的南方记录

(1946年5月27日)

克里姆林宫

出席者:
斯大林、莫洛托夫、拉夫连季耶夫
铁托、马尔科①、科查②、弗拉多③、基德里奇、内什科维奇。

斯大林:"都是漂亮的人,强壮的人"。"坚强的人民"。
莫洛托夫点头表示同意。
斯大林:他问,我们一路上怎样。
铁托(说),很好……
斯大林(微笑着,讥讽地说):"我的'朋友'舒巴希奇怎样啊?"
铁托(也同样微笑、讥讽地)说道:他待在萨格勒布。还有格罗尔。
斯大林(以同样的表情):"那么我的'朋友'格罗尔的情况怎样呢?"铁托(以同样的表情):"他在贝尔格莱德……"

---

① 马尔科是兰科维奇的化名。
② 即科查·波波维奇。
③ 即弗拉迪米尔·波波维奇。

铁托：要随时制服他们，我们是有办法的。那些政党只是形式上存在，而事实上并不存在。事实上存在的只有共产党。斯大林对这一说法愉快地笑了。

斯大林："收成怎么样？"

铁托："会非常好。地种得很好。在那些缺粮地区也不错。不需要联合国善后救济总署的帮助。水果会有很多的。"

斯大林："你们全都种上了吗？"

铁托："全都种上了。"

斯大林："你们的计划怎样呢？你们打算提出什么问题来讨论呢？"

铁托说有经济和军事问题。

斯大林在整个过程中都说："我们给予帮助！"

斯大林："卡德尔和吉拉斯的情况怎么样？"

铁托："很好。我们不可能所有的人都来，即使这样，已经半个政府在这里了。"

斯大林："英国人和美国人是不愿意把的里雅斯特让给你们的！"（微笑着说）

铁托：他对支持表示了感谢，人民向斯大林和莫洛托夫致敬，他谈到苏联的支持具有重大的政治意义。

莫洛托夫："但是的里雅斯特你们还没有……"

铁托：尽管如此，苏联的支持仍然具有重大的政治意义。……

1946 年 5 月 27 日 23 时

斯大林与铁托会谈的南方记录

(1946年6月9日)

续（8—9日夜晚，1—3时之间记录）①

一、斯大林："我们方面曾经向你们从事经济工作的同志提出过一个建议，但既然你们不同意成立合营公司，既然你们不愿意，对此我们没有什么反对意见。比如，波兰人也不愿意，是因为美国方面没有提出成立合营公司的问题。"

铁托："不，这既不是我的意见，也不是其他领导人的意见，相反，我们认为，这是应该的。"

二、斯大林："……我同意建立这些公司，正如你们……"（莫洛托夫："就在那些对你们和我们都最有利的部门……"）

斯大林想知道，我们这里石油、铝矾土的产地在什么地方。"你们有优质的铝矾土。"铁托解释说，产地很多，如博尔、特列普奇、拉沙，并说，我们有很好的煤，但不是供高炉用的焦炭。

三、莫洛托夫说，为了得到拉沙，意大利有一个经济上的理由，即

---

① 这里是指6月8日至9日夜间。铁托是在6月10日结束访问的，据当时的报道，斯大林6月8日在克里姆林官接见了南斯拉夫代表团全体成员。根据习惯，斯大林会在当天夜晚举行小范围的宴会。显然，这个记录是在宴会后追记的。不过，据参加会谈的科查·波波维奇回忆，这次谈话是在5月27日夜间进行的。

如果没有拉沙，意大利只能满足自己需求的20%。

四、军队。

斯大林："这是对的，如果发生战争，由于供应困难，在国内的军事工业应尽可能多一点。最好是发展航空工业，并重视铝矾土的产地，而对于炮兵部队来说，要在国内加工锻件。"

斯大林："为了保卫沿岸一带，必须建立快速、轻便和灵活机动的舰队，因为意大利有相当强大的海军（大概有两个分舰队）。"

铁托："……在科托尔湾①，可以部署30000吨的战舰。"

斯大林："现在都在生产60000吨的战舰了。可是，我们目前在建设舰队方面困难很大，但是我们还是应该帮助你们。

我同意，我们帮助你们，为弹药工厂和轻射击武器工厂提供设备。同时，我们要派干部帮助你们，他们将帮助建立军官进修学校，这种学校过一两年可以成为学院（就像伏龙芝军事学院的级别）。

对南斯拉夫军队的供应，将在贸易条约之外，也就是说，以直接提供贷款的方式给予。

希望你们有一支海军，这是最重要的。我们将帮助你们建设造船厂和基地，以及培训相应的海军干部。

我们将帮助开采石油。

与弹药工厂的同时，重建军火库很重要，在这方面我们同样给予帮助。应该研究一下建设飞机发动机工厂的可能性。"

五、阿尔巴尼亚。

铁托（谈到海军问题）："我们需要知道，我们与阿尔巴尼亚及沿岸一带地方是否存在边界问题。"

斯大林："您的具体建议是什么呢？"

---

① 南斯拉夫亚得里亚海沿岸的海湾。

铁托:"应该缔结一个较好的协定,以此来帮助阿尔巴尼亚人维护独立,这在有来自海军方面威胁的具体情况下,是会有帮助的。"

斯大林:"这是一个新的形式,不过需要考虑一下,并对此进行仔细的研究。你们与捷克签订了一个很好的协议,而且找到了一种很好的表达方式,即不仅反对战时的德国及其盟国,同时也反对其未来的盟国。① 因此需要再考虑一下,以便找到一个相应的表达方式。

对于联邦问题,现在不是时候(即使是与保加利亚)。现在主要的是关于的里雅斯特的问题,而且这个问题应该首先解决。但是,既然你们希望现在就签订协议,那么可以两件事情(的里雅斯特和阿尔巴尼亚)同时办。"(这时他微笑了)②

铁托:"我们已经三次推迟了恩维尔·霍查的贝尔格莱德之行,因为我们考虑到同您的这次会见。总的来说,我们打算与阿尔巴尼亚缔结一项保障'主权'的协议。"

斯大林:"您是否了解恩维尔?他是怎样一个人?他是共产党员吗?他们内部是否也有一些问题,你们得到了什么情报?"

铁托:"我没有见过恩维尔·霍查,他是个年轻人,但在战争中已经开始出名了……

我们要签订一个协议,并为进一步完全的接近创造条件。"

斯大林:"我同意。"

铁托:"……总的说来,领导层中都是一些年轻人。据我们所知道的,并没有什么特别的问题。"

---

① 1946年5月9日南斯拉夫与捷克斯洛伐克签订了友好互助合作条约,但没有提及德国战时的同盟者。条约中写的是:缔约国的双方,"如果其中一方由于德国试图恢复自己的侵略政策而处于与其敌对状态,或者与其他在侵略活动中与德国相勾结的国家处于敌对状态,那么,另一方将尽全力给予军事的和其他的援助"。

② 档案原件在这里有一个问号。

斯大林："他们曾极力设法要到这里来，但不愿意让恩维尔一个人来，还有科奇·佐泽想跟他一道来，像是监督人员一样。对此你们知道些什么情况吗？"

铁托："无论是这个问题，还是存在什么分歧的问题，我们的消息都不灵通。"

斯大林："我们一再推迟他们来访的事。你们是怎么看的呢，是否有必要由我们来接待他们？我们觉得，没有必要。"

铁托："是啊，我们是能够同他们一起解决各种事情的。"

斯大林："现在，无论是对他们，还是对我们，都是不方便的。我们最好是通过你们来帮助他们。"

斯大林：随后他表示怀疑说，在阿尔巴尼亚政治局里好像有一些不正常。

马尔科："政治局里有一些同志认为恩维尔·霍查不是一个非常坚定的党员，因为他经常坚持，要科奇·佐泽作为政治局里最老的一名党员，跟他一道外出。在4月全会上，他们讨论了路线问题，特别是南斯拉夫和苏联关系方面的问题，并查明了一些明显的错误，作为这些错误的代表者，谢伊富尔拉·马列绍瓦①被开除出了政治局。从此，领导人之间就比较紧密了。"

铁托："这个问题我们是能够和他们一起解决的。"

斯大林："好。"

六、保加利亚。

斯大林："现在你们是否值得同保加利亚搞联邦？"

铁托："不，现在不是时候。因为有不少事情，他们做得还不是很彻底。比如，军队，一些资产阶级的政党，君主政体，还有签订和约之

---

① 谢伊富尔拉·马列绍瓦，阿共中央政治局委员，领导经济工作。

前的保加利亚的一些情况。"

斯大林:"对,不过应该帮助他们。"

七、匈牙利。

铁托:"我们没有任何领土的要求。自从那里内部的政治形势改善之后,我们放弃了领土的要求,这也是遵照了您的建议。"

斯大林:"对呀。如果你们与北方邻居关系良好,那么,即使希腊也会对你们另眼相看……可是,希腊在与南斯拉夫关系方面是否提出了什么要求吗?"

铁托:"在与我们的关系方面,曾经发生过多次挑衅行为,但近来没有。"

斯大林:"英国人在那里保持着军队,目的在于巩固反动势力,是啊,可能,还有其他目的。"

铁托:(笑了起来):"在对他们的关系方面,我们有一些要求,即爱琴马其顿和萨洛尼卡。"①

莫洛托夫:"对,萨洛尼卡,一个古老的斯拉夫城市。应该出现在爱琴海。"

斯大林:"真见鬼。有好多同志都到保加利亚去了,可是在那里应该进行的没有进行,应该发展的没有发展。共产党员是有影响的,但是在国家机关中,他们没有相应的地位。

由此,我们应该向他们指出,希望他们把斯塔伊诺夫②撤了。现在,我们在那里的外交部只有一位秘书。"

---

① 马其顿地区位于巴尔干半岛中南部,南临爱琴海。1913年巴尔干战争后分属南斯拉夫、保加利亚、希腊三国,分别称瓦尔达尔马其顿、皮林马其顿和爱琴马其顿。萨洛尼卡,即塞萨洛尼基,希腊爱琴马其顿境内的爱琴海港口城市。

② 斯塔伊诺夫(1890—1972),1944—1946年任保加利亚祖国阵线政府外交部部长。

铁托:"以后我将向拉科西说明一下,由于战略上的原因,我们需要佩奇①,同时要帮助匈牙利的共产党人,因为反动势力正在开始抬头。"

斯大林:"难道他们会相信你们吗?……"斯大林:"那么,今天晚上你们还有什么进一步的计划吗?"

铁托:"我们没有计划了"。

斯大林(笑):"一个没有国家计划的政府!"(笑)

弗拉多:"同您会面,我们就听从您的安排了"。

斯大林:"那么我们可以吃点东西了"。

莫洛托夫:"既然您邀请我们,那太高兴啦。"

在别墅里

斯大林:关于陶利亚蒂②,[他]是个理论家,新闻记者,会写一手好文章,是个好同志,但是要把人们团结起来,并为他们"指明方向",这却不行,那里的条件很困难。

多列士和杜克洛都是好同志③。

何塞(迪亚斯)④ 是个好人,是个聪明人。

---

① 指匈牙利南部临近南斯拉夫的佩奇市。
② 帕尔米罗·陶利亚蒂(1893—1964),意大利共产党总书记。
③ 莫里斯·多列士(1900—1964),法国共产党总书记。雅克·杜克洛(1896—1975),法共中央书记,是当时领导层中的第二号人物。根据参加会谈的科查·波波维奇回忆,斯大林谈到这里时还说:"多列士有一个很大的缺点:甚至一条不咬人的狗,在想吓唬人的时候也会露出牙齿,而多列士连这一点都不会。"
④ 何塞·迪亚斯(1895—1942),1932年起任西班牙共产党总书记,后在苏联去世。

帕西奥纳丽娅①就不是这样，她不能团结和指挥别人，在当前困难的情况下，她也没有领导能力。

罗马尼亚有一些很好的年轻的同志。

在联邦德国，皮克②是一位好领导，是一位"老大爷"，他把人们团结起来，解决各种问题。……没有命令，德国人就不算什么了。

共产国际——没什么好说的。③

全民投票——"也不值一提"④。

战斗的各族人民，应该把希腊人吸引过来。⑤

"你们是否希望再来一次战争，再次落到你们的身上，叫斯拉夫人再丧失千百万人呢？如果你们不希望的话，那么，斯拉夫人就应该同苏联结成统一战线。"

意大利有复仇的想法。

贝奈斯的现实主义和理想主义。当你向他显示出力量的时候，他是个现实主义者，如果他自我觉得是个强者时，他便是个理想主义者（这是对铁托意见的回答：贝奈斯是英国的奴仆，但却是一个现实主义者）。

"费林格⑥是会跟共产党人走的。"

---

① 即多洛雷斯·伊巴露丽（1895—1990），在何塞·迪亚斯去世后成为西班牙共产党的总书记。

② 威廉·皮克（1876—1960），德国共产党的领导人，1946年4月，苏联占领区的德国共产党与社会民主党合并成德国统一社会党，他是德国统一社会党两位主席之一。

③ 斯大林曾对保加利亚人说过："我们任何时候都不会恢复旧形式的共产国际"。在后来同铁托的谈话中，斯大林提出了建立共产党情报局的问题。

④ 1946年9月1日希腊将举行是否实行君主立宪制问题的全民公决。

⑤ 当时希腊国内政治斗争非常尖锐，1946年下半年，在南斯拉夫、阿尔巴尼亚和保加利亚的支持和援助下，希腊共产党组织了反对希腊政府的武装起义。

⑥ 兹德尼古·费林格（1891—1976），捷克斯洛伐克社会民主党左翼领导人，在共产党的支持下出任捷克斯洛伐克联合政府副总理、总理。

捷克—波兰关系：捷申问题作为选举前的一种策略，已经证明，在此之后他们并未采取任何外交的措施。①

南斯拉夫的民主是一种特殊形式（非苏联形式），这一形式有别于其他所有的形式。

"我们是塞尔维亚人，我和莫洛托夫……我们是两个塞尔维亚人……"

"出卖灵魂的斯洛文尼亚知识分子。"

桉树②。

"但愿铁托多加保重，希望他不会有什么三长两短……因为我将不久于世了……生理的规律……可是你将为欧洲活下去③……"

丘吉尔向他讲述了有关铁托的情况……说他"是一个好人"。斯大林说："我对他不了解，但既然您说了，那就是说，他应该是一个好人。我尽力去了解他吧"④。

---

① 1946年4月24日，捷克斯洛伐克外交部向各大国提交声明，正式提出了对波兰边界地区，即捷申的西里西亚的领土要求。由于捷申所引起的捷波争端到1946年4—5月，即捷克斯洛伐克战后第一次选举的前夕，已经达到了顶峰。选举是在5月26日，即斯大林会见铁托的前一天进行的。在苏南会谈中，捷申问题显然是南斯拉夫客人提出的，因为在铁托赴苏前，波兰驻贝尔格莱德大使曾请求他劝告捷克斯洛伐克政府放弃它所提出的领土要求。

② 斯大林劝告南斯拉夫人种植桉树，因为这是造船用的最好材料，斯大林还答应送给南斯拉夫一些桉树苗。

③ 根据参加会谈的科查·波波维奇回忆，在午夜会餐时，斯大林站起来走到唱机前，开始一张盘接一张盘往里放，都是俄罗斯民歌。听其中的一首歌，斯大林开始边舞边唱起来。莫洛夫托等人都用喊声迎合，并说斯大林身体的强壮。斯大林回答说，这是生理发展的规律，他将不久于人世。斯大林又补充说，铁托应该爱惜自己，他将为欧洲而活下去。

④ 这是斯大林在回忆1944年10月英国首相温斯顿·丘吉尔（1874—1965）访问莫斯科时的谈话内容。1944年8月丘吉尔曾与铁托见过面。实际上，斯大林在与丘吉尔谈话之前已经与铁托认识了，铁托曾于9月底秘密访问过莫斯科。

让德日多来吧,希望他来休息,他有……"我会医好他的头痛病的"。①

"贝文是英国的诺斯克②"。

弗拉多询问马尔科的情况,随后马尔科又询问弗拉多的情况。……"贝利亚和马尔科——谁将招募谁呀③?"

---

① 德日多是吉拉斯的化名。斯大林从铁托那里知道吉拉斯有头痛病。

② 欧内斯特·贝文(1881—1951),英国工党和工会领袖之一,1945—1951年任外交大臣。古斯塔夫·诺斯克(1868—1946),德国右翼社会党领袖,1919年1月率军镇压基尔水兵起义和革命运动,并秘密杀害李卜克内西和卢森堡,后任政府国防部长。

③ 拉夫连季·巴夫洛维奇·贝利亚(1899—1953),苏联部长会议副主席兼内务部长。斯大林在孔策沃的餐桌上拿贝利亚和兰科维奇开玩笑,因为他们两人在国内都是主管安全机构的。苏联方面出席午夜宴会的,除斯大林和莫洛托夫以外,还有日丹诺夫、贝利亚、布尔加宁。

国家安全人民委员菲京关于南人民阵线内反对派活动给苏斯洛夫的报告*

（1946 年 6 月 30 日）

绝密

致苏斯洛夫同志：①

现将我们得到的关于南斯拉夫人民阵线内反对派分子活动问题的材料报告如下。

今年 4—5 月份，南斯拉夫人民阵线内反对派分子的活动进一步活跃。根据现有的材料，领导这一活动的是人民农民党领袖德拉戈留布·约万诺维奇，他企图在人民阵线内建立一个由不满铁托政府政治路线的所有分子组成的集团。最近，德拉戈留布·约万诺维奇把除了本党右翼以外的克罗地亚共和国农民党和农业党的某些活动家拉到自己这一边。

德拉戈留布·约万诺维奇及其追随者认为，利用议会作为其派别活动的合法舞台是他们活动的任务之一。作为在这方面的活动之一，约万诺维奇在今年 5 月同克罗地亚共和国农民党和农业党中有敌对情绪的代表达成了关于在议会成立一个名叫"农民党代表俱乐部"的集团的协议。1946 年 5 月 23 日，举行了该集团纲领的签字仪式。纲领的内容

---

*　分送：安·维辛斯基
①　米哈伊尔·安德烈耶维奇·苏斯洛夫（1802—1981），时任苏共中央书记。

如下：

"一、我们建立农民党代表俱乐部是为了在整个联邦和每一个单独的共和国中保持和发展人民斗争的成果，保护农民和其他劳动人民的利益，制定出建立在社会公正、自由和人道主义原则基础上的农民意识形态。

二、参加我们俱乐部的只能是接受这一纲领的代表。

三、我们打算尽一切努力建立一个有统一领导的南斯拉夫统一农民党"。

德拉戈留布·约万诺维奇及其支持者代表人民农民党，图纳·巴比奇代表克罗地亚共和国农民党，斯帕索斯·德米特罗维奇代表农业党，以代表小组的名义在纲领上签了字。

П. 菲京

1946 年 6 月 31 日[①]

---

① 档案文献原文如此，根据文献排列位置，疑为 30 日之笔误。

拉夫连季耶夫与铁托关于反对派活动等问题的谈话(摘录)*

(1947年4月2日)

摘自安·约·拉夫连季耶夫的工作日志

秘密

一、我提及德拉戈留布·约万诺维奇、波波维奇、菲拉科维奇和托多罗维奇在3月29日南斯拉夫人民议会会议上的发言,指出反对派是在公开地使乡村与城市相对立。铁托说,他确信,这个发言恰恰满足了英国人和美国人的要求。据他新掌握的情报,约万诺维奇本来并没有打算发言,只是到了3月29日,即发言的当天,才决定发言的。

按照铁托的话说,容许约万诺维奇集团进行活动,在当前可能会招致科舒季奇、舒巴希奇等集团更加积极起来活动。此外,铁托推测,美国人和英国人将努力促使各反动集团积极活动起来。因此,铁托打算逮捕德拉戈留布·约万诺维奇及其亲近的同谋者,因为现在有足够的理由把他们关起来。人民支持逮捕约万诺维奇并把他交法庭审判。通过国内现有的在共产党领导下的两个农民政党(统一农民党和克罗地亚共和国农民党)将可影响农村,把握住应有的方向。

---

* 分送:维·莫洛托夫、安·维辛斯基、费·古谢夫、亚·拉夫里谢夫,归档。

今年由于粮食征购，富农的抗拒行为大为增加。有意思的是曾经发生了一些富农为抗议粮食征购而自杀的事件。本来还需要征购15万吨，不过这里包括有一定的储备。全国食用粮将需要7万—8万吨。据铁托断言，国家能够勉强度日。他再次强调说，塞尔维亚政府去年夏天和秋天曾试图证明按原定计划完成收购任务是不可能的，从而犯了严重的错误。而现在，在经过严肃的批评之后，塞尔维亚的领导人又走向了另一个极端，开始从那些已经无力再上缴粮食的人那里征购粮食，从而又发生了严重的过火行为。铁托已经指示要更加谨慎地执行粮食征购政策和必须确实是向没有完成缴售任务的富农户征购谷物。铁托已下令把富农们没有完成的缴售任务视为必须从今年的收成中清偿的欠缴税款。

铁托强调说，现在对春播秋种十分重视。各地都成立了不仅负责监督新有耕地全部犁过一遍，而且要确保其深耕细作和精心播种。他不排除富农们有可能进行怠工和故意不好好播种。燕麦和马铃薯的种子供应将遇到困难。马铃薯已经向捷克斯洛伐克订购，预计近日内应当运抵南斯拉夫。玉米种子足够播种所需。

二、铁托告知我说，美国人提出要把监督勘定意大利—南斯拉夫临时边界四方委员会的工作也扩展到临时勘定的里雅斯特自由区的疆界。按照同意大利签署的和平条约第5条，是有正式理由可以拒绝这一建议的。我问铁托，南斯拉夫政府对美国的上述建议意见如何。

铁托回答说，按照他的初步意见，把四方委员会的工作扩展到勘定的里雅斯特自由区的临时疆界是不适宜的，因为现在尚不存在一个该区域的政府。他想先弄清楚需要移交的伊斯特拉西北部的情况，然后再给予确切的答复。

说到这里，铁托指出，南斯拉夫当局已着手拆卸沉没的意大利船只"列克斯"号。南斯拉夫可以拆下该船全部有价值的设备，但却未必能对船体本身有所作为，因为它深深地埋在淤泥之中。……

四、在谈到斯大林同志对拉津的信的答复①时我提到了哈莫维奇在驻萨拉热窝第6集团军的一次图上作战演习期间所发表的意见。我指出，哈莫维奇把苏联军事条令说成是公式化的，并强调说，在采用红军的条令时倘若不加以正确的指导，将会全军覆没。哈莫维奇宣称，南斯拉夫军队应当研究其他外国军队的作战艺术，但他却只字不提研究苏联军队经验的必要性。对苏联军事条令的批评引起一些南斯拉夫军官对苏联军事学说的批评。例如，在1月份举行的一次军队会议上就已经提出，南斯拉夫应当有自己的军事条令，应当创立自己的军事学说。

铁托回答说，有人告诉他说，我们的军事顾问们对哈莫维奇的讲话很关心。他本人没有同哈莫维奇交谈过，但打算跟他谈谈。铁托认为哈莫维奇批评的不是苏军的条令，而是批评公式化地运用条令规定而不考虑山地作战环境特点的那些人。铁托评价哈莫维奇是一位谦虚的将军和热爱苏军的人。

铁托接着说，南斯拉夫军队只能向苏军学习。无论是美国人，还是英国人，都没有自己的军事学说，德国人倒是有过，但是南斯拉夫人不能借鉴这一学说。南斯拉夫军队研究过并且将继续研究苏军的经验。不言而喻，南斯拉夫人同样也应当研究自己山地作战的经验。说要创立南斯拉夫军事学说的那位军人自己也未必懂得这个词的意义和内容。铁托认为，从内部组织结构的角度来看，南斯拉夫军队有某些特点。军队中有政治委员，因为军官们没有受到过做政治工作的培训。党组织在维护军纪和掌握作战艺术的工作中起着极为重要的作用。

---

① 指1946年2月25日斯大林对拉津上校和教授1946年1月30日来信的答复。拉津在信中提出了列宁的现实主义原理的问题，并建议用提纲的形式表达自己对战争和战争艺术的思想。

我认为，当时就对哈莫维奇讲话的看法问题同铁托进行争论是不适宜的（显然，铁托是根据总参谋长波波维奇向他提供的报告做出自己的评价的）。重要的是南斯拉夫人已经给自己做出了相应的结论。虽然如此，但我还是指出，党的组织在苏联军队中过去起过，现在仍然起着非常重要的作用，这一点已为我们红军的历史所证明。我们现在没有设政治委员，但是设有政治副职，这是符合一长制原则的。

铁托抱怨说南斯拉夫总参谋部想尽办法也未能从苏联得到《军事思想》杂志。铁托曾两次重提此事并要求能给他本人寄一份这种杂志来。他特别希望一读的就是这份探讨军事战略方面极其重要问题的杂志。我答应把他的要求报告莫斯科。

五、我问铁托，据他看，已开始播音的南斯拉夫秘密广播电台位于何处。他回答说，最大的可能是在意大利，也可能在英国。按照铁托的说法，南斯拉夫的居民并不收听该台的广播……

苏联驻南斯拉夫大使　安·拉夫连季耶夫

莫洛托夫关于向铁托介绍联共（布）中央给法共中央信件给拉夫连季耶夫的指示

（1947年6月7日）

秘密

南斯拉夫

拉夫连季耶夫同志：

今由莫舍托夫同志给您带去联共（布）中央委员会致法国共产党中央委员会的信件副本。

请借机向铁托同志本人介绍信件内容。铁托可以亲自摘记此信，但原件需还给您本人，而您则必须立即将其销毁。如果铁托提出某些意见，请您将关于此事的报告通过收到此信的同样途径呈送莫斯科。请确认此信收到。本指示执行后请电告。

维·莫洛托夫
1947年6月7日于莫斯科

附 件

致法国共产党中央
多列士同志：

亲爱的同志！

法国最近发生的政治事件令联共（布）中央担忧，由于这些事件法国共产党人已经被政府所排斥。① 苏联工人多次请求我们对于法国发生的事情作出解释。法国政治局势的急剧变化和力量对比朝着不利于共产党的方向转变使苏联的工人阶级感到担心，这些巨变的后果使他们痛心。由于缺乏这方面的信息，我们很难给予他们以明确的答复。法国报刊上出现的报道，既矛盾，也不全面，因此不能给予任何明确的说明。

许多人认为，法国共产党是与联共（布）中央商议过自己的行动的。你们自己清楚，这种看法是不正确的，联共（布）中央完全没有料到你们所采取的步骤。从所有这一切中你们自然会清楚，我们多么需要你们的情报资料，这些信息可以帮助我们弄清法国业已形成的新的局势。如果您同意，那么我们请您向我们通报信息。

致共产主义的敬礼

受联共（布）中央委托
联共（布）中央书记 日丹诺夫
1947年6月2日

---

① 指1947年5月法国共产党人因反对马歇尔计划被排挤出政府的事件。

拉夫连季耶夫与卡德尔关于参加马歇尔计划问题的电话记录*

(1947年7月4日)

摘自安·约·拉夫连季耶夫的工作日志

秘密

卡德尔给我打来电话说，鉴于各方面的新闻记者和外交官纷纷询问南斯拉夫在详细拟定美国向西欧国家提供经济援助的措施方面今后的立场，南斯拉夫政府打算发表一项声明。在此项声明中南斯拉夫政府打算指出：南斯拉夫不能在没有苏联参加的情况下参加拟定这样的计划，因为英国和法国政府的建议是试图建立一种允许某些大国干涉其他国家内部事务，并使小国的经济依附于这些大国，进而使小国丧失民族独立。卡德尔请求把苏联政府对南斯拉夫政府准备发表的上述声明的意见告知他。卡德尔同时指出，最好能在今天晚上就得到答复，因为南斯拉夫政府打算在明天发表这一声明。

苏联驻南斯拉夫大使　安·拉夫连季耶夫

---

* 分送：维·莫洛托夫、安·维辛斯基、亚·拉夫里谢夫，归档。

拉夫连季耶夫与卡德尔关于南斯拉夫干部政策问题的谈话记录*

（1947年7月6—7日）

摘自安·约·拉夫连季耶夫的工作日志

秘密

  我在前往会见铁托的途中同卡德尔进行了交谈。在谈及各人民共和国议会目前的人员组成情况时我问卡德尔，在议会中有多少直接从事生产的工人代表。卡德尔回答说，这样的代表数量不多。他认为，按选举法编制的议会组成人员很少，这是一个错误。在通过各共和国选举法的时候，他（卡德尔）当时不在南斯拉夫国内，因而没能以某种方式就这个问题及时同铁托商讨并取得一致意见。因此当时开始实际草拟本届人民议会代表候选人名单的时候，就发现留给一线工人的代表名额太少了，因为当时需要把必要数量的席位提供给政府成员、党的领导人员、军队的代表以及其他党派。卡德尔认为，在下一次选举中此情况将得到纠正。

  卡德尔认为今年秋季或者冬季将召开党的代表大会。在这次代表大会上将选出一个党纲党章起草委员会。卡德尔说，当前共有党员40万人左右。现在主要是通过接纳工人入党来壮大党的队伍。从前的情况曾

---

* 分送：维·莫洛托夫、安·维辛斯基、亚·拉夫里谢夫，归档。

经是：在拥有1500—2000名基本工人的工厂里党支部只有20—30人。现在情况正在改善。

据卡德尔称，正在认真采取措施以大力加强共产党中央委员会机关和各地方党委员会机关。共产党中央委员会组成人员没有增添。但是在审议重要问题时可以邀请将来有可能被吸收进中央委员会的工作人员参加。茹约维奇只是中央委员，但不是政治局委员；乔拉科维奇不是中央委员；米霍·马林科是中央委员；巴卡里奇不是中央委员；内什科维奇不是中央委员；莫萨·皮亚德是中央委员。

卡德尔负责对外政策问题，同时也主管国家机关的建设问题；兰科维奇主管党的干部和党的机关的组织工作问题；吉拉斯负责宣传鼓动以及文化、教育问题。在基德里奇被任命为经济委员会主席之前，卡德尔曾用很多精力处理经济问题。现在负责此项工作的主要是基德里奇。

卡德尔预计，今年秋天将对政府各部进行某些改组。例如，矿产工业部将分为燃料工业部和冶金工业部。巴涅·安德烈耶夫将留任燃料部部长，而基德里奇有可能在继续担任经济委员会主席的情况下同时又被任命为冶金工业部部长，将组建电气化部。彼得罗维奇将被任命为该部部长，他在从莫斯科返回后将被免去对外贸易部部长职务。据卡德尔说，彼得罗维奇没能确保对外贸易的必要开展，在过去的半年时间里仅完成了外贸计划的40%。该部的部长助理斯尔曾蒂奇也将被撤换。塞尔维亚监察委员会现任主席米伦杰·波波维奇将被任命为对外贸易部长。

卡德尔接着说，外交部仍然是一个工作很不得力的部门。西米奇无力对该部实施必要的领导。他是一名忠诚可靠的外交官，但是他缺乏治国方面的领导经验。现任克罗地亚总理巴卡里奇本来是这一职务的合适人选，但是他的健康状况使他难以胜任此职。其他具备条件的现成人选眼下还没有。我指出,我头脑里形成的印象是西米奇工作干了很多,而且尽心竭力,忠于职守。卡德尔同意我的看法并补充说,实际上由于尚无合适的人选,近期内也未必会实施这样的撤换。

苏联驻南斯拉夫大使　拉夫连季耶夫

拉夫连季耶夫与铁托关于阿—南争论问题的谈话记录*

（1947年8月14—15日）

摘自安·约·拉夫连季耶夫的工作日志

秘密

一、在我同铁托在布尔多进行的交谈中，铁托对我说，在阿尔巴尼亚政府代表团的莫斯科之行之后，某些阿尔巴尼亚领导人开始对南斯拉夫采取了错误的态度，并且错误地评价南斯拉夫对阿奉行的友好政策。某些人在说，南斯拉夫企图以低廉的代价染指阿尔巴尼亚，说南斯拉夫许诺的非常多，但是实际上却任何东西都不给。其实南斯拉夫之所以对阿尔巴尼亚表现出关注之情，也是从阿尔巴尼亚人民本身的利益出发，力求维护阿尔巴尼亚的独立。南斯拉夫视阿尔巴尼亚为地理上和军事战略上一个极其重要的地方。曾经向阿尔巴尼亚提供了大量的援助，其中有货物，也有粮食，尽管南斯拉夫的反动势力积极利用这些措施来反对南斯拉夫政府。

铁托对纳科·斯皮鲁的立场表示特别不满，他认为此人在奉行使阿尔巴尼亚疏远南斯拉夫的政策。去年，纳科·斯皮鲁在南斯拉夫逗留期间曾经诋毁过恩维尔·霍查。可是现在他却又同恩维尔·霍查紧紧地搞

---

* 分送：维·莫洛托夫、安·维辛斯基、亚·拉夫里谢夫，归档。

在一起。在去年，铁托曾对阿尔巴尼亚人说，恩维尔·霍查作为党的总书记，应当有与之相应的地位，也就是说，铁托曾帮助加强他的地位。铁托并不认为恩维尔·霍查是个要两面手腕的人，但是据他的印象，霍查很容易受他人的各种影响。铁托认为最坚定的和始终如一的领导人是佐泽。据铁托掌握的情报，在阿尔巴尼亚领导人之间，工作中缺乏必要的步调一致。

铁托认为不可以让南斯拉夫和阿尔巴尼亚两国之间产生不和。因此他认为非正式地邀请恩维尔·霍查和佐泽来南斯拉夫并同他们就此事进行交谈是适宜的。依照铁托的意见，应当向恩维尔·霍查和佐泽指出，不能把苏联对阿尔巴尼亚的援助看成是苏联希望阿尔巴尼亚疏远南斯拉夫的表现，而是恰恰相反，应当将其视为是对两个邻国之间亲密关系的促进。在这次会晤期间，铁托打算向阿尔巴尼亚人建议解除斯皮鲁的职务。毫无疑问，由于一些领导人对南斯拉夫采取的不友善政策，对南斯拉夫的不满情绪也将在阿尔巴尼亚人民的某些阶层中表现出来。关于这一点，铁托那里有一份由南斯拉夫共产党的代表提供的书面报告。

铁托请求告知他，苏联政府对拟议中的他同恩维尔·霍查和佐泽的非正式会晤一事的意见。

我答应将这一请求转告莫斯科。

二、我问铁托，粮食收购工作进展如何。铁托回答说，粮食收购计划虽然现在即将完成，但是富农阶级已经开始表现出政治性的抗拒。在伏伊伏丁那目前不得不采取行政措施——逮捕某些富农分子并处以罚金。

交谈时在座的斯洛文尼亚总理马林科说，在斯洛文尼亚，富农分子的抗拒表现为富农们不是一次缴清规定缴售的粮食，而是竭力拖延，尽管在数量上他们的缴售额并不很大。为了显示自己的抗议，某些富农故意少缴售二三公斤，甚至是一公斤。

三、据铁托告称:在克罗地亚,有四名天主教神父因为参加恐怖组织而被判罪。其中有两人被枪决。

四、10月2日将召开南斯拉夫民族阵线代表大会。铁托正在准备在这次代表大会上的讲话。他打算申明:考虑到南斯拉夫当前的经济和社会结构,在民族阵线之外不能存在其他政治性党派。

在民族阵线代表大会之后,在冬季,将召开南斯拉夫共产党代表大会。

苏联驻南斯拉夫大使　安·拉夫连季耶夫

联共（布）中央对外政策部准备的关于南斯拉夫现状的备忘录（摘录）*

（1947年9月）

莫斯科

……南斯拉夫共产党组织上的建立，是在1919年4月贝尔格莱德举行的前社会—民主组织联合代表大会上。到1920年年底，共产党已经拥有约8万名党员，并且拥有联合了近20万人的、在其影响下的革命工会组织。在1920年的立宪议会选举中，共产党得到了59个议员席位。

同年12月政府颁布命令取缔共产党和革命工会。自那时起至1941年，共产党一直处于地下状态，其成员均被罚以20年的苦役。由于党的领导层内渗入了工人阶级的敌人，在很长的时间里党内不断发生派别斗争。

1937年年底，以铁托同志为首的一批新人走上了党的领导岗位，从而使南斯拉夫共产党的工作发生了急剧的变化。党的新领导人成功地

---

* 该报告是联共（布）中央对外政策部为日丹诺夫在九国共产党波兰会议发言而准备的备忘录的一部分，标题为："南斯拉夫经济与政治现状"。类似的关于其他国家和地区的材料还有一些。在这些材料中，对南斯拉夫、捷克斯洛伐克、法国和意大利共产党提出了批评意见，但是日丹诺夫在会议上所做的报告，没有出现对南斯拉夫和捷克斯洛伐克党的批评。

消除了派别斗争,在民族问题上采取了正确的路线,防止了党的崩溃。进行了清党,清党后到1938年底党员总共仅剩下3500人。在随后的数年中,党壮大了自己的队伍,党在国家政治生活中的作用也大大加强了。

到民族解放战争前夕,党在组织上和思想上已经更加巩固壮大,在自己的队伍中已经有近1.2万党员。尽管人数不多,但共产党却是直至国家被德国人占领之前,一直在组织上保持为统一整体的唯一政党。

共产党同占领者和本国叛徒进行的英勇、忘我的斗争,它的反映劳动者利益的正确路线,确保了它在民族阵线中的绝对领导和在南斯拉夫人民广大阶层中的无可争议的威望。共产党乃是南斯拉夫人民公认的领导者。

南斯拉夫共产党在国家中处于执政党的地位,它在对待参加民族阵线的各党态度方面采取了独特的策略方针。它努力使民族阵线成为这样一种组织形式,使党有可能通过自己的影响来掌握居民的广大阶层。所有关于管理国家的原则性指示均按民族阵线的组织系统下达执行。在整个战争时期以及在战争结束之后,在领导国家政治和经济生活方面,没有发布任何一项共产党的决定。

在南斯拉夫未公布过有关南斯拉夫人民议会和南斯拉夫政府中党员所占比例的材料。根据非正式的材料,在南斯拉夫议会中议员席位的70%以上是属于共产党员的。各共和国议会的绝大多数席位也同样为共产党员所占据。

南斯拉夫共产党依靠广大人民群众的支持,把全国国家机关和经济部门以及南斯拉夫军队中的所有重要岗位均掌握在自己手中。

在南斯拉夫政府中,共产党人领导着以下各部:总理兼国防部部长——共产党总书记铁托;第一副总理兼监察委员会主席——共产党中央委员会第二书记爱德华·卡德尔;内务部部长——共产党中央委员会组织书记亚历山大·兰科维奇;工业部部长兼最高经济委员会主席——

中央委员会候补委员博里什·基德里奇；财政部部长——中央委员会委员斯雷滕·茹约维奇①；还有许多其他重要的部也是由共产党人出任部长的。非共产党人部长通常都配有一位共产党人作第一副部长，此人为自己所在部的活动向共产党中央委员会负全责。

在所有共和国（没有共和国共产党中央委员会的波斯尼亚—黑塞哥维那除外）共产党的第一书记都是该共和国政府的总理。在州、区、乡镇各级政权机关和民族阵线委员会中的领导岗位也均为共产党人所占据。统一的南斯拉夫工会组织、南斯拉夫人民青年和南斯拉夫妇女反法西斯联盟等组织均在共产党的领导下进行活动。

这样，南斯拉夫共产党就可以通过自己的党员实现对国家的全部社会—政治和经济生活的领导。南斯拉夫政府的政策也就是南斯拉夫共产党的政策。

目前共产党总共拥有约30万党员。这种党员数量较少的情况，其原因是由于共产党中央委员会对接纳新党员入党非常谨慎，严格执行个别挑选的原因。考虑到在共产党的社会成分方面目前是农民和知识分子占据多数，故现在特别注重吸收工人入党。

在战争年代，共产党遭受了巨大损失。在同占领者及其帮凶的战斗中牺牲了2名政治局委员、5名中央委员和近2.5万名共产党员。

共产党是按照民主集中制的原则进行建设的，党的组织遍及整个国土。党在组织上是按以下序列构建的：在村镇、机关和企业有基层组织。然后是市、区、州或省级组织。

---

① 斯雷滕·茹约维奇（1899—1976），1922年加入南共，战后任南共中央政治局委员，南斯拉夫财政部部长。1948年因赞成苏联立场被逮捕入狱。1950年1月，茹约维奇表示悔改后被释放，并任南斯拉夫经济研究所所长、《战斗报》新闻出版社经理。

除了波斯尼亚—黑塞哥维那设有省委员会之外，在每一个共和国均有共和国一级的共产党中央委员会。所有的共和国中央委员会和波斯尼亚省委员会均隶属于南斯拉夫共产党中央委员会领导。最高机构是党的代表大会。

应当指出的是：由于共产党的活动同政府的活动交织在一起，故在党的组织中缺乏旨在从组织上和思想上加强共产党自身的、充满生机的党的工作。

组成人员数量极其有限的南斯拉夫共产党中央委员会（目前只有不超过13名中央委员和候补中央委员）不举行定期的会议，也不作出书面的决议。党中央委员会政治局的情况也是如此。领导国家方面的所有重大原则问题均在很窄的圈子内决定（铁托、卡德尔、兰科维奇和吉拉斯）。

召开党的代表大会并组成党的领导机构已经十分必要，但是南斯拉夫同志不顾战争结束后已经过去了很长时间，仍然未能采取这一在组织上和思想上加强党的重要措施。

共产党拥有大量在所有人民共和国出版发行的报纸和杂志。共产党的中央机关报《战斗报》在贝尔格莱德出版，是南斯拉夫最大的和最普及的一家报纸。各共和国的中央委员会全都出版自己的报纸。此外，各共和国民族阵线委员会也都有自己的报纸。所有出版发行的报纸以及南斯拉夫所有的定期刊物，统统处于共产党的监督之下。

考虑到党员的几乎绝大多数都是在战争年代入党的，因而没有受到足够的马克思列宁主义教育，共产党中央委员会正在进行大量的工作，以提高他们的思想理论水平。在国内开设有中央党校，目前在校人员有120人，基本上都是州、区级党委会的领导工作人员。学习期限为一年。在下一个学年学习期限将改为两年。

每一个共和国的党中央委员会都下设一个党校，其学习期限为六个月。这些学校还设有函授部，它们均有大量的学员。

在各地区中心和大城市还开办有学习期限为三个月的党的夜校。在这些夜校里学习的是来自各地区组织的党员骨干分子。其他所有的南斯拉夫共产党员均参加了各种小组和学习班的学习，同时也通过自学来提高自己的思想水平。

但是直到目前，南斯拉夫共产党工作中的主要困难依然是共产党人的理论修养不够。某些政权机关和经济机关所犯错误中，大部分首先是由于负责领导工作的党员政治修养不足。在国家的政治发展与人民特别是知识分子当中的思想工作水平之间，存在着很大的脱节现象。南斯拉夫共产党的首要任务是应加强在南斯拉夫人民，首先是在知识分子中间的思想工作。

在谈到南斯拉夫共产党在巩固国家民主制度方面取得的成就的同时不能不指出，共产党领导人的某些过高评价自己成就的倾向和把南斯拉夫共产党摆在巴尔干地区某种"领导"党地位的意向。

在解决涉及对外政策执行方面的一些问题时，南斯拉夫共产党的某些领导人有时不顾及其他国家和兄弟党的利益，表现出民族的狭隘性。

为了证明这些结论，可以指出如下一些事实：

例如，南斯拉夫政府长期以来一直在的里雅斯特问题上采取错误的立场，而无视民主力量在这个问题上同英美两国进行斗争的共同利益。在这方面还需要指出的是，在南斯拉夫报刊上对意大利共产党的活动及其领导人陶里亚蒂同志的令人不能容忍的尖刻批评。

1946年11月保加利亚宪法草案公布之后，南斯拉夫报纸（有理由认为这是按照共产党的指示进行的）对保加利亚的宪法草案进行了尖锐的批评。南斯拉夫共产党中央委员会书记卡德尔的助手、共产党人格尔什科维奇在1946年11月14日《战斗报》上指责保加利亚政府侵害了马其顿民族的民族权利，他写道：

"很明显，这样一种安排……与真正以民主方式解决民族问题、与任何民族都享有的自决权和民族统一的权利毫无共同之处"。

南斯拉夫报刊的这一批评被保加利亚社会舆论看做是企图干涉保加利亚的内政。

去年12月在贝尔格莱德举行会谈期间，南斯拉夫共产党中央委员会书记卡德尔同志和兰科维奇同志曾对保加利亚工人党中央委员会书记契尔文科夫说，他们不相信保加利亚工人党（共）并且认为该党在马其顿问题上的方针是错误的。他们（南斯拉夫领导人）把保加利亚工人党（共）中央委员会的这种行为看做是追求在巴尔干地区发挥领导作用。

南斯拉夫政府尽管已经同阿尔巴尼亚签署了友好互助条约，但是在整整一年的过程中一直没有履行该条约的条款，没有向阿尔巴尼亚共和国提供经济援助。南斯拉夫共产党领导人对阿尔巴尼亚渴求同苏联建立直接联系十分妒忌，他们认为，阿尔巴尼亚只能通过南斯拉夫政府同苏联保持联系。

南斯拉夫共产党领导人对待苏联的不友善态度的实例是：南斯拉夫政府拒绝在1946年12月接待苏联军队歌舞团——尽管派歌舞团去南斯拉夫当初是应他们邀请的。

上述这些以及其他一些事实证明南斯拉夫共产党某些领导人存在着不健康的倾向。

南斯拉夫共产党在苏联的多方面援助下，克服了内外困难，在建立和巩固人民民主国家的事业中取得巨大的成就。

在评价南斯拉夫共产党所走过的道路和该党近年来所取得的成就时，共产党政治局委员、计划委员会主席赫布朗同志说：

"我应该说，我们的成就并不仅仅是我们党的功劳。我们所取得这些成就也要归功于斯大林同志。斯大林同志直接帮助把我们党提高到了它现在所处的水平，赢得了它现在所处的地位。他直接帮助我们粉碎了我们党内的帮派，帮助我们达到了党的队伍的团结统一。他帮助我们从党内清除了孟什维克分子。他帮助了我们，我们为我们党实现了布尔什维克化而感谢他。"

南斯拉夫共产党依靠苏联的强有力支持，正在勇敢地、满怀信心地领导自己的人民沿着使国家进一步民主化、维护自己的人民民主国家的独立和加强其防御能力的道路向前迈进。

拉夫连季耶夫关于铁托在南人民阵线第二次大会上讲话向莫斯科的报告（节录）

（不早于 1947 年 9 月 27 日）

……是苏联红军解放了南斯拉夫，是作为国际政治因素的苏联在南斯拉夫的建立过程中发挥了决定性的作用，虽然这是十分明白的事实……但是，铁托对苏联在这一斗争中所给予南斯拉夫的帮助、苏联对整个解放斗争的作用却只字未提。……显然，之所以会有这些吞吞吐吐的说法，主要是铁托只从本民族的立场出发来看待南斯拉夫的解放过程和国家的社会经济变革过程，因而具有民族局限性。……

安·约·拉夫连季耶夫

联共（布）中央对外政策部关于情报局会议后南斯拉夫反应的调查报告

（1948年1月28日）

1948年1月28日19时30分收到

莫斯科

秘密

九国共产党代表协商会议决议对南斯拉夫加强民主和社会主义力量的影响

莫斯科

　　九国共产党代表协商会议的文件在中央的各刊物，首先在共产党机关报《战斗报》发表（1947年10月5日）了，从10月6日到11日又发表在所有南斯拉夫的刊物上。

　　这个时期所有南斯拉夫的刊物都在共产党员的影响之下，广泛阐述国外刊物对协商会议决议的反应。

　　1947年10月8日《战斗报》刊登了米罗凡·吉拉斯题为"关于一些国家共产党的情报协商会议"的社论。在这篇文章中，吉拉斯阐述了在日丹诺夫的报告①中所涉及的所有重要问题，以及协商会议文件中所

---

①　安德烈·亚历山德罗维奇·日丹诺夫（1896—1948），联共（布）中央政治局委员，负责意识形态方面的工作。在九国共产党代表协商会议上日丹诺夫代表联共（布）作主题报告。

反映的问题。吉拉斯在文章的结尾指出:"南斯拉夫人民可以引以自豪的是,他们的首都将成为各国共产党进行反对新的战争挑唆者和他们走卒斗争的协商和决议的地方"。这篇文章曾在南斯拉夫大多数报纸上转载。

1947年10月22日《战斗报》报发表了日丹诺夫的报告《关于国际形势》,随后南斯拉夫各大报纸都刊登了日丹诺夫的报告《关于国际形势》。

九国共产党代表协商会议的决议受到南斯拉夫人民的热烈欢迎。所有的南斯拉夫报纸和杂志,以及南斯拉夫的社会和政治活动家们,都发表文章和演说,高度评价决议是具有重大国际意义的重要文献。

比如,在今年1月9—10日召开的南斯拉夫统一工会中央委员会第五次全体会议的决议案中写道:"南斯拉夫统一工会中央委员会第五次全体会议欢迎成立九国共产党代表协商会议和情报局,它的决议表明全世界和平、民主和社会主义的力量向联合的方向迈出了决定性的一步,这是对帝国主义新战争挑唆者的重大打击"。

1947年10月11日,属于人民阵线的农业联盟党召开的全体会议通过宣言,表示欢迎九国共产党代表协商会议,并完全赞同它的决议。宣言中写道:"我们的人民站在以苏联为首的所有热爱自由的民族一边,与世界进步力量一起进行反对帝国主义和战争挑唆者的斗争"。

所有加入南斯拉夫人民阵线的政治团体和社会组织都表示完全赞同九国共产党代表协商会议决议。现在这些决议是南斯拉夫主要的外交政策。

1947年11月底召开的南斯拉夫人民阵线第二次会议通过决议,它完全符合九国共产党代表协商会议的决议。决议中强调,南斯拉夫人民一致支持在联合国会议中加强苏联代表团的力量,加强南斯拉夫和其他代表团,维护和平事业和大、小国家的民族主权,反对战争挑衅的活动。

通过宣传九国共产党代表协商会议决议，促进了南斯拉夫人民的统一，加强了南斯拉夫人民在人民阵线和共产党周围的团结。现在南斯拉夫人民已将全部精神和物质力量，投入到完成南斯拉夫国民经济发展的五年计划之中。对五年计划第一年的总结表明：南斯拉夫共产党在国家的经济发展中取得了很大的成果，南斯拉夫工业五年计划第一年的计划完成了106%。

进一步巩固和增强了南斯拉夫人民对苏联的好感。南斯拉夫人民一致欢迎和赞同苏联代表在国际会议上的工作。南斯拉夫报刊广泛评述了苏联实行的财政改革和废除票证供应的办法，强调苏联人民所取得的重大经济成就。

在南斯拉夫进行了规模巨大的庆祝苏联十月革命30周年纪念活动。在评述莫洛托夫去年11月6日庆祝大会上的报告时，《政治报》写道："莫洛托夫的朴实而具有极大说服力的报告表明了十月革命巨大的历史意义……描述了苏联政治和经济发展的重要因素，指出了以列宁和斯大林所在国家为领导地位的当今国际形势的各主要方面"。

南斯拉夫所实行的对外政策完全符合九国共产党代表协商会议宣言的原则。为补充以前签订的协议，南斯拉夫政府最近又与保加利亚、罗马尼亚、匈牙利签订了友好互助条约。由于签署这些协议，南斯拉夫现在已与欧洲中部和东南部的所有新民主主义国家正式确定了人民之间紧密的友好关系。

南斯拉夫这些民主的对外政策引起美国和英国方面的极端仇视。他们采取一切措施对南斯拉夫的政治和经济施加影响。在九国共产党代表协商会议和贝尔格莱德成立情报局以后，英美在对南关系政策上非常无礼和敌视。

政治上没有可能影响南斯拉夫的对外政策，英美分子便极力给南斯拉夫造成经济上的损害。为此，美国政府至今未取消对存放在美国的价值5600万美元南斯拉夫黄金的管制。

英美统治集团向地中海派出了海军陆战队和战舰，企图恐吓南斯拉夫政府。

为了不让南斯拉夫承认马科斯将军的政府①，英美政府愚蠢地警告南斯拉夫，说"承认马科斯政府将引起严重的后果"。

英美分子力图进一步控制的里雅斯特，保存自己在那里的驻军，以便以此影响南斯拉夫政府。

为此他们拖延委派的里雅斯特的省长，因为委派了省长就意味着的里雅斯特作为自由区政府委员会的成立，英美部队就将从与南斯拉夫接壤的的里雅斯特地区撤出。

对于英美帝国主义分子干预他国对外政策的企图，南斯拉夫政府作出了勇敢而自信的反应。

运用九国共产党代表协商会议资料，南斯拉夫政府坚决地揭露了"马歇尔计划"的卑鄙企图，集中力量带领南斯拉夫人民完成五年计划，尽可能地增强国防力量和国家的独立自主。

B. 列萨科夫

---

① 1946年年初，希腊共产党决定组织新的武装斗争。1947年12月希腊共产党领导的民主军宣布正式成立希腊临时民主政府，民主军总司令马科斯任总理兼军事部长。

苏联领导人关于南向阿尔巴尼亚派遣军队问题给铁托的电报(节录)

(1948年2月1日)

铁托同志:

从您同拉夫连季耶夫同志的谈话中可以看出,您认为只要与苏联有一个互助条约,就可以不仅不同苏联协商便向阿尔巴尼亚派遣自己的军队,而且甚至于事后也不向苏联通报这一情况,您认为这种情况是正常的。现向您通报一事:苏联政府是从苏联代表同阿尔巴尼亚工作人员的私人交谈中完全偶然地获悉,南斯拉夫政府已决定派遣贵国军队去阿尔巴尼亚的消息,苏联认为这种做法是不正常的。但是,如果您认为这种做法是正常的,那么我受苏联政府的委托声明:苏联不能同意让苏联面对这一既成事实。当然应该明白,作为南斯拉夫盟国的苏联,不会对南斯拉夫政府事前未同苏联协商,甚至也没有向苏联政府通报而采取的这种行动的后果承担责任。拉夫季连耶夫同志向我们通报说,您已经停止了向阿尔巴尼亚派遣南斯拉夫军队,此事我们已获悉。但显而易见的是,我们两国政府在对我们双方有同盟关系的国家之间的相互关系的理解上存在着严重的分歧。为了避免误会,无论如何还是应该消除这些分歧……

1948年2月1日①

---

① 所收集的档案未标明发报人。

拉夫连季耶夫关于铁托对苏联来电反应给苏联领导人的报告（节录）

（1948年2月1日）

……今天已将您的电报转交给了铁托。铁托把电报读了两遍后极为激动地说，真没料到苏联政府把这件事看得如此之重要。他承认他犯了错误，应该事先同苏联政府磋商，而且今后在对外政策方面将进行磋商。他清楚反动派会把这种不正确的对外政策步骤的责任推到苏联身上。南斯拉夫的一个师将不进入阿尔巴尼亚……

拉夫连季耶夫
1948年2月1日

莫洛托夫关于要求南共领导人访苏给铁托的紧急电报

（1948年2月2日）

我们认为，我们同您在对外政策问题上存在着严重的分歧。鉴于紧张的国际形势，我们认为有必要通过在莫斯科举行非正式会议来交换意见的办法消除这些分歧。我们请求南斯拉夫政府派两至三名负责代表前来莫斯科交换意见。

同时还邀请保加利亚政府的代表前来。

抵达期限不晚于2月8—10日。请告知您的意见。

莫洛托夫

1948年2月2日

柯拉罗夫关于苏、保、南领导人会谈的笔记（摘录）

（1948年2月10日）

莫洛托夫：在三个问题上存在分歧：保加利亚—南斯拉夫条约；格奥尔基·季米特洛夫同记者的谈话；南斯拉夫军队进入阿尔巴尼亚。

1. 错误在于同保加利亚的和平条约生效之前签订了保—南条约，而且是无期限的。

保、南两国政府以自己的匆忙行动加强了英、美国内反动分子的地位，给他们提供了为反对保加利亚和南斯拉夫而加紧入侵希腊的借口。苏联政府应该提出警告的是，苏联不可能对没有同苏联协商就签订如此重大的条约承担责任。

你们同意了我们的意见，而行动却相反，没有预先告知我们。这样的态度是错误的和不能允许的。

2. 我们觉得，格奥尔基·季米特洛夫同志迷恋于记者招待会和发表谈话，这样就为记者关于某些不该谈论的问题向他挑衅提供了借口。谈话中阐述了走得太远并没有打算同任何人协商的计划，还提出联邦或邦联的问题、关税同盟问题，而且把波兰和希腊也包括进去了。格奥尔基·季米特洛夫同志在没有任何人授权的情况下谈论了上述各种问题。这在实质上是不正确的，在策略上也是错误的。这就使得那些筹划建立西方集团的人的事情变得容易了。所以，根据党的政策，格奥尔基·季米特洛夫应该受到警告处分。

您在记者招待会上就建立联邦或邦联的讲话看来是有害的，给新民主国家造成了损害,而使英国人和美国人感到轻松。最有害的和不能容忍的是关于关税同盟的讲话,因为这可以理解为它包括了很快就将同这些国家签订互助条约的苏联。① 很难理解的是,什么东西促使您在记者招待会上作如此不加考虑的声明。

我们和波兰的同志谈话时,他们说:"我们想,这是莫斯科的意见。"大家都这样认为,既然季米特洛夫和铁托提到了一系列国家,这肯定是根据苏联的意见谈的。实际上,波兰的同志说,他们反对格奥尔基·季米特洛夫的观点,并认为他的观点是不正确的。

我们应该有自己的观点,因为大家都认为——无论朋友,还是敌人——这是我们的观点。我们认为这绝对是不正确的,以后也是不能允许的。

季米特洛夫的解释无济于事,甚至会使问题更加混乱。② 从他那里可以得出的结论是,从前干涉同塞尔维亚的关税统一的是德国,而现在是苏联。

季米特洛夫:我们不是这么想的。

斯大林:您作为政治活动家,不应该只考虑自己的想法,而应该想到别人会从您的讲话中得到什么。(柯拉罗夫③:我们想,您甚至反对保加利亚和南斯拉夫之间的关税同盟。)我们对南斯拉夫和保加利亚之

---

① 1948年2月4日、2月18日、3月18日,苏联分别同罗马尼亚、匈牙利和保加利亚签订了友好互助条约。

② 1月28日《真理报》发表编辑部述评,表示绝不赞同季米特洛夫在联邦问题上所持的观点,并认为这种联邦是"不可靠的和凭空虚构的"。对此,季米特洛夫首先以保通社1月29日声明的形式,然后又在2月2日祖国阵线第二次代表大会的讲话中,公开表示接受批评。他还把保通社的声明寄给了苏斯洛夫,让他转告斯大林,相信他与苏联立场将保持完全一致。

③ 瓦西尔·彼得罗夫·柯拉罗夫(1877—1950),保加利亚工人党领导人,自1945年历任保加利亚国民议会主席、临时总统、部长会议主席等职。

间的关税同盟不仅不会反对,而且恰恰相反。

莫洛托夫:贝奈斯①的报纸迫不及待地写道:"季米特洛夫提出了共产主义计划,现在就让捷克共产党人来回答"。另一方面,格奥尔基·季米特洛夫的这种立场是与九国共产党宣言相矛盾的。

斯大林:您对记者的谈话使注意力离开了内部问题,谈的不是九国共产党会议上所谈的内容。

莫洛托夫:我们认为所有这一切以后都是不可允许的。

3. 我们意外地得知,你们想在1月底将一个南斯拉夫师开往阿尔巴尼亚,以共同保卫边界。阿尔巴尼亚人说,他们确信,这件事是征得我们的同意后才干的。

据此应该得出结论,我们对阿尔巴尼亚局势的评价是不同的。不应该对这类分歧保持沉默。我们应该就此问题公开商谈,以便让人看出你们是如何评价局势的。我们认为,将来对此类问题也不应该忽视。有分歧就需要搞清楚,如果有不同的观点,就应该说出来并加以讨论。如果对这类问题没有进行协商,就不应该采取行动。这是为了事业和我们相互间的协议。

将来,格奥尔基·季米特洛夫应该使自己和我们避免这类声明的危险。

季米特洛夫:我承认自己对布莱德谈判②所犯的错误,对记者的谈话也同样是错误的。为了提高国家的经济实力和防御能力,我们必须同其他新的和民主的友好国家合作。

---

① 爱·贝奈斯,捷克斯洛伐克总统。
② 1947年7月底季米特洛夫访问南斯拉夫,8月1日南保在布莱德签订了包括边界、贸易、战争赔款等一系列问题的条约。会谈后季米特洛夫声称,建立南部斯拉夫人联邦只是一个时间问题。

斯大林：您是想标新立异。波兰人和捷克人在嘲笑您的联邦。请您问问他们，他们是否喜欢这个联邦？

季米特洛夫：这是有害的，实质上是错误的。这种说法是旨在反对想利用声明来反对我们和苏联的那些人。这是一种情绪。这样的宣言将来不会再有了。

斯大林：我们相互之间不理解，而你们竭力在隐瞒这一点。

莫洛托夫：这是严重的分歧，不是小事情。

斯大林：您是一位老政治家，怎么能犯这样的错误？也可能您有另外的看法，但您本身没有意识到这一点。不需要如此频繁地与记者谈话。您总是想标新立异，想惊动全世界。您之所以这样做，好像您还是共产国际总书记，能向共产党的报纸发表谈话。您助长了美国的反动派，您的目的是使社会舆论相信，如果成立西方集团，美国也不会有什么作为，因为在巴尔干存在的不只是那一个集团，还有一个关税联盟。当前美国正在进行大选前的斗争。对我们来说具有重大意义的是，那里将会出现一个什么样的政府。因为，美国是一个武装到牙齿的强国。美国政府的首脑不是一些知识分子，而是一些真正的金融寡头，他们仇恨我们到了可怕的程度，一直在寻找对我们进行破坏的借口。如果我们以自己的行动为进步势力提供论据的话，那些大财团就会在大选中失败。如果我们为反动派提供精神食粮，那我们就帮助了大财团。美国政府处在大选前夕，正在担心选举结果。而如果这些大财团重新进入政府，那在很大程度上是我们和我们的行动过错造成的。他们将会说："你们建立的不仅是一个集团，而且是将许多国家联合在一起——反对谁？"您为什么需要这么一个集团？最后，如果是你们自己想联合在一起，那何必就此问题掀起这样一场喧嚷？您或者属于那些没有经验的人，或者是像飞蛾投火的共青团员那样被蒙蔽了。您这样干究竟为了什么？您为什么要减轻您在美国、英国和法国的敌人的负担呢？

再来谈谈阿尔巴尼亚问题。南斯拉夫同志多么容易就解决了这个问题！战争期间，三个同盟大国宣布阿尔巴尼亚独立，并说它们将支持独立。① 在反动派和民主力量斗争的所有环节中，阿尔巴尼亚这个环节是我们最薄弱的地方。阿尔巴尼亚还没有被接纳加入联合国，英国人和美国人不承认它。② 那里的问题是明摆着的。再没有像这样薄弱的地方了。只有阿尔巴尼亚在国际关系中没有法律保护。如果铁托向那里派去一个师，或仅仅一个团的话，这不可能瞒住美国和英国，它们就会开始喊叫说，阿尔巴尼亚被占领了。难道阿尔巴尼亚公开请求南斯拉夫予以帮助？那时，英国和美国的一些坏蛋就会充当阿尔巴尼亚独立的保护者的角色。除了无知的人以外，还有谁能够坐视形成一个明显靠不住的阵线呢？现在需要的是加强组织阿尔巴尼亚的军队，为其派去教官，提供武器装备。在此之后，如果阿尔巴尼遭到进攻，它应该向南斯拉夫请求援助。否则，南斯拉夫就像是占领另一个独立国家的国家。那时完全可能出现武装干涉，也会出现美国的舰艇和基地。这对美国来说将是最方便和最有利的借口。当投入战斗的时候，应该建立对于自己有利的战线，而在这里简直就是亮出自己的后背让美国人打击。

看看在中国发生的战争吧。那里没有我们的一卒一兵。难道阿尔巴尼亚人不如中国人？训练他们吧，武装他们吧，他们自己会保护自己的。最好是让他们自己保卫自己的独立。这样，美国人自己很难发动进攻，否则他们的事情就容易办了。你们这样解决问题过于简单了，而实

---

① 1942年12月17—18日，美国国务卿赫尔、英国外交大臣艾登和苏联外交人民委员莫洛托夫达成协议，宣布不承认意大利对阿尔巴尼亚的占领，并支持阿尔巴尼亚恢复独立。

② 尽管美国和英国在1945年11月10日与苏联同时发表声明，承认了在阿尔巴尼亚建立的新政权，但是他们不同意接纳阿进入联合国，也没有与阿建立外交关系。

际上问题是复杂的。

如果希腊游击队将被消灭的话,你们能否发动战争?

卡德尔(当时的南共政治局委员):不能。

斯大林:我是以对游击队现有兵力和他们的敌人进行分析为出发点的。近来我开始怀疑游击队是否能取得胜利。如果你不相信游击队会取得胜利的话,就需要收缩游击运动。美国人和英国人对地中海并不十分感兴趣。他们想在希腊建立基地,而不吝啬资金,目的是在那里保住一个听话的政府。这是一个国际大问题。

如果收缩游击运动,他们就没有理由进攻你们。如今不是那么容易发动战争的。如果你们坚信游击队有可能取得胜利,那就是另外一个问题了。但我对此多少有点怀疑。

格奥尔基·季米特洛夫:我们很少得到那里的信息。

斯大林:您有权向我们要,我们向你们通报。让我们签订一个我们之间就所有重要问题必须进行协商的议定书。

季米特洛夫:我们将遵守它。

斯大林:同保加利亚的条约无须拖延。

本月15日匈牙利人来这里。在这之后,我们要请芬兰人,此后再请你们。

莫洛托夫:在某个条约①中谈到关于消灭所有的侵略策源地的问题。这只是些漂亮的词句。这些词句只能为我们的敌人提供额外的武器。你们为什么要说得比其他条约多?你们将要进行先发制人的战争吗?

斯大林:这是"左"派的热情。

莫洛托夫:任何倡议都可能得不到支持,联合国反对侵略,他们可

---

① 指1947年11月27日签署的南保友好合作互助条约第7款中的内容。

能使联合国走到反对我们的地步。难道国联没有借口我们同芬兰的争执①宣布我们为侵略者吗？

南斯拉夫的同志们不允许阿尔巴尼亚购买我们的5000吨燕麦，而是要它去阿根廷购买燕麦。②

斯大林：看来，南斯拉夫人害怕我们向他们夺取阿尔巴尼亚。你们应该吞并阿尔巴尼亚，但要聪明一点。

（柯拉罗夫提请注意，同罗马尼亚的条约③已经同莫斯科协商过了。）

你们关于统一经济计划的决定限制了你们自己的主权和罗马尼亚的主权。

只有三个联邦是可能的和自然的：（1）南斯拉夫和保加利亚；（2）罗马尼亚和匈牙利；（3）波兰和捷克斯洛伐克。这样的联邦是可能的和现实的。它们之间的邦联则是……④

特拉乔伊·科斯托夫⑤：是否可以认为，我们可以采取加速实现保加利亚和南斯拉夫之间的联邦的方针？

---

① 1939年10月和11月，苏联为了保证其西北边界和列宁格勒的安全，要求与芬兰缔结交换领土的条约，遭到拒绝后，苏联对芬兰发动了战争。

② 1947年12月13日，拉夫连季耶夫根据莫斯科的委托，通知铁托，阿尔巴尼亚要求苏联政府提供5000吨燕麦，并询问南斯拉夫的意见。两天以后铁托答复，不需要从苏联运货，因为阿尔巴尼亚将收到南斯拉夫运去的燕麦。但南斯拉夫的燕麦一直没有到货，当阿尔巴尼亚人询问此事时，南斯拉夫人劝告他们到阿根廷去购买。后来卡德尔解释说，这是因为南斯拉夫主管部门之间的误会造成的。

③ 指1948年1月16日保加利亚和罗马尼亚签署的友好合作互助条约，其内容表明两国准备实现关税统一。苏联对此表示反对。

④ 此处档案原文复印件字迹不清。

⑤ 特拉乔伊·科斯托夫（1897—1949），保加利亚工人党中央书记，政治局委员，保加利亚部长会议副主席。

斯大林：建立联邦吧，如果你们愿意的话，明天就可以建立。这很自然，我们没有任何反对意见。我们只反对共青团式的联合方法。联邦应该是经过筹备的，以便它能够被两国内部社会舆论和外部世界所接受。

卡德尔：我们认为，就是同保加利亚的联邦，也无须匆忙行事，基本上按国际原则进行，因为匆忙可能使我们处于困境。

斯大林：在这个问题上你错了。你们不应该拖延三国——南斯拉夫、保加利亚和阿尔巴尼亚的联合。但必须由国民议会通过决议并授权政府开始就联合问题进行谈判。最好从政治联合开始，这样就可以向阿尔巴尼亚派出军队，这样做不会成为外国进攻的借口。

在同保加利亚签订和约之前，建立联邦为时过早。但现在保加利亚已经是一个正式的主权国家了。现在，依我看，你们不应该拖延这个问题，最好尽快解决。如果你们通过各自国家的国民议会进行联合的话，那一切将很顺利。联邦可以解决所有的问题。保加利亚和南斯拉夫之间在种族关系上很接近，在生活习惯和风俗习惯上更接近，每一个人都会理解这种联合。阿尔巴尼亚人在联邦条件下也会得到好处，因为将建立一个几乎多一倍人口的统一的阿尔巴尼亚。

需要做的是，将所有的力量团结在这个自然的联邦周围，以发展联邦的经济和民族文化，加强其军队。否则，波兰将对你们抱以希望，而你们对波兰也会寄予希望，这样做不会有任何好处。你们没有任何必要偏离九国共产党会议的决议。

莫洛托夫：如果需要消除季米特洛夫所说的那种侵略的策源地，就这样去做吧，有什么必要大声呼喊，故意声张呢。现在每一句话都被他们揪住不放了。

特拉乔伊·科斯托夫：我们认为，希腊的游击运动的失败将会给其他巴尔干国家造成非常困难的局面。

斯大林：自然，对游击队应该予以支持。但如果游击运动的前景无望的话,最好将斗争推移至最佳时间。即使在力量对比上有什么差距,那也不能喊叫。必须理智地计算力量。如果计算表明,当时工作不可能有进展,那也无须羞于承认这一点。如果局势不利的话,可以收缩游击运动。即使今天不可能,明天也会是可能的。你们害怕提出尖锐的问题。你们总是处于"道义责任"的影响下。如果你们对所承担的责任力不胜任的话,那就应该承认这一点。你们不应该担心在"道义责任"方面的绝对命令。我们这里没有这种绝对命令。整个问题在于力量的权衡。如果你们能够打的话就打,如果不能够打的话,就别去战斗。我们不能在敌人想战斗的时候去战斗,而是当我们的利益需要战斗时再去战斗。

卡德尔:有一个问题需要明确,即游击队在数个月内成功的希望如何。

斯大林:好,请稍等。或许,你是正确的。我也曾怀疑中国人是否能够胜利,我建议他们同蒋介石达成临时协议。他们形式上同意我们的建议,而实际上继续干自己的——动员中国人民的力量。之后,他们公开提出问题:我们将继续战斗,人民支持我们。我们对他们讲:好吧,如果你们需要的话。显然,他们那里基础非常好。他们是正确的,而我们是不正确的。或许,在这里,我们也可能是不正确的。但我们认为,你们一定要有把握再行动。

柯拉罗夫:那么美国人能允许游击队胜利吗?

斯大林:不要问他们。如果有能够取得胜利的力量,如果有能够利用人民力量的人,就应该继续斗争。但也不应该这么想,以为在希腊没有成功的希望,其他一切就都完了。

与希腊相距较远的国家应首先承认马科斯政府[①],而周边国家应该

---

① 1947年12月25日,以希腊游击队领导人马科斯为首的希腊临时民主政府宣布成立。

最后承认。

莫洛托夫：季米特洛夫同志反对卢尔切夫的讲话也是错误的，如今被敌人广泛利用了。① 有什么必要这样干。

季米特洛夫：这主要是迫于国内的需要，目的是不让他们再抬起头来。

斯大林：让尤戈夫②去同反对派交谈吧，他最善于做这项工作。

卡德尔：我们认为，在实质上，我们之间是没有分歧的，只是存在着个别错误。

斯大林：这不是错误问题，而是制度问题。

……③

---

① 卢尔切夫·科斯塔（1882—1965），保加利亚社会民主工人党总书记。该党反对共产主义制度。1948年1月10日，在保加利亚召开的国民大会上，在回答社会民主工人党代表对政府预算草案的批评时，季米特洛夫指责他们是阴谋者，是祖国的敌人。季米特洛夫的讲话在西方引起极大反响，认为这是要镇压反对派，挑起反对西方的行动。

② 安东·尤戈夫（1904—1991），保加利亚内务部部长，保加利亚工人党中央政治局委员。

③ 该文件是柯拉罗夫用俄文记录的，保存在保加利亚中央档案馆。根据记录，会议时间为1948年2月10日21时10分至11日0时10分。

吉拉斯关于苏、保、南代表会谈给南共中央的报告

(1948年2月10日)

卡德尔和巴卡里奇于2月8日星期天抵达莫斯科,直至2月10日星期二之前,他们两人谁也没有说什么。星期二上午,巴拉诺夫①打电话要卡德尔和其余的人不要去任何地方,因为晚上9点钟,要请我们去克里姆林宫。列萨科夫告诉我们,星期一来了保加利亚人,同时强调说,保加利亚来的是"主要人物"——季米特洛夫、柯拉罗夫、特拉乔伊·科斯托夫。

果然,我们于晚上9点钟被邀请到克里姆林宫。我们准时抵达,但保加利亚人迟到了一会儿,我们在斯大林的接见厅坐了10—15分钟,待他们都到齐后,我们进到了里面。

会见在2月10日,星期二,莫斯科时间21时15分开始,持续了约3个小时。当我们进去的时候,已有苏联代表在那里。出席会晤的有:斯大林(主持者)、莫洛托夫、马林科夫、日丹诺夫、苏斯洛夫和佐林②(在斯大林右侧依次而坐),以及季米特洛夫、柯拉罗夫、科斯托夫、卡德尔、吉拉斯、巴卡里奇(在斯大林左侧依次而坐)。

莫洛托夫首先发言。他直接强调说,他们同南斯拉夫和保加利亚之

---

① 列·谢·巴拉诺夫(1909—1954),联共(布)中央对外政策部副部长。
② 瓦列里安·亚历山德罗维奇·佐林(1902—?),1947—1955年任苏联外交部副部长。

间的问题已经到了严重分歧的地步。这些分歧无论从党的观点出发，还是从国家的观点出发，都是不能允许的。他列举了三个严重分歧的例子：第一，南斯拉夫—保加利亚签订的同盟条约，与苏联分别与保加利亚和南斯拉夫之间的条约不一致；第二，季米特洛夫关于东欧国家和巴尔干国家，包括希腊成立联邦的声明，与苏联分别同保加利亚和南斯拉夫之间签订的条约不一致；第三，南斯拉夫一个师进入阿尔巴尼亚南部（科尔察），同苏联分别与保加利亚、南斯拉夫之间的条约不一致。关于第一点，他强调说，苏联政府已经通报过南斯拉夫和保加利亚两国的政府，他们同意了这一点，即同保加利亚签订和平条约之后，在其规定期满以前，不得同保加利亚签订条约。但南斯拉夫和保加利亚两国政府却签订了条约，苏联政府是从报纸上了解到这一情况的。关于第二点，莫洛托夫强调说，季米特洛夫同志太迷恋于记者招待会。同时，如果季米特洛夫或者铁托向报刊发表声明的话，整个世界都会想，这是苏联的观点。这时斯大林打断莫洛托夫的话说，记得那些日子里在莫斯科的波兰人表示反对。倒是苏联代表首先问他们的，问他们对季米特洛夫的声明有何想法。波兰人说，他们同意，当斯大林告诉他们说苏联反对时，他们就说他们也反对，但他们以为这是莫斯科的立场和指示。斯大林补充说，季米特洛夫的逐步联合（大概他指的是保加利亚通讯社的声明）说明不了任何问题。斯大林援引声明中的话说，在这个声明中说，奥匈帝国阻止保加利亚和塞尔维亚签订关税同盟。斯大林并补充说，这意味着从前德国人阻止，而现在我们（即苏联）阻止关税同盟。斯大林还补充说，季米特洛夫将注意力从国内问题转移到国外问题，即转移到联邦等问题上。然后莫洛托夫转向谈第三个分歧点，他一开始就强调说，他们意外地得知南斯拉夫军队进入阿尔巴尼亚。阿尔巴尼亚人告诉俄国人说，他们以为南斯拉夫军队进入阿尔巴尼亚是得到苏联同意的，其实并非如此。这时莫洛托夫开始援引紧急报告。斯大林对他说，要他读，莫洛托夫问斯大林读哪个紧急报告，斯大林倾斜着身子向他指点。莫洛托夫读着拉夫连季耶夫关于会见铁托的紧急报告。从所读的紧急报告中可以知道，这份紧急报告是对关于是否真的存在南斯拉夫军队进入阿尔巴尼亚的决定这一问题的回答。紧急报告中说，这样的决定是征得霍查同意的，是确实存在的，报告的主题是通报可能的对阿尔巴尼亚的进攻。紧急报告中接着指出，铁托说，他不同意莫斯科关于在南斯拉夫军队进入阿尔巴尼亚的情况下，美英除掀起报刊宣传运动外还会进行干涉的说法。根据紧急报告，铁托还说如果事情真的到了那种地步的话，南斯拉夫和苏联一起来收拾局面。但是，在苏联就此问题采取外交行动之后，他不会再派出部队了。莫洛托夫最后指出，铁托并没有通报莫斯科说他不同意。他强调指出，无论从党的观点看，还是从国家的观点看，分歧是不能允许的，分歧要提出来加以讨论，不能隐瞒分歧，应该通报和协商。对记者招待会要谨慎。

　　莫洛托夫之后季米特洛夫发言。他就像其余的保加利亚人和卡德尔（代表南斯拉夫人说话的只有他）一样，没有能够有条理地和连贯地说明自己的想法，因为斯大林不断地打断他的话。他说，南斯拉夫和保加利亚在布莱德发表的不是条约，而仅仅是就未来的条约达成一致的通报。苏联代表证实他们从报纸上了解到了这一情况。季米特洛夫强调说，保加利亚经受着如此的经济困难，以致没有同其他国家的经济合作就不可能得到发展。这的确就像他在记者招待会上所讲的那样。斯大林打断他的发言并对他说，他的脑海里忽然闪现出一个新词，这是错误的，错误是因为这样的联邦是不可能实现的。季米特洛夫说，事实证明奥匈帝国干涉了保加利亚和塞尔维亚的关税同盟，他并没有暗指苏联。他最后强调指出，保加利亚和苏联的对外政策之间没有实质上的分歧。斯大林打断他的话并肯定地说，有着很大的分歧，列宁主义者的做法应该是正视分歧和错误，并予以消除。季米特洛夫说，他们犯有错误，还要学习对外政策。接着斯大林向他瞥了一眼又说，他是个老政治家，从事政治四十多年，他那里谈的不是关于错误的问题，而是另一种概念（他在会晤期间就此向季米特洛夫重复了有两三次）。鉴于季米特洛夫反复强调保加利亚由于经济原因应该同其他国家接近，斯大林说他同意，如果涉及的是保加利亚和南斯拉夫之间的关税同盟的话，但如果涉及到罗马尼亚问题，他将反对这一点。总之，如果话题涉及保加利亚与苏联所不同意的国家——大多数情况下是拿罗马尼亚作例子——建立联系的话，斯大林都表示反对。发生这种情况的原因是，保加利亚—罗马尼亚条约中有关于关税同盟的条款，我想，保加利亚—罗马尼亚联合公报中谈到罗马尼亚和保加利亚之间的协调计划的问题也是一个原因。苏联代表会晤时多次发言都提到了所谈到的上述问题，它指的是即将签订的保加利亚和匈牙利、保加利亚和其他国家之间的条约问题。总之，苏联对保加利亚—罗马尼亚关系的批评涉及可能出现的保加利亚—匈牙利关系，明显的，还有南斯拉夫同匈牙利和罗马尼亚的关系。

接着，柯拉罗夫发言。他说，由保加利亚通报的塞尔维亚—保加利亚之间的关税同盟中没有暗示苏联的地方，至于罗马尼亚和保加利亚之间的关税同盟，罗马尼亚人是赞成的。此外，罗马尼亚—保加利亚条约首先寄给了苏联政府，苏联政府提出的意见只是用反对德国或其同盟国的条款代替反对任何侵略者的条款，对保加利亚—罗马尼亚关税同盟问题没有提出任何意见。莫洛托夫为此向斯大林做了简短的解释。莫洛托夫肯定了柯拉罗夫的上述发言。斯大林再一次强调说，他反对保加利亚—罗马尼亚关税同盟，尽管保加利亚人根据紧急报告有权认为苏联是不反对的。他强调说，他不知道在此之前寄给苏联政府的罗马尼亚—保加利亚条约中有关税同盟的条款。季米特洛夫说，正因为如此，这一点成为他在声明中所说的话过火的原因。斯大林对季说，季想震惊全世界，并补充说，这好像是共产国际总书记在认真而详细地解释需要什么和怎样去做。他说，正是这一点为美国反动势力提供了精神食粮。然后他谈了关于美国大选的意义，关于为了不向美国反动势力提供任何使其能够轻而易举地取得胜利的论据而需要注意的问题。他认为，不应该为反动派提供任何借口。现在的美国政府还能够克制自己，但大财团和凶恶的资本家可能执掌政权，美国的反动势力听到这样的声明就会说，在东欧不仅要建立集团，而且将联合成一个统一的国家。他对季米特洛夫和其他一些人说，他们就像共青团员一样不知分寸，事后又像女人一样满街喧嚷。他将这一点同阿尔巴尼亚问题联系在一起。三个世界大国——苏联、英国和美国以特别条约的形式保证了阿尔巴尼亚的独立。阿尔巴尼亚是我们最薄弱的环节，因为其他国家或是联合国的成员国，或是被承认的国家，而阿尔巴尼亚都不是。如果南斯拉夫军队进入阿尔巴尼亚，美国和英国的反动势力就会利用这一点来充当阿尔巴尼亚独立的保护者。不需要派出军队，需要的是在加强阿尔巴尼亚军队的问题上加紧做工作，需要对阿尔巴尼亚人进行训练。然后，如果阿尔巴尼亚遭到进攻，让阿尔巴尼亚议会呼吁南斯拉夫给予援助。他列举了中国的例子。他说，在这方面，任何人都不能对苏联提出指责。中国人善于斗争，他们在前进。他补充说，阿尔巴尼亚人不比中国人差，需要对他们进行训练。然后他说，保加利亚人和南斯拉夫人什么也没有向他通报，通常是在既成事实，不可挽回之前才报告的，苏联领导人都是从外部了解情况的。

接着科斯托夫开始发言，他抱怨说，有困难的总是小国和不发达国家。他想提出一些经济问题。斯大林打断他的发言并说，对于这些，另有一些部门主管。现在讨论的是分歧问题。

卡德尔发言。关于第一点他说，公布的不是条约，仅仅是关于就条约问题达成一致的通报，并补充说，我们过于匆忙了。他开始进行解释，如同季米特洛夫在上面已经证实的一样，日丹诺夫插话，证实他们是从报刊上知道这件事的。关于阿尔巴尼亚的事，他说，情况很严重，我们没有向他们通报。斯大林插话说，我们把事情看得太简单了，实际上它是很复杂的。卡德尔接着谈到希腊的不断挑衅，阿尔巴尼亚军队的软弱，还说到我们如何在经济上与阿尔巴尼亚联系，如何扶持其军队的问题。斯大林两三次打断他的发言。至于希腊入侵阿尔巴尼亚，斯大林说这是可能的。但他立刻提出一个问题，这种状况是否真实。阿尔巴尼亚的军队是没有任何指望的，他补充说，需要对阿尔巴尼亚人进行训练，为他们建立军队。莫洛托夫说，他们没得到什么进攻阿尔巴尼亚的情报，并提出一个问题，即我们不给他们提供任何情报。卡德尔解释说，最近，一家希腊公司对待阿尔巴尼亚的态度变得特别尖锐，斯大林提出一个问题，即我们能否相信希腊游击队会取得胜利。卡德尔回答说相信。斯大林说，他和他的同事一样，最近对此深表怀疑。他说，如果有胜利希望的话，就应该帮助希腊，如果没有这种希望，则应考虑结束游击运动。英国人和美国人为保护希腊是不惜代价的，对他们来说唯一的难题就是我们帮助游击队。莫洛托夫补充说，他们经常指责我们，说我们帮助了游击队。斯大林说，如果没有取得胜利的条件，也不必害怕承认这一点。这在历史上不是第一次了，如果目前没有条件，那么晚些时候将会有条件。接着柯拉罗夫开始发言并叙述说，美、英、法政府是如何对待他们的，警告他们不得承认马科斯政府。柯拉罗夫说，美国大使举止适当，有礼貌，英国大使厚颜无耻，蛮横无理。斯大林插话说，这就是说，美国人最坏，他们经常变换角色。斯大林还说，不要把自己国家的命运同希腊游击队的胜利联系在一起，根据季米特洛夫的观点，一旦保皇派—法西斯分子取得胜利，巴尔干地区的局势就会变得艰难而严重。斯大林说，这一点还没有得到证实。

接着季米特洛夫和柯拉罗夫讲述了各种问题，这些问题与会晤时提出的问题之间并无直接的联系。期间，莫洛托夫援引了南斯拉夫—保加利亚条约中的一段话。这段话说,南斯拉夫和保加利亚将根据联合国的精神行动,支持所有旨在维护世界和平和反对所有侵略策源地的倡议。莫洛托夫用引自条约中的这段话批驳季米特洛夫企图把反对"侵略的策源地"的斗争同联合国的行动联系在一起。斯大林补充说,这意味着先发制人的战争,其本身就是共青团式的抨击,是大吹大擂、大肆叫嚣的词句,只能为敌人提供材料。斯大林接着说——还是讲共青团的表现,当在列宁格勒革命刚一胜利时,他们那里有一位水兵通过广播骂了全世界,并对全世界进行威胁。莫洛托夫接着谈到了阿尔巴尼亚向苏联购买燕麦的问题,说铁托告诉拉夫连季耶夫,南斯拉夫将提供燕麦。但这之后南斯拉夫人却让阿尔巴尼亚人向阿根廷购买燕麦。斯大林半开玩笑地说,南斯拉夫人担心在阿尔巴尼亚的俄国人,因此才匆忙地向那里派军队。他还说,保加利亚和南斯拉夫人想的是,苏联反对保加利亚和南斯拉夫联合,但又不想讲出来。莫洛托夫谈到保加利亚—罗马尼亚关于协调计划公报中的一条原则时说,这实际上是这两个国家的联合。斯大林坚决认为,这是不能实现的。季米特洛夫很快证实说,这是毫无意义的事,这不是合作,而是在保加利亚和罗马尼亚之间造成争执。因此,相互关系中应该仅限于贸易条约。

  斯大林接着阐述了苏联关于在东欧建立三个联邦——波兰—捷克斯洛伐克联邦、罗马尼亚—匈牙利联邦、南斯拉夫—保加利亚—阿尔巴尼亚联邦的观点。保加利亚和南斯拉夫,如果它们愿意的话,可以在明天就联合起来,这样的关系中不存在任何干扰,因为保加利亚今天是个主权国家。卡德尔说,我们不急于同保加利亚和阿尔巴尼亚联合,因为还有一些国际和国内的问题。斯大林对此说,不应该推迟,这件事已经成熟了。首先需要南斯拉夫和保加利亚联合起来,然后阿尔巴尼亚加入其联合。这需要通过各自国家的国民议会,以人民的意志达成协议。斯大林想首先从政治联合开始,这样别的国家就将很难进攻阿尔巴尼亚。斯大林对保加利亚和南斯拉夫的联合多次强调指出，这个问题已经成熟。事情已经到了商议国名的地步。

卡德尔接着又回到了原来的问题上，即对阿尔巴尼亚所做的一切都是公开的，但关于这一问题的回答转到了斯大林以前说过的话，即需要对阿尔巴尼亚的军队进行训练，阿尔巴尼亚在遭到进攻时再请求援助。

至于燕麦问题，卡德尔说，不排除敌人在这个问题上插手的可能性，目的在于破坏南斯拉夫—苏联关系（莫洛托夫对此沉默）。卡德尔接着说，看不出南斯拉夫和苏联之间在对外政策上有什么重大的分歧。斯大林打断卡德尔的话说，这不准确，分歧是存在的，隐瞒分歧就意味着机会主义。不要害怕承认分歧。斯大林强调说，就是在他们——列宁的学生们之间也多次出现分歧，就某个问题进行争吵、讨论，然后端正立场，继续前进。他还认为，需要大胆地提出希腊游击队的问题。接着他又提到中国的事情，但现在他说到了另外一个情况，那就是，按照他的话说，他们把中国同志叫来，并告诉他们，在中国没有发动起义的条件，需要寻找某种"临时措施"。根据斯大林的说法，中国同志在所有问题上都赞同苏联同志的意见，而实际上他们是在积蓄力量。俄国人曾两次向他们提供武器援助。显然，正如斯大林所说的，中国人，而不是苏联同志，是正确的。但他不相信希腊游队也是这种情况。关于中国他说道，除根据同中国政府的条约作为中立区的旅顺港外，他们在中国没有自己的人。他谈到了中国人在没有集中足够的力量之前避免进攻城市的战术。

卡德尔再次发言并说，我们没有向他们通报这些情况是个错误。斯大林打断他的话说，这不是错误问题，而是制度问题，我们不向他们通报任何情况。

接着斯大林和莫洛托夫建议签订相互协调对外政策的议定书，卡德尔对此表示同意。这时斯大林补充说，让我们就我们所感兴趣的所有问题询问他们，而他们将向我们通报一切。

接着季米特洛夫转换话题谈经济问题和其他问题。当季米特洛夫说有一些重要的经济问题时，斯大林随口打断他的话说，要他与统一的南斯拉夫—保加利亚政府谈上述问题。在继续会谈的过程中，斯大林提出一个问题，即阿尔巴尼亚人如何接受联合的问题。卡德尔和吉拉斯向他解释说，如果阿尔巴尼亚人接受了联合，这样很好，因为这是他们的民族利益范围内的事，值得注意的是，有80万阿尔巴尼亚人生活在南斯拉夫。斯大林联系阿尔巴尼亚的情况说，我们有一个人①已经自杀了，我们想甩掉霍查，但不应该匆忙粗暴地"强制"干这件事，而是要逐渐地来，不要一下子来。斯大林又一次说，首先需要南斯拉夫和保加利亚联合起来，然后让阿尔巴尼亚加入，需要由阿尔巴尼亚自己声明加入的愿望。接着，科斯托夫提出，关于同苏联的有关专利权、许可证、著作权的技术援助协议对保加利亚人不利，但他没有说该协议是否已经签订。莫洛托夫对此说，问题还需再研究一下，斯大林希望科斯托夫提交一个"简短的报告"。然后转入研究苏联新闻局为回答美国人的诽谤而发表的苏联—阿尔巴尼亚关系文件。卡德尔对《真理报》发表的文件表示了肯定意见。季米特洛夫说，西方大国企图联合德国反对苏联。斯大林反驳季米特洛夫说，他总是把一切都暴露出来，西方大国并没有公开这样说，他们的说法是没有俄罗斯的欧洲，但如果没有，这就意味着

---

① 指阿共亲苏派领导人、经济部部长纳科·斯皮鲁。1947年11月，南共认为不能再容忍阿党内的反南派行为，铁托发出了一封措词激烈的信，要求阿共中央政治局对斯皮鲁的问题弄清事实，做出解释。鉴于铁托和南共的威望和影响，霍查只得召开中央全会，讨论铁托的信件和斯皮鲁事件。斯皮鲁感到失望而开枪自杀。关于斯皮鲁的死，霍查含糊其辞地向莫斯科解释说，斯皮鲁有反苏情绪，是帝国主义的间谍。对此，苏联驻阿领事丘瓦欣呈送斯大林和莫洛托夫一份长篇报告，认为这种说法没有证据。据说，斯大林为此大发雷霆。

反对。莫洛托夫在会谈中表达自己的意见说，保加利亚人对其军队人数保密较差，它的军队人数超过了和平条约的规定，他们在这一点上可能会受到指责。季米特洛夫对此说，相反，现在的人数还低于和平条约的规定，莫洛托夫对此表示满意，后来再没有提及这件事。季米特洛夫提出了签订苏联和保加利亚之间互助条约的问题，并强调说这对保加利亚具有重大意义。斯大林对此表示同意，但又补充说，前希特勒德国的欧洲同盟国应该首先与其邻国签订条约：同罗马尼亚的——该条约已准备就绪，同匈牙利的，同芬兰的。

斯大林接着强调说，我们（即南斯拉夫和保加利亚）应该加强经济、文化、军队之间的联系，而联邦则是个抽象的东西。

斯大林突然问到关于"我们的朋友皮亚德"的情况，卡德尔回答说，他在从事我们的立法工作。

卡德尔就需要答复意大利政府请求南斯拉夫政府支持它取得对前殖民地控制权的问题征求了他们的意见。斯大林说，需要支持这一要求，并问莫洛托夫，他们可曾答复。莫洛托夫说，他们还没有答复，他考虑需要再等一等。斯大林对他说，没有什么可等的，应该立即予以答复。……

会谈到此基本结束。

我还要提醒一句，斯大林对季米特洛夫的批评虽说在形式上是粗暴的，但说话的口气友好。

这个报告根据会见时所作的记录和回忆写成。

苏南关于就重要国际问题相互协商的议定书

(1948年2月11日)

根据苏维埃社会主义共和国联盟和南斯拉夫按照它们之间于1945年4月11日签订的友好互助和战后合作条约所承担的义务，苏联和南斯拉夫联邦人民共和国政府商定，它们有义务就涉及两国利益的所有重要国际问题进行相互协商。

本议定书从签字之日起生效，并将在上述条约的整个期限内有效。

本议定书一式两份，每份文本均以俄文和塞尔维亚文写成，两种文本具有同等效力。

苏维埃社会主义共和国联盟政府全权代表　莫洛托夫
南斯拉夫社会主义联邦人民共和国政府全权代表　卡德尔

1948年2月11日于莫斯科

卡德尔等人关于2月10日会谈情况给南共中央的电报

(1948年2月11日)

昨天晚上21时,我们应邀到了克里姆林宫。出席会见的除我们三人外,有斯大林、莫洛托夫、日丹诺夫、马林科夫、苏斯洛夫和莫洛托夫的一位副手;保加利亚方面有季米特洛夫、柯拉罗夫、科斯托夫。会见持续了3个小时。莫洛托夫提出了他们同保加利亚以及同南斯拉夫之间分歧的三个问题。

1. 签订保加利亚—南斯拉夫无限期条约没有预先同他们协商。
2. 季米特洛夫对记者的谈话。
3. 向科尔察派一个师。

他们的主要结论是,就对外政策的所有主要问题经常协商的必要性。他们建议就这个方针签订一项负有协商义务的议定书。我们同意了这一点。关于会谈提出的所有问题和讨论中得出的结论,我们将口头报告。我们注意到,季米特洛夫因保加利亚分别与罗马尼亚、匈牙利和南斯拉夫之间需要建立关税同盟和协调计划而受到批评。俄国人坚决反对这样做,因为这涉及罗马尼亚和匈牙利。讨论的结果是,我们没能提出任何一个我们的经济问题。为此,卡德尔想拜会莫洛托夫。我们将尽快回国。

卡德尔、巴卡里奇、吉拉斯

1948年2月12日①

---

① 原文如此,根据电报内容判断,电报起草的时间应为2月11日。

莫洛托夫关于军事援助和贷款等问题与卡德尔的会谈纪要*

（1948年2月12日）

摘自维·米·莫洛托夫的工作日志

绝密
2月11日24时

会谈中卡德尔同志谈及的问题有三个。

1. 卡德尔同志通报说，铁托同志想在3月或4月非正式地前来莫斯科。他解释说，铁托打算讨论的问题，大概也就是他，卡德尔来莫斯科讨论的那些问题（有关阿尔巴尼亚问题等），以便消除同苏联政府相互关系中的各种误会。卡德尔同志补充说，铁托认为，鉴于阿尔巴尼亚面临的危险，届时也可能离不开南斯拉夫。

我回答说，我向斯大林报告这件事并将给予答复。

2. 卡德尔同志要求，如果可能的话，尽快解决军事援助问题，以及为南斯拉夫的军事工业提供设备的问题。现在莫斯科的南斯拉夫代表

---

* 分送：斯大林、贝利亚、日丹诺夫、马林科夫、米高扬、沃兹涅先斯基、维辛斯基、佐林。

团已就这些问题工作了数个星期。① 南斯拉夫政府希望尽快解决上述问题。

  我回答说,我不了解上述问题,答应查明情况,尽力而为。

  3. 卡德尔同志表示,今年南斯拉夫的出口能力不够抵补南斯拉夫为完成其五年计划而必需的某些货物(电力设备等)的进口。鉴于这种情况,南斯拉夫政府希望从苏联得到价值 6000 万美元金币的借款,借款从五年计划结束时开始偿还,还清借款的最终期限根据协议决定。

  我告诉卡德尔说,我无法说出自己对这个问题的意见,答应将他的上述请求通报苏联政府,然后把结果向他通报。②

  ……

  会谈开始之前卡德尔和我签署了关于协商的议定书,现将其副本③附上。

1948 年 2 月 12 日

---

  ① 吉拉斯率领的南斯拉夫军事代表团 1948 年于 1 月初到达莫斯科,在 1 月 15—16 日与斯大林和布尔加宁的会谈中,苏联答应给予军事援助,但一直未办理有关事宜。

  ② 两天以后,莫洛托夫再次会见卡德尔,答复了他所提出的问题:苏联政府同意铁托于 3 月或 4 月访问苏联,以对南斯拉夫的行为做出解释;同意研究给南军事援助的问题;但对于南请求提供贷款的问题,则以苏联目前财政困难加以拒绝。详见本卷《莫洛托夫与卡德尔关于铁托访苏和贷款问题的谈话记录》。

  ③ 即本卷《苏南关于就重要国际问题相互协商的议定书》。——编者注

莫洛托夫与卡德尔关于铁托访苏和贷款问题的谈话记录[*]

(1948年2月13日)

摘自维·米·莫洛托夫的工作日志

绝密

今天我叫来卡德尔同志,通知他对一些问题的答复,这些问题是他2月11日与我谈话时提出来的。

一、关于铁托的莫斯科之行。

我告诉他,斯大林同志和其他同志都很高兴与铁托同志会面,时间按卡德尔讲的在3月或4月。

我们讲好,来访的具体时间以后再定。

二、关于南斯拉夫申请军需品供应和南斯拉夫军事工业的供应品。

我告诉他,苏联政府将在近期讨论这个问题,并给南斯拉夫政府相应的回答。

三、给南斯拉夫贷款6000万美元的问题。

我告诉他,苏联政府研究了南斯拉夫的请求,一致认为不可能满足这个要求。同时我也告诉卡德尔,1948年是我们财政困难的一年,由

---

[*] 发送:约·斯大林、拉·贝利亚、安·日丹诺夫、格·马林科夫、阿·米高扬、尼·沃兹涅先斯基、安·维辛斯基、瓦·佐林。

于财政改革,仅降低国家价格一项,国家预算收入一年就减少了570亿卢布,还有一些其他的收入也减少了。我还说,今年我们限制了投资额,并采取硬性措施限制国家支出。我补充说,半年前我们还可能向南斯拉夫提供美元贷款,但今年由于国家预算紧张,已经没有这种可能性了。

卡德尔同志对我的说明没有表示任何意见,好像能理解苏联财政的情况,对这个说明的反映很平静。

维·莫洛托夫

卡德尔关于同莫洛托夫会谈情况给铁托的电报

（1948年2月13日）

铁托元帅：

昨天我在莫洛托夫那里。我签署了下述内容的议定书：《苏联和南斯拉夫将就涉及两国的所有重要国际问题相互协商承担义务》。签署此议定书的还有保加利亚。之后，我谈了加快军事供应谈判和尽快签订条约的谈判问题。他回答说，他将同斯大林商量并将答复通知我们。最后我提到你想在晚些时候非正式访问莫斯科。他问什么时候，我回答说过一两个月后。我们考虑到，我们继续留在这里并无益处，所以我们将于星期六返回。

卡德尔

1948年2月13日

铁托关于阿尔巴尼亚问题给吉拉斯和卡德尔的电报

(1948年2月13日)

吉拉斯和卡德尔：

从你们的紧急报告中看出，你们在阿尔巴尼亚问题上没有取得任何具体的结果。现告知你们下述情况，以供在可能的谈判中使用：我们的军事代表团团长库普列沙宁将军昨天从阿尔巴尼亚回来，他说阿尔巴尼亚军队各方面的状况都很糟糕。这支军队毫无一点战斗准备。没有粮食。阿尔巴尼亚北方与南方之间几乎没有什么通信联络。供给因只有一条道路和桥梁损坏而处于困境。各级司令部都很差劲。没有动员计划，可以说连最低程度的战役计划也没有。总之，一切重担都落在我们肩上，如果我们想从战斗准备的观点使这支军队多少有点用处的话。我们认为，苏联的军事教官应该处于贝尔格莱德军事教官的领导之下，并应该将他们看做是我国军队的教官。总的来说，他们对于阿尔巴尼亚军队的这种处境应负有责任。我们认为，你们应该在如果阿尔巴尼亚遭到进攻的情况下我们怎么办这个问题上得到具体的答复。这对我们来说非常重要，因为这种进攻一旦得逞，我们的南马其顿就将处于艰难的战略态势。如果他们那里不同意让我们在阿尔巴尼亚放开手脚的话，那么，无论是解决这支军队的供应问题，还是解决我们自己的经济问题，我们都要重新考虑我们的决定。由于当前这种状况，在为我们的边境防御采取有效措施方面，我们的双手被束缚住了。

拉夫连季耶夫与铁托关于苏南经济关系问题的谈话记录（摘录）

（1948年3月10日）

摘自安·约·拉夫连季耶夫的工作日志

秘密

我拜访了铁托。卡德尔在铁托办公室，整个谈话他都在场。

一、我对铁托说，明天要飞往莫斯科，因为已有两年没有回苏联了。计划在苏联不多呆，暂时把工作托付给阿尔米亚尼诺夫同志①。……

布·铁托显然有些激动，问我知道不知道克鲁季科夫②在外贸部对南斯拉夫贸易代表团说，苏联今年不可能与南斯拉夫签订贸易协议的事，这样做有什么理由。

我回答，正式的消息我一点儿也不知道。

然后铁托表示，南斯拉夫政府不明白，为什么苏联拒绝和南斯拉夫签订贸易协议，而同时正在和其他国家签订这样的协议。铁托接着说，众所周知，南斯拉夫在战争时期是苏联的忠实盟友，并且南斯拉夫的民主制度比其他东欧国家更巩固。苏联和南斯拉夫之间没有贸易协议，这个问题不能像在外贸部里的声明那样向南斯拉夫人民解释，

---

① 即苏联驻南大使馆代办 Д. M. 阿尔米亚尼诺夫。
② 亚·德·克鲁季科夫，时任苏联外贸部第一副部长。

而这一点又不能向人民隐瞒。此外，停止南苏贸易会严重地影响南斯拉夫五年计划的完成，尽管南斯拉夫无论如何也要努力完成五年计划。南斯拉夫政府最不能理解的是，这个决定是在南斯拉夫代表团到达苏联两个月之后才通知它的。南斯拉夫在此期间一直期望会签订这个协议。不然，南斯拉夫可以在此期间采取相应的步骤，扩展与其他国家的贸易。

铁托此时表示，没有贸易业务，无疑将加重南斯拉夫非贸易支出的困难。南斯拉夫将没有能力支付正在苏联学习的学生的膳宿费用，因为国家没有这部分外汇。南斯拉夫不得不减少自己在苏联的学生。这个关于不签协议的决定还牵涉到军事供给，因为根据贸易协议，应向军队提供装甲车和原油。

铁托重复了几次说，莫斯科的这个决定让人不能理解。接着他表示，这个决定与两国的友好关系是不相容的，"可以这样说，这样对待南斯拉夫，我们感到委屈"。铁托说，也许，苏联对南斯拉夫有些不满意，但即使在一个家庭中也有兄弟间的不和。"如果问及此事"，铁托请求把这一切转达给苏联政府。当我自言自语地说"如果只是问起"时，铁托改正说，那么，他是作为部长会议主席，并且是在自己的第一副主席在场的情况下，正式提出这个问题的。

我回答，我将把铁托关于此事的声明通报给我的政府。

后来，铁托提出卢布和第纳尔的换算问题。按他的意见，现行的汇率实在对南斯拉夫太不利了，虽然南斯拉夫政府不止一次地提出这个问题。我问，是谁，什么时候在莫斯科提出过这个问题。铁托回答，波波维奇大使不止一次地讲过此事。卡德尔补充说，在去年参加外长会议例会期间，他本人与米高扬同志谈过这事。铁托接着说，南斯拉夫政府的这个请求，苏联没有给予满足。反而，按不久前收到的通知，对用于外交需要的卢布和第纳尔又制定了新的比价：现在莫斯科要求6个第纳尔兑换 1 卢布，取代了过去确定的 4.2 第纳尔兑换 1 卢布的比价。①

铁托表示，组建海军舰队的问题，也没有得到明确的决定。苏联军事代表对南斯拉夫的代表们说，组建海军舰队的计划实在太庞大。建议缩减这个计划，而着重于建设海防舰队。当南斯拉夫代表询问，如果缩减计划，南斯拉夫可以指望苏联方面的哪些帮助时，苏联军事代表没有给予任何答复。

铁托接着说明，关于缩减组建海军舰队计划的问题，南斯拉夫政府还没有研究。政府可以缩减计划，但希望知道，如果这样做，他们可否指望苏联在这方面的帮助。铁托还指出，苏联代表没有给予任何回答，甚至对南斯拉夫要求提供相应图纸的询问也不作回答。

卡德尔声称，这个计划里的内容，在莫斯科都已说过，而关于组建军事工业中这个计划过于庞大的问题，没有得到苏联方面给予帮助的任何具体答复。

我回答，我在莫斯科将通报这些问题。

---

① 战后，南斯拉夫人民银行接受了苏联国家银行所建议的卢布与第纳尔的比价，这个根据双方各自的外汇牌价确定的比价表面上是平等的，但实际上，由于南斯拉夫只能根据自己实际的外汇购买能力确定第纳尔对美元的比价，而苏联可以随意提高卢布对美元的比价，从而也就提高了卢布对第纳尔的比价。1945 年 8 月 28 日，南斯拉夫要求进行谈判，重新审议所规定的比价。10 月份又重复了这个要求。1945 年 12 月 4 日，苏方回绝了南斯拉夫的建议。此后，南斯拉夫提出了几种对自己比较有利的具体结算方式。

莫洛托夫就苏南关系一些问题致铁托电

(1948年3月13日)

拉夫连季耶夫前来通报了一些情况。①

一、关于加加里诺夫在阿尔巴尼亚举杯祝酒一事已按照我的指示进行了调查。业已查明，卡德尔所获得的消息是不正确的，因为加加里诺夫没有说过任何侮辱性的话。显然，我们或者被误会了，或者受到了诽谤。②

二、关于苏联代表克鲁季科夫拒绝与南斯拉夫签订1948年贸易协定的报道不符合事实。众所周知，现在有一个苏南1947—1948年贸易协定。这个协定到今年5月31日期满。显然，在此之前肯定要签订1948—1949年的新协定。看来，在这方面我们也被误会了，或者受到了诽谤。③

---

① 拉夫连季耶夫大使于1948年3月11日离开贝尔格莱德回到了莫斯科。

② 1948年2月22—23日在地拉那庆祝苏联建军节的招待会上，苏联驻阿尔巴尼亚代办加加里诺夫在回答南斯拉夫公使约瑟夫·杰尔吉为斯大林和铁托祝酒的建议时说："如果铁托赞成民主联盟的团结，我就为他干杯。"杰尔吉当即进行了驳斥，并将此事报告本国政府。1948年2月28日，卡德尔向拉夫连季耶夫提出了这个问题。

③ 1947年7月5日苏联和南斯拉夫签订了一个为期两年的换货和支付协定，同时还签订了截止到1948年5月31日的换货议定书（不是贸易协定）。1947年12月南斯拉夫贸易代表团抵达莫斯科，希望扩大与苏联的贸易。1948年1月20日苏联外贸部长米高扬会见南斯拉夫代表时说，苏联政府同意南斯拉夫贸易代表团于2月10日左右来莫斯科，进行谈判签订新的换货议定书。但2月22日苏联外贸部表示无意进行签订新的议定书的谈判。2月26日克鲁季科夫以苏联政府名义正式宣布了这一意见，并要求南贸代表团不要来莫斯科了。其理由是，南斯拉夫向苏联供货的速度很慢，前一个议定书规定的供货要拖延到1948年5月31日以后才能完成，因此，要做的只是到1948年底再开始谈判签订1949年的议定书。

三、众所周知，卢布对第纳尔的汇率问题如同对所有其他外国货币的汇率问题一样，已经在卢布与美元比价的基础上得到解决。在这个问题上我们没有来自外国的任何异议。持异议的只有南斯拉夫。如果我们现在把第纳尔作为例外，我们就将动摇卢布汇率，对此，我们是无论如何也不能同意的。

四、就南斯拉夫建设海军和军火工业的问题，有必要再安排几次南斯拉夫代表同苏联代表的会晤。在这件事情上我们从来没有拒绝过给南斯拉夫以力所能及的援助。主要在于南斯拉夫要有一个考虑到我们和你们近期能力的切实可行的计划。否则，作出的计划可能是纸上谈兵，从实际建设的角度来看没有任何价值。①

---

① 1948年1月初，南军事代表团到达莫斯科，与苏联军方领导人谈判提供军用物资和苏联帮助南实现建立海军的计划的问题。开始时，斯大林表示可以完全满足南斯拉夫的请求，但是到1月底2月初，苏联却开始怀疑实现南斯拉夫提出的计划的可能性。苏联代表认为南斯拉夫的要求超出了实际需求和苏联的供应能力。3月9日苏联武装力量部部长布尔加宁和总参谋长华西列夫斯基建议南斯拉夫代表重新提出一个更现实和更适度的计划。随后谈判终止。铁托在3月11日会见拉夫连季耶夫时表示，南斯拉夫认为，苏联方面已决定延缓对南斯拉夫的军事援助。

丘瓦欣与霍查关于阿国内政治形势的谈话记录*

（1948年3月16日）

摘自德·斯丘瓦欣的工作日志

绝密

今天恩维尔·霍查同志会见我并与我进行了交谈。会见时科奇·佐泽同志在座。我请求总理向我谈谈他自己对阿尔巴尼亚国内政治形势的看法，并介绍我不在阿尔巴尼亚的这段时间里（1947年8月以来）国内发生的变化。

恩维尔·霍查在强调人民政权继续得到巩固以后说，国内的政治形势完全稳定。为了证实自己这一论断，他列举了前不久举行的人民政权地方机关的选举（1948年2月）以人民阵线的完全胜利而告终，它也是人民民主的胜利。在场的科奇·佐泽指出，选举表明民主阵线在基层威信很高，有些地区几乎100%的选民投票拥护阵线的候选人，恩维尔·霍查将民主阵线在前几次选举运动（1945年12月2日成立大会上的选举，1948年2月15日的区、市苏维埃的选举）得票率加以对比之后指出，民主阵线候选人的得票率逐步增加，例如，1945年12月2日的选举，民主阵线候选人的得票率占参加选举的全体选民的93.18%，在区苏维埃选举中得票率增加到97.6%，最近一次选举中已经达

---

* 抄送：莫洛托夫、佐林、苏联外交部巴尔干国家司，归档。

到99.1%。

这位总理在谈到选举进行过程的总形势和居民的情绪时强调指出,在全国范围内情绪高涨,没有出现任何事故。人民高唱歌曲来到选区,友好地投票拥护"我们的候选人"。科奇·佐泽说,"反动派和我们的某些政敌这次不敢抬头"。科奇·佐泽继续说,"如果说在过去在某些地区,特别是山区,选举经常伴随着武装土匪的袭击、暗杀和吓唬选民的话,那么在最近这次选举中已经没有这些现象了"。据他说,选举是在平静的氛围中进行的。权力机关和党组织在各地出色地完成了选举运动期间的任务。

据我的交谈者们反映,如果考虑到阿尔巴尼亚现在正经受着严重的困难,加之去年政府对待基本群众——农民的政策上犯了许多政治性错误(1947年5月从政治上看是错误的粮食征购法、地方土地机关没有兑现自己与农民签订的合同义务、错误的收购烟草和经济作物等等政策),那么人民政权在这次选举中所取得的成就特别具有典型意义。

恩维尔·霍查在谈到国内总形势时指出,权力机关在消灭继续对当地居民进行恐怖活动的武装匪徒方面取得了很大成绩。据他说,现在在整个阿尔巴尼亚,只有不到150—160名匪徒,而在1947年年初时还有500—600名。现在国内已经没有由于政治原因与人民政权进行斗争的重大武装匪徒,现在在北部山区和中部的某些地区,隐藏的主要是刑事犯罪分子。他们由于杀人、盗窃而逃避人民保卫机关的惩罚。至于政治犯罪分子,只是屈指可数,并且在人民中间十分孤立(如迪布拉地区著名的登·埃列齐、登·卡列希等)。科奇·佐泽指出,根据资料,许多政治犯罪分子去年从阿尔巴尼亚逃到希腊,从那里进行反对国家的破坏活动。

似乎为了特别强调稳定的国内形势,科奇·佐泽指出,在阿尔巴尼亚各个时代都存在过的凶杀事件,现在已经绝迹。他列举了以下数字:

1939年，每月平均发生凶杀案件74起，到了1945年，这一数字降低到40—45起，1946年降到20起以下，1947年只有15—17起，今年1月则只有3—5起（也许这里列举的数字需要稍作更正）。他特别强调，在科尔奇省的莫克拉地区，索古时代没有一天不发生凶杀案件，而最近几个月只发生过几起。恩维尔·霍查和科奇·佐泽把出现这一形势的原因归结为基本群众的政治觉悟的普遍提高，群众性的社会团体（青年团和阿尔巴尼亚妇女联合会的地方组织）工作的结果，这些团体已经深入人心，其活动在人民中间愈来愈有影响。

科奇·佐泽就此还指出收缴居民武器运动的丰硕成果。他说，去年居民共向警察机关上缴了数万件各种武器，现在居民每个月都要上缴1000—2000支火枪、步枪和其他武器。这位内务部长指出，居民上缴武器完全没有受到警察和人民保卫机关的压力。科奇·佐泽说，"这一切都说明，我们政府在人民心目中的威信已经大大提高。人民再不用为自己的命运而担心，将保护自己那部分财产的责任完全寄托在警察机关和人民保卫机关身上"。

恩维尔·霍查在谈到经济形势问题时说，人民的公共福利现在已经大大提高。尽管从表面上看，城市的粮食供应还有些困难，但总的来看全国的供应还是有保障的。农民无疑有大量的粮食储备，不仅能够养活城市居民，还可以建立一些储备。这位总理就此指出，1947年政府在经济政策上犯了大错误，引起农民对政府的某些不满。在去年的错误中间，恩维尔·霍查列举了1947年5月23日无疑打击了农民生产更多粮食的积极性的有害征购法，收购经济作物，尤其是收购烟草的错误政策。土地机关没有履行自己与农民签订的合同义务，他指出，政府应当向苏联公使表示感谢。还在去年5月，苏联公使就提请总理注意1947年5月23日颁布的法律的危害性，结果导致它及时被取消。他接着指出，土地机关"欺骗"了农民，没有履行自己的承诺。它们坚持要求某些地区的农民用减少粮食播种面积的做法扩大经济作物的播种面积，并且签订了承担相应义务的合同，结果又不向农民供应所必需的粮食。还有另一个例子，看上去就像是公开欺侮农民。贸易部的收购部门已经与农民签订了协议，规定了收购他们的烟草的条件（价格、质量、保管条件、运送到指定地点的期限等等）。时间到了，可收购部门就是不收农民的烟草，致使烟草质量降低（不是由于农民的过失），收购部门相应地降低了烟草的价格，并且在某些情况下降低了几倍。"我们机关的这种政策，"恩维尔·霍查说，"没有产生任何好结果。这种政策只能激怒农民，使他们对政府的任何创举产生不信任。""当然，"恩维尔·霍查继续说，"在所有这些事件中，也有不少是人民政权的敌人的故意破坏。"总理对我提出的有关问题回答说，到新的收获季节之前，城市居民需要6万多公担的粮食，政府打算从农民手中收购。据他说，贸易部目前正在制定措施，以便顺利收购6万多公担的粮食。他指出，实现这个任务的困难是机关没有任何可以信赖的统计资料。他还指出，如果阿尔巴尼亚有关机构能够确定某些地区的收成，或者是在一定程度上能正确地确定收成，确定各种作物的播种面积，那就"不会造成中央机关的重大失误"。现在，当同志们都从各地赶来时，发现某些作物的播种面积被大大夸大了，因此也引发了完成粮食收购计划的严重混乱。总理继续说，"不难理解，我们现在必须尽快修改这些计划"（尽管知道在许多城市，其中包括首都在内，粮食的供应经常中断，但我没有料到目前的形势会变得如此严重）。

对此恩维尔·霍查指出，刚刚闭幕的阿尔巴尼亚共产党中央全会，不仅要研究党的建设问题，还得研究国家的经济问题。据他说，在最近一次全会上，来自各地的同志从未像这次如此尖锐地批评"我们的失误"，并且提出了许多宝贵的建议。现在已经成立了一个专门委员会，委托它研究在全会上提的所有建议，将其归纳后向中央提出有关的决议草案。恩维尔·霍查在谈到中央全会时，不能不提到他称为纳科·斯皮鲁的反党活动。纳科·斯皮鲁多年来一直推行非常隐晦的政策，其目的似乎是要把工人出身的同志排挤出党的领导人之列。恩维尔·霍查列举事例表明，纳科·斯皮鲁企图让恩维尔·霍查与科奇·佐泽争吵，并夸大南斯拉夫方面的错误。据恩维尔·霍查称，纳科·斯皮鲁企图唆使南斯拉夫人反对恩维尔·霍查（纳科·斯皮鲁1946年与南斯拉夫公使杰尔吉的谈话，并将恩维尔·霍查关于阿尔巴尼亚共产党中央培拉特全会问题的讲话交给了杰尔吉，恩维尔·霍查在这次讲话中将这次全会所犯的错误似乎推在南斯拉夫人身上；纳科·斯皮鲁企图在去年与基德里奇①会谈时，唆使南斯拉夫人不信任恩维尔·霍查等等）。同时恩维尔·霍查继续说道，纳科·斯皮鲁在推行自己与党敌对的路线的同时，千方百计显示其亲苏联立场，尽管他在自己亲朋好友的圈子里多次谈到苏联"不好的东西"。据他说，纳科·斯皮鲁去年从苏联回国以后，对苏联人，对苏联的集体农庄和工厂反映极坏，声称他在阿尔巴尼亚被占领期间见到的意大利企业，其秩序似乎比苏联的企业好得多。

恩维尔·霍查还列举了纳科·斯皮鲁反党行为的其他例子。尽管据恩维尔·霍查说，纳科·斯皮鲁把他（恩维尔·霍查）当成亲近的人，但他从前并没有发现这些活动。说到这里，恩维尔·霍查开始批评自己，声称对已经发生的一切，他应负主要责任，是他没有及时"认清"纳科·斯皮鲁。"只是到了现在，"恩维尔·霍查说，"当我们用同志式的方法批评我们党的某些领导人的错误时，我们党内才达到完全的团结一致。"他接着说，纳科·斯皮鲁一案使阿尔巴尼亚党的领导人受益匪浅（非常耐人寻味的是当恩维尔·霍查在介绍这一切时，科奇·佐泽极力装出他在所有问题上与恩维尔·霍查一致的样子）。"有关所有这些

---

① 博里什·基德里奇，南斯拉夫部长会议经济和计划委员会主席。

问题，"恩维尔·霍查说，"我们已经详细通报给联共（布）中央代表彼得罗夫同志，并向他转交了全部必要的材料。"恩维尔·霍查和科奇·佐泽指出，阿尔巴尼亚共产党清除了像纳科·斯皮鲁这样的分子以后，变得更加坚强，领导班子更加团结。

谈话结束前，科奇·佐泽通报了党员数量增加的几个数字。据他说，目前共有2.2万名党员，1.45万名预备党员，共青团有3.1万名团员。

谈话结束后，恩维尔·霍查和科奇·佐泽邀请我与他们共进午餐。我谢过他们，并未对此表示反对。

苏联驻阿尔巴尼亚公使　德·丘瓦欣
1948年3月16日于地拉那

铁托就苏南关系一些问题给莫洛托夫的信[*]

(1948年3月18日)

就您3月13日的来电,南斯拉夫联邦人民共和国政府了解到一些实际情况,现答复如下:

一、有关加加里诺夫的表现,我国政府注意到您来电中所作的解释,至于向我国政府提供信息的南斯拉夫代表,我国政府认为根本不存在诽谤的问题。

二、关于贸易条约,南斯拉夫联邦人民共和国政府得出结论认为,苏联政府拒绝签订1948年5月至年底的贸易议定书,事实如下:

2月26日,南斯拉夫联邦人民共和国外贸部副部长茨尔诺布尔尼亚同志[①]和南斯拉夫联邦人民共和国驻莫斯科商务代表日贝尔纳拜会了苏联外贸部副部长克鲁季科夫。当时他向他们通报说,苏联外贸部改变了自己原先的观点,不能签订5月至年底的贸易议定书。他宣布,现在没有必要派遣南斯拉夫贸易代表团来莫斯科,关于(签订)1949年(贸易议定书)的谈判只能在今年底举行。茨尔诺布尔尼亚随即询问,这是克鲁季科夫的个人意见,还是他可以报告本国政府的苏联政府的观

---

[*] 苏联驻南大使馆代办阿尔米亚尼诺夫3月19日向苏联外交部报告,铁托与他会谈时告知,对莫洛托夫电报的答复"是以信件的形式并派信使送往莫斯科的,以便通过自己的使馆转交"。

[①] 波格丹·茨尔诺布尔尼亚(1916—?),历任南斯拉夫外贸部副部长、外交部副部长、共和国总统秘书长等职。

点。他得到的回答是，这是苏联政府的观点，他可以将此观点报告本国政府。尔后，经克鲁季科夫的明确同意——他认为（签订）1949 年（贸易议定书）的谈判只能在年底举行，茨尔诺布尔尼亚立即返回了贝尔格莱德。

根据茨尔诺布尔尼亚的这一报告，南斯拉夫联邦人民共和国政府自然得出结论：苏联政府不准备签订 1948 年 5 月至年底及至 1949 年 5 月的贸易议定书，虽然这一议定书是由期限为两年的南苏条约①所规定的。然而，南斯拉夫联邦人民共和国政府满意地注意到您来电中所作的表示，即苏联政府愿意签订 1948—1949 年贸易议定书。但是，南斯拉夫联邦人民共和国政府在提到上述信息的同时认为，因此就存在某种形式的诽谤的说法，也是不能成立的。

三、至于第纳尔与卢布的汇率，南斯拉夫联邦人民共和国政府从未提出过全面变动汇率的问题，因为它知道这一汇率是以卢布与美元的比价为根据的。南斯拉夫联邦人民共和国政府只是请求在某些部门采取一些特殊做法，因为在那些部门卢布与第纳尔的官方比价特别沉重地加重了南斯拉夫对苏联的财政义务，例如对于文职顾问、军事顾问和教官，以及在苏联学习的我国干部，等等。

四、南斯拉夫关于军火供应的建议是以过去与苏联代表举行的几次会谈为基础的，这些苏联代表并不认为南斯拉夫的计划过分。斯大林同志曾亲自赞同南斯拉夫应有一支强大的海军，苏联将援建军火工业。②但是，南斯拉夫联邦人民共和国政府已注意到苏联代表的最新意见，虽然它认为他们在某种程度上低估了南斯拉夫的物质能力，而且它的专家

---

① 这里指的就是 1947 年 7 月 5 日苏南签订的"换货和支付协定"。
② 指斯大林在 1946 年 5 月 27 日与铁托会谈时的讲话（参见本卷文件《斯大林与铁托会谈的苏访记录》和《斯大林与铁托会谈的南方记录》）。——编者注

们也正在制定新的、将大大压缩的建议。十分清楚，南斯拉夫联邦人民共和国政府考虑到苏联战后恢复和建设向苏联生产部门提出的大量需求，所以南斯拉夫联邦人民共和国政府对此只是期待苏联在其能力范围内提供援助。以后的计划规模取决于我国自身的能力，这种能力也是相当可观的。南斯拉夫政府之所以特别重视这一计划，原因在于它认为南斯拉夫——鉴于其地理位置和政治地位——需要建立一支强大的陆军和海军，当然是在其能力的范围内。

由于这一切，南斯拉夫联邦人民共和国政府建议尽可能快地继续进行关于1948年贸易交换及军火供应的谈判。

1948年3月18日

莫洛托夫关于撤回苏联专家致铁托或卡德尔的电报

(1948年3月18日)

兹获悉，基德里奇的助手斯尔曾蒂奇①向苏联商务代表列别杰夫声明：根据南斯拉夫政府的决定，不准向苏联机构提供经济情报。这一消息使我们感到惊讶，因为曾有一个苏联政府机构可以自由地获得这类情报的协议。② 更使我们感到惊讶的是，南斯拉夫政府机构没有预先通知、也未解释原因而单方面地采取了这一措施。苏联政府把南斯拉夫政府的这种举动看做是对苏联驻南斯拉夫工作人员的不信任行为和对苏联不友好的表现。

显然，在对苏联驻南斯拉夫工作人员如此不信任的情况下，他们认为不能保证自己不受到来自南斯拉夫机构的类似的不友好对待。

---

① 斯尔曾蒂奇是经济委员会副主席。
② 1948年3月9日拉夫连季耶夫致电莫斯科通报说：斯尔曾蒂奇向商务代表列别杰夫声明，南政府有一个决定，禁止国家机构和机关向任何人提供任何经济情报。因此，尽管从前有一个协议，他也不能向列别杰夫提供有关的资料。该决定还责成国家安全机构对这件事情进行监督。斯尔曾蒂奇还说，基德里奇打算亲自同列别杰夫谈这件事。有必要提醒的是，南斯拉夫政府在去年的夏天就已做出了这个决定。当时，我就同卡德尔谈过，于是他便指示基德里奇向我们提供必要的资料。在这个协议的基础上，列别杰夫从经济委员会处得到了一些有关经济问题的情报。显然，斯尔曾蒂奇的声明反映了南斯拉夫领导人对苏联态度的改变。关于这一通报，可参见1948年3月27日斯大林致铁托的信（本卷文件《斯大林、莫洛托夫关于苏南关系诸问题致铁托的信》）。——编者注

有鉴于此，苏联政府已指示黑色金属冶金部、有色金属冶金部、化学工业部、电力部、邮电部和卫生部，立即把它们各自的所有专家和其他工作人员撤回苏联。

联共（布）中央对外政策部关于南斯拉夫意识形态问题给苏斯洛夫的报告

（1948年3月18日）

绝密

关于南斯拉夫共产党领导人在对内对外政策上反马克思主义的立场和观点

莫斯科

致联共（布）中央委员会书记米·安·苏斯洛夫同志：

　　南斯拉夫在对内对外政策上犯了极大的政治错误，具有反马克思主义的性质。观察在南斯拉夫发生的事件和研究南斯拉夫共产党领导人物的言论，可以得到这一结论的根据。主要的错误如下。

　　一、在制定国家实际的工作任务和确定今后的发展前景上，南斯拉夫领导人忽视马克思列宁主义的理论，不用其来指导自己的实践。他们不是真正的马克思列宁主义者，背叛了马克思主义经典作家的主要原理，而"实践家企图抛弃理论就违背了列宁主义的全部精神，是对事业的最大危害"（斯大林语）。

　　二、南斯拉夫领导人对社会主义国家苏联以及联共（布）这个久经考验的和全世界所有反对帝国主义的进步力量都承认的领导力量，采取了不友好和不正确的态度。

三、南斯拉夫共产党领导人陶醉于巩固人民民主国家和创造社会主义建设事业先决条件等方面的成绩，过高地评价自己的功劳，在估计自己今后的前途和实行的对外政策中，妄想作为巴尔干地区和多瑙河流域国家的领导力量，已成为冒险主义的人物。对于一些兄弟党表现出不能容许的反马克思主义的态度。

四、南斯拉夫领导人对南斯拉夫社会主义建设事业中的困难估计不足。忽视富农作为阶级产生的可能性及其作用，在对待富农的政策上采取了机会主义的态度。

五、在确定共产党在社会主义建设事业中的作用和地位问题上，违背了马克思主义的基本原则。在南斯拉夫共产党的组织建设中实行有害的、实质上是取消主义的政策，把党与民族阵线混为一体。

一、忽视马克思主义的理论

共产党在反对帝国主义阵营的斗争中，在联合自己周围所有进步力量的事业中所取得的一切成绩，首先说明他们的所有实践活动是以先进的、马克思主义革命理论为指导的。

众所周知，马克思主义的经典作家都十分重视研究理论问题。他们把理论与革命实践紧密结合，将革命理论变为工人运动的巨大力量。在俄罗斯工人运动初期，列宁在自己的经典著作《怎么办?》中指出，只存在着两种思想体系：社会主义的思想体系和资产阶级的思想体系，没有中间的思想体系。列宁写道，"因此，对社会主义思想体系的任何轻视和任何脱离，都意味着资产阶级思想体系的加强"。①

---

① 参见《列宁全集》中文第 2 版第 6 卷第 38 页。——编者注

按列宁指示的观点可以清楚地看出，不重视理论问题的南斯拉夫领导人的实践是有缺陷的和危害极大的，并且正在南斯拉夫工人运动中酝酿着危险性。

南斯拉夫共产党领导人完全忽视马克思列宁主义的理论，分析南斯拉夫共产党的中央书记们——铁托、卡德尔、兰科维奇、吉拉斯的言论，就可以找到这一结论的根据。他们根本不关心在共产党员和非党的南斯拉夫人民群众中宣传马列主义。

在其他兄弟党（比如罗马尼亚）公开宣布自己的最终目标是建成共产主义，及马克思列宁主义的理论是党的思想体系时，南斯拉夫的共产党员们出于不可理解的原因，害怕向自己的人民说明：党必须遵循先进的马克思列宁主义理论的思想体系。

所有南共中央书记战后的讲话都是一些没有经过充分思考的、错误的和有害的观点的大杂烩，不论在什么场合，都不能作为严肃的针对南斯拉夫现实的实践和阐述国家今后沿社会主义道路发展的理论专著。这首先说明，南斯拉夫共产党领导人的讲话没有根据马克思主义经典的原理，忽视了马克思列宁主义理论，没有把它作为自己行动的指南。

比如，南斯拉夫共产党中央总书记铁托在1945—1947年所作的53个讲话中，仅有一处引用了马克思主义的经典学说，来证明南斯拉夫发展道路的正确性。这是三年中唯一的一次，铁托在讲话中称呼了马克思、恩格斯和列宁的名字，而其余的52次讲话，完全忽视了作为指导所有共产党行动的马克思列宁主义理论的意义和作用。

在南斯拉夫民族阵线第二次代表会议的报告中，铁托描述在民族阵线中共产党发挥组织领导作用而取得成绩的原因是："由于上述革命发展阶段的独特性质，采用了具有南斯拉夫特点的新的方法"，他一句也没有讲共产党的决定性意义，首先在于党的指导思想是科学和先进的马克思列宁主义理论。

甚至在报告的结尾部分,铁托说明现代形势的基本特点时,他对伟大的战无不胜的马克思、恩格斯、列宁、斯大林学说的功绩只字不提。在他所有的讲话中,没有一字提到统帅斯大林同志——我们时代的伟大理论家马克思、恩格斯和列宁事业的天才继承人。铁托一句也没有讲共产党的伟大先锋作用,首先是联共(布)的作用。

这些事实表明,南斯拉夫共产党领导人完全忽视了理论问题。铁托1945—1947年的文章和发言全部是讲建设和巩固新国家的实际任务。

南斯拉夫共产党的领导人,好像定有规矩,从来不讲自己关于南斯拉夫发展道路的理论观点。甚至在共产党的理论喉舌——《共产党人》杂志上(该杂志偶尔出版,从1946年10月共出了3期),几乎没有专门讨论南斯拉夫发展道路的文章。在该杂志第2期发表的《新型民主制度的原则》一文中,铁托写道,各个国家达到美好公平社会制度的道路,不应该也不可能都在十月革命中被确定好的。"这些途径可以有许多共同点,但除了共同之处,每一个国家特殊的条件和内部发展情况决定了他们达到和建立一个美好社会体系所走的、有自己特色的道路。而在这种具体条件下,我们要达到的是真正的人民民主制度"。

这说明,铁托没有把在南斯拉夫建成社会主义和共产主义社会看成共产党的最终目的。南斯拉夫人民及南斯拉夫共产党的最终目的,明显地被他限定在"真正的人民民主国家"上。这个立论贯穿在他所有的讲话和文章中。

铁托在1946年11月与南斯拉夫作家的谈话是他忽视马列主义理论意义的例子。在对作家的讲话中他一句也没有说党在培养作家事业上应起的作用,没有讲文学的党性和作家必须掌握马克思列宁主义的理论。全部讲话只限于作家的实践和组织问题。

南共中央负责宣传的书记米洛凡·吉拉斯1947年在《战斗报》发表《现时期党的任务》一文,也对党的任务和目的作了限定,他没有讲清共产党应当为什么目的而斗争，南斯拉夫应当走什么道路，比如，吉拉斯在文章中写道：

"只有认清发展的目标和途径，全党动员起来，不惜自己的力量，不怕牺牲，国家才能走出困境"。

综上所述证明，南斯拉夫共产党领导人不向南斯拉夫人民宣传共产党的最终目标，不讲南斯拉夫今后的发展道路，只局限于达到和加强人民民主制度的目的。

二、忽视苏联作为民主和社会主义阵营的决定性力量

作为世界上第一个社会主义国家，苏联是主要的具有决定性的力量，在其周围团结和联合起全世界的民主和进步力量。

每一个人都知道，是苏联及其军队通过巨大的努力和牺牲，抵抗了法西斯的野蛮行径，挽救了人类和世界文明。中欧和东南欧国家，包括南斯拉夫的人民，都感谢苏联的帮助和支持，使他们获得了在新民主主义制度初期建设自己的生活的可能。

现在英美帝国主义和其帮凶正在疯狂地准备第三次世界大战，苏联是唯一能够真正抗拒国际反动派一切阴谋诡计的现实力量。

由此得知，世界上所有真正的民主力量应该全心全力地支持和加强苏联的权威，将其作为和平和民主的堡垒。

从这个方面看来，南斯拉夫共产党领导人对苏联关系上不友好的事实和奇怪的立场至少应引起特别的重视。

他们在自己的文章和讲话中，极力低估苏联及其军队在南斯拉夫解放事业和战后建设中所起的决定性作用。比如，南共中央书记米洛凡·吉拉斯1947年1月在《战斗报》上发表了《南斯拉夫的发展前景》一文，在讲述南斯拉夫人民的成就时他写到，"我们的人民取得的一切成

绩,是因为成功地找到了自己的力量所在,不但运用了红军在战争中的作用,还利用了苏联在国际关系中的角色"。在这篇文章中,吉拉斯还由于"我们的某些朋友"(指苏联的评论家们),把南斯拉夫和一些新民主制度的国家相提并论而感到委屈。他写道:

"简直不明白,有一些人自认为是学者,甚至是马克思主义者,却看不到在南斯拉夫国内发生的深刻的变化,在这方面把其他一些国家和南斯拉夫相提并论。

每一个聪明的南斯拉夫人都懂得的事情……我们的许多朋友却经常搞不明白。"

南共中央书记卡德尔在华沙九国共产党协商会议上的报告中做了如下声明:"红军在1944年协助了我们的解放,这个事实更加巩固了我们在人民中的地位。"

铁托极力过高估计南斯拉夫在民主主义阵营中的作用和角色,而忽视苏联的作用,他在1947年6月与保加利亚新闻记者谈话时声称,"保加利亚人和苏联一样,应当成为指明正确解决民族和社会问题的灯塔"。在这个谈话中铁托还说,在接近保加利亚人的关系上,"谁也没有权利在这件事上干涉我们"。

1947年8月25日铁托在和克罗地亚农民的谈话中说,"我们和英国、美国以及其他的国家对话,是相互平等的。我们声明,不允许像对待殖民地的人民那样对待我们"。

1946年12月南斯拉夫政府拒绝接待苏军歌舞团,尽管歌舞团的出访是应他们的邀请。这是南斯拉夫共产党不能友好地对待苏联的又一个例子。

联系青年群众的南斯拉夫少先队组织,按自己的组织机构和标志物(旗子、领巾等)与童子军相似,当苏联青年代表团的成员问,为什么南斯拉夫少先队没有采用与我们一致的形式——红旗和红领巾时,拉托·杜戈尼奇（原青年群众中央会议主席）回答说，他们认为不适宜"模仿苏联的少先队组织"。

对苏共中央关于穆拉杰利的歌剧《伟大的友谊》的历史性决议，南斯拉夫共产党机关报《战斗报》只用了几行字，做了简短和不大明白的介绍。同时报纸完全抛弃了决议的原则，只讲俄罗斯的古典音乐。就这样，《战斗报》歪曲了苏共中央决议的实质，错误地向南斯拉夫读者传达了苏共中央的这一历史决定。

之所以有必要在南斯拉夫刊物上全文刊登苏共中央这一决议，还因为这个国家受西欧形式主义音乐的影响很大。

近来，铁托在自己的公开发言中忽视苏联在团结所有进步和民主力量的事业中，在与英美反动派斗争的事业中，所起到的决定性作用。他今年2月10日在塞尔维亚突击手代表会议的讲话中说，他不赞同联共（布）开展斯达汉诺夫运动的经验，不赞同把这一运动作为新的社会主义劳动竞赛的最高形式。虽然铁托这篇讲话的大部分内容是讲国际形势，但他一句也没有说苏联在反对第三次世界大战挑衅者斗争中的作用。铁托没有参加今年2月23日贝尔格莱德苏军建立30周年纪念晚会这一事实，是颇具代表性的。

今年3月6日在贝尔格莱德举行了南斯拉夫与苏联文化合作协会第二次会议，没有一个南斯拉夫共产党领导人出席这个会议的开幕式。

铁托在1947年9月举行的第二次人民阵线代表会议的报告中说到新民主制度国家的产生和发展时，完全忽视了苏联是这个过程中的决定性因素这一事实。

三、过高地估计南斯拉夫在发展社会主义道路中的成就

南斯拉夫共产党的领导人和总书记铁托，过高地估计自己在建设和

巩固南斯拉夫人民民主国家中所取得的成就，表现出要在巴尔干地区和多瑙河流域国家担任领导角色的企图。在决定与对外政策有关的问题时，南共领导人表现出民族狭隘性和局限性，不考虑其他国家和兄弟共产党的利益，忽视其他民族人民的民族尊严。

举例来说，南斯拉夫政府很长一段时间不能正确对待的里雅斯特问题，在与英美政府解决此问题的过程中，忽视民主力量的共同利益，使斗争复杂化。出于同样的原因，南斯拉夫共产党还在公开的刊物上，其中包括共产党机关报《战斗报》，不正确地、不能容忍地尖刻批评了意大利共产党及其领导人陶里亚蒂同志的行为。1946年11月保加利亚宪法草案公布，南斯拉夫报纸对其进行了尖锐的批评。南共中央书记卡德尔的助手共产党员戈尔什科维奇在1946年11月14日的《战斗报》上指责保加利亚政府侵犯了马其顿人民的民族权利，文章中写道：

"明显地，这样的安排……与真正民主地解决民族问题，尊重所有民族的民族自决权和民族统一，没有任何共同之处。"

1946年12月南共书记卡德尔和兰科维奇在贝尔格莱德对保加利亚工人党（共）书记契尔文科夫申明，他们不相信保加利亚工人党（共）中央委员会，并认为他们在马其顿问题上的路线是错误的。南斯拉夫领导人认为保加利亚工人党（共）中央委员会这种做法是企图得到巴尔干地区的领导权。

尽管南斯拉夫政府和阿尔巴尼亚签订了友好和互助条约，但在整整一年里没有完成这个条约的条款，没有给予阿尔巴尼亚共和国以经济上的帮助。南斯拉夫共产党领导人对阿尔巴尼亚争取直接与苏联取得联系非常妒忌，按照他们的意见，阿尔巴尼亚只能通过南斯拉夫政府与苏联联系。南斯拉夫领导人控制这个国家，就像是在自己的殖民地一样。

南共中央的书记们试图向兄弟共产党的领导人建议，争取让南斯拉夫共产党充当巴尔干地区和多瑙河流域国家领导的角色。比如，卡德尔和吉拉斯曾建议奥地利共产党领导人，把奥地利划分成两部分。不难理解，如果奥地利的同志听从了南斯拉夫领导人这个冒险主义的建议，这个危害极大的路线会导致什么结果。

根据奥地利共产党中央书记菲连贝格的声明，南共中央委员会的负责人相当自信地认为，南斯拉夫要比苏联更早地建成共产主义。

四、过低地估计农村的阶级斗争和富农的危险

南斯拉夫领导人醉心于自己在经济建设和巩固政治权力中取得的成就，没有重视国内阶级斗争的事实，并低估了这项斗争的意义。通常，他们只是把对反动势力的斗争和民主制作为一种抽象的概念，并没有将它们用于阶级斗争。例如，铁托的讲话没有一处谈到阶级斗争的不可避免性，特别是与富农的斗争，甚至也不使用"富农"这个概念，他称富农为富裕的和殷实的农民。

铁托在自己关于五年计划和发展经济的讲话中，用很大篇幅来谈农业经济，但使用的又是"农民"这个词，而一个字也没有提南斯拉夫农村政治上的困境及富农反对人民政权的残酷斗争。作为党和国家的领导人，他没有召集过"人民议会"的代表，让他们提高警惕性，提醒他们在国内，特别是在农村，阶级斗争的不可避免性，讲述富农在反对人民政权时所采用的方式和方法。

应当指出，在南斯拉夫农村的政治形势下，这种宽容没有任何的根据。主要是农业国的南斯拉夫（农村人口将近占80%）的农业经济，现在还是小农经济的汪洋大海。

南斯拉夫的土地没有国有化，而是农民私人所有。南斯拉夫共产党领导人认为，土地国有化不适合南斯拉夫，打算在土地私人所有制基础上建设集体农庄。应当看到，南斯拉夫有近200万占有土地不足5公顷

的农户。与此同时,却有庞大的富农经济,因为按 1946 年施行的农业改革法规定,私人占有耕地的最大限额为 25—35 公顷。这样的做法,现在在南斯拉夫农业经济中很有可能助长富农经济,而它们在村子里是反动派的基础,对政府的一切政策都做出坚决的抵抗。

同时,工业生产及其他重要国民经济部门都掌握在国家手中,南斯拉夫的农业经济却是小农生产形式,正如列宁指出的,从这个小农经济中,每日每时都在产生出大批的资本主义,而资本主义分子又以一切手段,不惜代价地维持自己的生存。

列宁号召工人向富农阶级进行斗争,1918 年他在《工人同志们!大家都来进行最后一次决战!》一文中写道:

"到处是贪婪残暴的富农和地主资本家联合起来反对工人,到处是富农以闻所未闻的血腥手段残害工人阶级。到处是富农联合外国资本家来反对本国工人。"[①]

列宁就是这样评价富农阶级的,它是工人阶级凶狠的敌人,反对它的斗争是工人阶级的先锋队共产党的重要任务。

众所周知,《联共(布)党史简明教程》对 1929 年苏联消灭作为阶级的富农的问题,赋予了极大的意义。党和政府的这个措施所具有的意义及其产生的后果与 1917 年的十月革命是一样的。

按照列宁和斯大林所说的对富农进行斗争的意义,明显地看出南斯拉夫领导人在对待富农问题上的机会主义政策。它使人联想起布哈林在农民问题上的政策。众所周知,布哈林也是看不到农民分化的事实,在他那里原有的社会集团消失了,而只剩下一个被称为农村的灰色的点。铁托 1946 年在萨格勒布选举前所作的演说可以证明这种比照:

"我对农民讲他们是我们国家最坚固的基础,这不是为了获得他们

---

① 参见《列宁全集》中文第 2 版第 35 卷第 35 页。——编者注

的选票，而是因为他们确实是如此。"

可见，铁托承认人民民主国家的最坚固的基础不是工人阶级，也不是其先锋队——共产党，而是所有的农民，其中包括富农——这些对人民政权的一切措施已经在进行疯狂抵抗的阶级。富农的抵抗在去年粮食收购时期表现得特别明显。他们经常阻挠粮食收购计划，蓄意销毁他们的粮食。他们渗透到人民政权的地方组织中，富农分子使用各种非法手段，企图引起劳动农民对政权机关的不满。

去年10月铁托在参战者代表大会上发言说，人民政权的地方组织在收购粮食的过程中犯了严重的错误。很多时候粮食是从贫苦的农民那里夺来的，而他们的妻子、丈夫牺牲在战争中。铁托答应，归还贫苦农民的粮食，纠正错误。但他没有分析，为什么会犯下这些错误，没有从南斯拉夫农村阶级斗争的角度去探询错误的原因。

由此可见，南斯拉夫领导人，首先是总书记铁托，对作为阶级的富农的增加和作用估计不足，这个阶级不可避免地会对南斯拉夫的社会主义建设进行疯狂的抵抗，南斯拉夫领导人忽视列宁和斯大林所指出的，共产党应当唤醒工人阶级和被剥削的农村群众，提高他们的战斗性，动员他们做好反对城市和农村的资产阶级分子、反对阶级敌人抵抗的斗争准备。

五、对共产党在人民民主国家体制中的地位和作用采取机会主义和取消主义态度

南斯拉夫共产党领导人背叛了马克思列宁主义理论的基本原理，在南斯拉夫的社会—政治发展过程中确定共产党地位和作用的问题上，必然导致对马克思主义组织原则的破坏。

在一系列党的建设和党的政治工作问题上，南斯拉夫共产党中央书

记处没有遵照马克思列宁主义学说的理论——党作为工人阶级的先进组织队伍，只有用革命的理论和社会发展的知识武装自己，才能领导南斯拉夫全体劳动群众。

马克思主义的最基本原理《共产党宣言》一书指出，共产党应担当起思想领袖的作用和无产阶级的组织者。工人阶级政党的存在是工人阶级和全体人民政治成熟的最高阶段。

南斯拉夫共产党领导人没有把马克思主义的原理运用于实践，没有用新的科学成就来发展和丰富革命的理论。在党和国家的全部工作中，仅用纯粹的经验为指导，陷入了经验主义。

在1947年9月九国共产党协商会议之前，南斯拉夫共产党实际上是处于半合法的地位。只是在协商会议上，卡德尔和吉拉斯在报告中才声明共产党的存在，它的组成人员及关于共产党工作的一些意见。

1947年9月前，没有以党的名义发表过一篇文章和公开作过一次讲演。

过去和现在都把党混淆和融合在"人民阵线"[①]中。在新南斯拉夫成立以来的整个时期，从共产党的中央到地方基层党组织，都没有以共产党的名义发布过任何一个决定。真正地背离了布尔什维克主义的主要组织原则——集体领导和民主集中制的原则。

南共中央总书记铁托担任国家所有最重要的职务，实际上是一个人领导着国家所有社会政治生活和对外政策。

这都是因为他缺乏最起码的马克思列宁理论基础知识，是他的领袖欲和自我欣赏、自视过高造成的结果。

---

① 南斯拉夫人民阵线是全南斯拉夫的政治组织。其前身是南共在人民解放战争中成立的统一战线组织"人民解放阵线"，1945年8月改名为人民阵线。1953年，人民阵线改组为南斯拉夫劳动人民社会主义联盟。

值得注意的是，党的机构成了国家和经济部门的某种附属品。在全国，除了波斯尼亚，部长总理们都是共和国共产党中央的第一书记，共产党中央组织书记兰科维奇同时管理干部，又是南斯拉夫政府内务部的部长。

不召开共产党中央的全体会议，不公布党中央和政治局的决议，不吸引党员阶层参与完成党的任务。所有重要问题都由小集团来决定的（铁托、卡德尔、兰科维奇、吉拉斯）。

国家政治、经济和意识形态生活的所有重要决议，都不是以党的名义，而是以"人民阵线"的名义传达到人民群众中。南斯拉夫共产党既没有纲领，也没有章程。在1947年9月第二次"人民阵线"代表大会上，铁托声明，共产党没有自己的纲领，"人民阵线"的纲领（1945年8月通过）就是共产党的纲领。同时铁托承认，"人民阵线"里也有一些资产阶级党派，并且指出，这不会削弱"人民阵线"的统一，而只会加强它。卡德尔在华沙九国协商会议的报告中再次重申了铁托的这个讲话。

这样看来，南斯拉夫共产党领导人认为加入到"人民阵线"的资产阶级党派、富农、商人和小工厂主支持它的纲领，也就是说，他们和共产党员遵循的是同一个的纲领。

铁托这个明显的错误和有害的声明，直到报纸发表吉拉斯华沙九国协商会议上的发言《为持久的和平和人民民主》时，由于报纸编辑部的一再坚持和要求才得以改正。

非常有必要召集党的代表大会通过共产党的纲领和章程，及选举党的领导机构，而且时机也已成熟。但共产党的领导人不知什么原因，无期限地拖延党代会的召开。忽视党的建设，背离了布尔什维克的基本组织原则，这是南斯拉夫共产党内最大的危险，会导致取消共产党，将党淹没在"人民阵线"之中。

综上所述，说明南斯拉夫共产党的领袖们不是马克思主义者。在指导自己的实践和确定南斯拉夫今后的发展前途方面，他们没有遵循马克思列宁主义的理论，而马克思列宁主义的理论能够给予革命运动以信心，有助于对周围事件内部联系的理解，并帮助实践家们"不仅能理解现在阶级如何运动和运动的方向，还能知道不久的将来它们应该如何运动和运动方向"（斯大林语）。

南斯拉夫共产党对待苏联和兄弟党的不友好态度导致了严重的政治错误。这些错误使他们在推行的国内外政策上成了资产阶级的应声虫，在南斯拉夫今后的社会主义建设和发展中蕴藏着极大的危险。

列·巴拉诺夫
B. 莫舍托夫
B. 列萨科夫

铁托关于苏联撤回专家致莫洛托夫的信

(1948 年 3 月 20 日)

致苏联外交部部长维·米·莫洛托夫：

3月18日，巴尔斯科夫将军①向我们通报说，他收到了苏联国防部长布尔加宁元帅②的一份电报，电报通知我们，苏联政府已决定立即撤回其全部军事顾问和教官③，理由是他们"处于不友好行为的包围之中"，这就是说，他们在南斯拉夫没有受到友好的待遇。

苏联政府如果愿意的话，当然可以随时撤回自己的军事专家，但是我们对苏联政府为做出这一决定所提出的理由感到震惊。根据这一指责，我们调查了我国基层的领导人对苏联军事顾问和教官的态度，深信撤走他们的理由是不成立的。在他们驻南斯拉夫的整个期间，对他们的态度不仅是友好的，而且确切地说，是兄弟般的和最殷勤的。在新南斯拉夫，对所有的苏联人一贯都是如此。因此，苏联政府没有把作出这一决定的真实原因告诉我们，这确实使我们感到惊讶，使我们不能理解，使我们十分痛心。

---

① A. H. 巴尔斯科夫少将，时任驻南斯拉夫苏联军事顾问团团长。
② 尼古拉·亚历山德罗维奇·布尔加宁（1895—1975），时任苏联部长会议副主席兼武装力量部（即国防部）部长。
③ 根据铁托的请求，第一批苏联军事教官于战时，即1944年秋天被派往南斯拉夫军队。苏南之间的这种合作形式一直持续到战后。苏联的顾问和教官被派往南斯拉夫人民军总参谋部和各级参谋部，以及一系列军事机关和部门工作。

其次，1948年3月19日，阿尔米亚尼诺夫代办拜会了我，并通报了一份电报的内容，即苏联政府还下令从南斯拉夫撤回全部文职专家。这一决定的理由也使我们感到费解和惊讶。基德里奇的助手斯尔曾蒂奇确实曾向贵国商务代表列别杰夫说过，根据南斯拉夫联邦人民共和国政府的一项决定，他无权向任何人提供重要的经济情报，如果苏联人想得到这种情报的话，应当到更高一级领导机关，即南共中央和中央政府去索取。同时，斯尔曾蒂奇对列别杰夫说，他可以向基德里奇主席索取他感兴趣的情报。你们的人早已被告知，苏联政府的官方代表可以直接从我国领导人那里获得一切必需的和重要的情报。

我方作出这一决定的根据是，过去我们各部的公务人员不管需要与否，都对任何人提供情报。这就意味着他们向各种各样的人泄露国家经济机密，而这些机密可能有时确实已落到我们共同的敌人的手里。

我们从未签署过任何如来电中所说的专门协定，规定我们的人不经过政府或中央的同意，就有权向苏联经济工作人员提供与其本职工作无关的经济情报。每当苏联大使拉夫连季耶夫同志向我本人索取必要的情报时，我都毫无保留地予以提供，我们其他主要领导人也是这样做的。如果苏联政府不赞同我们这一从国家观点出发的立场，我们将感到非常惊讶。

同时，鉴于这种情况，我们不得不拒绝所谓对苏联驻南斯拉夫专家和代表"不友好和不信任"之类的理由。迄今为止，他们当中没有任何人抱怨过这类事情，虽然他们每人都有机会向我本人诉说，而我从来没有拒绝过接见任何苏联人。我们所有主要领导人也都是这样。

由此可见，上述理由不是苏联政府采取这些措施的原因，我们希望苏联政府坦诚相告这是怎么回事，并向我们指出一切在你们看来有碍我们两国之间良好关系的问题。我们认为，这一事态的发展对两国都是有害的，而迟早一切有碍我们两国之间友好关系的东西都必须消除。

苏联政府正从各种各样的人那里获取情报,我们认为对待这种情报应当慎重,因为这种情报不一定都是客观的、准确的和出自善意提供的。

请再次接受我的敬意。

部长会议主席　约·布·铁托

1948年3月20日

波波维奇关于会见莫洛托夫致铁托电

(1948年3月24日)

元帅①亲收

今日4时30分我将您的两封信②交给了莫洛托夫本人。他们正以极大的兴趣等待着您的回信。他有些生气,话说得很少。他强调说,他们有足够的证据做出巴尔斯科夫和阿尔米亚尼诺夫通报给您的那个决定。最后,他说,在没有了解您来信的全部内容之前,他还不能说什么具体的意见,关于谈话的过程我已写了书面总结,并将派专门信使带给您。

波波维奇

---

① 指铁托。

② 指铁托3月18日和3月20日致莫洛托夫的两封信(参见本卷文件《铁托就苏南关系一些问题给莫洛托夫的信》和《铁托关于苏联撤回专家致莫洛托夫的信》)。这两封信是由作为专门信使的南斯拉夫外交部一位副处长 Д. 斯尔曾蒂奇带到莫斯科的。他3月23日到达莫斯科并将信交给了南斯拉夫驻苏联大使弗·波波维奇。

莫洛托夫关于召回苏联专家与波波维奇的谈话记录*

（1948年3月24日）

摘自维·米·莫洛托夫的工作日志

绝密

相互问候以后，波波维奇说，从贝尔格莱德来的特派信使带着铁托的两封信，由他全权代表转交给莫洛托夫，铁托信的原文是用塞尔维亚—克罗地亚文写的，但转交给他们的已经翻译成了俄文。

莫洛托夫接受了信笺，说已由通报得知特派信使带信给苏联政府。

波波维奇说，由于在专家问题上发生了这样的误会，他应当表示抱歉。

莫洛托夫声明苏联政府不得不在一些方面对南斯拉夫作出反应，鉴于在南斯拉夫工作的苏联专家问题，苏联方面在贝尔格莱德已发表了两个声明。①

波波维奇请莫洛托夫取消从南斯拉夫召回军事顾问和专家的指示，波波维奇说："我们不知道，如果没有苏联专家将如何应付，他们对我

---

* 发送：约·斯大林、拉·贝利亚、安·日丹诺夫、格·马林科夫、阿·米高扬、拉·卡冈诺维奇、尼·沃兹涅先斯基、尼·布尔加宁。

① 指1948年3月18日和19日苏联领导人关于从南斯拉夫召回军事顾问和苏联专家的声明（参见本卷文件《铁托关于苏联撤回专家致莫洛托夫的信》）。——编者注

们来说是非常需要的"。对于肇事的南斯拉夫一方,波波维奇说,将用最严厉的方法惩处,但不应因此而损失南斯拉夫的利益。

莫洛托夫说,造成苏联专家问题上的责任完全在于南斯拉夫政府。苏联政府在贝尔格莱德的外事交涉中已经说得很明白。

莫洛托夫接着指出,他将过目今天交来的信,但苏联政府完全清楚,造成苏联专家问题上的错误,完全是在南斯拉夫政府身上。

波波维奇问,难道不能纠正现状,因为召回专家将给南斯拉夫的经济恢复带来损害。

莫洛托夫说,苏联政府已经通过自己在南斯拉夫的代表阐述了意见,并补充说,苏联政府根据南斯拉夫政府在上述事件的那种立场,不得不采取这种措施。

波波维奇又一次请莫洛托夫不要召回苏联专家,并声明他认为南斯拉夫对苏联的友好关系没有任何动摇。

莫洛托夫声明,苏联政府不是在嘴上而是在事实上坚持与南斯拉夫友好。苏联政府说的和做的是一致的。

波波维奇问,能否这样理解,所有错误都在南斯拉夫一方。

莫洛托夫回答,在上述问题上是这样。

波波维奇说,南斯拉夫人和铁托很难理解这种观点。

莫洛托夫回答,苏联政府根据事实,而不是根据愿望。

谈话进行了7分钟。

附件:波波维奇交给莫洛托夫的两份文件复印件。①

(记录:拉夫洛夫)

---

① 在所收集的档案中没有这两份文件。——编者注

波波维奇关于会见莫洛托夫给铁托的报告

(1948年3月25日)

与莫洛托夫谈话的总结报告

在信使斯尔曾蒂奇同志到达的第二天,也就是今年3月24日,我拜会了莫洛托夫。鉴于问题的重要性,我竭力记住莫洛托夫在会谈时所说的每一句话,我基本上完全做到了。因此,转给您的是谈话的完整情况。

我:我给您带来了铁托同志的两封信,是对您电报的答复。这些信是由专门信使送到莫斯科的。

莫洛托夫:我们正在等待回信。我们从贝尔格莱德得知,你们的信使昨天已经来了,并带来了你们政府的回信。他看了一下原稿及俄文翻译稿,接着说,现在,暂时还没了解全部内容,我不能对您说出什么更具体的意见。但我们有足够的证据确信,你们的政府是主要的罪人,鉴于这一点我们被迫作出了撤回我们专家的决定。

我:难道您真的确信,元帅同志和我们的政府成员因此而成了罪人?

莫洛托夫:您可以相信您希望相信的一切,而我们苏联人只相信事实真相。

我:如果您真的执行你们的决定,那就会延误我们国家的迅速恢复和发展。我们的人民会因此而感到痛苦。我认为,无论是为了我们的利益，还是为了你们的利益，这一点都是不可取的。难道您不认为，最好是更深入研究一下事情的全部经过，从而找出主要的罪人？我认为——同时相信您也是这样想的——我们政府到目前为止有真正的充分的证据证明，对苏联一贯真挚而忠诚的友谊是我们政策的保证和基础。

莫洛托夫：苏联赞同我们两国之间保持真诚友好关系的政策，赞同合作，但不是在口头上，而是在行动上。苏联对你们国家实行的就是这样的政策。

我：难道您就不能设想一下，您获得的信息是不正确的，你们的决定，或者作出这个决定的理由，是可以改变的？

莫洛托夫：我再重复一次，在这个具体事件上你们的政府是有罪的，对此我们深信不移。我们感兴趣的是你们政府的答复，在没有了解答复的全部内容之前，对此我还不能说什么。

我：像我们的全体同志一样，我坚信，这个问题会弄清楚的，无论什么都不能成为巩固和加强我们之间关系的障碍。

莫洛托夫：你说什么？这不取决于我们。①

我们的谈话就此结束了。莫洛托夫很生气。他从来没有用过这种语调同我们谈话。然而，同我谈话的方式并不重要，而比较重要的是，他们并不认为在作出这个决定之前应该事先通知您，或者同我们

---

① 在得到苏联撤退专家的通知后，卡德尔曾请求拉夫连季耶夫转告苏联政府，把从事工业建设项目设计和勘测工作的苏联文职专家留下，因为原定他们撤回的期限是在完成苏联对这些工程项目的任务之后。拉夫连季耶夫答应可以将卡德尔的请求转告莫斯科，但是大使馆不能中止文职专家们返回苏联。苏联领导人对卡德尔的请求没有做出反应。在3月22日前的几天里，拉夫连季耶夫收到了莫斯科的指示："在同铁托及南斯拉夫其他的活动家会见时，有关苏联政府对南斯拉夫最近的一些举动您不要做任何解释。"3月23日，拉夫连季耶夫向苏联外交部报告说，军事顾问们已经停止了在南斯拉夫军队的工作，最后一批军官计划于3月25日动身回国，而最后一批文职专家将于3月27日动身。

其中的某个人谈谈，如果需要的话同您本人谈，即采用到目前为止仍是解决我们之间问题的最常用的方法——据我看来，这也是唯一正确的方法——来解决有争议的问题。从与莫洛托夫的谈话中我产生了这样一种印象，即他们是从他们绝对信任的某个人或某些人那里获得的情报。同时，要很快解决这个问题会有一些困难。特别是这样一个情况，我记得当您收到电报时，也就是您答复的那些电报，拉夫连季耶夫大使正在莫斯科。他在莫斯科逗留期间，我通知外交部巴尔干司负责人基尔萨诺夫，说我很希望同拉夫连季耶夫会面。过了两三天，他问我能否在星期日，即本月21日，会见拉夫连季耶夫。我的回答是肯定的。星期六晚上，巴尔干司又通知我，拉夫连季耶夫不能来了，因为他被紧急召回了贝尔格莱德。但他不是在星期日，即计划会面的那天，而是在星期一动身的。

还应该向您通报的是，现在，就连最小的事情都很难同外交部交涉。不过，这一点也是预料之中的事。在一般的情况下，就是最不重要的问题我们也要等上很长时间才能得到答复。而一些重要的问题，在我们的一再催促和提醒下，也还是得不到任何答复。类似的问题有：关于执行我们去年签订的购买缴获车厢的合同问题，关于我们目前正停留在欧洲其他一些国家的车厢的问题，关于援助建设新贝尔格莱德的专家的问题，关于为巴基奇同志和泽切维奇少校治病的问题，等等。我向您通报这一点，以便使您了解，他们部里的机构，而且不仅是部里的机构，还有其他的机关，都接到了其政府关于对我国态度的决定。

如果收到您的回信后，他们还是不改变立场的话，我们就应该立即行动，继续努力，以便尽可能快地解决这个问题，巩固两国的相互关系。

我想去贝尔格莱德两天，尽可能收集全部的信息和有助于这个问题解决的具体资料，我认为这样做会更好，更有益处。我建议这一点是因为我认为，在您到达这里之前，这样做是会很有益处的，同时我也坚信这一点，一切双方感兴趣的问题都将得到正确的解决。

请接受我的深切敬意和忠诚

弗·波波维奇

1948年3月25日于莫斯科

斯大林、莫洛托夫关于苏南关系诸问题致铁托的信

(1948年3月27日)

致铁托同志并南斯拉夫共产党其他中央委员：

你们3月18日和20日的回信均已收到。

我们认为你们的答复是不真实的，因而是完全不能令人满意的。

一、关于加加里诺夫的问题可以认为已经了结，因为你们否认了对他的指控，尽管我们依然认为有过对加加里诺夫的诽谤性指控。

所谓克鲁季科夫同志讲的苏联政府曾拒绝在今年举行贸易谈判的说法，显然与事实不符，因为克鲁季科夫同志断然否认强加于他的那种事情。

二、关于撤回军事顾问的问题，我们的消息来源于武装力量部代表的反映和顾问们自己的报告。众所周知，我国的军事顾问是应南斯拉夫政府的迫切要求而派往南斯拉夫的，况且派往南斯拉夫的苏联军事顾问比南斯拉夫政府所要求的数量少得多，因此很明显，苏联政府无意强迫南斯拉夫接受自己的顾问。

但是，后来包括科采·波波维奇①在内的南斯拉夫军方领导人认为，可以声明必须把苏联军事顾问的人数减少到60％。他们为此摆出了种种理由。有人认为，南斯拉夫花在苏联军事顾问身上的费用太大；有人认为，南斯拉夫军队根本不需要苏军的经验；有人声称，苏军的条令是刻板公式，陈规旧俗，对南斯拉夫军队没有价值；还有人毫不掩饰

---

① 原文如此，应为科查·波波维奇。

地暗示，苏联军事顾问白拿薪饷，因为从他们那里得不到任何好处。

根据这些事实，我们就不难理解吉拉斯在一次南共中央会议上所发表的那篇侮辱苏联军队的尽人皆知的言论，说什么苏联军官在道德方面还不如英军军官。但是，众所周知，吉拉斯的这一反苏言论没有遭到南共中央其他成员的反对。

因此，南斯拉夫军方领导人不是与苏联政府友好地进行磋商和解决关于苏联军事顾问的问题，而是污辱苏联军事顾问，败坏苏联军队的声誉。

显然，这种情况不可能不在苏联军事顾问周围造成不友好的气氛。

如果认为苏联政府在这种情况下还会同意把自己的军事顾问留在南斯拉夫，那是可笑的。

既然南斯拉夫政府对这种败坏苏军声誉的行为没有采取措施进行抵制，它就应对业已形成的局面承担责任。

三、导致我们撤回苏联文职专家的情报，主要来源于苏联驻贝尔格莱德大使拉夫连季耶夫的报告，还有专家们自己的报告。

你们的声明，即似乎斯尔曾蒂奇对商务代表列别杰夫说过，苏联专家如要索取经济情报的话，应向上级当局即南共中央和南斯拉夫政府提出要求，完全不符合事实。①

---

① 3月24日，莫洛托夫致电贝尔格莱德的拉夫连季耶夫，援引铁托3月20日信中关于对斯尔曾蒂奇向列别杰夫所作的声明的解释内容，指出："信中是这样说的，斯尔曾蒂奇似乎说过，苏联人应该向上级机关，即南共中央和政府索取需要的情报。"对此，莫洛托夫命令苏联大使再确认一下这一说法的准确性，因为有关斯尔曾蒂奇声明的情报是3月9日拉夫连季耶夫电告莫斯科的，其中没有类似的内容。拉夫连季耶夫在回信中坚持认为自己的报告是准确的，并说明贸易副代表瓦西里耶夫也出席了斯尔曾蒂奇同列别杰夫的谈话，他可以作为证人。拉夫连季耶夫还说："根据维辛斯基同志的指示，在与卡德尔正式协商后，列别杰夫开始得到了需要的一些情报，不过，拖延了很长时间，而且得到的也不是所有我们感兴趣的资料。"

请看3月9日拉夫连季耶夫的报告:

"基德里奇在经济委员会中的助手斯尔曾蒂奇把一项禁止国家机关向任何人提供经济情报的政府决定通知商务代表列别杰夫。所以,不论过去有过什么许诺,他也不能向列别杰夫提供所需的有关资料。国家安全机构受命监督此事。斯尔曾蒂奇还说,基德里奇想亲自与列别杰夫谈谈这个问题。"

首先,从拉夫连季耶夫的报告可以看出,斯尔曾蒂奇一个字也没有提到从南斯拉夫中央或政府那里获得经济情报的可能性。无论如何,在苏联专家以前直接获取必要的经济情报的一些经济机构依然存在的情况下,认为索取一切经济情报都必须向中央和政府交涉,那是可笑的。

其次,真实情况显然与你们在来信中所述的完全相反,从拉夫连季耶夫的报告看,苏联驻南斯拉夫的代表确实受到了南斯拉夫安全机构的控制和监视。

不妨指出,这种监视苏联代表的做法我们只有在资产阶级国家才会遇到,而且那也不是在所有的资产阶级国家。

同时应当指出,南斯拉夫安全机构不仅监视苏联政府的代表,而且还监视联共(布)驻共产党情报局的代表尤金同志①。

如果认为苏联政府会同意在这种条件下把自己的文职专家留在南斯拉夫,那是可笑的。

显然,对业已造成的这种情况的责任也要由南斯拉夫政府承担。

这就是苏联政府不得不从南斯拉夫撤回其军事和文职专家的原因。

四、你们在来信中还希望向你们通报引起苏联不满和导致苏南之间

---

① 帕维尔·费奥多罗维奇·尤金(1899—1968),苏联哲学家,当时还兼任设在贝尔格莱德的共产党工人党情报局刊物《争取持久和平,争取人民民主!》的主编。

关系恶化的其他事实。这种事实的确存在，虽然它们与撤回文职和军事专家没有联系，但我们认为还是有必要向你们通报这些事实。

第一，我们知道，南斯拉夫领导同志中间流传着种种反苏言论，诸如："联共（布）正在蜕化变质"，"苏联盛行大国沙文主义"，"苏联正企图从经济上支配南斯拉夫"，"共产党情报局是联共（布）控制其他党的工具"，等等。这些反苏言论通常是以左的辞藻掩盖起来的，即"社会主义在苏联已不再是革命的社会主义"，只有南斯拉夫才真正代表着"革命的社会主义"①。从吉拉斯、武克曼诺维奇②、基德里奇和兰科维奇等令人怀疑的马克思主义者那里听到这些关于苏联的言论，当然让人觉得好笑。但问题在于，这些言论在南斯拉夫的许多高级领导人中久已流传，如今还在流传，这自然正在造成一种恶化联共（布）与南斯拉夫共产党之间关系的反苏气氛。

我们当然承认，任何一个共产党，其中包括南斯拉夫共产党，有权批评联共（布），如同联共（布）也有权批评其他任何一个共产党一样。但马克思主义要求批评应该是公开的、真诚的，而不能是背地里的、诽谤性的，从而剥夺被批评者对批评进行答辩的机会。然而，南斯拉夫活动家们的批评不是公开的和真诚的，而是背地里的和没有诚意的，同时还具有两面派性质，因为他们一面背地里以其"批评"来败坏联共（布）的声誉，一面却在公开场合伪善地颂扬它，把它说得天花乱坠。正因为如此，这种批评就变成了诽谤，变成了企图损害联共（布）声誉、丑化苏维埃制度的手段。

---

① 这些言论出自拉夫连季耶夫的汇报。1948年3月1日，南共中央政治局召开扩大会议，审查关于1948年2月10日苏联、南斯拉夫、保加利亚三国莫斯科会晤情况南斯拉夫代表团的工作报告。拉夫连季耶夫得到了南斯拉夫领导人在会议上发言的情报，并向莫斯科做了汇报。

② 斯韦托扎尔·武克曼诺维奇-滕波，时任南斯拉夫人民军政治部主任。

我们相信，如果南斯拉夫的党员群众知道这种反苏批评是异己的、怀有敌意的，他们一定会愤怒地驳斥它。我们认为，这就是南斯拉夫活动家们背着群众暗地里进行这些批评的原因。

这里不妨回忆一下，当托洛茨基打算向联共（布）宣战时，他也是从指责联共（布）蜕化变质、犯有狭隘民族主义和大国沙文主义错误开始的。当然，他以左的关于世界革命的辞藻掩盖了所有这一切。然而，众所周知，托洛茨基本人就是蜕化变质分子，而当他被揭露后，他便公开转到联共（布）和苏联不共戴天的敌人的营垒中去了。

我们认为，托洛茨基的政治生涯足以发人深省。

第二，目前南斯拉夫共产党的状况令我们感到不安。作为执政党，南斯拉夫共产党迄今尚未完全合法化，仍然处于半合法的状态，这使我们感到惊奇。党的机构的决定通常不在报刊上发表。党的会议上的工作报告也从不公布。

在南共党内生活中看不到有充分的民主。中央委员会的大多数成员不是选举的，而是指派的。党内没有或者几乎没有批评和自我批评。值得注意的是，党中央主管干部的书记是国家安全部长。换句话说，党的干部实际上受国家安全部长的监督。按照马克思主义理论，党应该控制一个国家的所有国家机关，包括国家安全部在内，而在南斯拉夫恰恰相反，实际上是国家安全部在控制着党。这大概是南斯拉夫党员群众的独立自主性尚未达到应有程度的原因。

显然，我们不能认为这样一个共产党组织是马克思列宁主义组织，是布尔什维克组织。

在南斯拉夫共产党内看不到有阶级斗争政策的精神。资本主义成分正在农村中迅速增长，在城市中也很活跃，而党的领导并未采取措施加以限制。南斯拉夫共产党被资本主义成分和平长入社会主义这种腐朽的机会主义理论搞得昏昏沉沉，而这个理论是从伯恩施坦、福尔马①和布哈林那里沿袭来的。

按照马克思列宁主义的理论，党被认为是一个国家的主要领导力量，它有自己特定的纲领，不能混同于非党群众。在南斯拉夫则恰恰相反，人民阵线被认为是主要的实际领导力量，而且有人企图把党融入人民阵线。铁托同志在南斯拉夫人民阵线第二次代表大会上的发言中说：

"在南斯拉夫，共产党有没有什么不同于人民阵线纲领的另外的纲领呢？没有。共产党没有另外的纲领。人民阵线的纲领就是党的纲领"。

在南斯拉夫，这个关于党组织的奇怪理论似乎被认为是一种新理论。其实这里毫无新东西。早在40年前，俄国一部分孟什维克就提议把马克思主义政党融入非党工人群众组织，并以后者代替前者；而另一部分孟什维克则提议把马克思主义政党融入非党工农劳动群众组织，并以后者代替前者。众所周知，列宁当时认为这些孟什维克是用心险恶的机会主义者和党的取消派。

第三，我们不能理解，为什么英国间谍韦莱比特还留在南斯拉夫外交部担任第一副部长。②南斯拉夫的同志们都知道，韦莱比特是英国间谍。他们甚至还知道，苏联政府的代表也认为韦莱比特是间谍。尽管如此，韦莱比特依然是南斯拉夫外交部第一副部长。南斯拉夫政府也许正是想把韦莱比特作为英国的间谍加以利用。众所周知，资产阶级政府认为，为了保证博得帝国主义大国的好感而把它们的间谍作为自己的工作人员，是完全容许的。为此目的，甚至可以同意把自己置于这些大国的

---

① 格奥尔格·福尔马（1850—1922），德国社会民主党右翼领袖，主张通过议会斗争，"和平长入"社会主义。

② 弗拉迪米尔·韦莱比特（1907—？），1943年任南斯拉夫人民解放军派驻开罗的军事使团团长，后任最高统帅部驻伦敦军事使团团长。回国后历任外贸部副部长、外交部副部长。

控制之下。我们认为，这种政策对于马克思主义者来说是绝对不能允许的。苏联政府无论如何也不能把自己同南斯拉夫政府的通信往来置于英国间谍的监督之下。显然，由于韦莱比特依然留在南斯拉夫外交部领导层，苏联政府认为自己被置于困难的境地，不可能通过南斯拉夫外交部系统与南斯拉夫政府进行开诚布公的通信往来。

这就是引起苏联政府和联共（布）中央不满并导致苏南之间关系恶化的事实。

如上所述，这些事实与撤回军事和文职专家的问题没有联系，但它们是恶化我们两国之间关系的重要因素。

受联共（布）中央委托　维·莫洛托夫（签名）

约·斯大林（签名）

1948年3月27日于莫斯科①

---

① 这封引起苏南全面论战的信是由莫洛托夫的助手拉夫洛夫专程送到苏联驻贝尔格莱德大使馆的，随后，拉夫连季耶夫在阿尔米亚尼诺夫的陪同下来到了萨格勒布，将这封信交给了当时正在那里的铁托。

铁托、卡德尔关于答复对南共的指责致斯大林和莫洛托夫的信

(1948年4月13日)

致约·维·斯大林、维·米·莫洛托夫同志:

在答复你们1948年3月27日的来信之前,我们首先必须强调指出,来信的语气和内容使我们感到非常惊讶。我们认为,信中之所以有这样的内容,即在某些问题上有这样的指责和态度,原因在于对我们这里的情况缺乏了解。对于你们的结论,我们只能用这样的事实来解释:这些不准确的和带有偏见的情报,苏联政府一定是从自己的机构那里得到的,而这些机构由于对情况不熟,一定是从形形色色的人——或者是某些反党分子,或者是各种各样的不满者——那里得到这种情报的。在南共中央全会上,已经完全搞清楚并且得到证实,南共中央委员斯·茹约维奇和安·赫布朗是向苏联驻南斯拉夫代表提供不真实和诽谤性情报的罪人,这种情报既有关于所谓某些领导人言论的,也有关于我们整个党的。① 他

---

① 在这次会议上,茹约维奇支持苏联的立场受到一致批判,同时对茹约维奇秘密向苏联大使馆提供关于1948年3月1日南共中央政治局会议的情报提出指控。茹约维奇参加了那次讨论对苏关系的会议,并在会后将会议情况通报给拉夫连季耶夫。拉夫连季耶夫向莫斯科汇报后得到了莫洛托夫的指示,3月7日拉夫连季耶夫通知茹约维奇,"他转来的有关南共中央工作状况的情报已收到,我们的党中央对此感谢茹约维奇同志,并认为,他这么做无论是对苏联来说,还是对南斯拉夫人民来说都是一件好事,他揭露了南共中央内苏联的虚假朋友"。同时还要求茹约维奇今后继续向苏方提供情报。赫布朗因接受审查被软禁而没有出席这次中央全会,但铁托仍在会议上指控他是"使苏方对我们中央不信任的罪人",不过,对此没有提出具体的证据。

们想用这种不真实的、诽谤性的情报来掩盖其反党活动，掩盖其很早就已表现出来的破坏领导人与全党之间团结的倾向和企图。此外，来自这些人的情报既不可能是客观的，也不可能是善意的和准确的，而且通常还具有特定的目的。具体到这件事来说，这种情报的目的是污蔑我们党的即新南斯拉夫的领导人，给本来就已经繁重的国家建设工作增加困难，阻止五年计划的执行，从而阻止社会主义在我们国家的实现。我们不理解，为什么苏联的代表机构至今没有设法首先向我国负责人核对这些情报，并请求南共中央或者政府提供有关问题的资料。我们认为，提供这样的情报是反党活动，也是反对国家的活动，因为这会破坏我们两国之间的关系。

无论我们每个人多么热爱社会主义的故乡苏联，但他热爱同样在建设社会主义的自己的国家绝不亚于热爱苏联，具体来说就是南斯拉夫联邦人民共和国，这个国家的千千万万最先进的人们已经为之牺牲了生命。我们深知，在苏联，人们对此也是这么理解的。

使我们感到特别惊讶的是，当卡德尔、吉拉斯和巴卡里奇作为我们党和政府的代表在莫斯科时①，对所有这一切都没有进行讨论。从你们的来信可以看出，早在我们的代表团抵达莫斯科之前，你们的政府就掌握了上述情报及类似的情报。在我们看来，与军事专家和文职专家的关系问题以及其他的问题，本来在当时就可以向我们的代表团提出。

我们认为，当时有必要通过这个代表团，甚至在此之前，还可以通过更好的方式，告知我国政府，说苏联政府不满意我方人员对待苏联专家的态度，并采取某种方式消除这种状况。可事情竟弄到如此地步：苏联政府在没有任何正式通知的情况下就决定撤回其军事专家和文职专家，从而使我们面临既成事实，给我们增添了不必要的困难。

---

① 指参加1948年2月10日苏南保秘密会晤的南斯拉夫代表团在莫斯科的访问。

至于撤回一些苏联军事专家的问题，我们是由于财政困难而决定把苏联专家的人数减少到必需的最小程度，除此之外，我们看不出有什么别的原因。早在1946年，联邦政府总理铁托就曾正式通知苏联大使拉夫连季耶夫同志，由于种种原因，我们几乎不可能付给苏联军事专家如此高的工资，请他将此情况连同我们希望苏联政府降低专家报酬条件的要求一并转告苏联政府。拉夫连季耶夫大使带来了苏联政府的答复，说报酬不能减少，要我们自便。铁托随即对拉夫连季耶夫说，既然如此，我们只好在不给我军建设带来巨大困难的情况下，尽快地减少专家的人数。苏联专家的报酬比我国集团军司令员的报酬高三倍，比我国联邦政府部长的报酬高两倍。我国一名中将或上将军衔的集团军司令员那时每月工资是9000—11000第纳尔，而一位中校、上校和将军军衔的苏联军事专家，每月则拿到30000—40000第纳尔。与此同时，我们的一个联邦政府部长每月的工资是12000第纳尔。显而易见，我们感到这不仅是一种财政上的负担，而且在政治上也是不正确的，因为对此很难向我国人员进行解释。可见，我们做出减少苏联军事专家人数的决定，正是出于上述原因，别无其他任何原因。另一方面，我们并不排除我们有些人可能说过某些不合时宜的话。在这种情况下，应当向我们提供这方面的可靠材料，毫无疑问，我们会采取措施，以便使这种事情不再发生。这里同时需要提一下，也有某些苏联专家的表现并不总是像应该做的那样，这就给我们的人造成了不好的印象，因此也就违背我们愿望地出现了各种各样的议论，这种议论后来被歪曲了，而这些被歪曲了的议论又传到了苏军司令部。但我们认为，这是一些无足轻重的事情，不应当损害我们国家之间的关系。

对信中提到的关于吉拉斯旧事的那一部分，尤其使我们感到惊讶。信中说："根据这些事实，我们就不难理解吉拉斯在一次南共中央会议上所发表的那篇侮辱苏联军队的尽人皆知的言论，说什么苏联军官在道德方面还不如英国军官。"吉拉斯从来没有以这样的方式发表过这样的言论。早在1945年铁托就已对此作过书面和口头说明。① 无论斯大林还是联共（布）中央政治局的其他成员当时都同意这一解释。② 所以我们不能理解，为什么你们把曾被证明是歪曲了的而且是不准确的指责重新作为论据提出来。我们再次强调指出，无论吉拉斯还是我国领导人中的任何人，对苏联军官都没有这样的看法。只有既是苏联的敌人又是南斯拉夫的敌人的人才会有这样的看法。

我们的贸易关系中存在一些问题，这些问题应该加以解决，以使这种关系能够正确发展。在这方面我们并不否认，我方在进行贸易业务中有过失误，但我们不能相信这可以成为任何削弱我们贸易合作的充足理由。我们不能认为克鲁季科夫和我国外贸代表之间发生的事情

---

① 关于吉拉斯当时所说的话，事后吉拉斯曾写信向斯大林解释，他的原话是："从外表举止看，在意大利的英国军官和在南斯拉夫的英国军官对待我们军官的态度要比这里的苏联军官好。自然，英国人有自己见不得人的打算。但是，如果苏联指挥官们不是像对待朋友和同盟者那样对待我们，敌人就会利用这一点"。吉拉斯还承认"本来不应该在军事代表团团长科尔涅耶夫将军面前说这样的话"，但他强调"我们是作为共产党员在他面前说的"。尽管这封信没有发出，但铁托于10月29日也直接给斯大林写了大体同样内容的一封信，信中指出了红军一些官兵的不体面行为，并说"我们的军队和人民对此非常痛心，因为，我们的军队和人民非常崇拜红军，并把他们理想化了"。"我担心，各种各样的敌人会为了自己的目的，即反对苏联和我们的人民解放运动而利用这些事情"。铁托还解释说："有关这一切我很早以前就想向您汇报了，但又放弃了，而是邀请你们的军事代表团团长科尔涅耶夫中将来，请求他尽快采取措施，哪怕只是减少这样的现象也好，同时，我还请求他，让他亲自将这些情况向莫斯科报告。"铁托在信的最后写到："用这件事打扰您，我感到不安，但是我认为这是我作为一名共产党员的职责，必须把这一切向您通报并采取一切预防措施，以使这些现象不再发生。"

② 1945年4月，以铁托、吉拉斯为首的南斯拉夫政府代表团访问莫斯科，会谈中南斯拉夫方面就这一问题向斯大林做了详细的解释，斯大林对此表示满意，并认为问题已经解决了。

只是一种误会。克鲁季科夫曾明确地对我国代表说,已在贝尔格莱德等候启程赴莫斯科的我国贸易代表团不要来了,因为苏联政府不能签署在1948年进一步交换货物的议定书,他还说,只有到1948年底才有可能就此问题进行讨论。克鲁季科夫把这番话告诉了我国外贸部副部长茨尔诺布尔尼亚同志和我国驻莫斯科贸易专员。当我国贸易代表们问起,这是否就是苏联政府的态度时,克鲁季科夫作了肯定的回答。

我们认为,如果我国贸易机构方面有什么差错——我们相信在供货和整个贸易关系中可能有这种事情——那么可以找到某种方式,使我们双方达成一致,并消除一切妨碍我们两国之间正常发展贸易关系的因素。

我们认为,我们双方应当共同研究和消除一切妨碍两国之间经济合作正常发挥职能的因素。

你们在来信中断言我们的国家安全机构监视苏联专家和其他苏联人,这不符合事实。任何人任何时候都没有做过这样的决定,所以监视苏联人是一种谎言。这是有人捏造的情报。说苏联政府的代表和共产党情报局的尤金同志也受到了这种监视,就更离奇了。

我们不明白,有什么人需要这种诽谤,使苏联政府因此而产生误解,上当受骗。我们希望告知我们有关这一情况的具体事实。

从你们3月27日的来信中可以得出结论,我们这里正在进行反对苏联的,自然也是反对联共(布)的批评。来信说南共领导人正在进行这种批评。信中还说,这种批评是背着党员群众进行的,是不真诚的,是背地里的,是虚伪的等等。同时还列举出吉拉斯、武克曼诺维奇、基德里奇和兰科维奇等人的名字。这就是说,列举了新南斯拉夫一些最著名的、最受人爱戴的、在我党多次处境困难时都经受过考验的领导人的名字。

我们很难理解，怎么可以提出如此严厉的指责，而不说明这些指责的来源。更令人惊奇的是，竟然把我们领导人的言论同托洛茨基从前的言论相提并论。来信中引述了所谓他们言论的一些片段，诸如："联共（布）正在蜕化变质"，"苏联盛行大国沙文主义"，"苏联正企图从经济上支配南斯拉夫"，"共产党情报局是联共（布）控制其他党的工具"。接着说，"这些反苏言论通常是以左的辞藻掩盖起来的，即'社会主义在苏联已不再是革命的社会主义'，只有南斯拉夫才真正代表着'革命的社会主义'。"

诸如此类的言论是在长时期内从各种可疑人物那里搜集到的，并带有偏见地被硬说成出自新南斯拉夫领导人之口，于是报告给了苏联领导人。毫无疑问，根据这些言论可以得出错误的结论，可以把它们看做是反苏言论。但我们认为，根据从身份不明的人那里获得的可疑情报做出结论，而对那些在南斯拉夫广泛宣传苏联方面做出巨大贡献，并在解放战争中赢得极高声誉的人们提出在来信中所列举的指责，是不公道的。难道能够相信那些在监狱中服过6年、8年、10年甚至更长时间苦役的人——他们坐牢的原因之一就是广泛地宣传了苏联——会像你们3月27日来信中所描绘的那样吗？不能。而新南斯拉夫当今最高领导人中的大多数正是这些人，他们曾于1941年3月27日带领群众上街反对茨韦特科维奇—马切克的反人民政权，因为该政权签署了反共产国际的协定，并企图把南斯拉夫套在法西斯轴心国的战车上。① 也是这样一些

---

① 1941年3月25日，在希特勒德国的压力下，南斯拉夫王国政府首相茨韦特科维奇签字同意南斯拉夫加入德意日三国同盟条约（不是《反共产国际协定》）。3月27日，在南斯拉夫许多城市开始了群众性的抗议示威活动，推翻了茨韦特科维奇政府。参加此项活动的有各种派别的反希特勒势力和爱国力量，南共也起了积极作用。

人，他们对苏联深信不疑而于 1941 年组织了反对法西斯侵略者的起义。① 还是这样一些人，他们手握钢枪行进在奋起反抗的南斯拉夫各族人民的最前列，在极其艰苦的条件下作为唯一真诚的同盟者站在苏联一边作战，他们之所以在最黑暗的日子里相信苏联一定会胜利，正是因为过去信仰、今天仍然信仰苏维埃制度，信仰社会主义。

这样的人不可能用自己的行动来"丑化苏维埃制度"，因为这意味着背叛自己的信仰，背叛自己的过去。我们认为，评价这些人，不应当根据可疑的情报，而应当根据他们多年的革命活动。

由于这些人——如来信中所说——把联共（布）说得"天花乱坠"，就称他们是两面派，这简直令人感到可怕和受到侮辱。来信中还说："我们相信，如果南斯拉夫的党员群众知道这种反苏批评是异己的、怀有敌意的，他们一定会愤怒地驳斥它"。是的，如果真的像来信中所说的那样，我们对此也深信不疑。"我们认为，这就是南斯拉夫活动家们背着群众暗地里进行这些批评的原因"。然而，过去对群众不可能有任何的隐瞒，原因很简单，因为对苏联或联共（布）不曾有过而且也不可能有这样的批评。

这里把领导与群众对立起来是错误的。说它错误，是因为现在的南斯拉夫领导人与群众是一个整体，他们在战前一起反对反人民的政权，在伟大的解放战争期间并肩战斗，而今天在建设国家和实现社会主义方面共同努力，因此他们是紧密地联系在一起的。

不少苏联人有一种错误的看法，即南斯拉夫的广大人民群众对苏联的好感是自然而然产生的，是在源自沙皇俄国的某些传统的基础上产生

---

① 这里指 1941 年 7 月 7 日开始的人民解放武装斗争，这场斗争由南共组织和领导，并于 1941 年夏秋期间席卷了整个南斯拉夫。南共在告人民书中强调指出，苏联进行的反对法西斯侵略者的斗争"也是我们的斗争"。

的。事情并非如此。对苏联的热爱不是自然而然产生的，它是由现在的新南斯拉夫领导人，首先包括那些在来信中受到如此严厉指责的人，持续不断地灌输到广大党员群众和全体人民中去的。新南斯拉夫领导人正是这样一些人，他们早在战前就不惜劳苦和牺牲，坚持不懈地向人民讲述有关苏联的真实情况，在南斯拉夫人民群众中播下了热爱社会主义故乡的种子。

例如，莫洛托夫同志就说过，吉拉斯曾指示不要在党校和党员培训班学习《联共（布）党史》①。这是完全不真实的，因为不存在这样的指示，谁也没有作过这样的指示，甚至在目前，我国所有党校和许多培训班还都在学习《联共（布）党史》。在这方面，唯一真实的是，吉拉斯多次在党的会议上讲过，基层党组织中没有受过多少教育的党员错误地理解了《联共（布）党史》中的某些问题，他们把这些问题与南斯拉夫的发展机械地加以比较。例如，关于革命的两个阶段问题，关于军事共产主义问题，关于新经济政策问题，等等。如果要让这些党员准确理解某些问题，最好先学斯大林的著作《论列宁主义基础》。

在此有必要强调指出，《联共（布）党史》在战前和战争期间一共秘密印刷过4次，战后又用各种民族语言印刷了25万册。列宁和斯大林的其他著作也是如此，例如，《列宁主义问题》印刷了12.5万册。

关于你们来信中提到的南共党内生活问题，可以看出你们得到了完全错误的情报并产生了错误的印象。因此，我们不能同意你们对我们党的评价。

南共中央的大多数中央委员不是指派的。事情是这样的：在第五次

---

① 这里指的是《联共（布）党史简明教程》一书。莫洛托夫的话引自1948年4月6日他与南斯拉夫驻苏联大使弗·波波维奇的一次谈话，波波维奇因参加4月12—13日南共中央全会而返回贝尔格莱德后将此次谈话报告了铁托。

党代表会议上（这次会议于1940年12月在极其秘密的情况下举行，出席会议的有来自全南斯拉夫的110名代表，根据共产国际的一项决议，这次会议拥有代表大会的一切权利），选举产生了由31名中央委员和10名候补中央委员组成的南共中央委员会。其中在战争期间牺牲了10名中央委员和6名候补中央委员。在1940年选举产生的7名政治局委员中有5人现在还活着，并且还在工作。政治局邀请了在贝尔格莱德的南共中央委员参加了政治局会议。在南共中央委员会里只有7名新委员是指派的，而且原来都是候补中央委员或党的最优秀的领导人。此外，战争期间南共中央委员会还开除了两名委员，所以如今还活着并工作的有代表会议选举产生的19名南共中央委员和7名指派的中央委员。因此南共中央委员会由26人组成。事情就是这样。

至于说没有召开党的代表大会，这里需要指出，南共中央政治局筹备南共党代表大会已有一年。① 我们认为，这次代表大会应当有所准备，以使其不仅是形式上的，而且将是一次通过党章和党纲的代表大会。晚些时候，人民阵线在自己的代表大会上也将采纳这个纲领。

来信中根据什么断定我们党内没有民主？也许是根据拉夫连季耶夫的情报吧？他是从哪里得到这种情报的？我们认为，他作为大使无权向随便什么人打听关于我党工作的情报，这不是他的职责。这种情报联共（布）中央可以向南共中央索取。

南共主管组织工作的书记同时又是国家安全部长这一事实，丝毫也不妨碍党组织发挥自己的积极性。党没有被置于国家安全机构的控制之下，这种控制是通过南共中央实行的，国家安全部长就是南共中央委

---

① 在1948年4月12—13日举行的南共中央全会上决定近期召开南共第五次代表大会。在1948年5月20日的南共中央全会上规定了开会的确切日期，即7月21日。

员。此外需要补充说明，南共中央干部局局长是泽科维奇，而不是兰科维奇。

说我们党内没有批评的自由，这是不真实的。我们党内有批评和自我批评的自由。在定期的党的会议和积极分子代表会议上都可自由地进行批评和自我批评。可见，有人臆造了这种不真实的材料并作为情报递交给联共（布）中央。

所谓南共党内不存在阶级斗争的政策和城乡资本主义成分日益增长等等，是完全不真实的。举世皆知，十月革命以来，世界上没有任何地方发生过像南斯拉夫那样彻底的、规模巨大的社会变革，那么这种情报究竟是从何而来的呢？这些事实是任何人也无法反驳的。因此，我们不理解，有些人怎么可以把伯恩施坦、福尔马、布哈林和腐朽的机会主义同我们的党相提并论。我们不能不起来自卫，抵制这种错误评价和对我党的侮辱。

来信中还谈到铁托同志在南斯拉夫人民阵线第二次代表大会上的报告，从中摘录了一小段①，并把它与40年前孟什维克取消社会民主党的图谋相提并论。

第一，这是40年前在沙皇制度下的事情，而如今是我们在南斯拉夫掌握着政权，即南共在政府中起着领导作用。根据社会发展的进程，人们不可避免地要在一定程度上改变组织形式，改变工作方法和领导群众的方式，以便顺利地达到既定目的。

第二，南斯拉夫人民阵线，就其本质而言，不仅相当于某些可以吸

---

① 关于这个问题，铁托在发言中还说："南共在人民阵线中起着领导作用"。"成立新国家后，在建立人民政权也就是国家机构、建设国家、经济和文化生活等方面，共产党已成为整个社会发展的领导者。它是作为人民阵线的主要组成部分来完成这个作用的，因为党在人民阵线中起主导作用"。

收任何人入党的共产党，而且在组织上和开展活动方面还要更好些。虽然南斯拉夫人民阵线现有成员 700 万左右，但并不是无论什么人都能参加进去的。

第三，南共在人民阵线内的领导权是完全有保证的，因为南共是人民阵线的核心。可见，不存在任何如来信中所说的南共消失在人民阵线中的危险。南共通过人民阵线逐渐实现自己的纲领。人民阵线自愿接受这个纲领，认为它也是自己的纲领。这就是铁托所说的南共没有另外纲领的根据。

对我们作如此的描述，我们感到遗憾。我们也希望注意这样的事实，即在某些国家，某些共产党不仅改变了工作方式，而且还改变了党的名称，如在保加利亚和波兰就是这样，这不会没有得到联共（布）的同意。① 当然，在这些国家，这些党走这条道路是必要的。但在我们这里，以南共为首组成了人民阵线，南共在其内部严密地组织起来，并把人民阵线的几百万群众紧紧团结在自己周围，这种做法已经证明是完全正确的。然而，虽然也有别的党具有与其国内新的特定条件相适应的工作方式和组织形式，却不曾有人责备他们消失在群众之中。

那么，为什么有人怀疑我们这里的那些不容否认和早已为大家熟知的事实呢？我们深信，我党在战时和战后所取得的成就本身就说明南共是强大的，团结一致的，它有能力领导国家走向社会主义，有能力在任何困难的形势下带领南斯拉夫各族人民前进。

我们党并不是如来信中所说的处于半合法状态，而是完全合法的，南斯拉夫人人都知道它是领导力量。

很遗憾，问题恰恰是你们不了解南斯拉夫人民阵线的性质，因而批

---

① 1942 年重建的波兰共产党，改名称为波兰工人党；1944 年秋保加利亚共产党开始称为保加利亚工人党（共产主义者）。

评我们，说我们不公布党的会议和代表大会的工作报告。从联邦政府到其下属机构，一切有关社会和国家生活各个方面的比较重要的决定都是党的决定，或者是根据党的倡议做出的，而我们的人民就是这样理解并接受这些决定的。因此，我们认为没有必要强调某某决定是在党的某次会议上做出的。

我们党在已经取得的成就的基础上，今天不仅在本国而且在全世界都赢得了崇高的声望，这是不言而喻的。另一方面，我们在这里还要着重指出，我们党之所以取得这些成就，是因为它遵循了马克思、恩格斯、列宁和斯大林的学说，并且适应于具体条件地运用了联共（布）的经验。因此，我们不理解你们在信中的断言，说什么我们的领导人在反对联共（布）的同时，却假惺惺地"伪善地颂扬它，把它说得天花乱坠"。

我们不能相信联共（布）中央会对我们党迄今所作出的贡献和取得的成就提出质疑，因为我们记得许多苏联领导人和斯大林同志本人对此曾多次予以承认。正是这样，我们坚持认为，南斯拉夫社会变革中的许多具体方面可能有益于其他国家的革命发展，而且正在被他们采用。这并不意味着我们把联共（布）的作用和苏联的社会制度置于次要的地位。相反，我们正在研究苏维埃制度并把它作为榜样，问题只是我们在自己的国家里以多少有些不同的方式建设社会主义。在现阶段，在我们国家现有的特殊条件下，并考虑到解放战争后形成的国际环境，我们力求采取最适宜的工作方式实现社会主义。我们这样做，并不是要证明我们的道路比苏联走过的道路好，我们在搞什么新花样，而是因为现实生活每天都在迫使我们这样做。

至于谈到韦莱比特和他为什么现在还在外交部的问题，事情是这样的：有一次，卡德尔和吉拉斯告诉莫洛托夫同志，韦莱比特的情况我们还没有完全搞清楚。当时我们没有任何具体证据，甚至今天也还没有，这件事仍在审查之中，我们不想仅凭怀疑就把一个人撤职和毁灭。

对韦莱比特的情况还没有完全搞清楚就要求我们处理他，这不是太匆忙了吗？首先，韦莱比特1939年入党，而在此前，他就为党作过重大贡献。他于1940年接受了铁托委派的一项秘密任务，在萨格勒布用他的名义租用一幢别墅，在别墅里安置共产国际的电台，瓦尔兹作为报务员与他的妻子一起住在那里。① 同时，韦莱比特还执行信使任务。所有这些工作在敌人占领下持续了一段时间，这当然意味着他有生命危险。1942年，韦莱比特遵照党的指示参加了游击队，表现出色。后来他接受了在国外的任务，并且完成得很好。我们现在正在审查他的全部历史。如果苏联政府掌握有关他的什么具体材料，我们要求将这些材料转给我们。但不管怎样，我们将立即解除他在外交部的职务。②

可见，你们因此而在来信中提出的指责，实在是令人吃惊的，而且是对南共中央和我们整个政府的侮辱。你们把我们与那些旨在取宠于某些大国而对间谍持容忍态度的资产阶级国家相提并论。以下就是来信中的内容，而我们认为对待一个非常友好的和坚定同盟国的政府这种内容是不能容忍的："南斯拉夫政府也许正是想把韦莱比特作为英国的间谍加以利用。众所周知，资产阶级政府认为，为了保证博得帝国主义大国的好感而把它们的间谍作为自己的工作人员，是完全容许的。为此目的，甚至可以同意把自己置于这些大国的控制之下"。来信中就是这么写的。人们看了这封信，不可能不由于来信中以如此手段对待一个这样

---

① 瓦尔兹是南共党员约瑟夫·科皮尼奇的化名，曾在苏联受过训练并参加了西班牙内战，第二次世界大战结束之前他在南斯拉夫萨格勒布的秘密电台工作，这个电台与共产国际执委会进行联系，1943年共产国际正式解散后，该电台负责联共（布）中央与许多国家共产党的联系。

② 韦莱比特被解除在南斯拉夫外交部工作的借口是他需要长期休假治疗。苏南公开决裂后，恢复了韦莱比特在外交部的职务。

的政府而深感痛心和震惊，这个政府代表着1600万人民，他们站在苏联一边，他们在解放战争中做出了极大牺牲，如果需要的话，他们今后还将成为斗争中最可靠的同盟者。

如果你们问我们，有没有对你们方面不满意的事情，那我们就会坦诚相告，有很多我们所不满意的事情。哪些事情呢？这些事情虽然不可能在这一封信中都列举出来，但我们还是要举出其中的一些。首先，我们认为，苏联情报机构在我们这个正向社会主义前进的国家里招募我国公民充当其间谍是不正常的，我们只能把这理解为违背我国利益的事情。尽管我们的领导人和国家安全机构对此已提出抗议，并通知你们这是不能允许的，但仍然出现了这种事情。正在被招募的人包括我们的军官、各级领导人和一些对新南斯拉夫持否定态度的人。

我们有这样的证据，有些苏联情报机构的特务在招募我们党员时，挑拨对我们领导人的怀疑，试图破坏他们的威信，说他们不称职、不可靠。例如，斯捷潘诺夫上校早在1945年招募我们的一位在我国国家安全部密码编译处工作的好同志时，就肆无忌惮地中伤我国的所有领导人，并挑拨对他们的怀疑，还说什么"暂时让铁托元帅工作是出于需要"。这样的事情至今还在继续。这就意味着，这种招募不是为了反对某个资本主义国家，因此我们势必得出这样的结论：这种招募正在破坏我们的内部团结，使人们失去对领导的信任，涣散人心，败坏领导人的名声，并且成为搜集假情报的来源。苏联情报机构的这种活动，对于正在向社会主义前进并且是苏联最忠实盟友的我国，不能说是忠诚的和友好的。

我们不能允许苏联情报机构在南斯拉夫建立自己的情报网。我们有对付各种外国资本主义分子和国内阶级敌人的国家安全部和自己的情报机构，如果苏联情报机构需要某种情报或需要这方面的帮助，他们随时可以提出要求，并得到满足，我们方面至今一直在这样做。

诸如此类我们不满意的事情还有很多，但这是否能够成为恶化我们相互关系的理由呢？不能。这是一些可以消除和解释的问题。

苏联和南斯拉夫建立更加紧密的联系，显然是符合两国根本利益的。但为此需要绝对的相互信任，否则我们两国之间就不可能有稳固而持久的关系。苏联人，首先是苏联领导人，应当相信，新南斯拉夫及其现在的领导人正在坚定不移地走向社会主义。

其次，你们应当相信，在现任领导人领导下的今日的南斯拉夫是苏联最忠实的朋友和盟国，它准备在严峻考验中与苏联各族人民同甘共苦。

最后，因为新南斯拉夫直接面对着不仅危及它本身的和平发展，而且也危及其他人民民主国家甚至苏联和平发展的资本主义世界，所以我们感到，新南斯拉夫尽可能强大是符合苏联的利益的。因此，虽然我们知道苏联由于重建被破坏了的国家而正经历着巨大困难，但在对苏联各族人民不造成物质损失的情况下，我们有理由期待苏联对我们国家的建设和五年计划的实现给予帮助。

根据以上所述，南共中央全会不能认为你们在来信中对我党工作和领导人所作的那种评价是正确的。我们深信，这里发生了不该发生的严重误会，为了有利于我们两党为之奋斗的事业，这种误会应当尽快加以消除。

我们唯一的愿望是，对于我们南共中央对联共（布）和苏联怀有的同志式和兄弟般忠诚感情的任何怀疑和不信任应当予以消除，我们永远感谢联共（布）给予我们的迄今指引我们并将继续指引我们的马克思列宁主义学说，忠于曾经是并将继续是我们的伟大榜样的苏联，并高度珍视苏联对我国各族人民的帮助。

我们相信，只有通过我们两党中央在发生误会的地方即在我们这里进行全面的相互交谈，这一误会才能消除。所以，我们建议联共（布）

中央派出一名或几名中央委员,他(们)在我们这里将有一切机会严肃认真地弄清任何一个问题。

希望你们接受我们的建议。

此致

同志式的敬礼

受南共中央委托　铁托、卡德尔
1948 年 4 月 13 日于贝尔格莱德

南共中央关于中央全会决定给联共（布）中央的通报

（1948年4月13日）

致联共（布）中央

本月12日和13日在贝尔格莱德举行了南共中央全会，除两人外全体到会，两人中一人（巴卡里奇）因病，即因正当理由缺席，另一人（赫布朗）正在接受审讯。共有25名中央委员出席。全会详细研究了联共（布）中央3月27日的来信以及写这封信的背景，除茹约维奇外，一致得出如下结论：

一、全会对联共（布）与南共之间终于出现的种种分歧深表遗憾，因为这些分歧有可能使我们两党的共同事业受到严重损害。

二、全会确认，南共工作中存在着错误和缺点，但并不是那种据此就可以做出联共（布）中央来信中所述那些结论的错误和缺点。

三、全会确认，那些结论只有在情报不充足和不正确的基础上才可能做出，而这首先是我国某些反党不良分子向苏联机构提供了虚假的、诽谤性的或带有偏见的情报这样一个事实的结果。

四、全会确认，对苏联机构提供那种情报负主要责任的是南共中央委员斯雷腾·茹约维奇和安德里亚·赫布朗。这个多次因错误而受到处分的反党集团企图用诽谤来掩盖其旨在破坏领导人与党之间集中统一的反党活动，说什么我党领导人发表反苏言论，而（他们）想显示自己是苏联的保卫者，并且是反对我们领导人和我们党的（保卫者），但我们党却以多年的工作证明自己是忠于马克思列宁主义原则的，忠于和热爱联共（布）和苏联的。

五、全会确认，茹约维奇—赫布朗集团反党活动的目的是破坏南共与南斯拉夫各族人民为建设社会主义而斗争的团结，挑拨和削弱南斯拉夫与苏联之间最密切合作、相互帮助和兄弟般可靠的关系，因此这表明他们既敌视南斯拉夫，也敌视苏联。

根据这一切并鉴于其过去的反党活动，全会决定把茹约维奇开除出南共中央，并对他以及赫布朗在党内进行进一步审查。

六、全会坚信，一切妨碍南共与联共（布）以及南斯拉夫与苏联之间继续发展并巩固兄弟般和同盟者关系的因素必将消除。

七、全会责成中央政治局采取一切措施，以根除党内和人民阵线内所有可能破坏南共与联共（布）之间以及南斯拉夫与苏联之间兄弟般关系的现象。

全会赞成中央政治局为消灭国内资本主义残余而提出的措施。

全会赞成中央政治局为加快筹备应于今秋举行的南共代表大会而提出的措施。

八、全会赞同给联共（布）中央委员会附上的信并希望和深信，南共中央与联共（布）中央代表之间将尽快进行必要的个人接触，这种接触尽可能在这里即在实际上可以核查所有事实的南斯拉夫进行，以彻底消除目前误会的一切根源。

日丹诺夫关于转交匈共信件致铁托的信

(1948年4月14日)

绝密

致南斯拉夫共产党中央书记铁托同志:

兹遵照匈牙利共产党政治局的要求,按情报交换途径向你们通报匈牙利共产党政治局今年4月8日致联共(布)中央委员会的信。①

联共(布)中央书记 安·日丹诺夫

1948年4月14日

---

① 斯大林向南共中央发出3月27日的信件后,便将这封信抄送给共产党情报局其他各成员国,并且未等南共中央的复函,就要求各党根据联共(布)的材料,对苏南冲突问题表示态度。同时,各党的答复按要求应先交给苏联党,而不得直接交给南共中央。匈牙利共产党的答复是最早的。以后,苏联驻贝尔格莱德的代表还将捷克斯洛伐克、罗马尼亚、波兰和保加利亚党的答复转交给南共。

南共中央政治局关于苏联公开苏南分歧致日丹诺夫的信

(1948年4月16日)*

致联共(布)中央日丹诺夫同志:

4月16日,尤金同志向南共中央总书记铁托同志转交了日丹诺夫同志的信件,并附有今年4月8日匈牙利共产党中央的决议。从这些文件可以得出结论,联共(布)中央已将其3月27日致南共中央的信件转发给了其他党的领导机构。我们对联共(布)中央的这一举动感到非常惊讶,理由如下:

第一,联共(布)中央采取这样的举动,没有征得南共中央的同意,没有等待南共中央的答复,而且根本没有同南共中央一起对3月27日来信中所陈述的论据进行核实。

第二,兄弟共产党因而得到的通报是片面的,他们根本不知道南共中央的意见,所以南共中央受到如此广泛的批评,以致根本无法对这种批评的错误论据进行申辩。①

---

* 档案原件未注明发信日期,此处所标为起草该信的日期。

① 4月16日接到匈牙利党的信件后,南共立即举行了政治局会议,一方面起草了这封给日丹诺夫的回信,一方面决定将南共中央对联共(布)中央3月27日信件的复函转发给共产党情报局各成员国,希望他们在做出判断之前听取双方的意见。然而,除了季米特洛夫私下对吉拉斯说"要坚持下去"外,各党都一律表示支持苏联党的意见,尽管或多或少有些勉强。当时,法共和意共对此保持沉默。

据此,南共中央政治局不能同意联共(布)中央的这种举动,认为这种举动无助于消除和澄清导致联共(布)中央与南共中央之间产生分歧的原因。

波波维奇关于会见莫洛托夫致铁托电

（1948 年 4 月 19 日）

元帅亲收

在星期六的 8 点钟，也就是刚刚回到这里，我就通知了莫洛托夫。① 我被告知，他很忙，只能在星期一接见我。今天 3 点钟我同他进行了会晤。我向他转交了三封信。② 他说，等他们了解一下信的内容后，再给予他们认为应该的答复，他在此之前已经知道了我们回信的内容。我向他通报了会议的过程，中央全会的团结一致，茹约维奇、赫布朗和古斯廷契奇所从事的敌对活动，总之，我向他阐述了会议的全过程和结果。我的印象是，他基本上没有听进去我所讲的话。他连一个问题都没有向我提出。当我讲完时，他对我说，我讲的这一切与我动身回贝尔格莱德之前他交给我信时我对他说过的话不相符。③ 当我问他，他指的是什么时，他回答说，准确的他也不记得了，但是，我当时对他讲的我们那里

---

① 星期六即 1948 年 4 月 17 日。南斯拉夫驻苏联大使弗·波波维奇是在参加了南共中央 4 月 12—13 日全会后，从贝尔格莱德返回莫斯科的。

② 其中两封信是铁托、卡德尔 4 月 13 日给斯大林和莫洛托夫的信（见本卷文件《铁托、卡德尔关于答复对南共的指责致斯大林和莫洛托夫的信》），南共中央 4 月 13 日给联共（布）中央的通报（见本卷文件《南共中央关于中央全会决定给联共（布）中央的通报》），另一封信不详。——编者注

③ 指波波维奇动身回贝尔格莱德参加南共中央全会之前，莫洛托夫约见他时的谈话。谈话时，莫洛托夫将苏共 3 月 27 日给南共中央的信交给了波波维奇。此时，南共中央已经收到这封信，但在莫斯科的波波维奇还不了解该信的内容。

出现的一些现象，他们在信里都已经写了。于是，我建议，让我向他再重复一遍我们会谈的过程，但他根本不愿意听，并站了起来，会谈就这样结束了。

上次同莫洛托夫谈话的过程我已经向您作了口头汇报。但是，莫洛托夫这样认为，令我很惊讶，因此，我认为有必要逐字逐句地复述一下我在动身的前一天同他的两次谈话过程。莫洛托夫是4月6日星期三的午后4点钟接见我的。他对我说，致我们中央的信是根据联共（布）中央的决定由他和斯大林签名的。接着，他又补充说，他们已经决定让我了解信的内容，因为他们能够做到对我什么都不隐瞒，而他们认为，根据一切现象来看，我对这些事情都不清楚。

他简单地向我叙述了信的内容。同时，他还讲了一些信中没有提到的事情，比如，匈牙利人对他提到的吉拉斯的声明，即我们不需要学习联共（布）的历史，又如，以前他们指责过的我们的声明，即南斯拉夫不允许自己成为大国的筹码。他当时还问我，我们中央有几名委员，是否定期开会，等等。他说完后，又问我是否有什么要说的。我说，他所说的一切对我们来说实际上是一种判决，没有比这更糟糕的了，无论是我，还是我们领导人中的什么人，从来都没有想过，事情会发展到这种地步。我相信，他们也未能真正理解这样的决定。但是，无论对我们来说多么困难，我坚信，我们的领导人，我们的党是会战胜一切困难的，并将惩处把事情弄到这种地步的罪人。接着莫洛托夫说，他们对我们取得的成绩感到很高兴，信中也写了这一点。还说，他们感到应该更谨慎一些，因为他们相信了吉拉斯，但又确信他在耍手腕。最后，他祝愿我们取得成绩，于是，我们就分手了。

当天夜里12点钟，莫洛托夫又邀请了我。他说，他们决定将信的文稿交给我。当时，我问他，他们是否考虑，等我们的代表团来到时，可以同他们讨论并弄清楚一切有争议的问题，因为我认为，只有双方直接会晤并进行相互交谈,才能正确解决我们之间的问题,除此没有其他任何办法。对此他没有作任何答复。当我问他,根据他们的意见,在这封信之后,信中提到的那些同志是否能够继续留在中央时,他沉思了一下,然后说:"我们不相信空话,只相信行动。"这个问题我们没有讨论下去。然后,我向他提出这样的问题:根据他的意见,我们应该怎样对待这封信。他没有明确回答,反而问我,我们的最后一次党代会是什么时候召开的,我们现在的领导人是什么时候选举出来的。当我告诉他这是第五次代表大会的结果时,他说,这已经很久了,解放已经三年了,这么长时间没有召开党代会,这是不能容忍的。① 然后,他又补充说,对于我们的领导人及其工作的这种看法,不仅他们有,其他党也有。他还谈到了匈牙利人对他说的话,即在热列兹尼卡,人数众多的党的基层组织是怎样进行秘密集会的,他们认为这是不能容忍的,也是完全错误的。接着,他又说,他们清楚,我们的任何决议都不以书面形式转发给基层组织,他们认为,这也是完全错误的。……

我们的谈话就这样结束了,仅此而已。如果我能够确信,对我们党和我国人民,事情能得到顺利解决,我将准备接受最严厉的判决。我是完全自觉地和凭良心请求您做出您认为需要作出的决定,如果这是为了我们共同的利益,请不要考虑我。以后,我会努力地、富有成效地履行我的职责,恳请您注意这一点。

波波维奇

---

① 南共第五次代表大会是 1940 年 10 月召开的。1944 年 9 月至 1945 年 5 月南斯拉夫逐步从德国占领下完全解放出来。

莫洛托夫关于会见波波维奇给拉夫连季耶夫的通报（摘录）

（1948年4月19日）

4月19日我接见了波波维奇，他将南斯拉夫共产党中央对我们信的答复，以及南共中央全会就此问题所作的决议通报一并转交给我。波波维奇说，南斯拉夫共产党中央对联共（布）中央信中提出的问题进行了调查。南斯拉夫共产党中央全会，除一人外，一致同意下列结论：南斯拉夫从来没有任何人做过联共（布）中央的信中所提到的那些声明。波波维奇还说，联共（布）中央的信大概是依据了不正确的和带有偏见的情报，这些情报是从挑拨者以及南斯拉夫共产党和苏南友好关系的敌人那里得到的。鉴于这一点，也就是说，联共（布）中央的信不是友好的批评，而是对南斯拉夫共产党及其领导人的指责，因此，南斯拉夫共产党中央不能接受这样的批评。

我回答说，我们将让中央了解这些信件并在认为需要时说出自己的意见。我还对波波维奇说，他今天说的话与上一次谈话时他对我说过的话相互矛盾，当时他说，我们信中指出的那些情况在南斯拉夫共产党中央里是存在的。……

拉夫连季耶夫与贝布莱尔关于苏南关系恶化问题的谈话记录（摘录）*

（1948年4月21日）

摘自安·约·拉夫连季耶夫的工作日志

秘密

今天贝布莱尔①打电话给我说，他想见我，以个人的方式交换一下某些问题的意见。他表示希望来我这儿。……

二、贝布莱尔声明他没有受任何人委托，来我这儿是出于个人的意愿。他希望在私下和我谈一谈一些使他特别激动的问题。他指的是苏南关系问题。他不理解，是什么原因引起了我们两国关系的恶化。……

按贝布莱尔的说法，南斯拉夫占有特别的地理位置，因此，他们的对内政策和对外政策具有特殊的改革任务这样一个问题。如果南斯拉夫是苏联的一部分，那么南斯拉夫面临的这些特殊性和特别的困难就不成立了，南斯拉夫也就没有独立地与资本主义斗争的任务了。就因为现在的这种情况——南斯拉夫须独立地克服自己内部的困难和独立解决对外政策的问题，所以要求南斯拉夫在解决这些问题时应有必不可少的效率和那种区别于苏联的政策。可能会出现双方利益不一致的问题。照贝布

---

* 发送：维·莫洛托夫、安·维辛斯基、瓦·佐林，归档。
① 阿莱什·贝布莱尔，时任南斯拉夫副外长。

莱尔的说法，因此，苏联方面有可能不满意南斯拉夫奉行的路线，因为没有在所有的对外政策问题上与苏联进行咨询协商。贝布莱尔不止一次地重复，他不清楚导致我们两国关系现在这种状况的原因。

我回答，关于苏联和南斯拉夫关系的改变及他向我提出的那些问题，贝布莱尔应该去找自己的领导解释。但我也说明，我个人不同意贝布莱尔所说，南斯拉夫特殊的地理位置决定它应该有另外的和特殊的对外政策。我说，按照各自的倾向，对外政策只能有两种思想体系——资本主义国家的思想体系和以苏联为首的民主国家的思想体系。在实行对外政策时可能出现个别的问题，需要用不同的策略处理，但所有基本的对外政策问题无疑应该出于一个坚定的目的，那就是符合人民民主国家和苏联的利益。所以人民民主国家和苏联之间在对外事务方面存在一致的立场是很重要的。我指的不是在一些小问题上进行协商，而是指在那些重要的政策问题上要有协商和一致的立场。有些问题，看上去只是地方上的问题，但它们可能引起严重的复杂的国际事端，是很重要的问题。其中包括巴尔干和地中海地区的发展局势，它是与全世界的政治相联系的，任何不小心的一步都可能加深事情的复杂化，况且英国人和美国人都想使欧洲这部分地区局势复杂化，以此在世界舆论和自己国家的舆论面前，为他们在此地区的帝国主义行径开脱。

贝布莱尔承认一些事件是紧密联系在一起的，甚至地方性问题会给世界局势以重大影响。

贝布莱尔接着说，以他的理解，看来苏联方面认为南斯拉夫在国际会议上的发言太尖锐了。在布拉格三国外交部长协商会议前，铁托元帅接见了南斯拉夫代表团，并指出他们在国际会议上提出的问题过于尖锐，所以铁托建议代表团发言再温和一些。

我回答，我不是讲这些与铁托元帅有关的事，也不是想用某种形式和通过其他渠道说出莫斯科方面的不满。相反，我清楚，南斯拉夫代表团在国际会议上比其他东欧代表团积极，总是与苏联代表团联系。因此可以认为，铁托在贝布莱尔和西米奇去布拉格前对他们所谈的意见，并不是由于苏联对南斯拉夫代表团在前次国际会议上执行的路线表现出了什么不满引起的，而是铁托本人提出的。

三、在谈话中贝布莱尔通知我，由于把一些南斯拉夫军队集中在南斯拉夫和阿尔巴尼亚边界，并向阿尔巴尼亚派遣了南斯拉夫军事代表团，两三个星期前美国大使凯诺拜访了他。他以个人名义向贝布莱尔说明：按他的推想，美国政府不会支持希腊政府在阿尔巴尼亚和希腊边界采取任何调整军事力量的措施。然后过了五天，凯诺重新拜访了贝布莱尔向他说明，他曾以自己名义向贝布莱尔说明的事，现在可以看做是美国政府的正式声明。南斯拉夫外交部将此事通报了自己在所有重要国家的大使馆。贝布莱尔推想，波波维奇大使一定将此事通报了苏联外交部。

我说，关于此事一点儿也不知道。

四、关于南斯拉夫和保加利亚的关系，贝布莱尔说，季米特洛夫从捷克斯洛伐克回来时在贝尔格莱德将停留一两天，讨论保南联盟问题。按贝布莱尔的说法，科斯托夫①向驻索非亚的南斯拉夫大使齐齐默尔说，莫斯科表示支持在近期建立这种联盟。齐齐默尔为此回到贝尔格莱德，现在南斯拉夫政府正在研究这个问题。但贝布莱尔想，在研究这个联盟问题时，将有许多经济方面的困难，因为保加利亚在这方面准备甚少。所以贝布莱尔不排除，开始时提出的是政治联盟问题，而后将解决的还有经济联盟问题。

---

① 特赖乔·科斯托夫（1897—1949），保加利亚共产党领导人。战时在国内领导抵抗运动，季米特洛夫回国前任保共总书记，1946年3月起任政府副总理。1949年作为铁托分子被处决。

五、临走时，贝布莱尔又回到他所关心的南苏关系现状问题。因为改善这种关系在很大程度上取决于大使的工作，贝布莱尔希望波波维奇能够在这方面采取一切必要的措施。我回答说，苏联大使馆永远采取客观的立场评价南斯拉夫的情况，不可能有其他的态度。对于贝布莱尔的意见，所谓需要改善我们国家之间关系的说法，我回答说，按我个人的意见，需要纠正南斯拉夫所犯下的错误，听取莫斯科对此提出的意见。贝布莱尔提出，莫斯科采用了各种情报，可能有些情报不符合真实情况。我回答贝布莱尔，莫斯科只采用客观和准确的情报。

我的印象是，贝布莱尔是受委托而来的，以不清楚情况为掩饰，来查明大使馆如何解释苏南关系的恶化。

苏联驻南斯拉夫大使　安·拉夫连季耶夫

莫洛托夫致拉夫连季耶夫转贝布莱尔的电报（摘录）

（1948年4月23日）

……南斯拉夫政府从它不与苏联协商即向美国人和英国人陈述其对的里雅斯特①问题的立场时起，就违反了不久前签订的在重大国际问题上相互协商的协定。② 因此，苏联政府认为自己不受上述协商协定的约束，不能把自己关于南斯拉夫与奥地利边界问题的观点通知南斯拉夫政府，而将就此问题在伦敦举行的四国政府代表会议上陈述自己的立场。③

---

① 1947年2月根据法国方案通过的对意和约确定，的里雅斯特及其周围有争议的地区作为自由区分为两部分，分别由英美军队和南斯拉夫军队占领，并在联大安理会与南、意两国协商的基础上选派一名总督进行管理。由于长期协商没有结果，1948年3月20日，美英法三国发表宣言，支持意大利对自由区的主权要求。3月22日，南斯拉夫政府向美英法三国发出抗议照会，同时建议南意直接谈判解决自由区的问题。苏方的指责就是针对这一举动的。4月13日苏联政府发表了一个简短声明，认为西方的建议不能接受。的里雅斯特问题的最终解决是1975年10月通过南意双方签约完成的。

② 指1948年2月11日莫洛托夫强迫卡德尔签订的一份备忘录，文件规定，苏联和南斯拉夫应在关系到两国的重大国际问题上彼此进行协商。

③ 1948年4月17日，南斯拉夫副外长阿莱什·贝布莱尔向拉夫连季耶夫通报说，南斯拉夫与奥地利在卡林西亚（克恩滕）地区存在着边界划分问题，南斯拉夫方面希望得到该地区一块居住着大量斯洛文居民的土地。上述建议将提交苏、美、英、法四国副外长例行会议解决。贝布莱尔表示希望在会前知道苏联政府对这一问题的意见。

……同时还请通知南斯拉夫政府，波波维奇大使没有通知苏联政府，美国驻贝尔格莱德大使几周前向南斯拉夫政府声明美国不会支持希腊政府用武力改变阿尔巴尼亚—希腊边界的措施……

西米奇关于与拉夫连季耶夫会谈的纪要（摘录）

(1948年4月23日)

他拿起了记录。① 他立即提出了下列意见：您转交给我的复信文本，我将提交给我国政府，我只是想强调一点，苏联政府对于我向您阐述的业已形成的事实不负责任，我也将提请我国政府注意这一点。至于贝布莱尔副部长1948年3月21日征求过苏联政府的意见，并同代办② 谈过话，这种说法是不正确的。他只是将准备好的作为对西方国家答复的文本的复印件转交给了他，并谈到打算向意大利建议缔结和平条约。对贝布莱尔所说的一切，代办都做了记录，最后，还给他读了一遍。记录里面并没有要询问苏联政府的意见或者请求同意的内容，这只是一个信息罢了。

---

① 指拉夫连季耶夫对西米奇宣读的声明的记录。为了答复4月23日早晨拉夫连季耶夫转交给贝布莱尔的电报（文件《莫洛托夫致拉夫连季耶夫转贝勃勒的电报（摘录）》），当天傍晚，南斯拉夫外交部长西米奇约见了拉夫连季耶夫，并宣读了南政府的声明。声明说："南斯拉夫政府将拟定给西方大国提出的关于审查对意和约，即意大利的里雅斯特自由区归属问题的建议的答复，提前24小时通报给了苏联政府。它期待苏联政府对如此重要和迫切的问题能提出自己的意见。由于苏联政府没有提出任何意见，南斯拉夫政府就做出了它认为需要的和对意大利的民主力量有益的答复。南斯拉夫政府认为，这件事不能成为废除关于协商的协定的原因。"会谈时，苏联大使馆代办阿尔米亚尼诺夫在座。

② 指苏联大使馆代办阿尔米亚尼诺夫。

他从莫斯科回来时①曾提请我注意,不要期望莫斯科对这个通报做任何答复。然而,在已经确定了新闻记者招待会,而照会也转交给了西方大国代表们的时候,他又提请我注意,如此重要的问题,应该同苏联政府商量,实质上,这是对审查和平条约的立场问题。他还要我注意,如果我们同意发表一个声明,要求作为"信息"通报的那个问题只是向苏联提出的,那么,我们还有时间进行选择。

我的意见是,这只是形式上的看法,贝布莱尔的过失在于,当已经通报了问题的全部实质后,他没有向代办强调要询问苏联对这件事的意见。对于我的意见,他回答说,苏联政府在没有就这个问题受到询问时,是不会说出自己的意见的,此外,关于相互协商的协定的内容要比对已经形成的意见进行一般通报要广泛得多。

在这次会谈结束时,我再次强调说,这大概只是技术上的失误,而实质问题仍然是我们在的里雅斯特问题和日益临近选举的意大利问题上的利益,最后,由于纯粹的国内政策原因,对西方大国有关审查对意和约问题上的挑拨性建议需要立即作出答复。……我们的立场丝毫也没有使的里雅斯特的问题复杂化,并且有助于粉碎西方大国在选举前进行的挑拨行为,最后,那种认为我们破坏了关于相互协商的协定的说法,与我们的立场所产生的效果是完全不同的。

---

① 拉夫连季耶夫3月22日回到贝尔格莱德。

拉夫连季耶夫与别洛夫斯基关于保南联盟问题的谈话记录*

(1948年4月27日)

摘自安·约·拉夫连季耶夫的工作日志

秘密

我正式回访了别洛夫斯基①。

别洛夫斯基通知说,季米特洛夫从捷克斯洛伐克回来途中,将不准备按最初打算的那样在贝尔格莱德停留。② 没有向别洛夫斯基讲明,为什么季米特洛夫改变了自己最初的决定。当此事通知南斯拉夫外交部时,对方对此事表示不满。

别洛夫斯基指出,在《新马其顿》报上刊登了关于保加利亚大国沙文主义的大块文章。这些文章片面和错误地阐述了一系列问题。别洛夫斯基认为,在这个问题上可能不得不向南斯拉夫人作出说明。他甚至声称,显然南斯拉夫人夸大了马其顿问题,而实际上是想把马其顿问题与保南联盟这个总体问题放到一起解决。

苏联驻南斯拉夫大使　安·约·拉夫连季耶夫

---

* 分送:维·莫洛托夫、安·维辛斯基、瓦·佐林,归档。
① 佩洛·别洛夫斯基,时任保加利亚驻南斯拉夫大使。
② 1948年4月23日季米特洛夫在布拉格与捷克斯洛伐克签署了保捷友好合作互助条约。

联共（布）中央关于南共问题致南共中央的信

（1948年5月4日）

秘密

致南斯拉夫共产党中央委员会：

你们的答复及由铁托同志和卡德尔同志签署的关于1948年4月13日南共中央全会决议的通告均已收到。

很遗憾，这两个文件，特别是铁托同志和卡德尔同志签署的文件，与南斯拉夫人的前几个文件相比不仅没有任何进步，反而把事情搞得更加复杂，使冲突更加尖锐。

该文件使用的语气引起了我们的注意，这种语气只能被认为是太傲慢。文件中看不到有弄清真相、老实承认其错误和承认必须改正这些错误的愿望。南斯拉夫同志不是以马克思主义的态度对待批评，而是采取了庸俗化的态度，即把批评看作是对南共中央威信的侮辱，是对南斯拉夫领导人自尊心的伤害。

南斯拉夫领导人为了摆脱他们自己造成的困境，采用了一种"新"方法，即矢口否认自己的错误的方法，尽管这些错误是十分明显的。他们否认1948年3月27日联共（布）中央信中所叙述的众所周知的事实和文件。看来，铁托同志和卡德尔同志不懂得，这种矢口否认事实和文件的幼稚的做法决不能使人信服，而只能引人发笑。

一、关于从南斯拉夫撤回苏联军事顾问的问题

联共（布）中央在其3月27日的信中陈述了撤回苏联军事顾问的理由，同时声明，联共（布）中央的情报是基于这些顾问因南斯拉夫负责官员对苏军及其驻南斯拉夫代表的不友好态度而提出的申诉。铁托同志和卡德尔同志完全否认这些申诉，认为这是毫无道理的。联共（布）中央为什么要相信铁托同志和卡德尔同志的毫无根据的说法，而不相信苏联军事顾问的大量申诉呢？我们有什么理由这样做呢？苏联几乎在所有的人民民主国家都有自己的军事顾问。必须强调指出，迄今为止，我们还没有接到我们驻这些国家的军事顾问的任何申诉。这本身就说明，我们在这些国家没有因苏联军事顾问在那里的工作而产生任何误会。在这方面，仅仅在南斯拉夫存在这种申诉和误会。问题只能这样解释，南斯拉夫在苏联军事顾问周围制造了一种特别不友好的气氛，这难道还不清楚吗？

铁托同志和卡德尔同志列举了用于付给苏联驻南斯拉夫军事顾问薪金的大量开支，强调苏联驻南斯拉夫将军们收入的第纳尔比南斯拉夫将军高出两至三倍，他们认为这种情况会引起南斯拉夫军事人员的不满。但是第一，南斯拉夫将军除了领取第纳尔以外，还享有住房、佣人、食品等等实物福利；第二，付给苏联驻南斯拉夫将军们的那份货币工资完全与他们在苏联国内得的货币工资相等。苏联政府当然不能同意降低派往南斯拉夫的苏联将军们的工资。

用于苏联驻南斯拉夫将军们的开支对南斯拉夫预算来说可能是一个沉重的负担，但在这种情况下，南斯拉夫政府应当及时找苏联政府商谈，并建议苏联政府承担一部分开支。毫无疑问，苏联政府会同意这样做的。然而，南斯拉夫人采取了另一种做法，他们不是和睦协商地解决

这一问题，而是开始侮辱苏联军事顾问，骂他们是寄生虫，并且败坏苏军的声誉，乃至在苏联军事顾问周围已经形成了不友好的气氛之后，南斯拉夫政府才同苏联政府进行交涉。苏联政府当然不能容忍这种状况。

二、关于苏联驻南斯拉夫的文职专家问题

联共（布）中央在3月27日的信中陈述了从南斯拉夫撤回文职专家的理由。联共（布）中央这样做，依据的是苏联文职专家的申诉和苏联驻南斯拉夫大使的报告。从这些申诉和报告中可以得出结论，苏联文职专家以及联共（布）驻共产党情报局的代表尤金同志实际上受到南斯拉夫国家安全部的监视。

铁托同志和卡德尔同志在其来信中否认这些申诉和报告的真实性，硬说南斯拉夫国家安全部没有监视驻南斯拉夫的苏联公民。但是联共（布）中央有什么理由相信铁托同志和卡德尔同志的毫无根据的说法，而不应当相信包括尤金同志在内的苏联人的申诉呢？苏联政府在各人民民主国家都派有文职专家，但并没有从他们那里接到任何申诉，他们与这些国家的政府也没有发生任何误会。请问，为什么这些误会和冲突只发生在南斯拉夫？难道不是因为南斯拉夫政府对包括尤金同志本人在内的驻南斯拉夫的苏联人采取了一种反对他们的特别方式吗？苏联政府当然不能容忍这种状况，不得不从南斯拉夫撤回自己的文职专家。

三、关于韦莱比特和南斯拉夫外交部中其他间谍的问题

铁托同志和卡德尔同志声称，在与莫洛托夫同志会晤中，卡德尔同志和吉拉斯同志谈到对韦莱比特的怀疑时，仅仅说过"韦莱比特的情况还没有完全搞清楚"，这是不真实的。事实上，在这两位同志与莫洛托

夫同志交谈时，曾谈到过韦莱比特有充当英国间谍的嫌疑。很奇怪，铁托同志和卡德尔同志认为免去韦莱比特在外交部的任职就等于毁灭了他。为什么不毁灭韦莱比特就不能撤销他在外交部的任职呢？铁托同志和卡德尔同志关于保留韦莱比特外交部第一副部长职位的理由的说法也很奇怪，似乎没有解除韦莱比特职务是因为他正在接受审查。正是因为韦莱比特在接受审查而解除他的上述职务不是更好吗？为什么对一个完全敌视苏联的英国间谍如此宽容大度？

韦莱比特并不是外交部机构中唯一的间谍。苏联代表不止一次地向南斯拉夫领导人反映，南斯拉夫驻伦敦大使莱奥恩蒂奇是英国间谍。①不知道为什么这个潜伏的老牌英国间谍至今还留在南斯拉夫外交部机构中？

苏联政府获悉，除莱奥恩蒂奇外，还有另外三个名字尚待查证的南斯拉夫驻伦敦大使馆工作人员，也是为英国情报机关服务的。苏联政府这样说，是完全负责任的。

人们也很难理解，为什么从美国驻贝尔格莱德大使的举止看，他俨然是南斯拉夫的主人，而他的人数不断增加的"情报员"可以自由自在，逍遥法外？

南斯拉夫各族人民的刽子手奈迪奇的亲友如此轻而易举地被安置在南斯拉夫的国家和党的机关里，那也是令人费解的。

很清楚，既然南斯拉夫政府坚持拒绝肃清其外交部机构中的间谍分子，苏联政府就不得不终止通过南斯拉夫外交部与南斯拉夫政府进行公

---

① 莱奥恩蒂奇是战前南斯拉夫的政治活动家和外交家之一，第二次世界大战期间参加了由南共领导的人民解放运动，后在南斯拉夫新政府中担任过重要外交职务。目前尚未看到苏联代表于1948年5月之前"不止一次地向南斯拉夫领导人反映"他是英国间谍的材料。

开的通信往来。

四、关于苏联驻南斯拉夫大使和苏维埃国家的问题

铁托同志和卡德尔同志在其1948年4月13日的来信中写道:"我们认为,他(苏联大使)作为大使无权向随便什么人打听我们党的工作情况。这不是他的职责"。

我们认为铁托同志和卡德尔同志的这种说法是根本错误的,是反苏的。显然,他们把苏联大使与一般的资产阶级国家的大使等同了起来,苏联大使是代表苏联共产党政府驻南斯拉夫共产党政府的身负重任的共产党人,而一般的资产阶级国家的大使只不过是资产阶级国家的普通官员,他们的目的是破坏南斯拉夫的基础。很难理解,铁托同志和卡德尔同志怎能如此荒唐。这些同志懂不懂得,如此看待苏联大使意味着否定苏联与南斯拉夫之间的友好关系?这些同志懂不懂得,一个代表作为把南斯拉夫从德国人占领下解放出来的友好大国的身负重任的共产党人的苏联大使,不但有权而且有义务与南斯拉夫共产党人不时地就所有他们感兴趣的问题进行交谈?当然,如果仍以与苏联友好关系为基础的话,那怎么可以对这些简单的、起码的道理产生怀疑呢?

应当奉告铁托同志和卡德尔同志,与南斯拉夫的看法相反,我们不认为南斯拉夫驻莫斯科大使是普通官员,不把他比作资产阶级大使,不否认他"有权向随便什么人打听我们党的工作情况"。因为他虽然做了大使,但他仍然是一个共产党员。所以我们把他作为一个同志和一个共产党活动家来对待。他在苏联人中有熟人和朋友。他是否在"搜集"我们党的工作的情报呢?很可能是"搜集"的。那就让他"搜集"吧!我们用不着对同志们隐瞒自己工作中的缺点。我们自己正在揭露这些缺点,目的是清除它们。

我们认为，不能把南斯拉夫同志对苏联大使的这个看法当作是偶然的。这个看法源于南斯拉夫政府的总的立场，因此南斯拉夫领导人往往看不到苏联对外政策与英国人和美国人对外政策之间的区别，把苏联的对外政策与英国人和美国人的对外政策等量齐观，认为南斯拉夫对苏联应当实行它对英美帝国主义大国实行的那种政策。

在这方面，铁托同志于 1945 年 5 月底在卢布尔雅那的讲话是极有代表性的。他在这篇讲话中说："有人说战争是正义的，我们也是这么看的。但我们还要求正义地结束战争，我们要求每个人都成为自己占有物的主人，我们不想为别人付账，我们不想成为筹码，我们不想卷入某种势力范围的政治当中"。

这是针对的里雅斯特问题说的。众所周知，在苏联迫使英国人和美国人做出有利于南斯拉夫的一系列领土让步后，英国人和美国人与法国人联合起来不接受苏联关于把的里雅斯特移交给南斯拉夫的建议，并用其在意大利的驻军占领了的里雅斯特。① 为了把的里雅斯特移交给南斯拉夫，苏联已使尽了所有其他手段，最后只剩下一个手段：因的里雅斯特而与英国人和美国人开战并用武力占领它。南斯拉夫同志不可能不知道，在如此严酷的战争后，苏联已不能再打仗了。然而，这一情况引起了南斯拉夫领导人的不满，这也反映在铁托同志的讲话中。铁托同志在卢布尔雅那的声明，即南斯拉夫"不想为别人付账"，"不想成为筹码"，不希望南斯拉夫"卷入某种势力范围的政治当中"，不仅是针对帝国主义国家的，也是针对苏联的。② 同时，在这种情况下，铁托同志

---

① 事实上，西方盟军是 1945 年 5 月与南斯拉夫军队同时占领的里雅斯特的，而苏联是在 6 月南斯拉夫被迫撤军后才开始支持南斯拉夫对这一地区的主权要求的。
② 当时南斯拉夫坚持卢布尔雅那声明只是针对西方大国的，苏南关系公开破裂后，南斯拉夫领导人承认铁托的话也是针对苏联的。

对待苏联的态度与他对待帝国主义国家的态度没有任何区别，因为他不承认苏联与帝国主义国家之间有区别。

在铁托同志这一没有遭到南共中央政治局抵制的反苏观点中，我们找到了南共领导人在为数不多的南斯拉夫党员干部中说什么苏联已经"蜕变"为企图"从经济上控制南斯拉夫"的帝国主义国家的诽谤性宣传的依据；我们还找到了南共领导人关于联共（布）企图"通过共产党情报局控制其他党"、关于"社会主义在苏联已不再是革命的社会主义"等诽谤性宣传的依据。

当时，苏联政府不得不提醒南斯拉夫政府注意，铁托同志的这一言论是不能容忍的，而由于卡德尔同志和铁托同志随后就此问题所作的解释不能令人满意，苏联驻贝尔格莱德大使萨德奇科夫同志奉苏联政府指示向南斯拉夫政府发表了如下声明，萨德奇科夫同志是1945年6月5日发表这一声明的："我们认为铁托同志的讲话是对苏联的恶意攻击，而卡德尔同志的解释是不能令人满意的。我国的读者就是这样理解铁托同志的讲话的，而且对这个讲话不可能有别的理解。请告诉铁托同志，如果他再允许对苏联进行这样的攻击，我们将被迫在报刊上进行公开批评以作答复，并对他进行反驳。"

铁托同志在苏维埃国家问题上的反苏立场，必然导致南斯拉夫领导人把苏联驻贝尔格莱德大使与资产阶级的大使们等同起来。

看来，南斯拉夫领导人打算今后仍然坚持这种反苏立场。南斯拉夫同志应当注意，坚持这样的立场就意味着放弃与苏联的一切友好关系，背叛苏联与人民民主共和国的社会主义统一战线。他们还应当考虑到，他们坚持这样的立场就意味着放弃自己要求苏联给予物质援助和任何其他援助的权利，因为苏联只向自己的朋友提供援助。

为使铁托同志和卡德尔同志明白起见，我们应当强调指出，这种针对苏联大使和苏维埃国家的反苏观点我们只在南斯拉夫才能看到，而在其他人民民主国家，我们的关系过去和现在都是友好的和完善的。

值得指出的是，现在与铁托同志完全一致的卡德尔同志，在三年前对铁托同志在卢布尔雅那的上述讲话曾经有完全不同的评价。当时苏联驻南斯拉夫大使萨德奇科夫同志是这样向我们报告1945年6月5日他与卡德尔同志的谈话的：

"今天，6月5日，我向卡德尔通报了你们提出的意见（铁托尚未回来）。通报对他产生了极大影响。他想了一下说，他认为我们对铁托讲话的评价是正确的。同时他也同意苏联今后不能再容忍这种言论。卡德尔说，当然，在南斯拉夫处于如此困难的时刻，公开批评铁托的言论对他们来说会产生严重的后果，所以他们将尽力避免发表类似的言论。但是，如果再出现这种言论的话，苏联将有权进行公开批评。这样的批评对他们来说将是有益的。卡德尔请求向你们转达对这一及时批评的谢意。卡德尔表示，这一批评将有助于改进他们的工作。对于3月份政府声明中政治错误的批评，是有很大益处的。卡德尔相信，这次批评也将有助于改进政治领导。"

"卡德尔在试图（很谨慎地）分析错误的原因时说，当然，铁托在消除共产党内以前的派别活动和组织人民解放斗争方面都有巨大功劳，但他有时倾向于把南斯拉夫看作是一个与无产阶级革命和社会主义的发展没有普遍联系的独立自在的国家。其次，党内已形成这样的状况，党中央并未作为组织和政治中心而存在。卡德尔说，我们偶尔开开会，做出一些并不重要的决定。实际上我们中每一个人都自行其是。工作作风不好，工作中缺乏集体主义。卡德尔接着说，我们希望苏联不要把我们看作是能独立解决问题的另一个国家的代表，而要看作是一个未来苏维埃共和国的代表，把南斯拉夫共产党看作是苏联共产党的一部分，这就是说，我们的关系应当建立在南斯拉夫将成为苏联的组成部分这一前景上。因此,他们希望我们坦率地、公开地批评他们,向他们提出意见,以指引南斯拉夫的内外政策沿着正确的轨道前进。"

"我回答卡德尔说,应从实际出发,也就是从南斯拉夫是一个独立国家、南斯拉夫共产党是一个独立政党出发。我说,你们应当而且可以独立地提出问题和解决问题,但只要你们要求我们提出建议,我们在任何时候都不会拒绝。我们对南斯拉夫有明确的根据条约承担的义务,而且更多地有道义上的义务,当你们需要我们提供建议和帮助时,只要有可能,我们从来也没有拒绝过。每当我向莫斯科转告铁托元帅的请求时,我都得到立刻答复。但是,只有在你们通过决定或发表声明之前及时地通知我们,提供这种建议才是可能的和有益的。"……

我们姑且不谈卡德尔同志关于把南斯拉夫当做苏联未来组成部分、把南斯拉夫共产党当做联共(布)一部分的幼稚的和错误的论调。但是,我们想提请注意卡德尔同志就铁托同志在卢布尔雅那的反苏讲话和南共中央的不良习气提出的批评性意见。

五、关于吉拉斯同志关于情报机构和贸易谈判的反苏言论问题

我们在3月27日的信中讲述了吉拉斯同志在一次南共中央会议上的反苏言论,他说苏联军官在道德方面不如英军军官。吉拉斯同志的这个言论涉及少数驻南斯拉夫苏军军官的不道德行为。我们把吉拉斯同志的这一讲话看作是反苏言论,是因为可怜的马克思主义者吉拉斯同志在谈到两三名苏联军官的过失时,没有看到解放了欧洲各族人民的社会主义的苏联军队与为了压迫而不是解放世界各族人民的资产阶级的英国军

队之间的基本区别。

铁托同志和卡德尔同志在1948年4月13日的来信中声称:"吉拉斯从来没有以这样的方式发表过这样的言论",又说"早在1945年铁托就曾以书面和口头的方式对此进行了解释","无论斯大林同志还是联共(布)中央政治局其他成员当时都接受了这一解释"。我们认为应当指出,铁托同志和卡德尔同志的这一说法不符合事实。

请看当时斯大林同志在其给铁托的电报中对吉拉斯同志的讲话是如何反应的:"我了解贝尔格莱德解放后你们处境的困难。然而,你们必须知道,苏联政府尽管遭受了巨大牺牲和损失,但还在尽一切可能帮助你们。可是,这样的事实使我感到吃惊,即你们把驻南斯拉夫个别红军官兵的个别事件和错误普遍化并扩展到整个红军。你们不能如此侮辱正在帮助你们驱逐德国人,并在与德国侵略者作战中流血牺牲的军队。没有家丑的家庭是不存在的,这并不难理解,但如果因为有家丑而侮辱全家,那就令人奇怪了。如果红军战士得知吉拉斯同志和那些对其言论不予反驳的人认为英国军官在道德方面比苏联军官高尚,那他们就会因受到这样的委屈而大吵大闹。"①

我们认为,吉拉斯同志的这个反苏讲话没有遭到南共中央政治局其他成员的反驳,这就是南共领导人对苏军驻南斯拉夫代表进行诽谤性宣传的基础,而这种宣传就是我们撤回军事顾问的原因。

吉拉斯同志这件事情的结果是什么呢?它的结果是吉拉斯同志与南斯拉夫代表团一起来到莫斯科向斯大林同志道歉,并请求忘掉他在南共中央会议上所犯的令人遗憾的错误。

显然,事情完全不像铁托同志和卡德尔同志在来信中所写的那样。

---

① 如前注所述,南斯拉夫代表团向斯大林解释这件事是在1945年4月,而斯大林这封电报是1944年10月31日发往贝尔格莱德的。

吉拉斯同志的错误不是偶然的。

铁托同志和卡德尔同志指责苏联人，说他们似乎在招募南斯拉夫公民为其情报部门做事。他们写道：

"我们认为，苏联情报机构在我们这个正向社会主义前进的国家里招募我国公民充当其间谍是不正常的，我们只能把这理解为违背我国利益的事情。尽管我们的领导人和国家安全机构对此已提出抗议，并通知你们这是不能允许的，但仍然出现了这种事情。正在被招募的人包括我们的军官，各级领导人，和一些对新南斯拉夫持否定态度的人。"

我们声明，铁托同志和卡德尔同志的这个讲话充满了对苏联驻南斯拉夫工作人员的恶意攻击，根本不符合事实。

如果要求正在南斯拉夫工作的苏联人缄默不语，不与任何人交谈，那是非常荒谬的。苏联工作人员都是政治上成熟的人，而不是无权关心南斯拉夫正在发生的事情的雇佣工作者。他们当然要与南斯拉夫公民交谈，向他们提出问题，向他们了解情况，等等。只有不可救药的反苏分子，才会把这些交谈看作是企图为情报机构招募人，而且是招募那些对新南斯拉夫"持否定态度"的人。只有反苏分子才会认为，苏联领导人不如南共中央政治局成员那样关心新南斯拉夫的安全。

值得注意的是，只在南斯拉夫出现了这些对苏联代表的无理指责。在我们看来，这种对苏联工作人员的无理指责，目的是为了证明南斯拉夫国家安全部监视驻南斯拉夫的苏联工作人员是有道理的。

必须提出，来到莫斯科的南斯拉夫同志通常可以完全自由地走访苏联各城市，同我国人民接触，并且自由地同他们交谈。苏联政府从来没有对他们进行过任何限制。吉拉斯同志最近还来过一次苏联，他在莫斯科住了一阵后到列宁格勒去了几天，同那里的苏联友人进行了交谈。按照南斯拉夫的公式，有关党和政府工作的情报只能向党中央领导机关或政府领导机关索取。但是，吉拉斯同志不是从苏联的这些机关，而是从这些机构在列宁格勒的地方机构得到的情报。我们认为没有必要询问吉拉斯同志在那里做了什么，他搜集了哪些情报。① 我们的看法是，他在那里不是为英国、美国或法国的情报部门搜集情报，而是为南斯拉夫的领导机关搜集情报。既然这样做是正确的，我们就不认为这有什么可指责的，因为从这些情报中可以找到对南斯拉夫同志有益的东西。吉拉斯同志说不出他受到过什么限制。

那么我们现在要问：为什么在南斯拉夫的苏联共产党人享受的权利就应该比在苏联的南斯拉夫共产党人享受的权利少一些？

铁托同志和卡德尔同志在4月13日的来信中再次谈到苏南之间的贸易关系问题，硬说克鲁季科夫同志拒绝南斯拉夫代表提出的继续进行贸易谈判的要求。我们已几次向南斯拉夫同志解释过，克鲁季科夫同志否认强加于他的这些话。我们同时也已说明，苏联政府从来没有提出过中止同南斯拉夫的贸易谈判和贸易业务的问题。因此，我们认为这个问题可以到此为止，不打算再讨论这个问题了。

六、关于南共中央政治局在南斯拉夫阶级斗争方面的错误政治路线问题

我们在信中写道，在南斯拉夫共产党内不存在阶级斗争政策的精神，资本主义成分正在农村和城市中增长，而党的领导没有采取措施来限制资本主义成分。

铁托同志和卡德尔同志矢口否认这一切，把我们这一具有原则性的论断看作是对南斯拉夫共产党的一种诬蔑，并且回避对实质问题进行回

---

① 吉拉斯在1948年1—2月访苏期间与列宁格勒有关机构的会谈都是苏联官方组织的，并且吉拉斯的活动一直有联共（布）中央机构负责人列沙科夫的陪同。

答。这些同志的论据只不过是所谓南斯拉夫正在进行切实的彻底的社会变革。但这种说法却是十分不充分的。这些同志否认在当今南斯拉夫条件下资本主义成分正在加强以及由此而引起的农村阶级斗争正在激化这一事实,所依据的是一种机会主义观点,即在从资本主义向社会主义的过渡时期,阶级斗争不是如马克思列宁主义教导的那样变得更加尖锐,而是如布哈林之流机会主义者所断言的正在熄灭,他们鼓吹的是一种资本主义成分和平长入社会主义的腐朽理论。

谁也不会否认十月社会主义革命后苏联所进行的社会变革的深刻性和重要意义。但是,联共(布)从来没有因这一事实而得出结论说,在我国阶级斗争正在削弱,在我国不存在资本主义成分增长的危险。列宁曾在1920—1921年指出,"只要我们还生活在一个小农国家里,资本主义在俄国就有比共产主义更牢固的经济基础"①,这是因为"小生产是经常地、每日每时地、自发地和大批地产生着资本主义和资产阶级的"②。大家知道,在十月革命后的15年间,起先是关于采取措施限制农村资本主义成分,后来是关于把富农作为最后一个资本家阶级加以消灭的问题,从未离开过我党的议事日程。在保障南斯拉夫建成社会主义的基本条件方面,低估联共(布)的这一经验,在政治上是极其危险的,对共产党员来说则是不能允许的,因为不能只在城市和工业中建设社会主义,也应当在农村和农业中建设社会主义。

南共领导人回避关于阶级斗争和限制农村资本主义成分的问题不是偶然的。更有甚者,在南斯拉夫领导人的讲话中往往闭口不谈农村中阶

---

① 这段引文出自列宁1920年12月22日在《全俄中央执行委员会和人民委员会关于对外对内政策的报告》。见《列宁全集》中文第2版第40卷第156页。——编者注

② 这段引文出自列宁的《共产主义运动中的"左派"幼稚病》一文。见《列宁全集》中文第2版第39卷第4页。——编者注

级分化的问题，农民被看作是一个统一的整体，党也不动员起来去克服由于农村剥削成分增加而造成的困难。但是，南斯拉夫农村的政治形势没有理由让人盲目乐观和温厚宽容。在南斯拉夫，土地没有实行国有化，存在着土地私有制和买卖土地，富农手里集中了大量土地并使用雇佣劳动，等等。在这种情况下，南共用抹杀阶级斗争和调和阶级矛盾的精神教育党，就势必会使党在社会主义建设的基本困难面前解除自己的武装。这也就意味着，他们使南斯拉夫共产党陶醉于从伯恩施坦、福尔马和布哈林那里搬来的资本主义成分和平长入社会主义的腐朽的机会主义理论。

南斯拉夫共产党的某些显要领导人在工人阶级领导作用的问题上背离马列主义路线也不是偶然的。马克思列宁主义的出发点是承认工人阶级在消灭资本主义和建成社会主义社会方面的领导作用，而南共领导人却持有完全不同的观点。只要指出铁托同志1946年11月在萨格勒布的如下讲话（见1946年11月2日《战斗报》）就足以说明问题了：

"我们并不是为了要获得农民的选票才对他们说，农民是我们国家最牢靠的基础，而是因为我们知道，他们确实是这样的人。"

这个观点与马克思列宁主义是完全抵触的。马克思列宁主义认为，在包括人民民主国家在内的欧洲，最进步、最革命的阶级是工人阶级，而不是农民。至于农民，或者更确切地说，农民的大多数，即贫农和中农，可以或者正在与工人阶级结成联盟，而在这个联盟中起领导作用的依然是工人阶级。其实，铁托同志的上述观点不仅是否定工人阶级的领导作用，而且还宣布全体农民——其中也包括富农——是新南斯拉夫最牢靠的基础。显然，这个观点表达了适合于小资产阶级政治家，而不是马克思主义者的看法。

七、关于南共中央政治局在党与人民阵线之间
关系问题上的错误政策

我们在上一封信中写道，在南斯拉夫，有人认为国家的主要领导力量不是共产党，而是人民阵线；南斯拉夫领导人削弱党的作用，实际上把党融合在非党的人民阵线中，因而也就犯了40年前俄国孟什维克犯过的那种原则性错误。

铁托同志和卡德尔同志对此予以否认，说什么人民阵线的所有决定都是党的决定，而他们认为没有必要强调，是在党的哪次会议上通过了哪些决定。南斯拉夫同志的堕落就在这里，他们害怕在全体人民面前公开地拥护党和党的决定，让人民知道党是领导力量，是党领导人民阵线，而不是人民阵线领导党。

根据马克思列宁主义的理论，共产党是劳动人民的最高组织形式，它居于所有其他组织之上，在苏联，它居于苏维埃和其他组织之上，在南斯拉夫，它居于人民阵线和其他组织之上。党居于劳动人民的所有这些组织之上，不仅仅是因为它把劳动人民中的所有优秀分子都吸收到自己队伍中来，而且还因为它有自己的特定纲领和特定政策，在此基础上领导劳动人民的所有其他组织。但是，南共中央政治局害怕公开承认这一点，害怕理直气壮地向南斯拉夫工人阶级和全体人民宣传这一点。南共中央政治局以为，如果它不着重指出这一点，那么其他政党就没有理由来发展他们的势力，开展他们的斗争。看来，铁托同志和卡德尔同志似乎以为他们用这种廉价的手腕就可以改变历史发展的规律，就可以愚弄各个阶级，愚弄历史。但这只是一种幻想和自欺欺人。只要存在着对抗的阶级，他们之间就会有斗争，而只要有斗争，这种斗争就会合法地或不合法地反映在各个团体和政党的活动中。

列宁说过，党是工人阶级手中最重要的武器。领导者的责任就是要使这一武器保持战斗准备状态。但是，因为南斯拉夫的同志们收起了党的旗帜，拒绝在人民面前强调党的领导作用，他们正在挫折这个武器，削弱党的作用，解除工人阶级的武装。如果认为敌人由于南斯拉夫同志们的廉价手腕而停止战斗，那是荒谬可笑的。就是这个党，应该保持随时准备抗击敌人的战斗状态，而不能麻痹大意，不能收起党的旗帜，不能以为如果不给敌人以借口，他们就会放弃斗争，就会停止以合法的或不合法的手段组织他们的势力。

我们认为，在南斯拉夫这样贬低共产党的作用太过分了。这里说的是南斯拉夫共产党与人民阵线之间关系，我们认为这种关系在原则上是不正确的。必须考虑到南斯拉夫人民阵线中有阶级成分极其不同的人，其中有富农、商人、小业主和资产阶级知识分子，以及各种政治团体，包括某些资产阶级政党。在南斯拉夫，出现在政治舞台上的只有人民阵线，而党及其组织都不是公开地以自己的名义出现在人民面前，这一事实不仅削弱了党在国家政治生活中的作用，而且使一个作为独立政治力量的党，不能通过公开的政治活动，通过公开宣传自己的观点和纲领来赢得人民的信任，并以自己的影响争取更加广大的劳动群众。

铁托同志和卡德尔同志忘记了党是要发展的，而且只有在公开的对敌斗争中党才能发展，他们忘记了南共中央政治局的廉价手腕和骗人伎俩不可能代替这种斗争，而这种斗争是教育党的干部的学校。顽固地不愿意承认除了人民阵线的纲领南共没有别的纲领这一说法的错误，这表明南斯拉夫领导人多么严重地背离了马克思列宁主义关于政党的观点。在这里我们看到，南斯拉夫共产党有取消主义发展的危险倾向，这对南共本身的生存是一个威胁，而最终将导致南斯拉夫人民共和国的蜕化变质。

铁托同志和卡德尔同志硬说孟什维克关于马克思主义政党融合在非党群众组织中的错误是出现在 40 年以前,因此这些错误与南共中央政治局今天的错误之间不可能有任何联系。铁托同志和卡德尔同志大错特错了。这两件事之间理论上的联系和政治上的联系是不容怀疑的,因为无论是 1907 年的孟什维克,还是此后过了 40 年的铁托同志和卡德尔同志,同样都贬低马克思主义政党,同样都否定党作为高于所有其他劳动人民群众组织的最高组织形式的作用,同样都把马克思主义政党融合在非党群众组织中。这里的区别仅仅在于:孟什维克于 1906—1907 年犯了这些错误,但在伦敦代表大会上受到俄国的马克思主义政党的批判后没有重犯;而南共中央政治局不顾这一明显的教训,在 40 年之后还从棺材里拣出孟什维克同样的错误,并宣布它为党的理论。这一事实不仅不能减轻,反而加重了南斯拉夫同志的错误。

八、关于南斯拉夫共产党内令人忧虑的状况问题

我们在上一封信中写道,在南斯拉夫,尽管共产党上台执政已经三年半,但依然处于半合法的状态;党内没有民主,没有选举制度,没有批评和自我批评;南共中央的大多数委员不是选举产生的,而是指派的。

铁托同志和卡德尔同志矢口否认这一切。他们写道:"南共中央的大多数中央委员不是指派的","在第五次党代表会议上(这次会议于 1940 年 12 月在极其秘密的情况下举行……根据共产国际的一项决议,这次会议拥有代表大会的一切权利)选举产生了由 31 名委员和 10 名候补中央委员组成的南共中央委员会","其中在战争期间牺牲了 10 名中央委员和 6 名候补中央委员",此外还开除了 2 名中央委员,"如今还活着并工作的有代表会议选举产生的 19 名南共中央委员和 7 名被指派的

中央委员",目前"南共中央委员会由26人组成"。

这个通报不完全符合事实。从共产国际的档案中可以看出,在1940年10月而不是12月举行的第五次代表会议上选举产生的不是31名中央委员和10名候补中央委员,而是22名中央委员和16名候补中央委员。瓦尔特(即铁托)同志①就此于1940年10月底从贝尔格莱德发出的报告是这样说的:"致季米特洛夫同志。10月19日至23日举行了南共第五次代表会议。101名全国各地推选出来的代表参加了会议。会上选举产生了由22名正式委员(其中包括2名妇女)和16名候补委员组成的中央委员会。大会一致通过。瓦尔特"

如果说经选举产生的22名中央委员中牺牲了10名,那么还有12名经选举产生的中央委员;如果说12名中央委员中已开除了两名,那么还有10名经选举产生的中央委员。铁托同志和卡德尔同志说现有26名中央委员,因而如果从这里减去10名经选举产生的中央委员,那么剩下的现有中央委员会里还有16名指派的委员。由此可见,现在的南共中央委员大多数是指派的。

不仅南共中央委员的情况是这样,地方领导人的情况也是这样,他们是被指派的,而不是由下面选举出来的。

我们认为,在一个党执掌政权并可以享有充分合法地位的条件下,党的领导机构的这种构成方式只能说是半合法的,而这种组织本身也只能是宗派官僚主义的。

不召开党员会议或者是秘密召开会议,这种情况是完全不能容许的。这必然破坏党在群众中的影响;背着工人秘密地吸收党员也是不能

---

① 铁托战前在莫斯科逗留期间,出于保密,取名为瓦尔特·弗里德里希。1935年,铁托作为南共代表出席共产国际第七次代表大会时,使用的就是这个名字。此后,共产国际工作人员,包括斯大林在内,都用这个名字称呼铁托。

容许的，吸收党员应当起到重大的教育作用，以便使党与工人阶级和全体劳动人民建立联系。

如果南共中央政治局确实重视自己的党，那它就不会允许党内存在这种状况，它应当在掌握政权后，即三年半以前，立即要求党召开代表大会，在民主集中制基础上进行改组，并完全作为一个合法的政党开展活动。

如果党内存在这样的情况，领导机构不是选举产生的，而只有自上而下指定的，这就谈不上有党内民主，更谈不上有批评和自我批评，这是不言而喻的。我们知道，党员害怕说出自己的意见，不敢批评党内的一些做法，他们宁愿保持沉默，以免遭到报复。国家安全部长同时也是中央主管干部的书记，或者如铁托同志和卡德尔同志所说的是南共中央的组织书记，这不是偶然的。显然，党员和党的干部被置于国家安全部长的监视之下，这是完全不能允许的，并且是不能容忍的。例如，茹约维奇同志只是在南共中央的一次会议上表示不同意南共中央政治局给联共（布）中央的回信草案，就立即被开除出中央委员会。可见，南共中央政治局不是把党看作有权表示自己意见的独立的机体，而是看作其成员没有权利讨论任何问题，只能绝对执行"首长"一切命令的游击队。这在我们这里被称作是在党内推行军事的方法，这与马克思主义政党的党内民主原则是完全不相容的。

大家都知道，托洛茨基当时也曾企图在联共（布）党内推行军事的领导方法，但他失败了，受到了以列宁为首的党的批判，军事的方法被否决了，而党内民主作为党的建设的最重要原则得到确立。

我们认为，南斯拉夫共产党内部这种不正常状况对于党的生活和发展是最大的危险。这种党内宗派官僚主义状况消灭得越快，无论对南斯拉夫共产党还是对南斯拉夫人民民主共和国，就越有好处。

九、关于南共领导人的骄傲自大和他们对待自己错误的不正确态度问题

从铁托同志和卡德尔同志的来信中可以看出,他们完全否认南共中央政治局工作中存在任何错误,也完全否认在南斯拉夫少数党的干部中正在进行所谓苏联"蜕变"为帝国主义国家之类的诽谤性宣传。他们认为,这里的问题完全是由于向联共(布)中央提供了关于南斯拉夫情况的错误情报所造成的。他们认为,联共(布)中央已经成了由茹约维奇同志和赫布朗同志传播的诽谤性的错误情报的"牺牲品",并坚持认为,如果没有关于南斯拉夫情况的这种错误情报,苏联与南斯拉夫之间就不会存在任何分歧。因此他们得出结论说,问题不在于南共中央的错误,也不在于联共(布)中央对这些错误的批评,而在于茹约维奇同志和赫布朗同志的错误情报,以及茹约维奇同志和赫布朗同志用这种情报"愚弄"了联共(布)中央。他们认为,如果惩处了茹约维奇同志和赫布朗同志,那么一切就都会正常了。这样一来,他们就找到了替罪羊。

我们怀疑铁托同志和卡德尔同志自己是否相信这种说法的真实性,如果他们仍然把它作为真实性说法抓住不放,那是由于他们认为这种说法最容易使南共中央政治局摆脱已经陷入的那种困境。他们提出这种荒谬的而且显然是天真的说法,不仅是为了推卸恶化苏南关系的责任,把它嫁祸于苏联,而且是为了诬蔑联共(布)中央,说它急不可待地想搞到所有"带有偏见的"和"反党的"情报。

我们认为,铁托同志和卡德尔同志对待联共(布)中央及其就南斯拉夫同志所犯错误提出的批评性意见所持的这种态度,不仅是无聊的和虚伪的,而且是极端反党的。

如果铁托同志和卡德尔同志希望弄清真相,如果他们面对事实不感到难堪,他们就应当严肃认真地思考如下一些问题:

1. 为什么联共(布)中央关于波兰、捷克斯洛伐克、匈牙利、罗马尼亚、保加利亚和阿尔巴尼亚等国事务的情报是正确的,没有引起与这些国家共产党的任何误解,而关于南斯拉夫的情报,按照南斯拉夫同志的说法,却是"带有偏见的"和"反党的",并引起了他们的反苏攻击和对联共(布)中央的敌视态度呢?

2. 为什么苏联与别的人民民主国家之间的友好关系日益发展和巩固,而苏南关系却恶化并在继续恶化呢?

3. 为什么人民民主国家的共产党纷纷表示赞同联共(布)中央3月27日的信件并谴责南斯拉夫同志的错误,而坚持自己错误的南共中央政治局却处于孤立状态呢?

这一切难道是偶然的吗?

为了揭露南共中央政治局的错误,根本没有必要求助于诸如茹约维奇和赫布朗等个别同志的情报。为此只要从发表在报刊上的南共领导人如铁托、吉拉斯、卡德尔等同志的正式言论中就可以得到足够的材料。

我们声明,苏联人没有从赫布朗同志那里得到过任何情报。我们声明,茹约维奇同志与苏联驻南斯拉夫大使拉夫连季耶夫同志的谈话,连南斯拉夫领导人错误讲话和反苏讲话内容的十分之一都没有。对这些同志的惩处不仅是违背党内民主原则的不能容忍的迫害行为,而且证明了南斯拉夫领导人的反苏立场,因为他们认为,一个南斯拉夫共产党员与苏联大使谈话就是犯罪。

我们认为,南斯拉夫领导人企图推卸恶化苏南关系的责任,以此掩盖这些同志没有承认自己错误的愿望,以及今后继续推行对苏联不友好政策的意图。

列宁说:"一个政党对自己的错误所抱的态度,是衡量这个党是否郑重,是否**真正**履行它对本**阶级**和劳动**群众**所负义务的一个最重要最可靠的尺度。公开承认错误,揭露犯错误的原因,分析产生错误的环境,仔细讨论改正错误的方法——这就是一个郑重的党的标志,这才是党履行自己的义务,这才是教育和训练**阶级**,进而又教育和训练**群众**。"①

遗憾的是,我们不得不明确指出,由于南共领导人拒绝承认和改正自己的错误,他们正在极其粗暴地破坏列宁在这一指示中所提出的原则。

我们不得不同时指出,与南斯拉夫领导人不同,法国共产党和意大利共产党的领导人在九国共产党代表会议上老老实实地承认了自己的错误,并诚心诚意地改正了错误,从而使他们的党能够加强自己的队伍,并教育自己的干部。

我们认为,南共中央政治局不愿意老老实实地承认其错误并诚心诚意地改正其错误的基础,是南斯拉夫领导人的极端狂妄自大。业已取得的胜利使他们冲昏了头脑,他们骄傲起来,自以为了不起,什么都满不在乎。他们不仅自己骄傲起来,而且还鼓吹骄傲,他们不懂得骄傲有可能毁灭南斯拉夫领导人。

列宁说:"过去所有灭亡了的革命政党之所以灭亡,就是因为它们骄傲自大,看不到自己力量的所在,也怕说出自己的弱点。而我们是不会灭亡的,因为我们不怕说出自己的弱点,并且能够学会克服弱点。"②

遗憾的是,我们不得不明确指出,由于南共领导人从来不知道谦

---

① 这段引文出自列宁《共产主义运动中的"左派"幼稚病》一文,见《列宁全集》中文第 2 版第 39 卷第 37 页。——编者注

② 这段引文出自列宁 1922 年在俄共(布)第十一次代表大会上所作的《关于俄共(布)中央政治报告的总结发言》,见《列宁全集》中文第 2 版第 43 卷第 115 页。——编者注

虚，而且现在仍然陶醉于自己并不是很大的成就，他们已经忘记了列宁的这一指示。

铁托同志和卡德尔同志在来信中谈到南斯拉夫共产党的功劳和成绩，说联共（布）中央过去曾承认这些功劳和成绩，而现在却似乎对它们避而不提了。这当然是不真实的。谁也不能否认南斯拉夫共产党的功劳和成绩。这是毫无疑问的。但是，我们也必须指出，波兰、捷克斯洛伐克、匈牙利、罗马尼亚、保加利亚和阿尔巴尼亚等国共产党的功劳和成绩并不比南斯拉夫共产党的少。然而，与唠唠叨叨、大吹特吹得令人厌烦的南斯拉夫领导人不同，这些共产党的领导人谦虚谨慎，没有大谈自己的成绩。

还应当指出，法国共产党和意大利共产党对革命的贡献比南斯拉夫共产党不是小而是大。如果说法国共产党和意大利共产党迄今所取得的成绩不如南斯拉夫共产党，这也不是因为南斯拉夫共产党有什么特殊本领，而主要是因为南斯拉夫游击队司令部被德国空降兵部队摧毁后，在南斯拉夫人民解放运动处于严重危机的时刻，苏联军队援助了南斯拉夫人民，击溃了德国占领者，解放了贝尔格莱德，从而为南斯拉夫共产党获得政权创造了必要的条件。可惜的是，苏联军队没有也不可能向法国共产党和意大利共产党提供这种援助。如果铁托同志和卡德尔同志考虑到这一无可怀疑的事实，他们就会较少吹嘘自己的功劳和成绩，就会表现得礼貌一点、谦虚一点。

南斯拉夫领导人的骄傲自大已经发展到如此严重的地步，以至于他们甚至把那种没有任何根据可以承认是他们的功劳也归于自己。以军事科学问题为例。南斯拉夫领导人要人家相信，他们用新的理论补充了马克思主义的军事科学，这个理论把战争看作是正规军、游击队和人民起义三者行动的结合。其实，这个所谓的理论是老生常谈，对于马克思主义的军事科学来说，并不是什么新东西。尽人皆知，布尔什维克在俄国国内战争的整个时期（1918—1921年）都是把正规军、游击队和人民起义三者的行动结合起来的，这种结合的规模比在南斯拉夫大得多。但是，布尔什维克从未谈过他们由于运用这种军事行动方法而给军事科学加进了什么新东西。他们一点也不谈这种事，因为这种方法远在布尔什维克之前，在1812年俄国反抗拿破仑军队的战争中，库图佐夫元帅就成功地运用过了。然而，库图佐夫元帅也没有自称是运用这种方法的创造者，因为早在库图佐夫元帅之前，西班牙人（"义勇军"）在1808年与拿破仑军队作战时就已开始运用这种方法了。由此可见，南斯拉夫领导人认为是军事科学中新东西的那个理论，实际上是140年前的老理论，而他们归于自己的那个功劳实际上是西班牙人的功劳。

此外，应当指出，任何领导人过去的功劳并不能排除他们后来犯有严重错误的可能性。我们不能根据过去的功劳而闭眼不看现在的错误。托洛茨基当时也曾对革命有功劳，但这绝对不是说联共（布）就可以闭眼不看他后来所犯的不能宽恕的机会主义错误，这些错误把他推到了苏联敌人的营垒。

铁托同志和卡德尔同志在来信中建议派一名联共（布）中央代表到南斯拉夫弄清苏南分歧的问题。我们认为这一途径是不正确的，因为要谈论的不是核查个别事实的问题，而是原则性的分歧。

众所周知，苏南分歧问题已转达给九国共产党中央，他们有自己的情报局。不让其他共产党参与这件事是错误的。因此，我们建议在即将召开的共产党工人党情报局会议上研究这个问题。

受联共（布）中央委托　维·莫洛托夫
约·斯大林
1948年5月4日于莫斯科

铁托、卡德尔关于处理分歧问题的意见致斯大林和莫洛托夫的信

(1948年5月17日)

致约·维·斯大林同志、维·米·莫洛托夫同志：

我们收到了你们1948年5月4日的来信。讲述这封来信对我们产生了何等恶劣的影响，那是多余的。它已经使我们相信，我们所作的一切解释都无济于事，尽管我们的解释有许多事实作为根据，说明对我们的一切指责都是提供错误情报的结果。

我们并不回避对于原则问题提出的批评，但在这件事情上我们感觉受到如此不平等的待遇，因而我们不能同意现在由共产党情报局来处理这件事。九个党在我们事先不知道的情况下就已经收到了你们的第一封信，并做出了表示他们各自立场的决议。① 你们这封来信的内容已经不是个别党的内部事务，而是超出了许可的范围，其后果是目前在有些国家，例如在捷克斯洛伐克和匈牙利，不仅我们的党，而且我们的整个国家，都在遭受侮辱，我们的国会代表团在布拉格就感到受了侮辱。

所有这一切的后果，对我们国家来说是极其严重的。

我们想这样来处理这件事，即我们将在实践中证明对我们的指责是

---

① 这里说的九个党是指组成共产党工人党情报局的九个成员。但实际上应是七个党。联共（布）中央1948年3月27日的信在南共不知道的情况下发给了情报局除联共（布）和南共以外的七个党。

不公正的，这就是说，我们将百折不挠地建设社会主义，我们仍将忠于苏联，仍将忠于马克思、恩格斯、列宁和斯大林的学说。未来将会像过去一样表明，我们一定实现我们向你们做出的全部诺言。

受南共中央委托　约·布·铁托、爱·卡德尔
1948 年 5 月 17 日于贝尔格莱德

苏斯洛夫就共产党情报局会议问题致季米特洛夫的信

(1948年5月18日)

  联共(布)中央委员会提议在6月上旬,大约在6月8—10日召开九个国家的共产党情报局会议,讨论南斯拉夫党内情况问题。

  至于召开情报局会议的地点问题,联共(布)中央委员会提议在乌克兰南部的一个地区举行,按照联共(布)中央委员会的意见,大多数共产党都是能接受的,要是您同意的话,联共(布)中央委员会将制定具体的方案,并做出补充通知。

  要求您尽快向联共(布)中央委员会通知您对我们关于召开情报局会议的日程、时间和地点的意见。

  致以同志般的问候

苏斯洛夫
1948年5月18日

София, ЦГАБКП, Ф. 146 - 6, Оп. 4, А. Е. 643, Л. 1.

苏斯洛夫关于召开情报局会议致铁托的信

（1948年5月18日）

致铁托同志：

亲爱的同志！

联共（布）中央委员会提议在6月上旬，大约在6月8—10日召开九个国家的共产党情报局会议，讨论南斯拉夫党内情况问题。

至于召开情报局会议的地点问题，联共（布）中央委员会提议在乌克兰南部的一个地区举行，按照联共（布）中央委员会的意见，大多数共产党都是能接受的，要是您同意的话，联共（布）中央委员会将制定具体的方案，并做出补充通知。

要求您尽快向联共（布）中央委员会通知您对我们关于召开情报局会议的日程、时间和地点的意见。

致以同志般的问候

联共（布）中央书记 米·苏斯洛夫

1948年5月18日

铁托关于南共不出席情报局会议致苏斯洛夫的信

(1948年5月20日)

致联共(布)中央苏斯洛夫同志:

亲爱的同志!

您的来信我于今年5月19日收到。这封信是莫舍托夫同志①交给我的。我们对邀请南共中央派代表出席共产党工人党情报局会议的观点,我们已在收到您来信的前两天通过苏联驻贝尔格莱德大使馆通知了联共(布)中央。

我们于5月20日在南共中央全会上讨论了您的来信。全会一致做出决定,由于致联共(布)中央的信里所指出的原因,我们不接受出席共产党工人党情报局会议的邀请。

致以同志般的敬礼

受南共中央委托　铁托(签名)

---

① 莫舍托夫,时任联共(布)中央国际部副部长。

苏联关于对意和约给南斯拉夫的照会

(1948年5月20日)

就今年 4 月 23 日外交部部长西米奇先生向苏联大使拉夫连季耶夫递交的南斯拉夫政府对苏联政府声明——由于南斯拉夫政府违反了重大国际问题相互协商的协定,苏联政府认为自己已不受该协定的约束——的答复①,苏联大使馆受苏联政府委托,谨通知南斯拉夫联邦人民共和国外交部:

南斯拉夫政府声明说,它关于打算就西方大国所提修订对意和约以使的里雅斯特并入意大利的建议向它们做出答复一事,已在 24 小时内通知了苏联政府,它等待苏联政府对此问题的意见,而因为苏联政府没有表示自己的任何意见,所以南斯拉夫政府给了西方大国这种它认为对意大利民主力量是需要的和有益的答复。南斯拉夫政府的这一声明与事实显然是矛盾的。大使馆认为有必要提请注意这些事实。

一、今年 3 月 21 日晚,外交部副部长贝布莱尔先生只是通过新闻途径将南斯拉夫政府决定就美国、英国和法国政府向苏联政府提出修订与的里雅斯特有关的对意和约的建议照会该三国政府一事向苏联临时代办阿尔米亚尼诺夫作了通报。关于南斯拉夫政府打算在记者招待会上发表一项正式声明,说它准备以铁托—陶里亚蒂的著名谈判为基础解决的

---

① 参见本卷文件《西米奇关于与拉夫连季耶夫会谈的纪要(摘录)》。——编者注

里雅斯特问题①，并与意大利政府签订友好和互不侵犯条约一事，贝布莱尔先生也只是通过新闻途径向阿尔米亚尼诺夫作了通报。但是，贝布莱尔先生没有表示愿意就上述问题征求苏联政府的意见。

二、3月22日，拉夫连季耶夫大使在与西米奇部长交谈中提请他注意，贝布莱尔先生在3月21日向阿尔米亚尼诺夫通报时提出了一些极其重要的问题，因此希望在就这些问题发表正式声明之前，南斯拉夫政府应当征求苏联政府的意见。

三、此外，根据3月23日公布的通报，南斯拉夫政府已于3月22日中午就美国、英国和法国政府关于修订对意和约的建议向他们递交了照会。由此可以看出，南斯拉夫政府等待苏联政府在24小时内对此做出答复的说法同样是完全不符合实际的。

四、从南斯拉夫政府的照会中和外交部长西米奇先生3月22日在记者招待会上的声明中可以得出结论：南斯拉夫政府在没有征求苏联政府意见的情况下表示赞成修订涉及的里雅斯特问题的对意和约，但南斯拉夫政府当时是完全有可能与苏联政府就上述问题交换意见的，何况美国、英国和法国政府向南斯拉夫政府发送的照会只是供参考而已。

上述事实证明，南斯拉夫政府的答复不符合事实，所以该答复不能被认为是令人满意的。据此，违反相互协商协定的全部责任要由南斯拉夫政府承担。

大使馆谨借此机会向外交部表示敬意。

---

① 1946年秋季，在贝尔格莱德铁托与意大利共产党总书记陶里亚蒂举行了谈判。陶里亚蒂建议，双方发表声明，在的里雅斯特主权归意大利但同时享有"真正民主"地位的自治的基础上解决的里雅斯特问题。

联共（布）中央关于驳斥南共答复致南共中央的信

（1948年5月22日）

致南斯拉夫共产党中央委员会：

你们1948年5月17日和1948年5月20日由铁托同志和卡德尔同志署名的来信均已收到。联共（布）中央认为，南斯拉夫领导人通过这些信件进一步加重了联共（布）中央在其1948年5月4日致南共中央信里已指出会带来危害和极为严重后果的那些不可宽恕的原则性错误。

一、铁托同志和卡德尔同志写道，他们感觉自己"受到如此不平等的待遇，因而我们不能同意现在由共产党情报局来处理这件事"。甚至竟暗示，似乎是联共（布）中央使南斯拉夫领导人处于这种不平等地位的。

联共（布）中央认为，这些话没有一句是事实。在九国共产党情报局中对南斯拉夫共产党没有也不可能有任何的不平等。众所周知，在组建九国共产党情报局时所有共产党都是从这样一个无可争辩的原则出发的，即任何一个党都应当向情报局报告工作①，正像任何一个党都有权批评其他党一样。正是从这一点出发，九国共产党代表会议在1947

---

① 在1947年9月参加会议的各国共产党、工人党达成的协定中，关于情报局的职能只是规定："情报局负责组织交流经验，并在必要时在互相同意的基础上协调共产党的活动"。

年9月的会议上无一例外地听取了每个党中央委员会的工作报告。九国共产党代表会议从任何一个党都有批评其他各党的平等权利出发,对意大利共产党和法国共产党的工作进行了布尔什维克式的严厉批评。尽人皆知,意大利和法国的同志们当时不仅没有对其他党批评他们错误的权利提出异议,相反还以布尔什维克的态度对待这一批评,并从中得出了应有的结论。下面的情况也是尽人皆知的:南斯拉夫的同志们和大家一样,也借此机会在代表会议上批评了意大利和法国同志们的错误,而且也和大家一样,他们并不认为别的共产党因批评意大利人和法国人就侵犯了意大利共产党和法国共产党的权利平等。

究竟为什么南斯拉夫同志们现在如此急剧地转变,要求取消情报局内业已建立的制度呢?这是因为他们认为南斯拉夫党及其领导人应当处于享有特权的地位,情报局的规章制度对该党不适用,他们有权批评其他党,而自己则不该受到其他党的批评。但是,这种道德标准——如果我们可以把它叫做道德标准的话,与权利平等毫无共同之处。这不过是南斯拉夫领导人代表南共要求的那种任何一个党都没有、而且也不可能有的特权。我们一贯采取这样的立场:任何一个共产党都有义务向情报局报告自己的工作,任何一个共产党都有权利批评其他的党,而没有这个立场情报局就不可能存在和开展活动。南斯拉夫人拒绝向情报局报告自己的工作,拒绝倾听来自别的共产党的批评,就意味着侵犯了各国共产党的平等权利。

二、铁托同志和卡德尔同志在其5月17日的来信中重复了他们前一封来信中的判断,硬说联共(布)中央对南斯拉夫共产党领导人的批评似乎是以错误的情报为根据的。但南斯拉夫同志举不出任何证据来证实这一说法。尽管铁托同志和卡德尔同志在其来信中写道,他们"在原则问题上不回避批评",但这一说法也是毫无根据的,因为对联共(布)中央的批评仍然没有给予答复。或许,南斯拉夫领导人实在说不出什么来为自己辩解吧？

或者是南共中央政治局内心意识到它所犯错误的严重性，但由于想要对南共隐瞒这一情况并对它进行欺骗，因而编造不存在这些错误的说法，同时归罪于无辜的人，似乎是他们向联共（布）中央提供了不正确的情报；或者是南共确实认识不到由于它所犯的错误，南共已经背离了马克思列宁主义。不过，在这种情况下，就应当承认南共中央政治局在马克思主义问题上无知透顶。二者必居其一。

三、铁托同志和卡德尔同志一方面避而不答联共（布）中央的直截了当的问题，并因其顽固地不愿意承认错误、改正错误而使自己的错误更加严重，一方面则在口头上保证说他们将在实践中证明他们依然忠于苏联，依然忠于马克思、恩格斯、列宁和斯大林的学说。鉴于已经发生的事情，我们没有理由相信这种口头上的保证。铁托同志和卡德尔同志已不止一次地向联共（布）中央许下诺言，却从来没有履行过。从他们的来信中，尤其是从最近一封来信中，我们对此更加深信不疑。南共中央政治局，特别是铁托同志，应当明白，他们近来在日常活动中所奉行的反苏和反俄政策，足以破坏苏联共产党和政府对他们的信任。

四、铁托同志和卡德尔同志抱怨说他们陷入了困境，并说这一切的后果对南斯拉夫是非常严重的。这当然是对的，但这只能怪铁托同志和卡德尔同志以及与他们一起的南共中央政治局的其他成员，因为他们把自己的威信和自尊心置于南斯拉夫人民的利益之上，并且不肯为本国人民的利益承认和改正自己的错误，反而顽固地坚持自己的对南斯拉夫人民极为有害的错误。

五、铁托同志和卡德尔同志声称，南共中央拒绝出席情报局会议，拒绝在情报局会议上讨论南共党内的现状问题。如果这是他们的最后决定，那么这就意味着他们在情报局会议上说不出什么来为自己辩解，从而意味着他们默认自己是有罪的，害怕在兄弟共产党前露面。不但如此，拒绝出席情报局会议还意味着南共中央已经走上了脱离人民民主国家和苏联的社会主义统一阵线的道路，并且准备使自己的党和人民背叛人民民主国家和苏联的统一阵线。既然情报局是统一阵线的党的基础，所以这种政策将导致背叛劳动人民的国际团结事业，转到敌视工人阶级事业的民族主义的立场上去。

无论南共中央的代表是否出席情报局会议，联共（布）中央坚决要求在近期的情报局会议上讨论南共党内的现状问题。鉴于捷克斯洛伐克和匈牙利的同志们请求将情报局会议改在6月下半月召开，联共（布）中央表示同意这一建议。

受联共（布）中央委托　维·莫洛托夫
约·斯大林
1948年5月22日于莫斯科

莫舍托夫递交联共（布）中央信件时与铁托和卡德尔的谈话记录

（不早于1948年5月22日）*

绝密

1948年5月19日和21日与铁托和卡德尔谈话的记录

今年5月19—22日在贝尔格莱德期间，我会见了铁托。我19日交给他联共（布）中央的信件①，21日得到铁托回联共（布）中央的信件。在委托转交给联共（布）中央信件的时候，除了铁托，还有卡德尔在场。我认为有必要转述铁托和卡德尔当时关于一系列问题的言论。

铁托读完联共（布）中央的信件，作了以下声明：

这封信我们明天在南共中央委员会全体会议上讨论。但是我们已经否定了联共（布）中央关于召集情报局开会的建议。我们通过阿尔米亚尼诺夫同志对联共（布）中央第二封信作了内容简短的答复。我们对信中的指责感到委屈。我们不同意召集情报局开会，理由是，事实上，所有的党在讨论联共（布）中央的信时，都已经表明了对我们的

---

* 档案原件表明这是给苏斯洛夫的汇报，但未具时间。这里标注的时间是根据文件内容推断的。

① 指联共（布）中央1948年5月4日给南斯拉夫中央委员会的信。

态度。这还不够吗？已经不只是各国共产党知道这件事了，从对我们的态度中，可以感觉到这一点。例如，捷克人竟如此无理地对待我们的国会议员代表团。尽管处于这样的地位，我们还将像过去一样，保持着对苏联的热爱，真诚地工作。

但是这封信我们明天还将再一次在南共中央委员会全体会议上讨论。请明天晚上来等答复。

在整个谈话中，铁托显得神经紧张，但他在外表上尽量做得很平静。

然后铁托通知，他们正在准备党的代表大会，问题将在中央委员会的全体会议上最后决定。

卡德尔说，党的代表大会原打算在11月召开，现准备在7月。大会上将通过党的纲领和章程，我们的纲领已经老了，它是1920年通过的，有许多错误的地方。

铁托接着说，在代表大会上，我们准备请2000名代表。这将是一个群众性的代表会议。代表将在区的代表会议上选举产生。我们将邀请其他党的代表。（在这里铁托补充说，如果他们来的话。）然后他历数了南斯拉夫共产党的中央代表所参加过的其他党的代表大会。

铁托讲了很多关于工人阶级的作用和改善他们物质状况的话。卡德尔说的大都是党对富农阶级、对合作社和个人资本的政策。在他们的讲话中，可以感觉到一种小心谨慎，好像怕触及到联共（布）中央的信，虽然用隐含的形式他们都谈到了信中提出的那些问题。这些谈话的实质可归纳如下：

——我们建设了许多大、小工厂，铁托说，但在满足工人需要方面却做得很不好，特别是在住房建设方面，在贝尔格莱德我们出现了真正的住房危机。

——我们，卡德尔说，几乎把所有个体企业，不论是工业还是商业，都收归国有了。（铁托补充说，旅店也国有化了，过一两年房屋也将国有化。）个体商业几乎全部被国营和集体制代替了。我们停止了让个体商贩搞批发货物。我们在组织商业贸易时感到干部奇缺。

接着卡德尔转到了农业经济的现状问题。

——我们在农村中有危险的敌人——富农。虽然在土地改革时对富农经济进行了严重的打击，但是我们还有许多占有土地在 25—35 公顷的富农户，他们给我们上缴 40% 的商品粮。我问：是自愿的吗？卡德尔说，不是。不得不施加压力。我们给 5000 多个，准确地说是 5200 个富农定了罪，遣送他们去做木材采运。今年我们还将采取坚决的措施反对富农阶级。产品供给的计划是：贫农和中农卖粮，将获得国家降低价格的工业品，富农上缴粮食的一部分可获得国家价格的工业品，其余部分的粮食我们按固定价格收购。现在我们还不能够提出完全消灭作为阶级的富农问题，我们对此没有准备好。我们没有农业机械，现在谈这个问题，我们只能刺激富农。关于发展合作社——不但是销售合作社，还有生产合作社，我们准备过两年以后消灭富农，然后再更多地建立合作社，使现有的农业劳动组合有所发展。但强行建设集体农庄现在还不是时候。我们将生产出拖拉机，调整好农业机器的生产，到那个时候再推进集体化的事业。我们现有的农业机器站证明是成功的，伏伊伏丁那自治州的这种情况特别有代表性。卡德尔说，如果你们到南斯拉夫的农村走一走，可以看见那里最突出的是我们的合作社。我们对合作化充满了希望。

5 月 21 日铁托一个人接见了我。他关上门窗，请我到桌旁就坐，交给我回信时说：

——这是我们答复联共（布）中央的信件，它是我们通过中央全会讨论后提交的答复。中央全会重申了我们 3 天前对联共（布）中央第二封信的答复。

由于一系列原因，没有可能在情报局会议上讨论我们的问题。我们认为，在一系列问题上，我们不光比别人处于劣势，而且别人已经在极力地谴责我们，甚至不仅是谴责，而是在教训我们。我指的是匈牙利、罗马尼亚和捷克。难道我们的资本主义成分比他们更多吗？难道他们的富农比我们少吗？难道我们采购的粮食，包括从富农那征购的比别人少吗？1947年波兰人仅收购4万车皮粮食，而我们是7万车皮。他们还在考虑剥夺寺院的土地时，我们已经付诸实践了。但我们不能一下子把所有事情都做完。难道我们在对敌斗争中比那些国家——其中包括他们的党正在教训我们的那些国家——流得血少吗？我们不反对批评，但批评要公正要有原则性。尽管还可以举出更多应该批评我们的事实，但信中有许多事实被普遍化了，这使我们感到委屈。把我们比作托洛茨基分子；托洛茨基从来没有站在进步力量一边，尤其是站在苏维埃一边。毫无疑问，如果今后有战争，我们只会站在苏维埃一边。再说，我们能站在哪儿呢？我们的人民热爱苏维埃，他们深信社会主义的胜利，他们不惜一切力量建设社会主义。我们知道，我们的人民是高尚的。他们经过多次斗争，不只是经历了最近这一次战争，这一点，不能不充分考虑到。仅仅出于这些考虑，也不宜把我们的分歧拿到更大的范围中去议论。我们的人民现在仅仅是猜测，在我们两国之间发生了什么事情，但他们是有纪律的。至于我们党的干部，是在极秘密的情况下让他们了解了第一封信和第二封信，以及我们的答复。在这些问题上，我们把握着我们党的方向。

铁托接着说，我们相信，真理是会胜利的，一切问题都会搞清楚。我们两党之间的这些问题本来可以得到更正确的解决。我们不愿意掩盖，说我们以前、现在或将来没有错误，但为什么没能及时向我们指出和分析这些错误。在某些问题上本来就有可能会出现争论和分歧，因为我们在不同的环境下工作。我不赞同说我们的人不可能犯错误，包括我们的领导人。正是信中所列举的理论方法上的错误，它们大多是从所讲的整体问题中摘引出来的，而实际上比信中所写的还要多一些。但是我们认为，正确解决问题的办法是这样的，也许可以来一两个党中央委员，当面讲清楚所有的问题，然后决定，哪些是正确的，哪些是错误的。现在却搞成好像我们反对所有的人，包括那些和我们一样处于战争状态的国家。我们觉得，这个问题现在可以搁置一段时间，让它缓和一下，然后再重新回来谈这些问题。

——昨天在全体会议上决定，7月21日召开党的代表大会。已经给党中央全体人员指示开始准备代表大会。我们党为准备大会将会非常忙，我们打算讨论和决定好多重要问题。我本人也将很忙，事实上在这段时间我应回避许多国家事务。我将准备在代表大会上作主要的报告。近两天我们将发表召开代表大会的决定，公布议事日程。在党组织里展开对党纲和党的章程的讨论。

虽然斯大林和莫洛托夫同志因我们对拉夫连季耶夫的不满而抱怨，但我还是应该说，他在我们之间的关系上是有很大责任的。也许，他是党的人，我不能同他争辩，但他不像萨德奇科夫。他把自己隔离起来，从个别人那里获取情报，这些人不知怀着什么目的，为他提供不真实的情报。对于我们的关系，我不得不说一些可能乍看起来是很小的事情。大概在去年，我们和他在斯洛文尼亚，在经过新的工地时，我对他说，我们正在这里建设非常重要的工厂，建设这个工厂的都是年轻人。我建议他绕到新工地看一看。看来这位苏联大使并非没有兴趣参观新工地。但他没有去。可是过了不久，会见卡德尔时，他问在热列兹尼克区正在进行什么建设，谁在建设——是德国人还是南斯拉夫人？这样的问题对我们来说简直是侮辱。这个工地离贝尔格莱德10公里，我们投入了大量的精力和劳力，差不多每一个到南斯拉夫参观的苏联人都去过那里。

当然，去那里的还有怀着各自目的的外国人。但就是拉夫连季耶夫不仅不知道这个建设工程，甚至还提出这样侮辱性的问题。顺便说明一下，他问起的工厂，正是我邀请他参观的工厂的建设工地。他却提出了那些问题。难道我们自己什么都不能做吗？当有人这样评价我们人民的时候，会很明显地在影响他们的工作。

5月20日我会见了阿尔米亚尼诺夫，他通知我说，茹约维奇和赫布朗在5月8日被捕，政治委员会结束了对他们案件的调查。在5月15—16日召开了非常秘密的会议，在会议上讨论了委员会对茹约维奇和赫布朗案件的结论。他们都被起诉有罪，罪行归结为他们背叛了祖国的利益。赫布朗好像是因为乌斯塔沙分子，茹约维奇是因为与怀有敌意的过去南共中央委员会的领导人戈尔基奇关系密切。在会议上一直强调南苏友好关系。发言者都事先做好了准备，在他们的发言里，茹约维奇和赫布朗被痛斥为人民的敌人。会议作出要求将他们提交法庭的决定。

B. 莫舍托夫

南斯拉夫关于对意和约给苏联的照会（摘录）

（1948 年 5 月 28 日）

……南斯拉夫联邦人民共和国外交部受本国政府委托，谨在此声明，在任何情况下，南政府都无意违反这个涉及两国利益的重大国际问题相互协商的协定。我们两国代表团之间在多次国际会议中有过紧密合作，如同在对外政策问题上的所有原则立场一样，这只是南斯拉夫联邦人民共和国政府遵循这一义务的证据之一。希望使自己的外交举动与苏联政府所表明的观点相一致，是南斯拉夫政府所有行为的基础。

在这件事情上，南斯拉夫联邦人民共和国外交部的举动也许可以被人解释为它没有完全遵守相互协商协定的规定，尽管外交部的初衷并非如此。受南斯拉夫联邦人民共和国政府的委托，外交部对这种无论如何也不符合南斯拉夫政府意图和愿望的举动深表遗憾。

至于说到英、法、美向有资格参与作出决定的苏联政府提出的关于就的里雅斯特自由区问题修订对意和约的倡议——作为仅供有关国家参考向南斯拉夫政府发送了这一倡议，外交部愿意强调指出，南斯拉夫政府在修订对意和约问题上的立场与苏联的立场是完全一致的。外交部在给西方大国的答复中为自己拟定的只是策略目标，即有助于揭露英、美精心策划的阴谋诡计，这种阴谋诡计部分地旨在消除 1946 年铁托—陶里亚蒂著名协定的影响。这一策略目标在一定程度上获得了成功。与此同时，外交部认为，南斯拉夫联邦人民共和国政府的这一否定的立场没有被充分地表现出来，但是愿意强调指出，这一举动并没有带来任何损害，任何一方也都没有断言，在上述"倡议"方面南斯拉夫政府赞成修订和约。

其实，部长会议主席铁托元帅于外交部照会和声明之后几天就在自己的声明中斩钉截铁地强调指出，南斯拉夫联邦人民共和国政府不同意修订和约。[①]

根据上述一切可以看出，南斯拉夫政府这一策略举动的意图和效果不是不能友好地解决这一误会的。

外交部对这一举动再次表示遗憾，同时请求苏联政府重新考虑它认为自己不受相互协商协定约束的决定。外交部方面则愿意强调指出，南斯拉夫联邦人民共和国政府决心严格遵守相互合作的协定和与苏联真正的友好关系所赋予自己的义务。

---

① 1948 年 3 月 26 日，铁托在与出席南斯拉夫、意大利人少数民族文化节的一批意大利人士会晤时，谈到南斯拉夫不同意修改对意和约。

莫洛托夫关于赫布朗和茹约维奇问题给铁托或卡德尔的电报（摘录）*

（1948年6月9日）

……联共（布）中央获悉，南斯拉夫政府已宣布赫布朗和茹约维奇为叛徒和卖国贼。① 我们对此理解为南共中央政治局决心从肉体上消灭他们。联共（布）中央声明，如果南共中央政治局一定要实施这一意图，那么联共（布）中央将认为南共中央政治局是刑事杀人犯。联共（布）中央要求在联共（布）中央代表的参加下对所谓赫布朗和茹约维奇向联共（布）中央提供错误情报一案进行调查。

立等答复。

……

---

* 因拉夫连季耶夫5月15日例行回国述职，这个声明是由临时代办阿尔米亚尼诺夫向卡德尔口头宣布的。

① 当时，对赫布朗和茹约维奇的指控没有作任何公开的报道。5月6日只公布了他们被解除职务的命令。5月7日他们秘密被捕。5月12日，南共中央通过的将他们开除出党的决议，同样是按照特别秘密的程序发给各共和国党的委员会的。

南共中央关于赫布朗和茹约维奇问题致联共（布）中央的声明

（1948年6月17日）

致联共（布）中央：

对联共（布）中央就赫布朗和茹约维奇问题的口头质问，南共中央声明如下：

一、南共中央从未准备"杀害"任何人，包括赫布朗和茹约维奇在内。他们正在接受正规机构的调查。

二、南共中央认为联共（布）中央以这样的方式提出问题是不正确的，对于把我们党的领导人说成是"刑事杀人犯"的企图愤怒地予以批驳。

三、据此，南共中央认为，联共（布）中央派代表参加对赫布朗和茹约维奇的调查一事根本不能予以考虑。

联共（布）中央关于赫布朗和茹约维奇问题致南共中央的信

（1948年6月19日）

联共（布）中央致南共中央：

作为对联共（布）中央信件的答复，南共中央在其4月13日的决定中声称，茹约维奇同志和赫布朗同志已被开除出南共中央并接受党的调查，因为他们向苏联机构提供了关于南斯拉夫情况的虚假的和诽谤性的情报，其目的是恶化南斯拉夫与苏联之间的关系。

此后过了一段时间，茹约维奇同志和赫布朗同志被捕，后来就被宣布为工人阶级的敌人。

联共（布）中央由此得出一个结论：南斯拉夫当局想把茹约维奇和赫布朗作为工人阶级的敌人处以死刑。于是，联共（布）中央6月9日给南共中央委员会发出一项声明，坚持要求派代表参加对茹约维奇和赫布朗向苏联机构提供了错误情报的调查。联共（布）中央同时声明，一旦拒绝联共（布）中央关于派其代表参加调查的建议和对茹约维奇和赫布朗进行迫害，联共（布）中央将认为南共中央政治局委员都是刑事杀人犯。

为了对此作出答复，卡德尔同志与铁托同志商量后于6月10日在卢布尔雅那作了如下声明：

"我们对联共（布）中央的这种质问感到惊讶。我们请求宣布：南共中央政治局过去和现在都无意从肉体上消灭赫布朗和茹约维奇，对赫布朗和茹约维奇向苏联代表提供情报的问题没有进行任何调查。"

这是南共中央就茹约维奇同志和赫布朗同志的命运问题所作的第二次答复,这个答复与南共中央4月13日所作的答复是完全矛盾的。

今年6月17日,收到了南共中央就茹约维奇和赫布朗一案问题给联共(布)中央的又一次答复——按次序为第三次答复。答复中说赫布朗和茹约维奇正在接受国家机关的调查,并且对联共(布)中央的质问表示愤怒,不接受联共(布)中央关于派其代表参加茹约维奇和赫布朗一案调查的建议。

很清楚,不能认为这个答复是诚实的答复,倒不妨认为是回避答复。

同样很清楚,这个答复与前两次答复是完全矛盾的。

毫无疑问,南斯拉夫领导人在茹约维奇和赫布朗案件问题上的说法是混乱的,根据一时的政治需要在不同的时候提出不同的解释,只是不把匆忙编造出来的茹约维奇和赫布朗案件的真实情况大白于天下。

仅此一点就可以解释为什么南共中央不接受联共(布)中央派代表参加对茹约维奇和赫布朗案件进行调查的建议。

从这一答复中还可以得出结论:既然赫布朗—茹约维奇案件已提交国家机关处理,所以对茹约维奇和赫布朗命运的全部责任如今就由南斯拉夫国家政权的总代表铁托总理承担。

情报局关于邀请南共出席情报局会议的信函

(1948年6月19日)

共产党情报局将开会讨论南共党内的情况,并邀请南共中央委员会的代表参与共产党情报局的工作。

如果你们同意,共产党情报局希望你们的代表于6月21日以前到布加勒斯特①,向罗马尼亚工人党中央委员会乔治乌-德治同志②报告,以听取如何到达情报局将要开会的地方的指示。

请通过菲利波夫迅速函复。

莫斯科
共产党和工人党情报局
1948年6月19日

---

① 苏南冲突发生后,共产党情报局总部已迁到罗马尼亚首都布加勒斯特。
② 格奥尔基·乔治乌-德治(1901—1965),罗马尼亚工人党总书记。

情报局布加勒斯特会议

(1948年6月19—29日)

情报局布加勒斯特会议：关于程序问题的讨论记录

（1948年6月19日）

绝密

17时会议开始，17时20分会议结束。

出席会议的代表：保加利亚工人党（共产主义者）——特·科斯托夫①和维·契尔文科夫同志②；罗马尼亚工人党③——乔治乌-德治、瓦西里·卢加④和安·保克尔同志⑤；匈牙利劳动党⑥——拉科西·马加

---

① 特莱乔·科斯托夫，保加利亚工人党（共）中央委员会政治局委员，中央书记，自1948年12月起，担任保加利亚共产党中央委员会书记，以及部长会议副主席。1949年被剥夺了一切职务，并遭到逮捕，因犯有所谓从事反对国家的活动、从事有利于"帝国主义侦察机构"和"铁托集团"的特务活动等罪行，被审判并遭处决。

② 实际上，保加利亚工人党（共）的代表并没有出席这次会议，在会议记录最初文本列举出席会议的代表名字时，也没有列出保加利亚方面的代表。

③ 在1948年2月21—23日召开的统一代表大会上，罗马尼亚社会民主党与罗马尼亚共产党实行合并，并改名为罗马尼亚工人党。

④ 瓦西里·卢加，罗马尼亚共产党（工人党）中央委员会政治局委员，中央委员会书记，罗马尼亚财政部长。1952年与保克尔和杰奥尔杰斯库一起被免除了全部职务，并被逮捕，因犯有所谓从事反党和反国家的罪行，被判处监禁，后死于监狱中。

⑤ 在会议记录最初文本参加会议的人员名单中没有卢加和保克尔的名字，作为罗马尼亚工人党的代表，除乔治乌-德治以外，只列出了捷奥哈里·杰奥尔杰斯库的名字。在后来修改的会议记录文本中，杰奥尔杰斯库的名字被删掉了，取而代之的是卢加和保克尔的名字。

⑥ 在1948年6月12—14日召开的统一代表大会上，匈牙利社会民主党与匈牙利共产党实行合并，并改名为匈牙利劳动党。

什、法尔卡什·米哈伊和格罗·埃诺①同志；波兰工人党——雅·贝尔曼、亚·萨瓦茨基和马·斯佩哈尔斯基②同志；联共（布）——安·日丹诺夫、格·马林科夫和米·苏斯洛夫③同志；法国共产党——雅·杜克洛和艾·法戎同志；捷克斯洛伐克共产党——鲁·斯兰斯基、威·希罗基④、贝·格敏德尔和古·巴雷什同志，以及意大利共产党——帕·陶里亚蒂和彼·谢嘉⑤同志。

日丹诺夫同志宣布会议开始。

日丹诺夫同志建议讨论程序问题，这个问题不仅是一个形式问题，它同时还具有重要的意义。我们应该决定，我们以什么程序讨论南共状况问题。至于在共产党情报局会议上讨论南共党内状况——这个问题加入情报局的各党已达成了一致意见。大家还知道，对联共（布）中央和情报局其他各党关于参加情报局会议讨论这个问题的邀请，南共中央已予以拒绝，并驳回了这一邀请。⑥

共产党情报局现在开会。会议的任务是解决具有重要意义的南共状况问题，并做出重要决议。所以，是否应该以共产党情报局会议的名义，再次邀请南共中央派代表前来参加情报局会议。

---

① 格罗·埃诺，匈牙利共产党（劳动党）中央委员会政治局委员，中央委员会书记。

② 马里安·斯佩哈尔斯基，波兰工人党（统一工人党）中央委员会政治局委员，国防部第一副部长。1949年被免除了全部职务，因犯有所谓从事反党和反国家的罪行于1950年被捕。

③ 米哈伊尔·安德列耶维奇·苏斯洛夫，联共（布）中央委员会书记。

④ 威廉·希罗基，捷克斯洛伐克共产党中央委员会主席团成员，斯洛伐克共产党中央委员会主席，捷克斯洛伐克政府副总理。

⑤ 彼特罗·谢嘉，意大利共产党中央副总书记。

⑥ 1948年5月18日苏斯洛夫致函铁托，通知将召开情报局会议讨论南共问题。5月20日铁托回信表示拒绝。

今天提出这个问题来进行讨论。

代表们说：好，就这么办。

马林科夫同志提议委托日丹诺夫同志担任本场会议主席。

马林科夫同志的提议被通过。

日丹诺夫同志要求与会者就他所提问题的实质发表看法，在南共中央同意派出代表的情况下，是否应该规定他们到达的期限？

德治同志说，罗马尼亚工人党代表团同意联共（布）代表团的意见。他说，假如南共中央接受我们的邀请，那就更好了。应该给予期限，否则他们会说没有准备好。也许应该给南共中央发一封信，现在应确定这封信的内容。

陶里亚蒂同志说，意大利共产党也同意以情报局的名义邀请南共中央派代表前来参加会议。哪怕他们有一丝希望能来，也应提出邀请。

杜克洛同志：法国共产党代表团不反对邀请，但认为应该规定答复的期限。

拉科西同志声明，匈牙利劳动党代表团同意关于邀请南共中央代表出席情报局会议的建议。我们以此给他们一个摆脱目前业已形成的局面的机会。

日丹诺夫同志建议，规定南共中央代表到达的最后期限是今年6月21日。

斯兰斯基同志说，捷克斯洛伐克共产党代表团同意给南共中央代表发出邀请和规定他们到达会议的期限。

贝尔曼同志说，波兰工人代表团也同意所提出的建议。

日丹诺夫同志指出，所有代表团都同意这一建议。

马林科夫同志提议拟定电报。

日丹诺夫同志草拟了电报稿。

斯兰斯基同志建议在电报中指出，加入情报局的各党代表已经聚会了。

日丹诺夫同志：我们这里现在没有保加利亚工人党（共）的代表。

斯兰斯基同志收回了自己的建议。

苏斯洛夫同志宣读了电报全文：

"情报局为讨论南斯拉夫共产党的状况问题而召集了会议，并邀请南斯拉夫共产党中央委员会代表参加情报局的工作。

如果你们同意，情报局将不晚于6月21日等候你们的代表抵达布加勒斯特，在那里他们应该前往罗马尼亚工人党中央委员会德治同志处，随后将被送到情报局的工作地点。等待你们尽快答复。

情报局"

日丹诺夫同志说，如果南共中央同意派代表前来，那么情报局的工作将于6月21日开始。如果南共中央不同意派代表团，那么在收到他们的答复之后，我们立即开始工作。

杜克洛同志问：假如他们不回答呢？

日丹诺夫同志说，无论怎样，6月21日我们就开始我们的工作。杜克洛同志对此意见如何？

杜克洛同志声明，他完全同意日丹诺夫同志的意见。

所有代表都同意日丹诺夫同志的建议。

会议到此结束。

南共中央关于拒绝出席情报局会议的声明

(1948年6月20日)

情报局将开会"讨论南共党内的情况",并邀请南共派代表出席会议。南共中央委员会已接到邀请,并请求将下列意见告知情报局会议:

南共中央委员会一向乐意参加情报局的工作。但是,鉴于送给我们的情报局会议的议事日程,其内容是解决联共(布)中央和南共中央之间的分歧问题,南共中央不接受这个议程,因此不能派代表出席这次会议。我们认为解决分歧的办法,从一开始直到这次情报局会议,一直都被置于错误的基础之上。理由如下:

一、联共(布)中央给我们中央委员会的第一封信,不是出于同志式的批评精神(南共中央可以用同样的语气答复这种信),至于信中的谴责,由于它的虚伪性,它有损于我们的党和我们的国家,因此是完全不能接受的。

二、南共中央认为:对于像我们这样一个在战前、战时和战后都经受了如此巨大考验的兄弟党,只根据某个人所说的片面情报或对于这些话的断章取义的摘引,而不是根据对我们党整个活动的分析就提出谴责,这是完全错误的。

三、联共(布)中央的一些最严厉的谴责,显然是以我们党战前、战时和战后都一贯与之开展斗争的一些反党分子的情报为根据的。南共中央认为,南共党内过去存在的著名的分裂主义残余势力竟然受到联共

(布)中央的支持,这是不能容许的。

四、作为情报局成员的党的领导人,不征询我们的意见,就不加批判地接受了联共(布)中央对我党的谴责,以书面声明指责我党,并拒绝我们在给联共(布)中央第一封信的回信中所提出的答辩。他们中的一些人不仅在各该党的广大范围内,而且公开地做出了有损于我们国家的事情。

五、联共(布)中央甚至拒不接受我们对他们第一封信的回信中所提出的任何一条答辩,并且在对那封信的复信以及后来的信件中,又发表了对南共更加激烈的但毫无根据的谴责。显而易见,这种立场使我们不可能以平等的地位讨论问题。

所有这些事实就是南共中央不同意在情报局阐明这种分歧的理由,因为我们考虑到这样做的结果只会加深而不会解决分歧。

南共中央指出,它建议联共(布)中央派代表到南斯拉夫来,以便对有争议的问题联合进行现场调查。联共(布)中央不接受这个在我们看来是唯一正确的程序,而是在接到我们的答复之前就将分歧公之于情报局的其他成员党,也就是说,它在给我们发信的同时,就把信的原文也发给了其他党,与此同时,各该党领导人(法国和意大利的领导人除外)给我们寄来书面声明,表明了他们对我党的看法。

这种行为不能体现互相谅解的精神,也不符合作为情报局的基础的自愿原则。

南共中央继续坚持其主张,即联共(布)中央和南共中央直接接触,在南斯拉夫一起讨论有争论的问题,才是解决现有分歧的唯一正确的途径。南共中央对于联共(布)中央采取目前这样的方式来处理意见分歧深表遗憾,并且再次呼吁联共(布)中央和情报局同意我们关于联共(布)中央和南共中央有必要进行直接接触以解决分歧的意见,认识到不经我们同意而讨论我们党内的情况是错误的，从而将议事日程中关于讨论我党情况的一项予以撤销。

南共中央向各兄弟党致意并宣布：任何分歧都不能阻止南共忠诚于它同联共（布）中央以及其他共产党团结一致和密切合作的政策。

南斯拉夫共产党中央

1948 年 6 月 20 日

日丹诺夫关于同保领导人谈话致斯大林电

(1948年6月20日)

莫斯科

致菲利波夫:

与保加利亚代表团——科斯托夫同志和契尔文科夫同志进行了详细的谈话。科斯托夫阐述了保加利亚人对于南斯拉夫问题的立场。科斯托夫说,在保加利亚人看来,南斯拉夫领导人脱离了共产党情报局,背离了马克思列宁主义并站到了敌对的民族主义立场上。保加利亚人认为,南斯拉夫共产党目前的领导人已经不能改正错误,应该在党和人民的健康力量中寻找可靠的基础。由此得出结论,必须公开提出南斯拉夫的问题,以及对南斯拉夫领导人提出公开的批评。保加利亚人还说,对于他们来说,最近发生的事件以及南斯拉夫人的行为,尤其是铁托以及其他人对苏联的不友好的态度,是出乎意料的。目前,从众所周知的事实方面来看,他们认为自己也有过失,他们也参与了对铁托过分赞扬的行动,尽管铁托以及其他领导人总是瞧不起保加利亚人,而吉拉斯有一次在保加利亚,还在理论问题上开导和教训过保加利亚人。

契尔文科夫回忆说,1944年,当契尔文科夫受保加利亚工人党的委托,为讨论保加利亚与南斯拉夫结成联邦的问题来到铁托处时,铁托向他建议不要将这些谈判情况告诉莫斯科,并补充说,有时在苏联面前摆出既成事实是有利的。当保加利亚人遵循着自己的方针将这些情况通报给莫斯科时,铁托对此表示极端的不满。①

接着我们问道,为什么保加利亚人支持巴尔干青年和工会组织,难道他们不认为,这些组织的存在,是南斯拉夫企图实现在巴尔干地区占统治地位的计划。他们答复我们说,这些组织是在国际青年和工会组织成立之前出现的,他们现在也认为这些组织的继续存在是有害的,保加利亚工人党中央委员会已经同意罗马尼亚人关于必须取缔这些组织的建议。对于我们的问题:就宣传成立巴尔干联邦以及召开巴尔干代表会议的思想,在保加利亚人和南斯拉夫人之间是否存在着某种预先的协定,契尔文科夫和科斯托夫回答说,保加利亚工人党中央委员会从来也没有讨论过这个问题。

接下来谈到保加利亚和南斯拉夫联邦的问题,契尔文科夫和科斯托夫声明说,南斯拉夫人最近对这件事很冷淡,而与此相反,对保加利亚采取了没有诚意的态度,尤其是在关于马其顿的问题上,不久前,马其顿人民阵线主席还发表了讲话,在保加利亚人看来,这是在南斯拉夫人的怂恿之下,在讲话中他(指马其顿人民阵线主席)要求将马其顿转交给南斯拉夫。应该指明的还有一个值得注意的事实。当我们谈到,在南斯拉夫共产党中央委员会的领导层中可能有英、美间谍分子存在时,科斯托夫讲述了以下一个事实。在1938年或者是1939年,保加利亚共产党中央委员、马其顿人共产党员沙托罗夫与铁托在南斯拉夫进行会晤时,观察了他的生活情况。沙托罗夫在保加利亚中央委员会中表示了对铁托的怀疑,因为当时铁托处于地下工作状态,但他的生活方式却与他

---

① 1944年12月下旬,根据铁托的倡议,为讨论关于成立南斯拉夫与保加利亚联邦的计划以及签署与此有关的两国互助和合作条约,契尔文科夫与保加利亚工人党(共)的另一名领导人Д.加涅夫一起出访了贝尔格莱德。这次会晤是关于上述所说的问题的谈判的一部分,当时莫斯科是知道进行这些谈判的。

的收入不符。后来在 1941 年,当沙托罗夫的这种怀疑传到铁托的耳朵时,当时的南斯拉夫领导人缺席指控沙托罗夫是叛徒,并要求对沙托罗夫进行镇压,保加利亚共产党中央没有同意这一点。1942 年,沙托罗夫在保加利亚与德国分子进行斗争时牺牲,并永远给保加利亚人留下了很好的印象。①

在会谈即将结束时,契尔文科夫和科斯托夫说,他们预见到,在南斯拉夫领导层目前的状况没有消除之前,对于保加利亚和阿尔巴尼亚来说,无论是在政治上还是经济上都会出现严重的困难。保加利亚人预言说,南斯拉夫人将会千方百计地为难保加利亚和阿尔巴尼亚,因为运到保加利亚和阿尔巴尼亚的货物必定要经过南斯拉夫。他们还认为,目前

---

① 麦托季耶·沙托罗夫自 20 年代初就成为了一名保加利亚共产党员,后来成为保加利亚共产党中央委员。自 1939 年起他在南斯拉夫共产党工作,1940 年担任位于南斯拉夫马其顿境内的南共党的边区委员会书记和南共中央委员。自 1941 年 4 月遭受法西斯侵略之后,南斯拉夫被占领,并被德国、意大利、匈牙利和保加利亚所肢解,同时保加利亚还吞并了瓦尔达尔马其顿。这时,沙托罗夫在南共马其顿组织部分骨干分子的支持下,与保加利亚共产党的地下组织领导人建立了联系,并认为由于当时的形势,在保共地下组织领导之下开展工作,要比在南共领导下开展工作更适宜,并中断了与南共中央的接触。为此,南共领导人于 1941 年 7 月指责沙托罗夫执行了反党反革命的路线,通过了将沙托罗夫开除出党的决定,并向瓦尔达尔马其顿派出了自己的全权代表,这些代表在当地另一部分党的骨干分子的支持下,试图在 8 月份免除沙托罗夫党的边区书记的职务,并组建新的边区委员会。沙托罗夫与自己的支持者一起对此进行了抵制,并对铁托提出了指控,包括怀疑他与英国特工机关有联系。在瓦尔达尔马其顿共产党组织内出现的对抗中,一方是南共中央的代表,另一方是支持沙托罗夫的保共中央的代表。到 1941 年 9 月底,铁托致电季米特洛夫,向他阐述了南共领导人的立场。于是,沙托罗夫收到了季米特洛夫以共产国际的名义下达的指示,说马其顿党组织是南共的组成部分,这场冲突随之停止。沙托罗夫执行了这个命令,并在致南共中央的信中,部分地承认了自己所犯的错误。此后,沙托罗夫离开了瓦尔达尔马其顿。以上根据南斯拉夫材料说明的情况,与科斯托夫的表述不尽相同,而且沙托罗夫是 1944 年而不是 1942 年牺牲的。

他们不仅应该监督与土耳其和希腊的边界，而且还应该监督与南斯拉夫的边界，因为匪帮可能会从南斯拉夫涌入马其顿。必须预见到这些困难，并尽快整顿南斯拉夫的国内秩序。

茹拉夫廖夫[①]
马克西莫夫[②]
索罗金[③]
1948年6月20日

---

① 茹拉夫廖夫是日丹诺夫的化名。
② 马克西莫夫是马林科夫的化名。
③ 索罗金是苏斯洛夫的化名。

日丹诺夫等关于保代表团立场致斯大林电

（1948年6月20日）

致菲利波夫：

关于保加利亚共产党代表团的立场问题的情报，是于夜间12点发出的。

茹拉夫廖夫
马克西莫夫
1948年6月20日

日丹诺夫等关于同陶里亚蒂等人谈话致斯大林电

(1948年6月20日)

致菲利波夫:

就南斯拉夫的事情与陶里亚蒂、杜克洛、拉科西和乔治进行了详细的交谈(是与每个人分别进行的)。现将这些谈话中最重要的内容通报如下。

首先应该指出,所有的同志对于南斯拉夫领导人都无一例外地持有积极的不可调和的立场。在他们看来,以他们从我们的信函中了解到的那些事实,以及他们自身的实践,就完全可以得出如下结论:当前的南斯拉夫领导人以及他们的政策是敌视共产主义的。所有的同志都确信,在南斯拉夫的上层领导人中有美国人和英国人的直接代理人,他们给南斯拉夫领导人直接下达指示。同志们认为,目前在南斯拉夫共产党内业已形成的局势,要求对南斯拉夫领导人的不正确的政策必须进行公开的和直接的揭露,在他们看来,如果不这样做,南斯拉夫共产党的状况就无法改变。所有的同志都一致明确地声明,他们完全拥护联共(布)在南斯拉夫问题上的原则性立场,以及他们已经很清楚,南斯拉夫共产党以自己的全部行为将南斯拉夫共产党置于情报局之外。

下面我们简要地阐述谈话中的一些细节。

陶里亚蒂说,从共产国际时期就认识铁托了,并评价了南斯拉夫领导人目前的行为,从而得出结论:铁托及其亲信拒绝批评和纠正错误,只有与南斯拉夫目前的领导人进行公开的斗争才能获得应有的结果。

根据自己的怀疑,即在南斯拉夫上层领导人中有英国人和美国人的代理人,陶里亚蒂通报了如下一个事实。在众所周知的南斯拉夫方面就的里雅斯特问题对和平条约进行修改时①,南斯拉夫人通过自己驻在罗马的大使,向陶里亚蒂建议与南斯拉夫共产党领导人会晤,并指定了会晤的时间。但是,在会晤即将举行的前两天,美国的报刊就发表了关于陶里亚蒂与南斯拉夫人即将会晤和会晤性质的消息。

杜克洛在会谈时对我们说,法国共产党领导人对于南斯拉夫共产党目前的局势是十分清楚的。在法国共产党中央政治局看来,南斯拉夫人将自己置于与联共(布)对立的状态这样一个事实,就足以得出如下结论,即南斯拉夫共产党的政策是敌视共产主义的政策。当我们说到南斯拉夫人正在进行着分裂统一的社会主义阵线的勾当时,杜克洛说,在他们看来,这种分裂已经成为事实,应该据此作为出发点。当我们说到南斯拉夫面临着演变成资产阶级共和国的危险时,杜克洛打断我们说:"是的,是的,它将变成帝国主义分子的殖民地"。

杜克洛非常尖锐地批评了南斯拉夫共产党内的制度,并说这个制度与正常的党的制度没有任何共同之处。杜克洛回忆了卡德尔尤其是吉拉斯在波兰情报局会议上关于党内"干部问题"的论断,认为这是他们企图狡诈地掩饰在南斯拉夫共产党内缺乏民主的现象,以及企图论证党内的令人无法容忍的等级制度,这种制度导致党内缺乏批评以及对所有敢于提出批评的人进行镇压。杜克洛对于我们的关于南斯拉夫共产党中央委员会镇压了茹约维奇和赫布朗的消息感到震惊和愤怒。杜克洛还发挥了关于必须对南斯拉夫人进行公开批评的思想,认为在这件事情上,与资产阶级为了达到自己的目的而利用南斯拉夫业已形成的局面所产生

---

① 指南斯拉夫外交部部长西米奇于1948年3月22日的声明,这份声明被苏联方面认为是赞成修改与意大利的和平条约。

的一切损失，都可以用开展公开批评所带来的好处加以弥补，这种公开批评是纠正南斯拉夫共产党内状况的唯一途径。杜克洛说，因为必须预见到，资产阶级将大肆赞扬铁托和他的朋友们，所以这种公开的批评将有助于很快弄清真实情况，并使南斯拉夫共产党人和人民恍然大悟。

（待续）

茹拉夫廖夫
马克西莫夫
索罗金

1948年6月20日

日丹诺夫等关于同拉科西谈话致斯大林电

(1948年6月20日)

致菲利波夫:

拉科西非常详细地阐述了匈牙利的同志们对南斯拉夫问题的看法。无论是在政治局里,还是在更广泛的骨干分子中,他们还从来没有讨论过这些问题。

简短地说,他的意见可以归纳如下。对于邀请南斯拉夫人参加情报局会议的结果他没有抱有任何幻想,因为他认为,南斯拉夫共产党目前领导人的立场是毫无希望改变的。他还提出了如下论点:必须着手在南斯拉夫开展秘密工作以反对南斯拉夫目前的领导人,尤其是可依靠在南斯拉夫的匈牙利少数民族共产党员,以及使用诸如匈牙利秘密无线电广播这样的工具来进行秘密工作。在继续交谈过程中,拉科西最初认为,公开批评南斯拉夫人是不会达到目的的,因为铁托……①从外部可获得一切消息。正因为如此,才提出把在南斯拉夫开展秘密工作作为主要的斗争方式的论点,同时他也承认,进行公开的批评应该成为重要的武器,但是并不排除采取秘密工作的方式。

拉科西极端尖锐地批评了南斯拉夫共产党领导人,尤其是铁托。他还列举了许多事实作为例子,来说明铁托的傲慢无礼和目空一切,以及铁托对于包括匈牙利在内的其他人民民主国家的令人气愤的态度。谈到

---

① 原档此处字迹不清。——编者注

吉拉斯，拉科西说，毫无疑问，这是一个异己分子和令人怀疑的人。

同时在谈到其他人时，拉科西强调说，在自己的小圈子里，匈牙利人还从来没有认为，南斯拉夫共产党目前的领导人是能够进行任何冒险活动的匪帮。拉科西还列举了类似像阿尔巴尼亚燕麦问题这样的事实，来说明南斯拉夫人的不正派行为。① 其中拉科西还列举了这样的事实：南斯拉夫驻匈牙利的公使在铁托56岁生日之际通过匈牙利的领导人组织庆祝活动，并在匈牙利报刊上发表了一系列庆祝文章。拉科西还通报说，根据他们的情报资料，南斯拉夫目前的经济状况非常艰难，以及南斯拉夫领导人不考虑实际存在的潜力。他非常尖锐地谴责了南斯拉夫人最近在国有化和粮食税收方面的左倾措施，并对这些措施做出了与我们相同的评价。② 谈到导致在南斯拉夫领导层业已形成的局面的原因时，拉科西说，匈牙利人认为自己也有过错，他们帮助抬高铁托的声誉，纵容他的弱点，最后把他宠坏了。拉科西还说，在这方面保加利亚人也有过错。

拉科西认为，南斯拉夫事件对于所有各国的共产党都是大有裨益

---

① 1947年12月13日，苏联驻南大使拉夫连季耶夫受莫斯科的委托，向铁托通报说，阿尔巴尼亚政府请求苏联提供5000吨燕麦，并问南斯拉夫政府是否反对这一点。两天之后，铁托答复苏联大使说，不需要从苏联供货，因为南斯拉夫自己将供给阿尔巴尼亚燕麦。但是，南斯拉夫并没有给阿尔巴尼亚运去燕麦，而对于阿尔巴尼亚方面的询问，南斯拉夫官方代表的答复是，建议阿尔巴尼亚政府向阿根廷购买燕麦。1948年2月10日，在斯大林处与南斯拉夫和保加利亚代表团进行秘密会晤时，苏联方面将这一点作为贝尔格莱德企图干涉阿尔巴尼亚与苏联的关系的例子提了出来。这次会晤之后，在1948年2月的下半月与拉夫连季耶夫会谈时，卡德尔解释说所发生的事情是误会，是南斯拉夫政府有关部门的工作没有协调一致的结果，由此而导致南斯拉夫没有完成供给阿尔巴尼亚燕麦的允诺。

② 这里删掉了日丹诺夫手写稿中的下面一句话："拉科西认为，南斯拉夫在民族关系方面也出现了不利的局面"。

的，尤其是对匈牙利共产党，这要求各国共产党吸取一切必要的教训，因为在某种程度上这种不良现象在其他共产党中也存在着。在谈话结束时拉科西说，应该谴责南斯拉夫领导人，在这方面完全可以指望匈牙利人。

德治表示拥护联共（布）的立场，并说明南斯拉夫领导人的行为是背叛行为。他极其委屈和气愤地讲述了关于铁托傲慢无礼和妄自尊大，尤其是对待罗马尼亚人的事实。为说明这一点他列举了这样的事实：当接见以格罗查·贝鲁特为首的罗马尼亚代表团时，铁托伤害了罗马尼亚人的自尊心，正如德治所说的那样，铁托甚至厚颜无耻地责备代表团迟到了5分钟。德治，曾作为代表团的一名成员，将铁托蛮横无理的态度，与在莫斯科受到的同志式的接待进行了比较，他感到在莫斯科是处于友好的气氛中，大家是平等的。

在与德治谈论会议的工作计划时，我们还提到了关于情报局及其机关刊物的所在地问题。德治立即说，如果情报局能够同意将其驻地，以及情报局机关报的驻地设在布加勒斯特的话，那么罗马尼亚人将感到极大的荣幸。

茹拉夫廖夫
马克西莫夫
索罗金
1948年6月20日

布加勒斯特会议关于南共拒绝出席会议的讨论记录

(1948年6月21日)

绝密

会议于13时开始,于13时25分结束。

日丹诺夫同志宣布开会。他提议委托马林科夫同志主持这场会议。日丹诺夫同志的建议被一致通过。

马林科夫同志通报已收到南共中央对情报局会议的电报的复电,提议宣读南共中央给情报局的复电。

苏斯洛夫同志宣读南共中央的电报全文[①]:

"情报局。关于邀请我们党派代表参加业已召开的讨论南共状况问题的情报局会议的电文已经收到,南共中央请求通知情报局会议以下事宜:

南共中央一直都准备参加情报局的工作,但它现在不能派自己的代表出席这次情报局会议,因为它不知道会议的日程,并认为提出解决联共(布)中央和南共中央之间从开始到此次会议之前所存在的分歧问

---

① 电文是以南共中央政治局的名义起草的。电报的塞尔维亚—克罗蒂亚文字的文本,于1948年6月30日,也就是在参加情报局会议的八国共产党代表一致通过了情报局协商会议的决议之后的第二天,发表在南共中央机关报《战斗报》上。苏斯洛夫宣读的这份电报译稿与《战斗报》发表的那份塞尔维亚—克罗蒂亚文字的电报稿之间有一些区别,其中重要的部分在下面的注解中予以说明。

题——这些问题构成了所通知我们的日程的主要内容——是不正确的，理由如下：

1. 联共（布）中央致我们党中央的第一封信①不是以同志般的批评精神起草的（南共中央本来也可以以这样的精神予以答复），而是以粗暴的和不公正的指控方式写的。鉴于这些指控的虚假性，我们可以把它看成是对我们党和我们国家的侵害而不予接受。

2. 中央②认为，对一个兄弟党的指控以片面材料为依据，即根据某人说了些什么，或孤立地断章取义，而不是以对我们党——在战前、战争期间和战争后期③经受了如此严重考验的党的全部活动的分析为基础，这是非常不公正的。

3. 显然，联共（布）中央的某些最重要指控是以反党分子提供的材料为依据的，对这些反党分子，我们党在战前、战争期间和战后都进行过斗争。南共中央认为，以前在我们党内搞派别活动的这些残渣余孽受到联共（布）中央方面的支持是不能容忍的。

4. 加入情报局的各党领导人，不加批判地同意联共（布）中央对我们党的指控，也不要求我们提供任何情况，而在书面声明里谴责我们党，对我们在给联共（布）第一封信的答复中所阐明的论据故意视而不见。④ 其中一些人在自己党的很大范围内进行了损害我们国家的虚假宣传。

5. 联共（布）中央没有接受我们对其第一封信复信中所提出的任

---

① 指1948年3月27日斯大林和莫洛托夫致铁托的信。
② 南斯拉夫公布的塞文电报文本里是"南斯拉夫共产党中央"。
③ 翻译错误。南斯拉夫公布的塞文电报文本里是"战后"。
④ 指情报局成员国共产党领导人根据1948年3月27日联共（布）中央致南共中央的信函以及4月13日南共中央致联共（布）中央的复函所作出的谴责南斯拉夫领导人的决议。

何一个论据。在回答这封信和后来的信件中,它对南斯拉夫共产党提出了更加严重和完全没有根据的指控。显而易见,持这种立场,已不可能在平等的基础上讨论问题。所有这些事实是南共中央为什么不同意把这些误会提交情报局的原因,南共中央认为,那样只会进一步加深误会,而不是消除这种误会。①

南共中央记得,它曾建议联共(布)中央派代表来南斯拉夫,我们一起就地讨论所争论的问题。联共(布)中央没有接受在我们看来是唯一正确的建议,而在收到我们的答复之前,即在我们还互换信件的时候,已经把这些误会提交到情报局其他党的面前。② 对此,除法共外所有的党,都以书面向我们表明了对我们党的看法。这一行动不符合协商精神,也不符合情报局所赖以存在的自愿原则。

南共中央依然坚信,只有联共(布)和南共中央直接接触,在南斯拉夫共同讨论有争议的问题,才是解决所存在的误会的唯一正确的途径。

南共中央对联共(布)中央采取这种形式解决误会深表遗憾,并再次呼吁联共(布)中央和情报局同意我们的意见——为了解决误会,联共(布)中央和南共中央必须直接接触,为此需从会议日程中取消关于我们党状况的讨论,我们坚信,未经我们党同意,这一讨论是错误的。南共中央向各兄弟的共产党致意并声明,任何误会也不可能妨碍南

---

① 指的是1948年5月17日铁托和卡德尔致斯大林和莫洛托夫的信,以及1948年5月20日铁托致苏斯洛夫的信,信中拒绝参加苏联领导人建议的为讨论苏南冲突问题而召开的共产党情报局会议。

② 南斯拉夫公布的塞文电报文本里,这句话的表达方式是:"……即它把自己的信件寄给我们的同时,也寄给了其他党……"

共中央①继续忠于自己同联共（布）中央②和其他党团结和密切合作的政策。

南共中央③

1948 年 6 月 20 日"

马林科夫同志征求与会者的意见，对这一复电是否还需讨论和对此做出决定。

我们觉得，对南斯拉夫人的这一答复无需进行专门讨论和对此做出单独的决定。情报局会议日程的第一项就是关于南共状况问题。南斯拉夫人的复电和他们拒绝出席情报局会议就是说明南共状况不好的例证，正是为了这一讨论我们才聚会的。自然，在讨论南共状况问题时，代表们还有机会发表对这一文件的看法。

所有代表都同意马林科夫同志的意见。

会议到此结束。

---

① 南斯拉夫公布的塞文电报文本里是"南斯拉夫共产党"。
② 南斯拉夫公布的塞文电报文本里是"联共（布）"。
③ 南斯拉夫发表的塞文电报文本是由"南斯拉夫共产党中央政治局"签署的。

日丹诺夫等关于不答复南共要求致斯大林电

(1948年6月21日)

莫斯科

菲利波夫:

已经收到南斯拉夫共产党中央的复函。鉴于南斯拉夫人拒绝出席情报局会议,今天我们已经开始情报局的工作。

我们认为,我们的报告草案和决议草案不需要因南斯拉夫人的复函或称宣言而进行修改,因为在起草报告和决议时,已经考虑到了南斯拉夫人拒绝出席情报局会议,而在南斯拉夫人的复函中并没有新的反对意见。我们认为,对于南斯拉夫共产党中央委员会关于将"南斯拉夫共产党的状况"问题从会议日程中取消,以及将这个问题交由联共(布)中央和南斯拉夫共产党中央直接解决的建议不必做专门的答复,因为对于这个问题情报局已经做出了决定。

茹拉夫廖夫
马克西莫夫
索罗金

1948年6月21日

布加勒斯特会议关于会议日程安排的讨论记录

(1948年6月21日)

绝密

会议于13时30分开始,13时40分结束。

马林科夫同志宣布会议开始,并建议就情报局会议日程达成一致意见。他说,各共产党中央已就议事日程的第一项达成一致意见。需要推出议程第一项的报告人。如果没有反对意见,联共(布)代表团可推出联共(布)关于第一个问题的报告人。

所有代表一致赞成马林科夫同志的建议:由联共(布)代表做第一项议程的报告人。

然后马林科夫同志提出第二个问题:建议把一些例行问题提交情报局会议讨论。他说,联共(布)代表团根据第二项议程建议讨论某些例行问题,它们是:(1)情报局的驻地问题。自然,他解释说,在南共领导人对情报局不友好的态度下,情况已不允许情报局继续驻在贝尔格莱德;(2)第二个问题——机关报《争取持久和平,争取人民民主!》编辑部的驻地问题;(3)第三个问题——编辑部的成员。马林科夫同志说,显然,由于同一原因,编辑部成员里未必应该有南共的代表;(4)第四个问题——关于贝尔格莱德工会公约和巴尔干青年理事会。众所周知,关于这个问题,罗马尼亚工人党中央已有相应的决议,这个问题应提到本次会议讨论;(5)第五个问题——关于某些党要求加入情报局的申请；（6）第六个问题——关于情报局章程。马林科夫同志说，经验表明，我们没有制定情报局藉以开展活动的工作章程。情报局不具备进行协调的手段和方法，没有常设机构，也没有工作条例。我们认为，制定情报局章程的时机已经成熟；（7）最后，应该提出情报局机构的问题。①

马林科夫同志征求代表们对第二项议程的意见和建议。

所有代表同意马林科夫同志关于第二项议程的建议。

接下来马林科夫同志建议选举秘书处人员。

苏斯洛夫同志要求发言。他建议选举尤金②、巴拉诺夫和基希涅夫斯基③同志组成秘书处。建议委托秘书处作会议记录，负责对发言进行翻译。建议以俄文作记录，因为用其他语言记录没有技术上的可能性。苏斯洛夫根据共产党情报局第一次会议的经验建议，在情报局会议结束之后，会议记录由各党所有代表——会议参加者签字。

所有代表同意苏斯洛夫同志的建议。

苏斯洛夫同志提出会议时间安排意见：会议在当地时间11时到15时和19时到22时进行。

建议被通过。

马林科夫同志建议选举德治同志为下场会议主席。

---

① 会议日程草案是联共（布）中央在筹备共产党情报局协商会议过程中编制的。在经过日丹诺夫修改的记录中，没有马林科夫在会议上列举的第七项。在列入这个会议日程草案里的问题中，联共（布）中央已经拟定了一些报告人，如第三项——尤金，第五项——拉科西，第六项——杜克洛。

② 帕维尔·费多罗维奇·尤金，苏联哲学家，情报局机关报《争取持久和平，争取人民民主！》主编。

③ 约瑟夫·基希涅夫斯基，罗马尼亚工人党中央委员会政治局委员，中央委员会书记。

所有与会者一致同意马林科夫同志的建议。

会议主持人马林科夫同志建议下场会议 14 时开始,听取第一个问题的报告。

建议被通过。会议到此结束。

布加勒斯特会议关于开幕式的会议记录

（1948年6月21日）

绝密

会议于14时开始，15时20分结束。

会议主席德治同志感谢代表们给罗马尼亚工人党的荣誉——宣布共产党和工人党情报局会议开幕。

德治同志说，"这次情报局会议在罗马尼亚人民共和国领土上召开，对此我们表示非常高兴。

所以，我以罗马尼亚工人党领导集体的名义向出席此次情报局会议的各兄弟党的代表致以崇高的敬礼。

从九国共产党波兰会议以来，已过去9个月的时间。从各兄弟党在会议决议基础上所展开的活动看，可以发现和平、民主和社会主义力量在共产党和工人党领导下取得了许多重要成绩，在多数情况下，这些党都表现出他们具有明确的前进方向，以及实现会议赋予他们的任务的决心。

同时也出现了这样一些消极的和危险的现象，如南共领导集团因背离马克思列宁主义路线和违反九国共产党代表会议共同通过的决定而采取了有害的立场。这一有害立场导致南共中央拒绝参加今天的会议。

我们会议的任务是讨论南共状况和做出相应的决定。我们的会议将进行新的有效的经验交流，并就我们各党感兴趣的问题交换意见。毫无疑问，这将促进我们各党的活动和斗争新高潮的到来，进一步巩固民主的和反帝国主义的阵营。

请允许宣布共产党和工人党情报局会议开幕。"

德治同志宣布了出席会议的各代表团成员：法国共产党代表雅·杜克洛和艾·法戎同志；意大利共产党代表帕·陶里亚蒂和彼·谢嘉同志；捷克斯洛伐克共产党代表鲁·斯兰斯基、威·希罗基、Б.格敏德尔和Г.巴雷什同志；波兰工人党代表雅·贝尔曼、亚·萨瓦茨基和马·斯佩哈尔斯基同志；联共（布）代表安·日丹诺夫、格·马林科夫和米·苏斯洛夫同志；匈牙利劳动党代表马·拉科西、米·法尔卡什和埃·格罗同志；保加利亚工人党（共）代表特·科斯托夫和维·契尔文科夫同志；罗马尼亚工人党代表乔治乌－德治、瓦·卢加和安·保克尔同志。接下来德治同志念了各党代表团派出的列席会议的来宾：罗马尼亚工人党的捷奥哈里·杰奥尔杰斯库①、拉达恰努·洛塔尔②、约·基希涅夫斯基和Л.拉乌图同志；联共（布）的帕·尤金、列·巴拉诺夫、А.库兹涅佐夫、Д.苏哈诺夫、В.杰列什金、斯·加夫里洛夫③；波兰工人党的芬基尔施泰因·尤同志④；匈牙利劳动党的比罗·佐同志⑤。

---

① 捷奥哈里·杰奥尔杰斯库，罗马尼亚共产党（工人党）中央委员会政治局委员，中央书记，内务部部长。1952年与保克尔和卢加一起被免除全部职务，并遭逮捕，后死于狱中。

② 拉达恰努·洛塔尔，罗马尼亚社会民主党总书记，1948年2月社会民主党与共产党合并后，担任罗马尼亚工人党中央委员会政治局委员，中央书记，劳动与社会保障部部长。

③ 加夫里洛夫·斯捷潘·彼得罗维奇，联共（布）中央副书记。

④ 芬基尔施泰因·尤里安，波兰工人党驻《争取持久和平，争取人民民主！》报编辑部代表。

⑤ 比罗（拉科西）·佐尔坦，匈牙利共产党（匈牙利劳动人民党）中央委员会部长；自1949年起为匈牙利劳动人民党中央委员会组织局委员，并担任中央党务教育工作书记。

德治同志提出了以下议程：

1. 关于南共状况。
2. 例行问题：

（1）关于情报局驻地；

（2）关于情报局机关报《争取持久和平，争取人民民主!》编辑部驻地；

（3）关于情报局机关报编辑部成员；

（4）关于贝尔格莱德工会公约和巴尔干青年理事会（罗马尼亚工人党中央政治局决议）；

（5）关于某些共产党加入情报局的申请；

（6）关于情报局章程；

（7）关于情报局机构。

德治同志提出的议事日程被一致通过。

德治同志提议选举尤金、巴拉诺夫和基希涅夫斯基同志为秘书处成员。

提议被一致通过。

德治同志提出会议工作时间表：会议从11时至15时和从19时至22时（当地时间）召开。

提议被一致通过。

日丹诺夫关于南共状况的报告记录

(1948年6月21日)

绝密

德治同志让日丹诺夫同志就会议日程第一个问题作报告。

日丹诺夫同志开始报告。

关于南斯拉夫共产党状况的报告

所有出席此次会议的各兄弟党中央的代表都清楚问题的实质。众所周知,关于南共状况问题早就成了情报局各党中央之间交换意见的内容。在联共(布)中央致南共中央的3封著名的信里和各兄弟党中央的决议里,已对南共状况提出了分析和评价。① 由于这一原因,以及各兄弟党对南共状况的评价意见一致,我认为只需要阐明几个主要原则和结论。

所有兄弟党都一致认为,南共领导人近来在对内对外政策的一些主要问题上贯彻了一条不正确的、背离马克思列宁主义的路线。由于联共(布)中央近来发现了南共中央错误政策的一系列事实,联共(布)中央被迫主动地揭露这一错误的政策,其责任首先应由铁托、卡德尔、吉

---

① 指苏联方面1948年3月27日、5月4日和5月22日信件,以及参加共产党情报局的各党领导人根据这些信件指控的内容所通过的关于指责南斯拉夫领导人的决议。

拉斯和兰科维奇①同志承担。

南共领导人对苏联和联共（布）奉行了不友好的政策。在南斯拉夫，对苏联军事专家采取了侮辱性政策，并败坏苏联军队的名声。② 对

---

① 亚历山大·兰科维奇，南斯拉夫共产党中央委员会政治局委员，中央书记，南斯拉夫内务部部长。

② 日丹诺夫的这份报告再次提出了1948年3月27日联共（布）中央致南共中央信中提出过那些指责："南斯拉夫军方领导人辱骂苏联军事顾问，造谣中伤苏联军队"。其论据有二，第一个论据说，南斯拉夫军方领导人，包括总参谋长科·波波维奇，"认为可以宣布必须把苏联军事顾问的人数缩减到60%"。根据这封信来看，南斯拉夫人的"这个声明的理由是各种各样的，一些人说，对于南斯拉夫来说苏联军事顾问的费用太高了；另一些人认为，南斯拉夫军队不需要学习苏联军队的经验；还有一些人声称，苏联军队的法规太陈旧、刻板，对于南斯拉夫军队没有什么价值；甚至还有一部分人更具侮辱性地暗示，苏联军事顾问白白地获取高薪，因为从他们身上不会得到任何好处"。第二个论据说：在南共中央的一次会议上，吉拉斯发表声明，"说苏联军队的军官在道德水平上比英国军队的军官还要低"。

关于第一个论据，根据有关档案材料，实际情况是，早在1946年秋天就提出了可能缩减苏联军事顾问人员数量的问题，这个问题并不是南斯拉夫方面，而是苏联方面提出的。当时铁托请求苏联政府能够同意，降低南斯拉夫人支付给苏联军事顾问的薪额，因为支付给苏联军事顾问的薪额远远高出了南斯拉夫军方人员的薪额。苏联方面坚持保留原来的薪额，但是建议，如果南斯拉夫方面在财政方面有困难，可以缩减苏联军事顾问的人员数量。而铁托认为马上缩减苏联军事顾问人数是不可能的，这可以推迟到明年，并同意将薪额保持在原来的水平上。为了使南斯拉夫军人对于这种薪额水准不至于产生误解，苏联代表和南斯拉夫总参谋长科·波波维奇于1946年达成了关于支付薪额特殊程序的一致协议。联共（布）中央在信中说，苏联军事顾问申诉，在他们周围形成了"不友好气氛"。但没有任何具体的例子，也没有提到任何人的名字。

关于第二个论据——"吉拉斯的声明"，这件事发生在1944年10月。当时由于驻在南斯拉夫的苏联红军中的某些军官和士兵有强奸、抢劫、杀人等流氓行为，铁托召集了一次会议，南共中央政治局的几名成员以及南斯拉夫军方领导人与苏联军事代表团团长H. B. 科尔涅耶夫中将出席了这次会议（不是南共中央会议）。在会上，吉拉斯说，类似的犯罪行为被"我们的敌人所利用"，他们将苏联士兵和军官的行为与驻在南斯拉夫的英国军人的行为进行对比，而英国军官是没有这种行为的。科尔涅耶夫认为吉拉斯的这个声明是对红军的侮辱。为此，铁托与斯大林的使者于1944年10月底交换了意见。1945年4月，以铁托为首的南斯拉夫政府代表团在莫斯科逗留期间，与斯大林讨论了这件事，对于吉拉斯所说的话，南斯拉夫人已向斯大林做出了解释，双方认为这个问题已经解决了。

苏联在南斯拉夫的非军事专家建立了专门的制度,由于这一制度他们受到南斯拉夫国家安全部门的监视,对他们实行跟踪。受到南斯拉夫国家安全部门监视和跟踪的还有联共(布)驻情报局代表尤金同志和苏联驻南斯拉夫的许多官方代表。①

所有这些和类似事实表明,南共领导人采取了对于共产党人来说是不正派的立场,由于这一立场,南斯拉夫领导人开始把苏联的对外政策同帝国主义国家的对外政策相提并论,他们对待苏联就像对待资本主义国家一样。正是由于这一反苏方针,南共中央才不断从反革命的托洛茨基主义武器库中寻求武器,扩大所谓"联共(布)蜕化变质"和"苏联蜕化变质"等诬蔑宣传。

我认为,情报局应该谴责南共领导人这种与马克思列宁主义水火不容,而只是迎合民族主义者的反苏方针。

在国内政策方面,南共领导人背离了工人阶级立场,背离了马克思主义的阶级和阶级斗争理论。他们否认自己国家里资本主义成分的增长,以及与此相关的南斯拉夫农村阶级斗争尖锐化的事实。这一否认是从机会主义方针出发的,同马克思列宁主义的教导相反,似乎在从资本主义向社会主义过渡的时期,阶级斗争不是在日益尖锐,而是像鼓吹资本主义和平长入社会主义理论的布哈林②之流的机会主义者所说的那样,正在日趋熄灭。

---

① 苏联在1948年3月27日和5月4日的信件中也有这些指责,这些信件从总体上进行了这些指责。但是,除了指出尤金的名字之外,信件中没有提到其他任何人的名字和任何具体的事例,而只是说,这些结论的依据仅是被派往南斯拉夫工作的苏联专家的诉状以及苏联政府从拉夫连季耶夫那里收到的信息。

② 尼古拉·伊万诺维奇·布哈林,联共(布)领导人之一,1929年因受到"右倾"指责被开除出联共(布)中央政治局。1938年经虚假的法庭审判,被指控反国家而被枪决。

南斯拉夫领导人在农村也实行了不正确的政策，忽视农村的阶级差别，把个体农民看成是一个统一的整体，不顾马克思列宁主义关于阶级和阶级斗争的学说，不顾列宁关于分散的个体经济经常不断地、每时每刻地、自发地和大批地产生着资本主义和资产阶级的著名论断。况且南斯拉夫农村形势没有任何使人盲目乐观和泰然自若的理由。在南斯拉夫，个体农民经济还占优势，土地没有国有化，还存在土地私有制和土地买卖，大部分土地集中在富农手中，以及存在雇佣劳动。在这种情况下，不能以阶级斗争熄灭论和阶级矛盾调和论的思想教育全党，使党在社会主义建设困难面前解除武装。

在工人阶级领导作用问题上，南共领导人由马克思列宁主义道路滑向了民粹派富农党的道路，断言农民是"南斯拉夫国家的最巩固的基础"①。而列宁教导说，"无产阶级作为现代社会唯一彻底革命的阶级，应当成为全体人民在争取彻底的民主主义变革的斗争中、**全体**被剥削劳动者在反对压迫者和剥削者的斗争中的领导者。"②

南斯拉夫人违反了马克思列宁主义这一原则。

至于农民，它的大多数，即贫农和中农，可以或已经与工人阶级结成联盟，而且在这一联盟中起领导作用的是无产阶级。

南斯拉夫领导人的上述方针是违反马克思列宁主义这些原则的。

---

① 这段摘引自铁托于 1946 年 10 月在萨格勒布举行的竞选集会上的讲话，铁托的原话是：农民是"我们国家最坚强有力的支柱"。（1946 年 11 月 2 日《战斗报》）

② 在日丹诺夫的报告中，对列宁的这一引语不完全准确。列宁在《俄国社会民主主义运动中的改良主义》一文中，在谈到无产阶级的任务时指出："无产阶级作为现代社会唯一彻底革命的阶级，应当成为全体人民在争取彻底的民主主义变革的斗争中、全体被剥削劳动者在反对压迫者和剥削者的斗争中的领导者"（《列宁全集》，第 20 卷，第 308 页）。中文译文参见：《列宁全集》中文第 2 版第 20 卷 309—310 页。——编者注

正如所看到的,这一方针反映了与小资产阶级民族主义者气味相投而反马克思列宁主义的一些观点。

南共领导人修正了马克思列宁主义关于政党的学说。按照马克思列宁主义的理论,党是国家基本的领导和指挥力量,党有自己专门的纲领,不能同非党群众混在一起。党是工人阶级的最高组织形式和最重要的武器。然而在南斯拉夫,不是共产党而是人民阵线,被认为是国家基本的领导力量。① 南斯拉夫领导人贬低共产党的作用,实际上把党融入非党的人民阵线之中。② 该阵线包含有各种阶级成分(工人、从事个体经营的劳动农民、富农、商人、小工厂主③、资产阶级知识分子等),以及各种政治集团,其中包括某些资产阶级政党。南斯拉夫领导人顽固地否认自己下述方针的错误,即南斯拉夫共产

---

① 联共中央1948年3月27日和5月4日给南共中央信件中的这一指责,没有具体引用南共的某些政治文件或者南共领导人的言论,除了铁托在1947年9月27日的南斯拉夫人民阵线第二次代表大会的报告中指出:人民阵线的纲领就是南共的纲领。但铁托在这一报告中还强调说,正是南斯拉夫共产党是人民阵线的最主要的部分。(《战斗报》1947年9月28日)

② 南斯拉夫人民阵线是在战争期间形成的,当时是人民解放阵线。在1945年8月5—7日召开的南斯拉夫人民阵线第一次代表大会上以组织的形式固定下来。实际上,南斯拉夫人民阵线的活动完全是由共产党确定的,共产党全面领导着参加人民阵线的一切群众组织,而且掌握着南斯拉夫人民阵线的整个组织机构。铁托担任南斯拉夫人民阵线的主席,茹约维奇担任人民阵线的总书记。在1948年3月之前,苏联方面并没有指责南斯拉夫领导人将南斯拉夫共产党溶入人民阵线中。

③ 1946年12月5日通过了关于私营工业企业国有化的法律,在此之后,在工业领域,非国有成分只剩10%,主要是半手工企业和作坊,而在1948年4月28日通过所谓的关于国有化的第二个法律之后,工业中的私有经济成分被完全消除了。至于私营零售贸易(批发贸易在1946年被国有化),其在1947年的零售贸易中仅占12%,而在1948年仅占3%,因过于国有化的第二个法律,私营零售贸易机会完全都被取消了。

党似乎不能也不应该有自己的特别纲领，而应该满足于人民阵线的纲领。①

在南斯拉夫，活动在政治舞台上的只是人民阵线，而党及其组织不公开以自己的名义出现在人民面前，这种情况不仅降低了党在国家政治生活中的作用，而且破坏了作为独立政治力量的党，而党的使命是通过公开的政治活动，公开宣传自己的观点和自己的纲领，以自己的影响博得人民的最大信任和争取最广泛的人民群众。南共领导人重复着俄国孟什维克关于将马克思主义政党融入非党群众组织之中的错误。所有这一切都证明，在南斯拉夫有取消共产党的倾向。②

南共中央的这种政策威胁着共产党本身的存在，最终蕴藏着南斯拉夫人民共和国蜕化变质的危险。

南斯拉夫领导人在党内建立的官僚主义制度是对南斯拉夫共产党生命及其发展的致命伤害。党内没有民主，没有选举，没有批评和自我批评。③ 与铁托和卡德尔同志的口头保证相反，南共中央的大部分成员不

---

① 铁托在南斯拉夫人民阵线1947年9月27日的第二次代表大会上的确说过，"南斯拉夫共产党是否具有人民阵线之外的某种其他的纲领呢？没有！南斯拉夫共产党没有其他的纲领。人民阵线的纲领就是共产党的纲领"。铁托这样说是为了回击社会上的一种传言，即共产党利用人民阵线来达到自己的特殊目的。不过，铁托在这次大会上同时还强调指出，正是南斯拉夫共产党是人民阵线的最主要的部分。（《战斗报》1947年9月28日）

② 实际上，参加人民阵线的南斯拉夫各党派必须接受南共的政治路线，凡是抗拒南共领导的党派都被强行驱逐出政治生活或直接遭到镇压。因此，从实质上说，在南斯拉夫起政治作用的只有共产党。

③ 这一点说的是正确的。南斯拉夫共产党的选举，尤其是在上层机构中的选举，在很大程度上是表面的，而实质上是委派制。但这一点同当时的苏联党没有多少区别。

是选举产生的,而是指定增补的。① 党实际上处于半合法状态。不召开党的会议或秘密召开会议。② 这不能不破坏党在群众中的影响。不能不说南共这种组织方式是宗派的官僚主义的。这导致了作为积极的独立机体的党的消失,在党内培植军事领导方法,即类似当年托洛茨基建立的方法。

完全不能容忍的是,南斯拉夫共产党侵害了党员最起码的权利,对党内错误制度稍有批评便会遭到残酷的镇压。

应该承认这种事实是可耻的,如南共中央委员茹约维奇③和赫布朗④同志只因敢于批评南共领导人的反苏方针和表示支持南苏友好便被

---

① 不仅仅在战争期间,而且在战后的最初年代,南斯拉夫共产党中央委员会从来没有召开过全体会议,也没有在全额人员的状况下进行过工作。召开政治局会议时,通常也只是邀请某些中央委员参加。在1940年10月召开南斯拉夫共产党第五次代表大会之后,直到1948年4月12—13日才召开中央第一次全体会议,而且参加全会的人员也是由铁托等少数人确定的。因此,中央委员的选举也无从谈起。

② 这也是事实。在战后最初的年代里,南斯拉夫共产党的活动仍然保留秘密工作的某些方式,如南共的组织情况不得对外宣扬;各级党组织机关的驻地都不公开,其活动也未做过公开的报道;党的会议以及各级集会都是秘密进行的。包括铁托在内的南共领导成员,只是以国家、军队、人民阵线以及其他群众性组织的活动家身份公开露面。公开以党的领导人名义出现的,通常只有吉拉斯一人。

③ 斯列金·茹约维奇,南共中央政治局委员,南斯拉夫财政部部长。1948年4月12—13日在南共中央全会上,公开发言反对南斯拉夫领导人在与苏联冲突伊始时所持的立场,此后,茹约维奇被解除了一切领导职务并于5月7日被逮捕。1950年秋天,茹约维奇公开声明,承认自己是错误的,并谴责苏联对于南斯拉夫的政策,此后获释出狱。

④ 安德里亚·赫布朗,南共党著名的活动家,1946年4月之前是南共中央政治局委员。1946年4月,因私人矛盾和领导层内部的竞争被秘密开除出政治局;1948年1月之前担任南斯拉夫联邦计划委员会主席,此后担任轻工业部部长;自1948年3月底或4月初被软禁在家中。铁托在1948年4月12—13日南共中央全会上说明软禁赫布朗的理由是,有必要调查1942年在霍尔蒂卖国政府监狱期间赫布朗的表现。1948年5月7日赫布朗被逮捕,在案件侦查过程中死在狱中,死因不明。

开除出党和遭到逮捕。

由此得出的结论是，党内这种可耻的、纯属土耳其式的恐怖主义制度是不能令人容忍的。南斯拉夫共产党本身存在和发展的利益要求结束这种制度。

联共（布）中央和其他共产党中央对南共中央错误的批评是对南斯拉夫共产党的兄弟般帮助，为南共领导人迅速纠正错误创造了必要的条件。但是，南共领导人因过于自负和骄傲自大，没有诚恳地接受这些批评，走上布尔什维克式的改正错误的道路，而是极端仇视和抵制批评，走上了完全否定自己的错误的反党道路，违反了马克思列宁主义关于党如何对待自己错误的学说，从而大大加深了自己的反党错误。

面对联共（布）中央和其他兄弟的共产党中央的批评，无力争辩的南斯拉夫领导人走上直接欺骗本党和本国人民的道路，向南斯拉夫共产党隐瞒了对南共中央错误政策的批评。① 向全党和人民隐瞒了镇压茹约维奇和赫布朗同志的真正原因。②

---

① 1948年4月12—13日召开了南共中央全会，会议之后，关于苏南冲突及往来信函和这次会议的决议，通过秘密方式传达给了南斯拉夫6个加盟共和国党的领导机关，以及南斯拉夫共产主义青年联盟中央委员会。4月中旬，党的所有委员会的全体会议都通过了关于支持南斯拉夫领导人和南共中央四月全会决定的决议案。但这些情况对党的所有下级机关、基层党组织以及普通党员是严格保密的。直到1948年6月底共产党情报局公布了关于南斯拉夫问题的决议之后，才向基层党组织和党员传达了上述情况。

② 南共中央政治局1948年5月9日通过了关于开除赫布朗和茹约维奇出党并对案件进行调查的决议，该决议于5月12日分发给各地方党的委员会以及基层党组织，以便他们了解情况并进行讨论。同时还规定，禁止让党外人士知道这份文件。在5月9日决议中，赫布朗和茹约维奇被指控犯有反党和反国家罪行，说他们在与苏联方面接触时诬蔑和诋毁南斯拉夫共产党领导人，并歪曲南斯拉夫的状况。与此同时，根本没有提到苏南之间的冲突问题以及在与苏联关系方面存在的某种复杂情况。

最近，在受到联共（布）中央和其他兄弟党对其错误的批评之后，南斯拉夫领导人试图采取一系列新的"左"倾的指令性措施。南斯拉夫领导人急忙颁布了关于小型工业企业和贸易国有化的决定。① 实施这一决定完全是没有准备的，由于匆忙，很可能只会给城市居民供应造成困难。他们还匆忙地颁布了向农民征收粮食税的新法令。此项法令也是没有准备的，因此只能破坏城市居民的粮食供应。最后，南斯拉夫领导人不久前突然乱发声明，宣布自己对苏联的热爱和忠心，尽管众所周知，在此之前他们实际贯彻的是对苏不友好的政策，逮捕了表示对苏友好的党员。②

南斯拉夫领导人最近十分自信地宣布了消灭南斯拉夫资本主义成分的政策。在4月13日给联共（布）中央的信中，铁托和卡德尔同志写道："中央全会赞同中央政治局提出的消灭国内资本主义残余的措施"。③

遵照这一方针，卡德尔在4月25日南斯拉夫人民议会讲话中声明："在我国，消灭人剥削人残余的日子为期不远了"。④

南斯拉夫领导人这种在南斯拉夫现在条件下消灭资本主义成分和

---

① 1948年4月28日南斯拉夫颁布了关于国有化的第二个法令，将所有小型工业企业和大部分零售贸易收归国有。

② 在准备报告时，"逮捕了表示对苏友好的党员"这句话被日丹诺夫删掉了，在准备在会议上宣读的最初的报告文本里也没有这部分内容。显然，这是在会议召开之前加上去的。

③ 援引的这部分内容实际上并不在4月13日铁托和卡德尔的信中，而是在同日南共中央给联共（布）中央的情况通报中。

④ 卡德尔的原话是："目前为止已经出现的农业合作社向我们表明，这同时也是农村中各种成分的彻底分化，以及消灭农村中的资本主义残余的过程，这些资本主义残余势力还不肯屈服于这样一个事实，即在我们国家里已经荡涤了人剥削人的一切残余"。（《战斗报》1948年4月26日）

消灭富农阶级的方针，不能被看成别的，只能被看成是冒险主义的，非马克思主义的方针。因为在国内个体农民经济占优势（它不可避免地要产生资本主义），在还没有准备好实现大规模农业集体化的情况下，是不能解决这一任务的。联共（布）的经验表明，只有在大规模农业集体化的基础上，才能消灭最后的、人数最多的剥削阶级——富农阶级。作为一个阶级，消灭富农是农业集体化的一个有机组成部分。

为了顺利消灭富农阶级，从而消灭农村资本主义成分，要求党在限制农村资本主义成分方面预先做长期的准备工作，加强以工人阶级为领导的工农联盟，发展社会主义工业，以便能为农业集体经营制造机械。在这方面急于求成只能带来不可挽回的损失。

只有在这些精心准备和彻底实施了有关措施的基础上，才能够从限制农村资本主义成分向消灭这些成分过渡。

南斯拉夫领导人急忙地并通过指令方式解决这一任务的所有企图，不是进行必然失败的冒险，就是空洞的片面宣传。

南斯拉夫领导人想以这种虚假而蛊惑人心的策略表明，他们不仅坚持了阶级斗争的立场，而且比南共在限制资本主义因素方面实际所能提出的要求走得更远。

由于南斯拉夫领导人这些"左"的指示和声明在目前是不可能实现的，是蛊惑人心的，所以这只能亵渎南斯拉夫社会主义建设的旗帜。

因此，应该把这种冒险主义的策略看成是卑鄙的伎俩和不能容忍的政治游戏。

正如所看到的，南斯拉夫领导人上述"左"倾的片面措施和声明，其用意是掩盖他们拒绝承认自己的错误和诚恳地改正这些错误。

南共领导人的特点在于，他们不仅是不高明的马克思主义者，而且在他们政治活动中广泛存在为共产党员甚至普通百姓所不齿的卑鄙的政客作风和欺骗行为。

不久前,在伦敦召开的四国谈判会议上,南斯拉夫对奥地利提出领土要求时就有过这种政客作风和欺骗行为。① 南斯拉夫人提出了要奥地利把大片领土归还给南斯拉夫的广泛要求,对于这些要求,苏联表示完全赞同。后来,南斯拉夫人又背地里告诉英国人和法国人,他们同意做出实际上意味着放弃这些领土要求的让步。但关于对英国人和法国人这些幕后的让步,南斯拉夫人一点也没告诉苏联。不仅如此,后来南斯拉夫人还建议苏联支持他们对奥地利稍微有些让步的领土要求,但他们没有告诉苏联,在此之前他们已向英国人和法国人承诺要做重大的让步。②

这样,南斯拉夫人促使苏联维护了比南斯拉夫人自己要求更多的领土要求,从而将苏联处于一种虚伪的境地,帮助美国人、英国人、法国人指责苏联不愿同他们达成协议,而南斯拉夫本身却做出了重大让步。与此同时,南斯拉夫人还指望由已经处于虚伪地位的苏联出面,要求南斯拉夫人减少对奥地利的领土要求,这样,南斯拉夫领导人就有可能向自己的人民宣布,他们做出领土让步不是出于自愿,而是迫于苏联的压力,以此来败坏苏联在南斯拉夫人民心目中的声誉。

---

① 1948年2月至5月在伦敦召开了苏联、美国、英国和法国副外长关于奥地利问题的协商会议。在会上讨论了早在1945年就提出来的关于南斯拉夫对奥地利的领土要求问题,其中还涉及一些边界地区的领土,绝大部分是在卡林西亚,那里世代居住着南斯拉夫居民(基本上是斯拉夫民族)。

② 在战后关于欧洲和平调整的各种谈判中,苏联一直支持南斯拉夫对奥地利的领土要求,而西方国家对此则予以反对。关于日丹诺夫的指责,南斯拉夫领导人后来反驳说:第一,正是苏联方面早在1947年4月就劝说他们降低对奥地利的领土要求,因为当时正在莫斯科召开的四国外长会议例行会议表明,没有可能使西方国家接受南斯拉夫方面的要求;第二,南斯拉夫也是根据苏联方面的劝告向西方国家提出建议的,而且南斯拉夫人也立即将这些情况向苏联方面做了通报。

这种行为是完全不能容忍的，不仅对共产党人，就是对任何一个正直的、有道德的人也是如此，即使他不是共产党人。

还有，按照苏南达成的协议，两国政府在所有重大国际关系问题上必须协商。① 不顾同意大利的和平条约，南斯拉夫领导人未通知苏联，也未与苏联协商，便匆忙声明同意修改这一条约和把的里雅斯特交还意大利。② 这只能进一步坚定英、美分子重新考虑在人民民主国家边界条约和协定问题上的立场。

还有，1948年初，南斯拉夫未经苏联同意，也未与苏联协商，就

---

① 1948年2月11日卡德尔在莫斯科接受莫洛托夫的要求，签署了苏南在重大国际问题上相互协商的议定书。1948年3月20日，美国、英国和法国政府发表了联合声明，说他们打算向苏联政府和意大利政府建议，重新修改与意大利的和平条约，以便将该条约确定的的里雅斯特自由区的领土主权重新归属意大利，而取消南斯拉夫区。

② 1948年3月22日，南斯拉夫政府向美国、英国和法国政府提出了反对他们的联合声明的抗议照会。但是，在同一天南斯拉夫外交部长西米奇却发表声明说，贝尔格莱德建议开始直接的南意谈判以解决关于的里雅斯特自由区的问题。与此同时，西米奇还指出，对于南斯拉夫和意大利来说，存在着接受共同解决的里雅斯特问题决定的基础，说这话时还援引了铁托与陶里亚蒂1946年11月初会晤里的结果。苏联方面为举行这次会晤提供了帮助。这次会晤达成了可能解决领土问题的协定，由陶里亚蒂宣布了协定内容，即双方有争议的大部分领土可以归南斯拉夫所有，而的里雅斯特本身的主权在其自治并得到"民主地位"的条件下可以归属意大利。显然，西米奇3月22日表示的南斯拉夫政府准备根据这个协定精神行动的声明，是由于南斯拉夫方面担心，美国、英国和法国3月20日做出的外交举动，其目的是削弱意大利共产党在即将进行的意大利议会选举中的地位。此外，3月21日，在西米奇发表声明和将照会寄给西方国家的前夕，南斯拉夫外交部向苏联驻贝尔格莱德大使馆通报了关于准备采取的步骤。不过，第二天，在还没有得到苏联方面对此问题的意见时，南斯拉夫就采取了计划好的行动。4月23日，苏联政府通知南斯拉夫人说，这种行为可以被认定是破坏了1948年2月11日签署的相互协商议定书，并宣布其无效。随后南斯拉夫方面请求原谅，并请不要废除相互协商议定书，但均被莫斯科驳回。

决定派南斯拉夫的一个师进驻阿尔巴尼亚。这足以使阿尔巴尼亚的安全受到威胁，因为英、美分子可以把南斯拉夫人的这一步骤看成是破坏阿尔巴尼亚独立的企图，根据这一借口他们便可以对阿尔巴尼亚实施军事干预，这意味着在巴尔干建立战争策源地的危险。所以苏联政府在偶然得知南斯拉夫人这一意图后，立即进行了干预，一方面从问题的本质上，一方面从问题的形式上——未与苏联通气和协商，提出了抗议。只是由于苏联政府的干预，才没有向阿尔巴尼亚派驻南斯拉夫军队。①

不仅如此。让我们再举一个最近发生的无耻欺骗的例子。这里说的是茹约维奇和赫布朗同志的命运。替他们二人命运担忧的联共（布）中央，6月9日给南斯拉夫领导人发去了如下电报："联共（布）中央得知，南斯拉夫政府宣布赫布朗和茹约维奇为祖国叛徒和卖国贼。我们认为，这是南共中央政治局有意要从肉体上消灭他们，联共（布）中央声明，如果南共中央政治局实现自己的这一阴谋，那么联共（布）中央将认为南共中央政治局就是刑事杀人犯。联共（布）中央要求，审理赫布朗和茹约维奇所谓错误地向联共（布）中央提供情报的案件，应有联共（布）中央代表参加。请你们立即答复。"②

从苏联驻南斯拉夫代表那里收到了对这一电报的如下答复：

"6月10日11时在卢布尔雅那市我拜见了卡德尔，向他转达了您电报中的内容。

卡德尔听了以后很激动，立即说，他们并未打算要处死赫布朗和茹

---

① 关于向阿尔巴尼亚派出军队的问题发生在签署相互协商议定书之前，而且是导致苏联要求签署这一议定书的理由之一。

② 电报是由莫洛托夫发给苏联驻南斯拉夫临时代办（拉夫连季耶夫大使当时正在莫斯科）Д. М. 阿尔米亚尼诺夫，并要他转达给铁托或卡德尔的。阿尔米亚尼诺夫向卡德尔口头宣读了电报的内容。

约维奇。

我问卡德尔，什么时候给予答复。

卡德尔说，他现在就向铁托汇报这个问题，在我离开卢布尔雅那，即18时之前给予回答。

15时卡德尔把我叫到他那里并通报了以下内容：

我们对联共（布）中央的询问感到吃惊。

请允许我们通报，南共中央政治局过去和现在都不打算从肉体上消灭赫布朗和茹约维奇，关于赫布朗和茹约维奇向苏联代表提供情报的问题还没有进行任何调查。

卡德尔说，星期日，6月13日，将在贝尔格莱德召开南共中央会议，会上将通过关于联共（布）中央所询问的问题的决议，之后星期一，6月14日，或星期二，他将给予全面答复。

1948年6月11日"

从这一回答中看得很清楚，卡德尔否认南共中央已经审理了赫布朗和茹约维奇所谓向联共（布）中央提供不正确情报的案件。

现在我们看一看4月12日和13日南共中央全会的决议。全会决议第三、第四和第五点说：①

"三、全会认定，这种结论只有根据给联共（布）中央的不充分的和不正确的消息才会得出，这首先是我国某些不健康的反党分子给苏联机关提供虚假的中伤或倾向性情报的结果。

四、全会认定，给苏联机关提供这种消息的责任主要应由南共中央

---

① 下面援引的内容不是出自南共中央的决议，而是4月13日南共中央给联共（布）中央的关于全会情况的通报。这份通报的塞尔维亚－克罗蒂亚文本是由卡德尔签署的，随后又由吉拉斯进行了修改，而俄文的原本是由南斯拉夫人自己翻译的。其中有些语法和修辞方面的错误。

委员斯列金·茹约维奇和安德里亚·赫布朗承担。这一反党小集团曾几次因错误受到处分,这次想通过这种办法尝试自己的反党活动,企图破坏领导集体和党的团结,他们以诬蔑我们党领导人发表反苏声明做掩护,同时又以我们领导集体和我们党的名义——我们党以其多年工作表明自己是忠于马克思列宁主义原则,忠于和热爱联共(布)和苏联的——把自己打扮成苏联的保护者。

五、全会认定,茹约维奇—赫布朗集团的反党活动,其目的是在建设社会主义的斗争中破坏南共与南斯拉夫各族人民之间的团结,削弱南斯拉夫和苏联之间紧密合作、相互援助和兄弟般的信任关系。

根据这一切,主要是根据他以前的反党活动,全会决定将茹约维奇开除出南共中央,并与赫布朗一起,继续接受党审查。"

由此可以看出,卡德尔和他的同志们企图再次欺骗联共(布)中央。

6月17日联共(布)中央收到了南共中央关于这一案件的最后答复:

"致联共(布)中央。对联共(布)中央口头询问赫布朗和茹约维奇的问题,南共中央声明如下:(1)南共中央从未准备'杀害'任何人,包括赫布朗和茹约维奇在内。他们正在接受正规的权力机关的调查。(2)南共中央认为,联共(布)中央以这样的方式提出问题是不正确的,对于把我们党的领导人说成是'刑事杀人犯'的说法愤怒地予以批驳。(3)根据这一点,南共中央认为,联共(布)代表参加对赫布朗和茹约维奇的调查一事根本不能予以考虑。"

请允许宣读一下联共(布)中央6月19日的答复:

"联共(布)中央致南共中央。6月19日。作为对联共(布)中央信件的答复,南共中央在其4月13日的决议中声称,茹约维奇同志和赫布朗同志被开除出南共中央并受到党的审查,原因是他们向苏联机关提供了关于南斯拉夫状况的虚假的和诽谤性的情报，其目的是破坏南斯拉夫与苏联之间的关系。在这之后不久，茹约维奇同志和赫布朗同志被捕，后来又被宣布为工人阶级的敌人。联共（布）中央由此得出一个结论：南斯拉夫当局想把茹约维奇和赫布朗作为工人阶级的敌人处以死刑。于是，联共（布）中央6月9日向南共中央声明，联共（布）中央坚持要求派代表参加关于茹约维奇和赫布朗为苏联机关提供错误情报的调查。联共（布）中央同时声明，一旦联共（布）中央关于派代表参加调查的建议被拒绝，及茹约维奇和赫布朗遭到镇压，联共（布）中央将认为南共中央政治局委员是刑事杀人犯。为了对此做出答复，卡德尔在与铁托同志商量后，于卢布尔雅那作了下述声明：'我们对联共（布）中央的这一质问感到惊讶。请允许我们通报，南共中央政治局过去和现在都无意从肉体上消灭赫布朗和茹约维奇，关于赫布朗和茹约维奇为苏联代表提供情报的问题还没有进行任何调查。'

这是南共中央关于茹约维奇同志和赫布朗同志命运问题所作的第二次答复，这次答复与4月13日南共中央的第一次答复是完全矛盾的。

今年6月17日，收到了南共中央关于茹约维奇和赫布朗问题给联共（布）中央的又一次答复，按顺序该算是第三次答复了。答复中说，茹约维奇和赫布朗正在接受国家机关的调查，并且对联共（布）中央的质问表示愤怒，拒绝接受联共（布）中央关于派代表参加茹约维奇和赫布朗案件调查的建议。很清楚，这次回答不能被看作是诚实的回答，不妨认为是在回避答复。同样很清楚，这次答复与前两次答复是完全矛盾的。毫无疑问，南斯拉夫领导人在茹约维奇和赫布朗案件上的说法是混乱的，根据一时的政治需要在不同的时候给予不同的解释，只是不把匆忙编造出来的茹约维奇和赫布朗案件的真实情况公布于众。仅此一点就可以解释南共中央为什么拒绝联共（布）中央代表参与茹约维奇和赫布朗案件调查的建议。从这一答复中还可以得出这样的结论,既然赫布朗—茹约维奇案件已经提交国家机关处理,所以,对茹约维奇和赫布朗命运的全部责任应由目前南斯拉夫国家政权主要代表铁托总理来承担。"

类似这些事实不仅表明了南共领导人的反马克思主义的错误,而且表明了他们低下的道德—政治水平,表明了他们能够从诚实的有原则的政治作风堕落到卑鄙地欺骗他们如此发誓要热爱的盟友的小政客作风。这里回忆一下当年季米特洛夫以共产国际执行委员会名义给铁托的鉴定是合适的。季米特洛夫同志与瓦尔特同志(即铁托)1938年12月30日的会谈记录现在还保存着,下面摘引其中几段:①

季米特洛夫同志的意见和指示:②

"1. 南共上层都是派别活动分子,您也是。

---

① 1936年10月,铁托经共产国际执行委员会的批准从苏联回到了南斯拉夫,然后于1938年8月底又返回了莫斯科,在南斯拉夫共产党总书记 M. 高尔基奇于1937年夏天在苏联被逮捕之后(1937年11月被处决),铁托已经成为南斯拉夫共产党的实际领导人。但是,处于极其秘密状态的南斯拉夫共产党领导层内存在着激烈的派别和个人斗争。当时南共的主要领导人大部分都侨居在国外,他们极力反对铁托的领导地位,以及铁托在南斯拉夫国内建立的新的领导机构。在与季米特洛夫谈话的第一部分内容里,铁托最主要的是阐述了自己的关于组织干部问题的计划,对南斯拉夫共产党的各位活动家进行了评定,还谈论了关于采取措施对付那些妨碍了南斯拉夫共产党团结一致和党的领导的人。季米特洛夫建议,铁托回国后应该贯彻在其参与下制定的共产国际执行委员会关于南斯拉夫共产党的任务和加强其组织的决议,以及经共产国际执行委员会批准组建新的南斯拉夫共产党中央委员会。

② 此处删去了会谈记录中的一句话:"共产国际执行委员会中谁也没有给日列扎尔颁发任何委任状"。这是季米特洛夫在答复铁托的话时说的,当时铁托说,驻在巴黎的南斯拉夫共产党领导人之一 И. 马里奇(化名为日列扎尔)夸耀说:"他有季米特洛夫同志的委任状,委托他负责南斯拉夫共产党的事务"。

2. 你们的事情很糟糕，很不好。您自己可以想象，这样是不行的。"①

"直截了当地对瓦尔特说，共产国际执行委员会还不完全信任他，为了得到共产国际执行委员会的信任，他应以行动表明他自愿贯彻共产国际的指示。

对瓦尔特说：您不是南共中央领导人，而是联络员，负责我们与南斯拉夫无产阶级和南斯拉夫活动家的联系。应该帮助国内建立党的领导。现在应该挽救党的名誉，使党的事业建立在更健康的基础上。如果您现在去巴黎，声称和冒充自己是共产国际执行委员会的全权代表，要求一部分人去美国，其他人去南斯拉夫，那么您的事业就是毫无希望

---

① 会谈记录中下面的内容删去了："3. 对共产国际执行委员会决议案，即工作指示进行讨论，并且应在国内《无产者》杂志上以致全体党员公开信的形式发表。4. 我们目前所拟定的一切，在国内形势暂不明朗之前，将是临时的计划。目前我们还不能够批准党的领导成员，为此我们需要更多的资料。现在，委托您与国内的人进行联系，向他们介绍决议案的内容。应该与国内的一些同志进行协商并建立由3人或5人组成的临时领导机构，应该由国内的同志决定这一点，这3人或5人应该向共产国际执行委员会负责。他们将在骨干分子中进行咨询，然后召开协商会议，并在会议上确定中央委员会机构的组成。在此之前，应该对党的所有骨干分子进行考查，选择优秀的人员，并对中央其他人员进行检查，清除腐败分子并加强中央委员会机构。应该详细讲解党的路线——不是阴谋手段，而是群众工作路线。关于南斯拉夫民族阵线的说法是不正确的，因为南斯拉夫是一个多民族国家。最好是说人民民主联盟，并根据这一路线团结所有赞同者中的骨干分子。同时应该进行工作，使南斯拉夫共产党成为整个运动的中心。这意味着，共产党员应该成为工人党、工会组织、人民民主阵线中的骨干分子。为领导这一群众工作，应该加强处于秘密状态的共产党。党的领导成员暂时为：吉拉斯、列卡（兰科维奇）、比尔克（卡德尔）、波尔迪（米哈·马林科）、莱斯科舍克、克拉什和瓦尔特（铁托）。他们将负责决定如下问题：是3人还是5人来筹备协商会议和解释党的路线。瓦尔特的临时任务是返回祖国，传达决议，讨论和确定是3人还是5人的问题，并与这些同志一起筹备会议，召开会议并作报告。瓦里奇（Л. 库哈尔）暂时留在巴黎以便进行联系"。

的。的确应该进行清理,但南斯拉夫共产党的领导人不是单独的,不是一个人,而是国内的一批同志,其中也包括您,您必须同他们一起商量,一起决定。您没有权力擅自决定……①您没有接受委托,应该由国内领导人集体决定"。

考虑到南斯拉夫共产党业已形成的状况,为了帮助南共领导人走出困境,联共(布)中央和其他兄弟党中央建议在情报局会议上,根据在共产党情报局第一次会议上讨论其他党的活动时所依据的党的普遍原则,讨论南共状况问题。但是兄弟党关于在共产党情报局会议上讨论南共状况的多次建议均遭到南斯拉夫领导人的拒绝。

他们拒绝接受情报局的建议,不出席情报局的会议,犹如临阵脱逃的逃兵。②

为了逃避在情报局受兄弟党公正的批评,南斯拉夫领导人杜撰出了似乎自己处于"不平等地位"的说法。应该说,在这一说法中没一个词是正确的。众所周知,在组建情报局的时候,各党都是从这种无可争辩的原则出发的,即每一个党都应该向情报局汇报工作,同样,每一个党都有权批评其他党。在九国共产党第一次会议上,南共广泛使用了这种权利。南斯拉夫人拒绝在情报局汇报自己的工作和听取其他党的批评,这意味着真正破坏了各国共产党的平等,等于要求在情报局里为南共建立特权地位。

根据以上所述,做出以下结论:

---

① 此处删去了会谈记录中的如下内容:"应该说,不能指望任何人在巴黎为党进行工作,每个人都面临着选择,要么是返回祖国,要么是留下定居。如果人员已经完全到位,那么党在国内的领导成员就可以决定下来,并送交我们审批。目前在巴黎,瓦里奇是唯一的党务工作人员。应该让法国的国际革命战士救援会向原党的其他领导人提供帮助"。

② 在日丹诺夫报告的最初两份草案里没有这句话。

1. 必须承认，南共领导人因其与马克思列宁主义不相容的反党反苏观点，因其全部行为和拒绝出席情报局会议，把自己摆到了与情报局各共产党相对立的位置上，走上了背离反帝的社会主义统一阵线的道路，走上了背叛劳动者国际团结事业和转向民族主义立场的道路。我们应该谴责南共中央这种反党的政策和行为。

2. 必须承认，由于所有这一切，南共中央把自己和南斯拉夫共产党置于兄弟的共产党大家庭之外，置于统一的共产主义阵线之外，从而置于情报局队伍之外。

于是，作为结论出现了这样一个问题：所有这些错误的根源何在？

南共领导人的这些错误的根源毫无疑问在于这样一个事实，即最近5—6个月在南共领导层中，从前以隐蔽形式存在的民族主义因素公开占了上风，南共领导人背离了南斯拉夫共产党的国际主义传统，走上了民族主义道路。

南斯拉夫领导人过高地估计了内部的民族主义力量和南斯拉夫的能力，认为他们可以捍卫南斯拉夫的独立和建成社会主义，而无需其他国家共产党的支持，无需人民民主国家的支持，无需苏联的支持。他们认为，新南斯拉夫没有这些革命力量的支持也能成功。

由于对国际形势分辨不清和害怕帝国主义分子的讹诈，南斯拉夫领导人认为，通过对帝国主义国家作一系列让步，他们便可以赢得这些国家的同情，同它们单独达成与南斯拉夫的协议，并逐渐使南斯拉夫人民习惯于依靠这些国家，即资本主义国家。而且他们悄悄地从资产阶级—民族主义的纲领出发，认为资本主义国家对南斯拉夫独立的威胁比苏联还小。

看来，南斯拉夫领导人不懂或假装不懂，这样的民族主义方针只能导致这样的结果，使南斯拉夫变成普通的资本主义共和国，使南斯拉夫丧失独立，变成帝国主义国家的殖民地。

毫无疑问,南斯拉夫共产党内部存在着忠于马克思列宁主义,忠于南斯拉夫共产党国际主义传统,忠于统一的社会主义阵线的充分的健康力量。

南共这些健康力量的任务在于,迫使自己现在的领导人公开地、真正地承认自己的错误和纠正这些错误,同民族主义决裂,回到国际主义上来,努力加强反帝的社会主义统一阵线,如果现在的南共领导人不能这么做,那就撤换他们,推出新的国际主义的南共领导人。

我们不怀疑,南斯拉夫共产党一定能完成这一光荣任务。

日丹诺夫等关于会议讨论程序问题致斯大林电

(1948年6月21日)

莫斯科

菲利波夫:

今天,在情报局全体代表团会议上,宣读了南斯拉夫共产党中央委员会关于拒绝出席情报局会议的复函。宣读完南斯拉夫人的复函之后,马克西莫夫建议对于南斯拉夫人的这份复函不再单独进行讨论,也不再就这一复函做专门的决议,原因是:情报局会议程序的第一个问题就是"关于南斯拉夫共产党内的状况"问题,南斯拉夫人的这份拒绝出席情报局会议的复函就是一个实例,说明南斯拉夫共产党内状况不良,而正是为了讨论这个问题我们才在此集会的。自然,在讨论关于南斯拉夫共产党内的状况问题时,全体代表都有机会表达自己对这份文件的态度。

会议一致同意我们代表团的意见。在讨论了组织情报局会议工作的问题之后,决定按照会议日程开始情报局的工作。

在下午3时情报局会议开幕。在德治同志做简短的开幕词之后,情报局批准了以下会议日程:

1. 关于南斯拉夫共产党内的状况。
2. 例行问题:

(1) 关于情报局的所在地;

(2) 关于情报局的机关报《争取持久和平,争取人民民主!》的编辑部所在地;

(3) 关于情报局的机关报《争取持久和平,争取人民民主!》的编辑部成员；

（4）关于贝尔格莱德工会公约和巴尔干青年理事会（罗马尼亚统一工人党中央委员会政治局决议）；

（5）一些共产党关于参加情报局的请求；

（6）关于情报局的章程；

（7）关于情报局的机构。

为了对各位代表的发言以及会议进行记录，成立了由尤金同志、巴拉诺夫同志和基希涅夫斯基同志（罗马尼亚工人党中央政治局委员）组成的秘书处。像在波兰召开的第一次情报局会议那样，决定使用俄文进行会议记录。

接着茹拉夫廖夫作了报告。在晚间的会议上，将讨论茹拉夫廖夫同志的报告。

今天上午与波兰和捷克斯洛伐克代表团的同志进行了会晤。与捷克人（斯兰斯基）和波兰人（贝尔曼、萨瓦茨基、斯佩哈尔斯基）的会谈没有什么新的重要的内容。捷克人和波兰人表示拥护联共（布）在南斯拉夫问题上的立场。

茹拉夫廖夫

马克西莫夫

索罗金

1948年6月21日①

---

① 这里删掉了电报草稿中的如下段落："对于情报局所在地设在何处的问题，罗马尼亚人坚持在布加勒斯特，而波兰人主张在华沙。拉科西认为，情报局所在地应该设在距西部较近的地方，他建议设在布达佩斯或者是布拉格。捷克人暂时还没有同我们谈论这个问题。稍晚些时候，当我们更加确认这个问题之后，再通报我们的意见并希望告知对于这个问题您的指示"。电报草稿中增加了下面一段话，但后来也删掉了："今天，贝尔曼以波兰代表团的名义建议将华沙作为情报局及其机关刊物的所在地"。

波、匈、法、保代表团关于日丹诺夫报告的发言记录

（1948年6月21日）

绝密

会议于19时开始，22时20分结束。

乔治乌-德治同志主持会议（会议就日丹诺夫同志的报告进行发言）。

贝尔曼同志说，波兰代表团完全同意日丹诺夫同志在报告中对南共状况所作的评价，同意联共（布）代表团在这个问题上所作的结论。

波兰代表团坚决不接受南共在最后一封信中所陈述的观点，似乎事情完全出于南共和联共（布）之间的偶然误会。实际上，在南共领导人中早就出现了完全不能容忍的背离国际工人运动、背离反帝阵营的政治蜕化变质和反苏倾向。

南共领导人走上了反对国际无产阶级和反帝阵线的先进队伍——联共（布）的道路，从而走上了同所有的兄弟的共产党和工人党、同整个国际工人运动对抗的道路。

波兰工人党的领导人在其1948年4月19日的决议中指出了南斯拉夫党的理论和实践的原则错误，指出了他们对工人阶级在人民民主制度中的主导作用和领导作用估计不足，不理解作为工人阶级先锋队的党的作用。

近两个月的事态进程完全证实联共（布）和情报局所有其他党所采取的立场，即否定南共中央的反马克思主义和反苏立场，是正确的。

事态进程表明，南共最高层领导是一个同马克思列宁主义原则决裂的集团，它滑向了民族主义立场，它的冒险主义政策使南斯拉夫的独立处于英、美帝国主义的打击之下，从而把自己的国家推向了深渊。

南共领导人企图以同苏联和各人民民主国家牢不可破的团结这些词句掩饰自己的行为，这只能表明这些人的虚伪面孔，表明他们害怕自己的党员、工人阶级和南斯拉夫人民。在党内没有民主和以极残忍的手段压制批评（如对待茹约维奇和赫布朗同志那样）的条件下，召开党的代表大会只能表明他们竭力想以在代表大会上的拙劣表演来粉饰和掩饰自己的真正目的。

贝尔曼同志说，他们疯狂执行"左"倾措施也有类似目的，这些"左"的措施表面上是与资本主义分子坚决斗争，而实际上是一种宣传伎俩，是他们反马克思主义、冒险主义政策的证明。

这种国际政策如不立即悬崖勒马，会给南斯拉夫带来最严重的后果，给所有爱好和平的国家带来危害。

南共上层领导人拒绝参加情报局会议，这一行动完全暴露了他们自己。

这一行动只能被看作是没有先例的破坏国际主义团结原则的行动。南共领导人这样做就是把自己摆在了情报局队伍之外，滑向了背叛工人阶级事业的道路。

苏联在欧洲战胜法西斯为那些被苏联红军解放的国家的人民民主制度的发展创造了前提，其中也包括南斯拉夫。

巩固苏联的实力是各人民民主国家进一步发展的可靠保证。

苏联和各新民主主义国家牢不可破的阵线是和平的最有力的支柱，

是摧毁帝国主义扩张主义者和战争贩子侵略计划的条件。

这一统一阵线的基础是联共（布）及新民主主义国家共产党和工人党所遵循的思想原则，即马克思列宁主义原则。

这一思想上的统一，以及由此而产生的团结精神和自觉纪律，把所有这些党紧密地联系在一起。

谁破坏这一阵线的团结，谁就是站到了和平的敌人一方，给本国人民的真正利益和国际工人运动带来损害，背叛社会主义和民主主义事业。

破坏苏联和人民民主国家的统一阵线只能有益于英、美帝国主义分子的利益和他们的罪恶活动。

贝尔曼同志继续说，人民民主国家的成就，它们在社会主义道路上的发展变化，这些成就对资本主义国家劳动群众的影响，使得英、美帝国主义分子和他们的右翼社会党走狗千方百计颠覆新民主主义国家的经济和政治基础，拼命造谣中伤以散布对苏联的不信任，挑起新民主主义国家之间的摩擦。

通过南斯拉夫的例子可以看出，带有托洛茨基和资产阶级民族主义特点的思想蜕变具有多么大的危害。我们觉得，必须加强对这种危险的警惕性，即使它还处于萌芽状态。

贝尔曼同志继续说，在波兰，近7年来，尤其是从苏联军队解放波兰的那个时刻起，波兰工人党克服了自己的先驱在波兰革命工人运动中的思想、政治和组织上的弱点，领导了波兰同苏联结盟的民族解放斗争和劳动群众的社会解放斗争，成了波兰工人阶级主要的党和全体人民的领导力量。

由于苏联军队在波兰所起的解放作用和苏联政府保障波兰国家独立和奥得河、尼斯河边界的政策，最近3年来波兰工人党使广大人民群众的情绪发生了有利于人民民主制度和同苏联兄弟结盟的根本变化。

但如果认为，在这几年的时间里就可以完全消除在几个世纪里形成的，由于波兰地主和资产阶级对苏联的阶级仇恨和帝国主义侦察机关的破坏活动而加深了的波兰民族主义，那则是错误的。

民族主义情绪还在小资产阶级圈子里，在部分工人党员中存在。小资产阶级的民族主义情绪的影响在波兰社会党里还很大，这种影响也渗透到波兰工人党里。在某些同志身上，这些影响同资本主义成分和平长入社会主义的"理论"交织在一起，同不了解阶级斗争尖锐的具体形式联系在一起，同帝国主义影响渗透的不同形式以及对帝国主义武装干涉的理解和估计不足联系在一起。

不能忽视这样一个事实：波兰工人党同波兰社会党的合并在思想上还未充分巩固，后者很大一部分仍处在尚未彻底根除的民族主义和改良主义的影响之下，这造成了以右倾机会主义、民族主义为其特点的严重危险。

从加强工人阶级走社会主义道路的积极性，以及工人阶级在人民民主国家中的主导作用的意义上讲，两党统一将取得预期的积极结果，这只有在党在思想上受到充分考验，在同社会党民族主义和机会主义余毒加强斗争的氛围的条件下才有可能。只有那时候，波兰的社会—民主主义才会彻底根除，不是表面上和机械地根除，而是为从思想上、政治上和组织上彻底根除创造条件。

只有那时候才能全面彻底根除 50 多年来波兰工人运动中所存在的分裂。

波兰工人党中央决定 7 月上半月召开中央全会，讨论同南共状况有关的问题。

在这次全会上，党的领导人要动员全党对机会主义和民族主义分子发动思想上和政治上的进攻，以此武装全党，使其为完成波兰工人党和社会党合并的任务做好准备。

合并运动应导致淘汰民族主义分子,首先是社会党内的,以及清除渗透到工人党里的阶级异己分子,以便最大限度地保留社会党工人党员,并使他们成为合并后的党的基本群众,以及为在合并后的党内开展马克思列宁主义教育创造条件。

贝尔曼同志说,我们还认为,在巩固人民民主和防止其受到敌人影响方面,现在最重要的任务是:

在马克思列宁主义同民族主义和机会主义所有倾向作无情斗争的基础上提高党的思想水平;

加强人民民主国家共产党和工人党领导中的无产阶级骨干,本着马克思列宁主义组织原则精神调整党的社会成分;

在人民民主国家,加强同自我孤立和对苏联及其他人民民主国家采取封锁态度的倾向进行斗争,加强同维护虚假主权的民族主义表现进行斗争;①

坚定地、有计划地和逐步地控制、限制和清除人民民主国家里的资本主义成分;

千方百计发展和加深新民主主义国家同苏联在政治上、经济上、文化上和国防上的联系;

协调经济计划,千方百计扩大人民民主国家同苏联的经济合作,目的是最适当地、合理地发展这些国家的生产力,增强它们的实力;

加强共产党情报局各党的联系和行动协调,以便进一步巩固苏联、各人民民主国家和全世界反帝力量的统一阵线。

去年9月共产党情报局第一次会议帮助不少共产党和工人党认识到了自己的缺点,导致了反帝阵线的扩大和团结,使其认识到自己的力

---

① 在这里,贝尔曼的讲话在编辑时被删去了如下内容:"民族的因素转变成为进行争取主权、反对帝国主义的威胁的真正的斗争"。

量,加强了对帝国主义战争贩子的斗争。

今天的第二次情报局会议将帮助共产党和工人党通过南斯拉夫的事例,意识到威胁包括波兰在内的人民民主主义制度的危险,帮助揭露和克服自己的弱点和缺点。

我们的会议将有助于充分认清苏联、人民民主国家和所有反帝力量统一阵线,共产党和工人党统一阵线对于捍卫和平和保障坚定地走社会主义道路的巨大力量。

为了波兰工人阶级和波兰人民的真正利益,为了真正的无产阶级国际主义,波兰工人党将竭尽全力巩固这一统一阵线中自己这块阵地。

波兰劳动者热爱自由的南斯拉夫人民,过去和现在都同情地注视着他们争取美好未来的斗争,并认识到所有人民民主国家与苏联命运的共同性。因此,我们认为自己同其他国家的同志一样,在看到自己的兄弟们被某些自大的活动家引入歧途的时候,有权呼吁南斯拉夫的共产党员:从自己的党性中找到足够的力量和勇气,迫使当今南共领导人放弃反列宁主义的道路。如果不能奏效,那就毫不动摇地通过罢免现今领导人以挽救党和人民民主制度!勇敢地捍卫优秀的南斯拉夫儿女为之献出了生命的事业!

拉科西同志声明说,匈牙利劳动党完全赞成联共(布)在南斯拉夫问题上的立场。今年3月16日,我们在致南共的信中,陈述了我们在这一问题上的立场。我们后来的行动也证实了这一立场。我们完全同意日丹诺夫同志的报告,同意他对南共状况的分析。

南共状况的问题,不是像南共领导人所说的那样,是误会或信息不准,这里出现的是严重的原则分歧。南共领导人走上了资产阶级的民族主义的道路。他们的理论——按照这一理论,人民阵线纲领和共产党的纲领是一回事——将导致党的取消。他们关于由资本主义向社会主义过渡的时期，资本主义成分和平长入社会主义的理论违背了马克思列宁主义的理论。南共领导人认为，似乎农民是基础，是决定性的领导力量，毫无疑问，这同马克思主义列宁主义的精神是相悖的，它从根本上否定了无产阶级的领导权。

　　拉科西同志说，南共领导人背离了马克思列宁主义的批评和自我批评原则，他们践踏了党内民主的基本原则。我们感到气愤的是，南共领导人对于联共（布）和兄弟党对他们错误的批评持挑衅的高傲态度，尤其使我们气愤的是，他们对斯大林同志的批评持敌视的态度。对于联共（布）中央和兄弟党对他们错误的批评，南共领导人一条也不承认。毫无疑问，这首先是他们自大和对苏联的作用低估的表现。他们忘记了，没有苏联在反对希特勒德国的战争，即导致法西斯被歼灭和南斯拉夫及其他许多国家解放的战争中所承受的重大牺牲，人民的南斯拉夫便不会诞生和存在。我们同意日丹诺夫同志所陈述的意见，对小商业实行国有化的"左"倾措施，和他们在农业方面的措施，实质上不利于社会主义事业。

　　拉科西同志说，卡德尔关于南斯拉夫资本主义成分消灭的日期指日可待的声明是反马克思主义的宣传伎俩，意在掩盖南共中央在南斯拉夫阶级斗争问题上的荒谬错误。南共中央最近的"左"倾冒险措施将给南斯拉夫人民带来损害，降低居民的物质水平，削弱共产党的群众基础。

　　我们还愤怒地痛斥南共领导人对茹约维奇和赫布朗同志卑鄙地玩弄丧失原则的两面派手法。

　　南共领导人拒绝出席情报局会议，实际上脱离了共产主义运动，把自己置身于情报局队伍之外。本应反省自己的错误，批评错误和纠正党的路线，但他们却走上了挑衅、伪造事实的道路，企图以此混淆视听，似乎对南共领导人反苏和马克思主义立场的批评是对南斯拉夫人民的侮辱。众所周知，在战争期间，南斯拉夫游击队英勇善战，为争取民族解放斗争的精神和争取社会主义的思想所鼓舞。南斯拉夫的工人和农民饱受资本主义剥削、民族压迫和民族迫害，他们为免除这些灾难而斗争。在这一斗争中，南斯拉夫的工人和农民从苏联领导的反对德国法西斯奴役的斗争中吸取力量，苏联给了斗争的南斯拉夫人民巨大的政治、经济和军事上的援助。苏联在南斯拉夫游击队斗争最危难的时刻帮助了它们。南斯拉夫游击队知道，与他们并肩战斗的是以共产党为首的其他国家的反法西斯民主战士。南斯拉夫领导人现在的所作所为是对南斯拉夫游击队所作牺牲的讽刺。

被成绩冲昏了头脑的南共领导人认为，众人皆非，唯我独是。他们的不负责任和冒险主义的方法是想同苏联和联共（布）、同各人民民主国家、同共产党情报局决裂。他们想迫使自己的人民相信他们的谬论，即威胁南斯拉夫独立和自由的不是英、美帝国主义，而是苏联。如果南斯拉夫人民明白这种前景，明白想迫使他们同谁决裂，在这种决裂之后他们可以依靠谁，那时他们将明白，下述论点纯属欺骗：似乎没有苏联，没有新民主主义国家，在南斯拉夫也可建成社会主义。

拉科西同志说，应该在南斯拉夫共产党员面前明确提出这个问题，向他们指出，这条路通向何方，向他们指明如何走出目前的困境。所以必须向南共党员呼吁，号召他们迫使现在的领导人作自我批评，纠正他们所犯的错误。如果南共领导人不承认错误和回避批评，那么南斯拉夫共产党员们应把能带领全党走马克思列宁主义道路的领导人推上党的领导岗位。可能，这一切需要严重的斗争。但我们相信，南斯拉夫共产党员们能够按照马克思列宁主义理论为正确解决问题开辟道路。

然后拉科西同志谈到了匈牙利和南斯拉夫的关系。在匈牙利，25

年来，一直在针对南斯拉夫进行民族迫害。① 在苏联的帮助下，从法西斯压迫下解放出来并走上了人民民主道路的我们，竭尽全力进行斗争，反对对南斯拉夫的迫害活动。我们成功地在居民中建起了对待南斯拉夫的健康气氛。在同沙文主义作斗争的同时，我们没有充分地以批判的态度对待南共的活动。应该承认，我们应该以更加批判的态度对待南共中央领导人的活动。

我们应该从南斯拉夫的错误中吸取教训，因为它们可能在我们党内重演。匈牙利民族主义危险可能给我们党造成威胁。我们应该坚定地向匈牙利人民提起苏联在匈牙利人民民主制度建立中的功绩。我们每取得一项成绩都应该强调，我们所有成绩都来自苏联的援助和支持。

拉科西同志继续说，我们党在起草我们党各项规划时，已开始从南共的错误中吸取教训，我们宣布对抹杀党和人民阵线之间界线的理论开展斗争。我们同我们党内所有民族主义表现，同低估苏联的作用进行斗争，反对资本主义成分和平长入社会主义的理论，主张开展布尔什维克主义的自我批评，主张提高劳动群众的警惕性的战斗精神。

坚决而及时地纠正南共中央的荒谬错误，将进一步加强和巩固民主阵线。我们坚信，绝大多数南斯拉夫共产党员和劳动群众不会站在同世界民主阵线决裂的立场上，相反，他们会采取反对帝国主义的立场。他们会意识到现今领导人带他们所走道路的危险性。他们会毫不动摇地在社会主义和民主主义统一阵线中同兄弟的共产党站在一起。

杜克洛同志表示完全同意日丹诺夫同志报告中对南共状况的评价，

---

① 这里指的是匈牙利霍尔蒂当局的反南斯拉夫的立场。在两次世界大战期间，霍尔蒂政府对多瑙河沿岸的领土提出了要求，在这片土地上居住着匈牙利居民。一直到1918年之前，这里都是匈牙利的领土（在奥匈帝国范围内），大战后被划为南斯拉夫领土。在第二次世界大战期间，霍尔蒂当局积极参加了对南斯拉夫的法西斯侵略和占领。

认为这一评价丰富了法共所知道的情况。在此之前,杜克洛同志指出,在法国共产党里,只有政治局知道所有这些情况。杜克洛同志指出,南共所采取的立场在法共政治局委员中引起了惊讶。

杜克洛同志说,很难想象共产主义者在什么时候会采取反苏立场,会怀疑苏联在反帝阵营里的领导作用。法国共产党很清楚,它在很多方面应感谢苏联,感谢联共(布)和斯大林同志。没有苏联,没有布尔什维克党,就没有我们党的今天。我们党是在列宁主义原则基础上发展和巩固的,南斯拉夫的例子表明,背离这些原则将导致什么。

不难想象,没有苏联我们会怎样,工人运动会怎样,人民的独立会变成什么样子。如果某些人认为,他们的一切都是靠自身力量取得的,无需感谢苏联,那么这些人或是虚荣心过强,或是很少知道真实情况。

很难想象,捍卫和平、争取民族独立的斗争可以不在无产阶级国际主义口号,不在以伟大的社会主义国家为首的各族人民战斗团结的口号下展开。可以认为,这些基本原则无论如何对共产党员来说是无可争辩的,不仅如此,各族人民的基本群众都承认这些原则是无可争辩的。杜克洛同志指出,因此我们认为南共中央的形势是非常严重的。法共中央政治局在这个问题上的意见是明确的、清楚的。

杜克洛同志接下来说,法共中央政治局1948年4月28日所通过的决议阐述了以下内容:

1. 政治局谴责南共领导人贬低苏联和斯大林同志领导之下的布尔什维克党的决定性作用和领导作用。

2. 政治局强调指出,战争期间苏联的胜利和付出的牺牲,使被红军解放的人民建立起人民民主制度,另一方面,也为不同国家工人阶级民主运动的发展创造了方便条件。

3. 政治局声明,苏联是民主反帝阵营的主要领导力量,而南共领导人不承认这一点,他们努力夸大自己的作用。

4. 法共中央政治局在自己的决议中确认，南共领导人所采取的立场，表明他们对反苏活动采取了没有先例的纵容态度。杜克洛同志指出，根据这个问题的新的事实，可以补充说，问题已不是什么纵容，而是系统进行的反苏主义活动。

5. 政治局在自己的决议中表示绝对赞同联共（布）中央在其同南共中央通信中所采取的立场，表示相信，南共中央将承认自己的错误并改正错误。

6. 决议强调了联共（布）所表达意见的重要性，认为这些意见是对所有共产党的警告。决议再次表达了法共对斯大林同志的热爱。

杜克洛同志继续说，从通过这一决定（4月28日）之时起，又有了新的情况，所以5月12日政治局又通过了另外一个决议，其中在确定了南共领导人拒绝开展严肃的自我批评之后，表示同意联共（布）在这方面的结论——把问题提交情报局会议讨论。

4月28日和5月12日法共中央政治局的这两个决议已通报给联共（布）中央委员会，并打算随后通报给南共中央。

日丹诺夫同志：正确。

杜克洛同志说：但必须明确，南共中央在给情报局邀请其派代表参加本次会议的电报的复电中（很明显，南斯拉夫人拟定电文时考虑到了以后见报的问题）强调，除法共外，所有党都通报了自己对南共状况的看法。

法国共产党对这个问题的观点是十分明确的。

共产党情报局应该讨论南共状况问题，这是非常正常的。南共领导人应第一个同意这么做，况且在第一次情报局会议上他们也没放弃自己批评其他党的权利。

日丹诺夫同志：甚至有些过分。

杜克洛同志：他们今天不允许其他党批评他们的错误。

由此可见，南共领导人否认列宁主义关于批评和自我批评的原则。已经非常清楚，南共领导人的这一立场是放弃列宁主义关于党的组织和活动原则的结果。况且，从共产党情报局成立时起所有党都同意组织交流经验，而这要以批评权为前提。但南共拒绝这一源于各党义务的、符合逻辑的途径。

杜克洛同志指出，根据法国共产党的意见，不应该放弃某种可能帮助南共领导人找到正确道路的作法。杜克洛同志指出，所以，我们赞成以情报局的名义发出电报。但在南共领导人拒绝之后，需要公开提出问题这一点已经清楚了。如果我们打算通过秘密决议，那么形势仍然不会改变。这种秘密作法将会助长南共领导人的活动。

随后，杜克洛同志表示同意日丹诺夫同志的意见：认为南共中央贯彻的是反列宁主义的政策，尤其是在资本主义成分和平长入社会主义问题上。必须说，南共这一主要错误的根子是它的领导人没有考虑苏联的经验，这同时也表明了南共领导人的反苏立场。

杜克洛同志说，如果再考虑到日丹诺夫同志报告中所强调的事实，即在卡林西亚问题上涉及各国关系的事实，那么可以发现南斯拉夫同志们反苏立场的其他绝对不能容忍的表现。只有在帝国主义国家和社会主义国家之间选择了反社会主义国家立场的情况下，才可以这样行动。现在明白了，为什么南共领导人在今天给我们的复电中没涉及这一实质问题，而只局限于虚伪地、带有诬蔑性地提出了程序性的问题。南斯拉夫领导人企图向他们党的党员和南斯拉夫人民隐瞒事实真相。在完全没有民主的情况下召开南共代表大会，南共中央是想以此为手段为自己的政策辩解。这就是为什么情报局的任务是向南共党员和南斯拉夫人民通报事实真相。这一任务之所以非常必要，是因为南共的组织结构是与列宁主义的基本原则相违背的，以便使南共领导人能够阻止在党内开展任何辩论。他们指望利用欺骗手段达到使党赞成他们的政策的目的。

杜克洛同志表示，需要公布情报局的决议，它能够使南斯拉夫共产党员意识到形势的严重性，明白领导人要把他们带向何方，明白应该开始斗争以达到迫使他们必须改变政策的目的。

但我们认为，这一决议的必要性还不只是为了向南斯拉夫的共产党员通报情况。这一文件还应能够引起严肃的辩论，使我们领导群众斗争的党提高自身政治和思想水平，加强自己的影响，在同工人阶级的敌人进行的斗争中夺取胜利。这一文件应再一次提醒共产党员，任何时候也不能背离无产阶级国际主义，任何时候也不应忘记社会主义国家苏联在争取民族独立反对帝国主义阴谋的斗争中所起的主要作用。这一决议对我们党内经常开展的批评和自我批评还孕育着重要意义，即帮助我们提高警惕性，防止我们党内出现自高自大的人。这一决议可使我们检验在组织问题上贯彻列宁主义原则的情况。

这一决议将帮助法国共产党开展反对帝国主义阵营阴谋的斗争，使它能够顺利地反击敌人的进攻。

杜克洛同志认为，关于南共状况问题决议的公布将引起反共和反苏运动的加剧，但这些运动在很大程度上有助于揭下那些坚持不正确立场和想继续沿着反苏主义道路从而沿着支持帝国主义分子道路前进的人们的伪装。我们的政治工作就是对这些反苏运动的有力回击，无论它们多么猖狂，看来，它们将很猖狂，但我们的政治工作将很快驱散南共领导人铁托、卡德尔、吉拉斯和兰科维奇政策所带来的疑惑和惊慌。

杜克洛同志在结束时说，所以，我们相信自己的力量，并迎接即将来临的战斗。我们将在热爱伟大的社会主义国家的旗帜下，在感谢布尔什维克党的旗帜下，在忠于马克思列宁主义的旗帜下，在忠于和爱戴斯大林同志的旗帜下进行战斗。

科斯托夫同志说，保加利亚工人党（共产主义者）看到关于南共领导人的反马克思主义和反苏方针的通报后感到十分震惊，认为在当代国际形势下，需要所有民主主义力量在苏联领导下团结起来，而民主主义阵营的每一道裂痕都会使帝国主义者高兴，都是对民主主义国家背后的一击。保加利亚共产主义者感到不安，是因为他们曾打算与南斯拉夫接近，甚至想建立旨在加强两国民主阵地和宜于两国向社会主义发展的联邦。

现南斯拉夫领导人的政策导致了原先实施的保南接近方针的终结。科斯托夫同志说，保加利亚工人党（共）政治局无条件地支持莫洛托夫和斯大林同志在3月27日信中所表达的联共（布）的观点，因为政治局知道，斯大林同志和莫洛托夫同志不会援引错误和不准确的情报。南斯拉夫人的回答再次证明，问题是对联共（布）的敌视态度，反苏态度。南斯拉夫人所有信件的格调对共产主义者来说都是不能容忍的。

科斯托夫同志说，根据保加利亚的经验，他可以断定南斯拉夫人的错误。保加利亚也有苏联顾问，保加利亚人对他们的援助深表感谢。苏联政府从不把自己的专家强加给保加利亚政府。相反，在答复我们的请求时，总是建议将专家的人数局限在最低限度，并为此迅速地准备自己的干部。

科斯托夫同志说，我们都清楚，南斯拉夫人使用德国专家，给他们的报酬大大高于本国专家。

南共领导人说苏联必须给他们援助，因为他们站在斗争的最前线，这样讲是完全错误的。正确的说法应该是，苏联是反帝阵线的基本的决定性因素，所以，所有的民主国家应该①千方百计地协助苏联尽快恢复

---

① 这里删去了会议记录初稿中的如下内容："关心苏联的巩固和加强，因为苏联在战争中蒙受了巨大的损失，而苏联国民经济的恢复，对于国际舞台上的力量对比具有极其重大的意义"。

经济,并进一步得到巩固。科斯托夫声明说,我们同苏联代表的关系,过去和现在都是很好的,因为苏联代表给我们提供了和正在提供着宝贵的援助。联共(布)中央和斯大林、莫洛托夫同志亲自给我们以最宝贵的建议,帮助我们纠正了错误。1946年年中,当我们幻想可以对国防部长维尔切夫施加影响并把他吸引到我们这一边来的时候,斯大林和莫洛托夫同志提醒我们注意此事,建议我们对军队实行彻底的清洗,并牢牢把军队掌握在自己手中。①

科斯托夫同志说,我们并不担心联共(布)中央掌握关于我们党工作状况的实际情报,因为我们认为苏联是真诚的朋友、卓越的顾问和指导者。我们党的良心是纯净的,我们对联共(布)中央,对斯大林同志没有任何秘密。而南斯拉夫领导人,看来他们的良心不纯净。

科斯托夫同志接着列举了南共领导人犯错误的基本原因。他认为这些基本原因是:(1)南共领导人低估苏联在反对帝国主义斗争和社会主义建设中的领导作用;(2)以狭隘的民族主义观点过高估计新南斯拉夫的作用和意义。南斯拉夫领导人认为,世界将围着铁托的南斯拉夫转;(3)骄傲自大,为在苏联援助下取得的成绩冲昏了头脑;(4)背离马克思列宁主义理论,竭力在南斯拉夫对这一理论进行散发着机会主义和托洛茨基气味的修正。

科斯托夫同志批评南共领导人提出的基本命题,即南斯拉夫是自己从法西斯压迫下解放出来的,而且企图说服南斯拉夫人民相信

---

① 1946年6月初,在与季米特洛夫、科斯托夫和柯拉罗夫的莫斯科会晤中,斯大林指出必须强行巩固共产党在保加利亚的地位。斯大林声明说,保加利亚的共产党人"应该(让他们)知道自己的厉害,应该免除祖国阵线的组成部分'环节党'的著名活动家德·维尔切夫的国防部长的职务"。

这一点。① 科斯托夫同志说,只有沙文主义者和歪曲历史的人才不懂得,没有苏联和苏联军队,南斯拉夫便不能获得解放;没有苏联便没有新民主主义国家的建设和发展,其中包括南斯拉夫和保加利亚在内;没有苏联的援助和支持,它们在一年之内便会成为帝国主义势力手中的玩物。以斯大林同志为首的苏联来领导民主阵营是所有民主力量的幸福。我们认为这是一个明显的道理,我们感到奇怪,自称是共产主义者的人竟然不懂得这样一个简单的道理。他们企图给斯大林上列宁主义的课,给联共(布)中央上新型党的建设的课。他们的没有苏联也能建设社会主义的观点只能是一种伪装,以掩盖他们正在背离社会主义和转向民主敌人的阵营,因为第三条道路是没有的。

科斯托夫同志转入保南关系问题,其中分析了马其顿问题。科斯托夫同志说,第一次世界大战之后,南斯拉夫王国把保加利亚西部的部分疆土划入了自己的版图,至今仍在南斯拉夫的管辖之内。② 在巴尔干战争时期,东马其顿的一部分(皮林地区)归属了保加利亚。东马其顿居民讲保加利亚语,在经济上同保加利亚联系在一起。

在南斯拉夫联邦范围内成立马其顿人民共和国之后,马其顿人作为

---

① 实际上,在南斯拉夫官方宣传中的说法是,南斯拉夫从占领者手中获得解放是南斯拉夫共产党领导的自身的解放斗争的结果,但是又指出,这发生在苏联获得了反法西斯战争的胜利以及苏联援助南斯拉夫人民解放运动的条件下。

② 在1912—1913年的两次巴尔干战争中,此前一直处于土耳其政权控制下的马其顿,被塞尔维亚、希腊和保加利亚瓜分了。与此同时,在第二次巴尔干战争之后,马其顿的另一部分土地,即最初在第一次巴尔干战争之后被列入保加利亚组成中的那部分土地也划归塞尔维亚所有。在第一次世界大战期间,参加了德国和奥匈帝国一方的保加利亚,在整个马其顿建立了自己的统治。但是,由于协约国取得了胜利,而塞尔维亚加入了协约国一方,结果包括这些地区在内的保加利亚领土成为在1918年12月1日成立的南斯拉夫的组成部分。

一个民族的形成过程加强了。① 但至今这一过程也不能算已经结束。

从列宁、斯大林学说的原则出发，我们曾向南斯拉夫同志建议，应该把民族问题作为一个从属问题，而把两国之间的紧密联系看作是主要问题，这一联系在不久的将来应导致联邦国家的建立。② 在联邦的范围内可以解决民族问题。在联邦范围内解决这个问题之所以没有特别障碍，是因为在联邦范围内马其顿和保加利亚之间不存在国界问题。

在成立联邦之前，根据苏联同志的意见，我们必须促进马其顿人民的民族发展。为此我们从南斯拉夫马其顿请来了100名教师，关于此事季米特洛夫和铁托同志在布莱德会谈时达成了协议。③ 但尽管如此，分歧仍然存在。

---

① 在1943年11月，根据南斯拉夫共产党领导人的决定，南斯拉夫人民解放反法西斯委员会在已被解放的领土上召开集会，宣称新南斯拉夫将建立在联邦的基础之上，而马其顿作为联邦的六个组成部分也被列入其中。作为南斯拉夫组成部分的一个联邦，马其顿于1944年8月建立，而后，在1945年11月宣布南斯拉夫联邦人民共和国成立以及决定于1946年1月通过共和国的宪法时，马其顿也得到了巩固。

② 在1944年秋天至1945年年初，经苏联领导人的批准，在南斯拉夫共产党当局与祖国阵线保加利亚政府（在该政府中起关键性作用的是共产党）之间，进行了关于建立保南联邦的谈判。英国政府在得知了谈判情况之后，反对建立联邦。于是，根据斯大林的决定，将这个草案延期到第二年。在以铁托和季米特洛夫为首的南斯拉夫和保加利亚政府代表团在1947年7—8月和11月的会晤期间，制定并签署了保南关于友好、合作和互助条约，同时还指出，实现该条约是为最终建立联邦所迈出的一步。

③ 以季米特洛夫和铁托为首的保加利亚和南斯拉夫政府代表团于1947年7月30日至8月1日进行了谈判。派出的教师是在保加利亚的组成部分——皮林马其顿的中学任教。

南斯拉夫同志，尤其是吉拉斯、武克曼诺维奇①和科里舍夫斯基②仍然认为，马其顿问题的解决不应取决于联邦的建立。他们指责每个不同意他们观点的人，说他们是大保加利亚沙文主义。他们想直接把皮林地区并入南斯拉夫马其顿，从而削弱保加利亚。例如，马其顿共和国党的书记科里舍夫斯基在马其顿阵线代表会议上提出了尽快把皮林地区并入马其顿的口号，英、美和希腊反动报刊立即支持这一口号。科里舍夫斯基本人还公开讲他不信任保加利亚。③

另一个争议问题是，应该不应该迫使皮林地区的居民放弃保加利亚语。我们认为，可以说保加利亚语又同时认为自己是马其顿人，而南斯拉夫同志认为这是大保加利亚沙文主义的表现，而对此应处以枪决的惩罚。这可能难以令人相信，但这是事实：保加利亚报刊不准进入马其顿人民共和国，而同时在皮林地区散发所有南斯拉夫的报刊。

---

① 斯维托扎尔·武克曼诺维奇-滕波，1945年至1948年期间担任南斯拉夫军队政治部主任，国防部副部长，自1948年起担任矿物工业部部长。

② 拉扎尔·科里舍夫斯基，马其顿共产党中央委员会书记，马其顿人民共和国政府主席，自1948年7月起，成为南斯拉夫共产党中央委员会政治局候补委员。

③ 科里舍夫斯基在1948年5月23—24日期间召开的马其顿人民阵线第二届代表大会上所作的报告，表达了这样的一个观点，即必须使皮林马其顿与马其顿人民共和国联合起来，在第二次世界大战最初的几年里，对此观点南斯拉夫方面正式表示过赞同，保加利亚领导人也对其表示了公开的支持。报告强调指出，南斯拉夫和保加利亚领导人在布莱德会晤时达成协定，确保仍为保加利亚组成部分的皮林马其顿人的民族权利。在这方面科里舍夫斯基还说，这一地区的马其顿人所表现出的发展民族文化以及使用民族语言的渴望，证明了他们的愿望："更加稳固地发展与马其顿人民共和国的联系，并尽可能快地解决关于皮林马其顿的马其顿人民与马其顿人民共和国的联合问题"。报告并没有谈及解决问题的具体途径。报告还千方百计地强调了保加利亚的"祖国阵线当局"的立场和季米特洛夫本人支持在皮林马其顿的马其顿人民的权利，但同时又声明说，在对待马其顿人的态度方面，大保加利亚沙文主义在保加利亚还很有影响。尤其是，科里舍夫斯基还将这一点与保加利亚当局反对皮林马其顿在保加利亚范围内获取领土和行政自治地位联系起来。

从南共领导人现在的表现看,很清楚,在讨论联邦问题时他们从来没有真诚过,在他们的联邦里,保加利亚将是一个不平等的国家,其实他们的真正目的是,借助联邦使铁托的南斯拉夫成为巴尔干反对苏联的霸主。① 科斯托夫同志最后说,看来联邦问题应该暂时放一放。

然后,科斯托夫同志表示完全同意联共(布)在党的建设问题上对南共中央的批评,他说,不能使党处于半合法地位,不能用军事方法组织党内工作。南共没有党内民主。工会、青年理事会的工作也是采取这种方式,准备党的代表大会也这样。

科斯托夫同志接下来评述了保加利亚工人党(共产主义者)内部形势,批评了该党的某些错误和缺点。科斯托夫同志说,保加利亚工人党(共产主义者)在其活动中,除了巨大的成就外,还有一些严重的缺点和错误。党内民主还未提到应有的高度。批评和自我批评还未成为党的基本动力。中央本身还不是作为一个紧密团结的集体而工作,还未根除对党组织指挥命令的工作方法。20年没有召开过党的代表大会,1944年9月9日之后②,党中央仅仅局限于召开扩大的中央全会和代表会议。

科斯托夫同志指出了党的社会成分的不利形势。有一些人只能成为党的候补队伍。去年部分党员抗议政府的粮食征购决定。某些人怀着私心加入党的队伍。某些党组织为争夺职位而搞分裂活动。在很短的时间里,党员人数扩大了20倍(从2.5万人增加到50万人)。

考虑到党员人数急剧增长的危险,保加利亚工人党(共)中央已

---

① 实际上,至少是在1946—1948年期间,与保加利亚领导人有所不同的是,南斯拉夫领导人并不是建立保南联邦的倡议者,而它对于这一思想持谨慎的态度。

② 1944年9月9日,保加利亚祖国阵线夺取了政权,而保加利亚工人党(共产党)则由秘密状态变成了执政党。

采取限制措施,现在已完全停止接纳新党员,直到代表大会之前;在代表大会上将规定预备党员转正的斯限。

科斯托夫同志说,他们认为党的路线基本是正确的。他们取得了重要的成绩,粉碎了反动力量,巩固了祖国阵线,已着手建立社会主义经济基础。科斯托夫同志说,但是总的路线正确并不意味着保加利亚工人党(共)没有错误和缺点。党还存在严重的错误和缺点:对阶级斗争估计不足,幻想在保加利亚目前的条件下可以缓和这一斗争,对于发展道路和速度没有明确的概念,说要把国家、合作社和私人经济成分谐和地结合在一起,等等。不过,多亏联共(布)中央和斯大林同志本人提出了建议,所有这些错误才及时地得到了纠正。

我们这些错误在很多情况下使我们放松了斗争,减慢了前进速度。在某些情况下,我们还很冒进,如完全消灭对抗阶级的提法。

科斯托夫同志列举了某些说明保加利亚民主力量的数据,例如他说,90%的工业企业已控制在国家手中,实行了限制富农的措施,把富农的份地规定在20公顷之内,收买富农的大型农具,剥夺磨坊,关闭富农旅店。现在保加利亚有650个农业生产合作社,占全部耕地的二十分之一。按照五年计划,预计使合作社的数量达到2000个,占全部耕地的三分之一。

科斯托夫同志说,应该指出,农业合作社还不是集体农庄,其中土地还是私有财产。合作社内部还存在矛盾。中农还未大批入社。

科斯托夫说,在评述这些成绩时,保加利亚工人党(共)没有任何骄傲的理由。必须动员所有力量,以巩固党——劳动群众战斗的先进的队伍,从南斯拉夫事件中吸取必要的教训。

在发言结束时科斯托夫指出,南共中央拒绝出席情报局会议表明,南斯拉夫脱离民主主义阵线的危险是现实的。这将给民主主义阵线带来严重损失,给人民民主国家尤其是阿尔巴尼亚和保加利亚造成额外困难，它们将不得不看南斯拉夫的脸色行事，因为保加利亚同西欧的一切经济联系都得途经南斯拉夫。科斯托夫同志说，应做一切努力防止南斯拉夫脱离民主主义阵营。根据保加利亚同志们的意见，唯一的出路是把这一问题提交南斯拉夫人民讨论，交给南斯拉夫党员群众和人民群众裁决。应该发动党内和全国的力量并依靠他们。这些应赶在南斯拉夫共产党代表大会之前做，以便阻止铁托的伎俩——利用全党对抗情报局。科斯托夫同志声明说，我们相信，在南斯拉夫人民中可以找到充分的健康力量，以呼吁狂妄自大的南共领导人恢复正常。做到这一点很困难，不过不是不可能。铁托要让南斯拉夫人民反对苏联和人民民主国家也不是一件容易的事。

科斯托夫同志以保加利亚工人党（共）政治局的名义声明，同意日丹诺夫同志在报告中对南共状况做出的结论。

会议到此结束。

日丹诺夫等关于波、匈、法、保代表团发言致斯大林电

（1948年6月21日）

莫斯科

菲利波夫：

在晚间的会议上开始讨论茹拉夫廖夫同志的报告。在讨论时发言的有：贝尔曼同志、拉科西同志、杜克洛同志和科斯托夫同志。他们所有的人声明，完全拥护茹拉夫廖夫同志在报告中对南斯拉夫共产党的状况所作的评价和结论。全体一致认定，南斯拉夫人以其自身的行为已将自己置于情报局的队伍之外。下面我们简要转述一下代表们的发言内容。

贝尔曼尖锐地批评了南斯拉夫的说法，即事情仿佛是联共（布）与南斯拉夫共产党之间发生的冲突。南斯拉夫领导人走上了与参加情报局的全体兄弟党、与整个国际工人运动斗争的道路。事情的进程表明，联共（布）和兄弟共产党对于南斯拉夫领导人的错误和行为的评价是正确的。贝尔曼认为南斯拉夫共产党的政策，是被蛊惑人心的词句和在党员面前虚情假意的冒险行动所掩盖的冒险主义。南斯拉夫共产党召集的代表大会是对党的代表大会拙劣可笑的模仿，因为在南斯拉夫共产党里根本没有民主，也缺少各种自我批评。如果这种政策得不到制止的话，那么它将会给人民民主制的国家带来危害。南斯拉夫人不出席情报局会议，这是对国际团结基本准则的前所未有的破坏。从南斯拉夫的例子我们可以看到，党的上层领导人在思想上堕落为托洛茨基主义和资产

阶级民族主义，将造成怎样致命的后果。

在波兰也存在着这些民族主义现象的危险。在波兰发生了有益于人民民主国家以及有益于与苏联的友谊的重大转折，但是，如果认为波兰的民族主义已经被消灭了，那就错了。在波兰社会党中，民族主义倾向的影响力还很强大，而这种影响力也渗透到波兰工人党中。目前还不够坚强的波兰工人党，与仍然处于民族主义和改良主义残余影响之下的波兰社会党联合，形成了右倾机会主义的危险。只有在对党进行思想上的锻炼以及加强与波兰社会党的民族主义和改良主义残余进行斗争的条件下，两党的联合才能取得成功。

必须呼吁南斯拉夫的共产党员，使他们鼓起勇气，迫使毫无节制地冒失蛮干的南斯拉夫现领导人脱离反列宁主义的道路，而如果这些领导人做不到这一点，就更换领导。

拉科西特别指出了南斯拉夫人的理论的危害性，宣扬党的纲领与人民阵线的纲领完全相同正是根据了这种理论。这种理论将导致党被消灭。拉科西还批评了南斯拉夫领导人鼓吹的资本主义与社会主义并存的理论，以及对待作为南斯拉夫共产党的重要支柱的农民的态度。拉科西强调说，特别令他愤慨的是在南斯拉夫共产党中央委员会里，极其惊人地缺少自我批评。在他看来，纠正南斯拉夫共产党内的状况，可能要求进行极其严肃的斗争。接着他还指出，长期以来匈牙利的沙文主义培养了对南斯拉夫人的憎恨，因此匈牙利共产党在进行反对匈牙利这种沙文主义的斗争时，没有看到在南斯拉夫领导人的政策中存在的缺点。我们应该以更加批判的态度来对待这些缺点。我们以不加批判的态度对待南斯拉夫领导人的这些错误和不正确的政治方针，结果是促使了这些错误的加深。

对于其他兄弟党的事务我们应该多加关心。我们应该从南斯拉夫的事件中吸取教训。在我们这里也可能会出现南斯拉夫人那样的错误和缺点。资产阶级民族主义的危险也可能渗透到匈牙利共产党中。我们应该不断地提醒匈牙利人民记住苏联所给予的帮助和支持,我们越是取得成绩,就越应该宣传苏联给予的支持。

杜克洛声明说,早在4月28日法国共产党就在政治局决议中表示过完全赞成联共(布)中央的立场。杜克洛还说,我们从来没有想过,反苏的意图会从共产党员身上表现出来,我们现在非常遗憾地确认了这一点。我们从来也没有想过,共产党员能够怀疑苏联的领导作用。我们只知道,我们应该以什么来报答苏联、联共(布)和斯大林同志。当我们了解了茹拉夫廖夫同志的报告之后,我们认识到,偏离马克思—列宁主义的原则将会走错方向。还在4月28日,我们就已经将法国共产党中央委员会关于谴责南斯拉夫领导人的政策的决议寄给了联共(布)中央,我们还授权联共(布)中央来决定,是否需要将法共中央政治局的这个决议寄给南斯拉夫共产党中央委员会。杜克洛强调指出,我们之所以谈到这一点,是为了表明不存在任何不清楚的事情,因为我们今天在这里听取的南斯拉夫人的答复,使我们考虑到,南斯拉夫人企图继续公开利用那样一种情况,即他们没有收到法共中央政治局的决议。我们所表达的意见是清楚和明确的。我们已经得到委托今天在情报局会议上声明这一点。

4月28日之后我们知道得更多一些——南斯拉夫共产党领导人不仅十分宽容地对待反苏的言论,而且还亲自有系统地实施反苏的政策。

按照杜克洛的看法,情报局自然会审查南斯拉夫共产党内的状况。南斯拉夫共产党领导人应该是第一个承认情报局有权审查他们党内状况的人,因为在上一次情报局会议上,他们充分地利用了自己的批评权利,其中包括对法国共产党的批评。他们现今的行为表明,他们已经脱离了列宁主义关于党的组织问题的原则。各国共产党之间交流必需的经验时,要求以有权提出批评作为前提,在成立共产党情报局时已经指出了这一点。南斯拉夫共产党领导人已经偏离了这一点。

　　杜克洛强调指出，情报局于6月19日发给南斯拉夫共产党中央委员会的电报，给南斯拉夫领导人提供了改正错误的机会。现在已经很清楚，他们不愿意改正错误。应该与南斯拉夫共产党中央委员会的错误进行公开的斗争。如果我们还将这件事情继续保密的话，那么这只能会鼓舞南斯拉夫共产党领导人。

　　在评价南斯拉夫人在国际问题（关于卡林西亚问题）方面的反苏行为时，杜克洛声明说，只有在帝国主义阵营和社会主义国家之间做出了选择的时候，只有选择了反对社会主义国家的时候，才能够这样频繁地行动。因此也就可以理解，为什么南斯拉夫人拒绝研究问题的实质，而企图将事情归结为程序问题，同时表现出了极端的厚颜无耻，试图对自己的人民和广大党员隐瞒事情的真相。必须考虑到，在缺乏民主制的条件下召开南斯拉夫共产党代表大会，是南斯拉夫共产党中央委员会的一种策略，其目的是为了掩盖自己的问题。情报局的职责是：向南斯拉夫的全体人民和党员公开事情的真相。南斯拉夫领导人害怕进行辩论。应该发表情报局会议的决议，以便向南斯拉夫共产党员表明其党内状况的严重性，并使他们清楚地认识到，南斯拉夫领导人将把他们推向何处，无论如何都要改变这种状况。当然，发表情报局关于南斯拉夫问题的决议，将为扩大反共产主义和反苏的行动提供广阔的空间，但同时，这样的行动将会剥去那些执行着反苏和反列宁主义路线的人的假面具。尽管如此，我们的政治解释工作以及对于这种反共产主义的和反苏的行动的回击，将使南斯拉夫共产党有可能克服其领导人的有害政策造成的危害。情报局决议对于在我们党内发扬批评与自我批评精神具有重大的意义，并将防止我们党内出现"官老爷"。

　　杜克洛认为，讨论南斯拉夫问题将会给参加情报局的各国共产党带来益处，其中包括对于在艰难困苦的条件下正在与工人运动的分裂分子进行斗争的法国共产党。情报局决议提醒人们,永远也不能偏离国际主义原则,永远也不应该忘记苏联在各国人民的解放斗争中所起的伟大作用。法国共产党将永远忠诚于马克思—列宁主义、苏联和联共(布)的旗帜。

由于科斯托夫的讲话具有特殊的意义,其完整的文本将在6月22日用航空给您寄去。

明天将继续讨论。

茹拉夫廖夫
马克西莫夫
索罗金
1948年6月21日

日丹诺夫等人关于注意科斯托夫发言致斯大林电

(1948年6月21日)

致斯大林同志：

给您寄去了科斯托夫同志在今年6月21日的情报局会议上所作的发言的完整文本。

在我们看来，科斯托夫同志的讲话是值得关注的。

安·日丹诺夫
格·马林科夫
米·苏斯洛夫
1948年6月21日

日丹诺夫等关于情报局驻地等问题致斯大林电

(1948年6月21日)

致菲利波夫同志：

请求就以下两个问题给予指示。

1. 关于情报局和情报局机关刊物编辑部的所在地问题

关于这个问题我们根据上级机关预先的决定——选择情报局和报刊编辑部所在地为布加勒斯特。正如我们向您通报的那样，罗马尼亚人已经主动地提出了这个建议。目前，我们这里还得到了波兰人的建议，他们建议将情报局和编辑部迁到华沙，匈牙利人也为此目的提出了布达佩斯。不能排除，捷克人也会提出关于布拉格的建议。各代表团围绕着这个问题热烈地交换了意见，同时给我们留下的印象是：在这件事情上表现出的积极主动精神，反映出在南斯拉夫人脱离情报局之际，各代表团都特别准备好了支持情报局。我们认为应该保留原来的决定，即将情报局和报刊驻地设在布加勒斯特。

2. 关于某些共产党请求吸收它们加入情报局

对于希腊共产党和阿尔巴尼亚共产党，我们将遵循您的指令：即详细说明为什么接收希腊共产党和阿尔巴尼亚共产党加入情报局是不适宜的。至于说芬兰人，正如您所记得的那样，今年年初我们曾答应他们，在关于接收加入共产党情报局问题上支持他们，但是，我们认为，鉴于所面临的7月3—4日的议会选举，为了不给芬兰人增加额外的困难，在下一次情报局会议上研究接收芬兰人加入情报局的问题是适宜的，为此我们认为，情报局应该通过大致如下的决议："在下一次情报局会议上，邀请芬兰共产党的代表参加会议，并研究芬兰共产党提出的关于加入情报局的请求"。

茹拉夫廖夫
马克西莫夫
索罗金
1948 年 6 月 21 日

南共中央关于致共产党情报局的信致保共中央

（1948年6月22日）

亲爱的同志：

在附件中向您提供我们1948年6月20日致共产党情报局的信。

受南共中央的委托致以共产主义的问候

附 件

致共产党情报局：

共产党情报局已经召开了会议，"讨论南共的局势问题"。在收到情报局关于派遣南共代表参加会议的邀请之后，南共中央请求将下列意见告知情报局会议。

南共中央一向乐意参加情报局的工作。但是，鉴于送给我们的情报局会议的议事日程，是以解决苏共中央和南共中央之间的分歧为内容的，南共中央不接受这个议程，因此不能派代表出席这次会议。我们认为解决分歧的办法，从一开始直到这次情报局会议，一直被置于错误基础之上。理由如下：

1. 苏共中央给我们中央委员会的第一封信，不是出于同志式的批评精神（南共中央可以用同样的语气答复这种信），而草率地，不公正地指责，我们认为它有损于我们党和国家，因此是完全不能接受的。

2. 南共中央认为：对于像我们这样一个在战前、战时和战后都经受了如此巨大考验的兄弟党，只根据关于某个人所说的话的片面的情报或对于这些话的断章取义的摘引，而不是根据对我们党整个活动的分析就提出谴责，这是完全错误的。

3. 苏共中央的一些最严厉的谴责，显然是以我们党战前、战时和战后都一贯与之开展斗争的一些反党分子的情报为根据的。南共中央认为，南共党内昔日如此有名的分散主义残余势力竟然受到苏共中央的支持，这是不能容忍的。

4. 情报局成员党的领导人，不征询我们的意见，就不加批判地接受了苏共中央对我党的谴责，以书面声明指责我党，并拒绝我们在给苏共中央第一封信的回信中所提出的答辩。他们中的一些人不仅在各该党的广大范围中而且公开地干出了有损于我们国家的事情。

5. 苏共中央甚至拒不接受我们对他们第一封信的回信中所提出的任何一条答辩，并且在对那封信的复信以及后来的信件中，又发表了对南共更加激烈的但毫无根据的谴责。显而易见，这种立场使我们不可能以平等的地位讨论问题。所有这些事实是南共中央不同意在情报局阐明这种分歧的理由，因为我们考虑到这样做的结果只会加深而不会解决分歧。

南共中央指出，它建议苏共中央派代表到南斯拉夫来，以便对有争议的问题联合进行现场调查。苏共中央不接受这个在我们看来是唯一正确的程序，而是在接到我们的答复之前就将分歧公诸于情报局的其他成员党，也就是说，它在给我们发信的同时，就把信的原件也发给了其他党，与此同时，各该党的领导人（法国和意大利的领导人除外）给我们寄来书面声明，表明其对我党的看法。

这种行为不能体现互相谅解的精神，也不符合作为情报局的基础的自愿原则。

南共中央继续坚持它的信念，即苏共中央和南共中央直接接触，在南斯拉夫一起讨论有争论的问题，才是解决现有分歧的唯一正确的途径。南共中央对于苏共中央采取目前这样的形式来处理意见分歧深表遗憾，并且再次呼吁苏共中央和情报局同意我们关于苏共中央和南共中央有必要进行直接接触以解决分歧的意见，从而认识到不经我们同意而讨论我们党内情况是错误的，从而将议事日程中关于讨论我党情况的一项予以撤销。

南共中央向各兄弟党致意，并宣布：任何分歧都不能阻止南共忠诚于它同苏共中央以及其他共产党团结一致和密切合作的政策。

南斯拉夫共产党中央

1948 年 6 月 20 日

София，ЦГАБКП，Ф. 146 - 6，Оп. 5，А. Е. 1478，Л. 1 - 2.

捷、意、罗代表团关于日丹诺夫报告的发言记录

(1948年6月22日)

绝密

会议于11时开始,13时45分结束。

拉科西同志主持会议,继续就日丹诺夫同志的报告发言。

斯兰斯基同志以捷共中央名义表示完全同意联共(布)中央信件中对南共中央政策的批评。他指出,从那时起,南共状况进一步恶化,因为南共领导人不仅不承认自己的错误,而且拒绝同情报局其他党的代表一起共同讨论南共状况。

斯兰斯基同志说,去年9月,九国共产党代表第一次会议的中心议题是民主力量的联合问题。所以通过了协调各党行动和成立情报局的决定。南斯拉夫代表也赞同的这一决议,是从整个国际形势和世界分为两个阵营出发的。这种形势自然在每个国家和每个党面前提出了一个跟谁走的问题。当南共领导人拒绝与其他共产党协调自己的政策,当它脱离统一的社会主义阵线队伍之时,这个问题现在严重地摆在了南斯拉夫共产党员和全体南斯拉夫人民面前。

斯兰斯基强调指出,在两个阵营之外没有其他地方,谁脱离反帝的

进步阵营,谁就跌向支持帝国主义的道路。① 谁分裂共同的社会主义阵线,谁就孤立于共同的国际运动,也就是帮助帝国主义实现奴役人民其中也包括本国人民的计划。

斯兰斯基同志说,南共领导集团背离了无产阶级国际主义立场,转向了狭隘的民族主义立场和目光短浅的民族狂妄,这促使他们置于两个阵营力量总体划分之外,而孤立地看待自己的国家。自然,这种立场同马克思列宁主义毫无共同之处,其实质是对国际团结的背叛。然后,斯兰斯基同志详细分析了南共领导集团对联共(布)和苏联——全世界工人阶级和所有进步力量的主要支柱所持的反苏的立场。南共领导人的言语已到如此荒谬绝伦的地步,似乎南斯拉夫不是苏联军队和苏联解放的,而是南斯拉夫人自己解放的。斯兰斯基同志说,毫无疑问,南斯拉夫人民同占领者进行了英勇的斗争。但不能忘乎所以,说南斯拉夫没有苏联自己也能战胜德国及其仆从,仅靠自身的力量就能解放本国领土。这样篡改历史只是为了降低苏联在群众中的威信,破坏新民主主义国家和苏联的友谊,企图使这些国家屈从于帝国主义。

某些南斯拉夫活动家在讲话时竟然把苏联和帝国主义国家相提并论,直接或间接散布关于"俄国帝国主义"的诬蔑之辞。这正是今年2

---

① 在斯兰斯基讲话的原记录稿中还有如下内容:"南共中央欺骗自己的人民,他们装出样子,仿佛脱离与苏联以及其他一些新民主国家的合作,是为了保护民族的利益。南共领导的道路并不是保护民族利益的道路,也不是保护自己国家独立的道路。恰恰相反。目前已经十分清楚,以在欧洲实施'马歇尔计划'为基础,帝国主义分子提出了更加深远的计划:消灭国家主权,奴役各国人民,将欧洲变成美帝国主义的保护国。美国人和英国人拒绝执行波茨坦决议以及对德国的分割,导致了西德的建立,在这里,在美国的领导之下,德国帝国主义自身的力量得到了复兴。在所谓的西方集团中已经公开取缔了各族人民的主权"。

月之前捷克斯洛伐克反动派所使用的伎俩。①

斯兰斯基同志强调了苏联给捷克斯洛伐克人民所提供的巨大物质和道义援助。他说，捷克斯洛伐克人民坚信，帝国主义国家和苏联在对外政策上的原则区别，在捷克斯洛伐克遭受灭顶之灾——旱灾的时候，苏联政府给了捷克斯洛伐克人民巨大的援助，使他们免受饥饿和贫困的威胁。由于苏联和斯大林同志，捷克斯洛伐克政府得到了十分优惠的兄弟般的援助，从而获得了继续走社会主义道路的机会。②

捷克斯洛伐克的工人阶级和人民在2月表现出了很高的觉悟、团结一致和坚定性。斯兰斯基同志说，但我们认为，我们2月的胜利不是孤立的，我们认为，只有在苏联战胜法西斯德国之后所出现的资本主义和社会主义总的力量划分的背景下这一胜利才有可能。

新民主主义国家能够建立人民的政权，首先是苏联解放作用的结果。如果说欧洲这一地区的人民能够走上社会主义道路，那么这是因为1917年俄国工人和农民在布尔什维克党的领导下掌握了政权，并以巨大牺牲的代价把落后的俄国建成了强大的社会主义国家，在斯大林同志的统率下粉碎了德国帝国主义。

斯兰斯基同志评述了南共领导人之一莫沙·皮亚德③的文章，认为这篇文章荒谬绝伦。这篇文章同南共领导集团的理论有关：似乎南斯

---

① 在1948年2月，捷克斯洛伐克共产党在苏联的协助下实现了国家的转折，将全部的权利集中在自己的手中。

② 苏联政府在答复哥特瓦尔德1947年11月25日致斯大林的信函中，同意以优惠的条件供给捷克斯洛伐克20万吨谷物，以补充斯大林在1947年7月所许诺的那40万吨谷物，当时争取了使布拉格拒绝参加关于实施马歇尔计划的谈判。

③ 莫萨·皮亚德，南斯拉夫人民议会主席团副主席，自1948年7月起任南斯拉夫共产党中央委员会政治局委员。

拉夫超过了苏联,苏联正在"变质",似乎苏联不再是革命因素,而南斯拉夫成了这样的因素。这些理论只能有一个目的,就是背叛社会主义事业。南共领导人现在想借"左"倾"革命活动"和煽动民族主义使南斯拉夫对立于苏联和人民民主国家,分裂社会主义统一战线以有利于帝国主义。但众所周知,只有社会主义的叛徒才可能反对苏联。

斯兰斯基同志说,我们认为,对待苏联的态度,不仅是对共产党员而且是对所有正直人们的试金石,是最重要的问题。①

然后斯兰斯基同志转入对南共中央对内对外政策的批评。他说,按照捷共中央的看法,一方面是背离工人阶级的立场而转入小资产阶级、民粹派和富农的立场,在由资本主义向社会主义过渡时期抹杀阶级斗争的机会主义方针;一方面是南共中央领导人的"左"倾冒险主义步骤——不顾阶级力量就直接宣布社会主义,这是一个问题的两个方面。这样乍看起来互相矛盾的方针是由于对总的革命前程丧失信心。马克思列宁主义的社会主义斗争方针被南斯拉夫变成帝国主义体系附庸的前景所取替。

斯兰斯基同志说,所以已十分清楚,为什么南共领导人扼杀共产党,为什么他们不使党变成有活力的朝气蓬勃的政治组织,变成国家的

---

① 在斯兰斯基讲话的原记录稿中还有如下内容:"很清楚,首先,新民主主义国家在帝国主义侵略的条件下,只有借助于苏联的援助以及与苏联的密切合作,才能够保住自己的独立,并开辟通向社会主义的道路。否则的话,他们就会面临着蜕化变质和重建政治体制的危险。在一些新民主主义国家里缺乏建设社会主义的生产资料和其他的一切资源。问题在于一些弱小的国家,这些国家在通往社会主义的道路上还存在着其他的困难。因此这条道路坚决要求在政治、经济、国防、文化以及其他的一切领域里的行动要协调一致"。

领导力量，为什么他们使党处在半合法状态，把党变成了官僚行政机构。①

接着斯兰斯基同志批评了捷克斯洛伐克共产党所犯的错误。他指出，在捷共党内，出现了两种危险。首先，在战胜反动派和取得成绩之后党内出现了盲目乐观的情绪，认为现在一切都会顺利，没有大的困难，国内没有任何力量可以阻止向社会主义前进。

斯兰斯基同志说，第二个问题是，捷共人数大大增加了，必须采取坚决措施从思想政治和组织上巩固党。斯兰斯基同志认为，解放后在同反动派作斗争时期党敞开大门是正确的，这保障了捷共夺取二月胜利并通过普遍选举巩固了胜利。

斯兰斯基同志宣布，捷共现有党员200多万人。他同时指出，由于同社会党合并，党还将增加几万人。他说，已指示进行严格审查，不接纳那些不主张在马克思列宁主义原则基础上实行工人阶级统一的社会民主党党员。接纳社会民主党党员为共产党员只能单个履行手续。作为有利的方面，斯兰斯基同志指出，党的多一半成员是工人，但党内也有许多小资产阶级分子渗透，他们是偶尔钻营进来的。因此，准备在1949年1月1日前对全体党员进行审查。这一审查的目的是清除那些不配党员这一光荣称号的人。

斯兰斯基同志说，我们打算清除几十万党员。为提高思想水平，教育党员，我们将开始一场大的运动。

---

① 在斯兰斯基发言的原记录稿中还有如下内容："作为阶级组织的最高形式，作为工人阶级和劳动人民大众有觉悟的先锋队组织，这样的党将妨碍南斯拉夫共产党领导人目前政策的实施。经验教导我们，在党内民主制的条件下，采取批评和自我批评，总是能使一些党内隐藏的异己分子暴露无遗。因此，不是在布尔什维克组织原则基础上建立党，而是把南斯拉夫共产党溶入人民阵线之中，应该看作是逻辑上的必然环节。"

斯兰斯基同志尖锐批评了南共领导人的政客作风,批评他们高傲自大。他举了这样一个事实,南共领导人,尤其是吉拉斯,在去年曾向捷共提出冒险主义的建议,即使用武装部队进攻布拉格的克里姆林宫①并逮捕贝奈斯。届时如需要部队,他们答应从南斯拉夫给我们派一个游击团。②

斯兰斯基同志说,至于向希腊民主分子提供武器,南共领导人也起了不好的作用。尽管捷克的同志立即同意援助希腊民主派,但南共领导人欺骗希腊的同志,对他们说,捷克人不想给他们提供武器,而又正式通知我们,他们不允许通过南斯拉夫领土向希腊运送武器。

日丹诺夫同志:您怎么解释这个两面派手法?

斯兰斯基同志回答说:他们想让希腊人认为不是他们而是我们错了。

日丹诺夫同志:这意味着他们想挑起你们和希腊人的争吵。

斯兰斯基同志完全同意日丹诺夫同志在报告中对南共状况的评价和所作的结论。他说,在南斯拉夫人拒绝参加情报局工作之后,他们已处在情报局队伍之外。应该坚决地和公开地发表声明,告诉南斯拉夫人民事情的真相,这是摆脱困境的唯一正确的办法。

斯兰斯基同志说:南共领导人对出席情报局会议邀请的答复是两面派和不能正确对待批评的典型。如果他们说,我们听取的是一面之词,那么,是什么阻止他们前来向我们作补充说明呢?③

斯兰斯基同志继续说:如果他们不这样做,那么就表明,他们没有

---

① 指捷克斯洛伐克总统官邸。

② 会议记录的文本里没有最后一句话,而记录了另外一句"日丹诺夫同志的插话:新式战术"。

③ 在会议记录的文本里,接下来的内容应该是日丹诺夫的如下意见:"日丹诺夫同志:为提供两方面的信息情报"。

任何依据，他们无法捍卫自己的反党立场。他们害怕公开辩论，他们害怕自己的党员和南斯拉夫劳动人民，并对他们隐瞒真实情况，企图压制人们对如此令人发指的镇压措施——如对赫布朗和茹约维奇同志那样——的不满。

斯兰斯基同志说，在第一次情报局会议上，完全是另一个样子，当时法国和意大利的同志们以布尔什维式的和同志式的态度接受了批评，他们甚至不知道他们要受到批评，因此没有可能进行准备。当时南斯拉夫的代表认为批评是正确的事情，参与了批评，甚至有些滥用批评。现在批评他们的时候，他们则说这不正确、不公平和受到了屈辱。

这不是屈辱的问题，而是原则冲突。事情涉及脱离反帝的社会主义阵线，涉及背叛社会主义事业。斯兰斯基声明说，人民解放战争时期英勇奋战的南斯拉夫共产党员和南斯拉夫人民，将不顾狂妄自大的领导人而能找到正确的道路。

斯兰斯基同志最后指出，本次共产党情报局会议将有助于消除一切妨碍前进的东西，它应该导致、毫无疑问也能够导致更紧密的国际团结，整个社会主义阵线的巩固，以全体共产主义者的骄傲——斯大林同志所领导的联共（布）这支先进队伍为首的所有共产党的团结。

陶里亚蒂同志表示意共代表完全同意日丹诺夫同志的报告和结论。他认为，共产党员对于日丹诺夫同志报告和联共（布）信里所论述的所有问题没有丝毫的动摇和怀疑。

陶里亚蒂同志说，意共书记处了解了联共（布）中央的信之后，完全同意这些信的内容，对南共领导人所犯严重错误感到吃惊。

在同南共某些领导人以及这个党的中层领导人交往过程中，意大利的同志们发现，南共的活动及其总的目标有问题。首先发现，战后南共某些领导人出现了幼稚倾向，冒险地玩弄新战争思想。其次发现，南共领导人对所有其他党表现出清高傲慢的态度。还发现南斯拉夫领导人在的里亚斯特自由区组织党的时候就背离了马克思主义原则。①

陶里亚蒂同志说,意大利共产党在私下谈话时批评过南共领导人的某些不正确原则,但没有下决心公开批评南共。所以我们深深感谢联共(布)中央,尤其是斯大林同志,感谢他们公开提出了这些问题,这有助于我们大家认清这些分歧的原则意义。问题不是两党或两国之间的偶然冲突,也不是联共(布)和南共领导人之间简单的误会问题。很清楚,南共领导人对联共(布)和苏联不仅持否定的态度,而且一直是抱有敌意的。

陶里亚蒂同志说,现在的主要问题是人民民主国家、西方国家的民主和共产主义运动力量,以及社会主义国家苏联之间的统一阵线问题。在这个根本问题上,南斯拉夫同志们背离了我们在战争期间和现在所为之奋斗的历史前进方向。人民民主以及民主和共产主义运动的发展是工人阶级和各族人民在反法西斯和帝国主义、争取自由和独立斗争中巨大努力的结果,是他们胜利的结果。但没有苏联,这些胜利是不可能的。问题不仅在于苏联给了他们巨大的物质援助,苏联军队粉碎了德国帝国主义和法西斯,问题还在于,最近几十年来在革命的工人运动和民主运动中苏联起了政治领导作用。

陶里亚蒂同志说,我们一直认为,苏联的这一作用,所有共产党员,其中包括各人民民主国家的共产党员,应该是清楚的。对南共领导人不承认苏联的这一作用,不承认没有社会主义国家的军事、外交、政治和经济援助就不可能建立人民民主制度,我们一直感到吃惊,甚至倍感难堪。对于我们这些国家,其中包括意大利(在那里社会主义和共产主义运动获得了很大发展)也是一样。

---

① 这句话是在校订会议记录时加进去的。

陶里亚蒂同志说，意大利共产党近年来占领了一些以前甚至连想都不敢想的阵地。很清楚，没有苏联的支持要占领这些阵地是不可能的。

陶里亚蒂同志说，什么是人民民主制度？当我们说人民民主时，这里指的不是社会主义制度，而是先进的进步的民主制度，它之所以能够建立，是由于共产党领导了组织成人民阵线的群众，而这一点保障了这些国家沿着社会主义方向发展和同帝国主义进行斗争。这些国家的同志们同意我的意见。但应该十分清楚，如果这些国家处于孤立状态，如果它们不同社会主义国家，不同其他国家的革命工人运动紧密合作，它们向社会主义发展是不可能的。

陶里亚蒂同志继续说，从这里可以清楚地看出人民民主国家、社会主义国家和其他国家的革命工人运动在一定历史条件下所建立的这种统一阵线的历史意义。

陶里亚蒂同志说，马克思主义者可以肯定地回答甚至在落后国家能否迅速向社会主义发展的问题。列宁和斯大林都谈过这种可能性，但这一发展的必要条件应是同社会主义胜利了的国家保持不间断的联系。南斯拉夫的同志们完全否定了我们对于这一历史前景的观点，认为他们已达到社会主义高级阶段，他们正在建设真正的社会主义，而苏联似乎正在蜕化变质。说这些话的竟是一个落后的农业国家的人们！从这里我们看到了令人厌恶的民粹派、孟什维克和托洛茨基观点的大杂烩。南斯拉夫领导人完全背离马克思列宁主义，因此出现了轻浮，以这种轻浮的态度，他们与统一的民主阵线、与苏联、与联共（布）、与整个国际革命运动断绝了联系。

陶里亚蒂同志说，摆在我们面前的问题是，自以为可以孤立地，甚至在帝国主义国家的帮助下建成超级社会主义的南共领导人将走上什么道路。南共领导人断绝同人民民主国家、社会主义国家和共产主义运动的联系，他们不可避免地要滑向资产阶级民主主义。在帝国主义国家里寻求援助，这意味着不可避免地导致南斯拉夫丧失独立，导致南斯拉夫民族的灭亡。

然后陶里亚蒂同志详细地分析了党的组织结构、党在人民阵线群众中的领导作用问题。陶里亚蒂同志说，南共领导人否定列宁、斯大林关于党的组织建设的学说和党内民主的学说。很清楚，在这些问题上存在着严重的原则分歧。他们断定，我们所掌握的南斯拉夫的情况是不充分的，这种看法是荒谬的。如果他们想让我们知道全面情况，那他们可以到这里来作全面介绍嘛。

陶里亚蒂同志说，但这里我想提起一段往事，在共产国际的发展史上，反对国际主义和表现为工人运动公开敌人的形形色色的机会主义者总是抱怨共产国际的领导不掌握全面情况。南共领导人所谓联共（布）中央得到了不正确的通报，这纯属是造谣中伤。在这种情况下，他们断言他们将继续忠于同联共（布）和其他兄弟党合作的政策是虚伪的。我们这里的相互关系不是建立在资产阶级礼仪规范基础之上的某种朋友协会。我们是承认马克思列宁主义学说的党，我们把这一学说作为自己思想和实践活动的基础。谁不承认这些原则，与这些原则决裂，谁就把自己摆在了这个统一战线之外。陶里亚蒂同志说，我们承认马克思列宁主义关于必须开展相互批评的原则。在我们建立情报局的时候，我们说过，我们的目的是组织交换情报和自愿协调行动，而这一切都要以发展相互批评和自我批评为前提。这是我们兄弟般友谊和我们合作的基础。抛弃这一基础，意味着把自己摆在了我们的队伍之外。

陶里亚蒂同志指出，南共领导人的行为表明，在制订情报局章程时，其中应该规定开展批评和自我批评的具体形式，将其作为我们兄弟般关系和合作的基础。（日丹诺夫同志：说得正确。）

陶里亚蒂同志说，我想提醒同志们注意这个事实，在上次会议上对我们党行动的批评，尽管对我们来说有点儿突然，但对我们仍有积极的意义。我们不把批评看成是对我们党领导人的侮辱。相反，这一批评促使我们认真思考我国和我们党的形势，并在此基础上做出相应的结论。我们较好地组织了人民阵线，找到了加入人民阵线的群众合作的新形式，巩固了我们的组织。

陶里亚蒂同志声明说，他认为日丹诺夫同志在报告最后部分所提建议是完全正确的。他建议立即公开提出问题，因为这是对南共的最好援助，可以帮助南共克服该党领导人的错误。

提到南共的历史，陶里亚蒂同志说，南共的发展一直是艰难的。他回忆了自己作为共产国际的代表参加南共最后一次秘密代表大会①的情形，在这次会上出现了党内派系之间的斗争。陶里亚蒂同志指出，但另一方面，该党一直有很好的战斗骨干，在马克思主义方面甚至有不错的修养。我们正是应该同这些干部打交道，相信他们能理解我们，能采取必要的措施改变形势。

陶里亚蒂同志说，很清楚，南共领导人的行为是对全世界共产主义运动和民主运动的严重打击。帝国主义者和他们的社会党走狗将利用这种情况达到自己的目的。杜克洛同志完全正确，他说他预见到了激烈的斗争。我们应该对这一斗争做好准备。

陶里亚蒂同志说，但这不是主要问题，最主要的是我们应该从南共领导集团所犯错误中吸取教训。这些错误表明我们应该共同和在每一个国家里反对哪些偏差和错误。

个别党里出现的危机一直是新的共同问题和危险的信号。正是在反对这些危险的斗争中我们的党得到了巩固，形成了党的骨干。

共产主义运动现在得到了广泛的发展，在某种程度上甚至超出了我们

---

① 指南斯拉夫共产党 1928 年在国外——在德累斯顿召开的党的第四次代表大会。

的期望。现在共产党在党员数量上有了很大增长,而在某些国家共产党还成了执政党。所有这一切给共产党造成了危险,使他们有可能失去发展方向,表现出狂妄自大和脱离马克思列宁主义。甚至可能被胜利冲昏头脑。

从政治上看,在第二次世界大战之后,利用民主和工人运动的高涨建立群众性的党是正确的。这给共产党提供了领导群众运动的新机遇,提高了共产主义运动的威信和对中间阶层的吸引力。

陶里亚蒂同志说,但领导这些党出现了困难,因为在它们的生活和斗争中出现了新的危险和新的问题。最大的危险是不再把党看成是先锋队、人民群众的领导力量。因此党有可能变成一个不定形的没有思想统一、没有能力领导群众斗争的群众组织。

陶里亚蒂同志说,例如,当我们看到某些党的成员超过了该国工会会员数量时,我们对此感到担忧。必须调整党员人数的增长。

然后陶里亚蒂同志指出,意大利共产党人数已增长到220万,现在必须对接纳党员工作进行调整。陶里亚蒂同志指出,在选举运动之后,意共又有一大批新党员加入。党的领导人认为,不能没有选择地把所有愿意入党的人都吸收进来。

陶里亚蒂同志强调了摆在像意共这样群众性大党面前的重要问题:(1)提高思想水平;(2)调动全体党员的积极性;(3)建立高素质的党的干部队伍。

陶里亚蒂同志说,在我们党的队伍里,还有资产阶级民族主义、掩盖党的面目、在帝国主义分子进攻——叫喊我们是苏联的间谍——面前表示出投降等倾向,还有害怕公开宣布苏联是主导力量的倾向。

陶里亚蒂同志认为,应该高度重视的是,意大利共产党员们对南共活动家错误的批评不能从民族主义和沙文主义立场出发,这一批评不能加强我们敌人的立场。陶里亚蒂同志说,例如,铁托被意大利反动派看成是头号敌人,我们批评和揭露他的错误,并不是从民族主义立场出发的。看待这种批评应具有高度的思想水平。①

最后陶里亚蒂同志指出,意大利共产党面临着重要的教育任务——提高全体党员的思想水平。他表示深信,本次情报局会议决议将有助于他们解决这一任务,意大利共产党将利用这些决议改善整个工作,在联共(布)和斯大林同志领导下加强党。

主持会议的拉科西同志宣布收到了机关报《争取持久和平,争取人民民主!》编辑部副主编格里戈良②同志的电报,他念道:

"今天南共中央宣传部通知我们,《争取持久和平,争取人民民主!》塞语版停刊。6月15日以俄文出版的最后一期不再用塞文出版。报纸停刊的理由是,情报局出版机关没登载南共的材料和即将召开的第五次南共大会的材料。格里戈良。"

日丹诺夫同志:这就是所谓的国际团结!

卢加同志声明说,斯大林和莫洛托夫同志的信以及日丹诺夫同志的报告深刻地分析了南共领导人的有害而危险的立场。十分清楚,这些问题不只是南斯拉夫人的内部问题,这些问题深深地引起了情报局所有共产党和工人党以及其他兄弟党的关心。罗马尼亚工人党对南共状况的立场表述在它给联共(布)中央的信中。

卢加同志说,我们这些党为了最大限度地巩固反帝和民主力量阵线,出于交换经验和协调行动的需要,组织了情报局。南共领导人的立场和他们拒绝出席此次会议的行为破坏了九党会议的决定,是对和平和社会主义利益的打击。

---

① 未经修改的这段话的会议记录是:"陶里亚蒂同志提请注意,意大利共产党员对于南斯拉夫共产党一些活动家的错误所进行的批评不带有民族主义的性质,例如,铁托被意大利的反动派当作头号敌人。看待这种批评应具有高度的思想水平。"

② 瓦甘·格里戈里耶维奇·格里戈良,自1947年10月起担任报纸的副主编,自1949年3月起担任联共(布)中央对外政策委员会主席。

帝国主义者和他们的走狗——右翼社会民主党不遗余力地分裂民主和反帝力量的统一。① 共产党和工人党过去和现在都在与这些企图进行斗争，揭露所有那些成为帝国主义手中工具的人，而南共领导人目前正在把自己的国家推上背叛反帝阵线的道路。

卢加同志声明说，南共领导人的立场，其典型特点是完全丧失了党性。南共领导人不敢把自己的真实政策交给全体党员和南斯拉夫劳动群众讨论，而这是任何一个马克思列宁主义政党所必须做的。同时南共领导人还拒绝兄弟党的批评，拒绝在情报局会议上真诚地讨论南共状况。

完全拒绝批评和自我批评，同马列主义政党精神毫无共同之处的骄傲和自大必将导致蜕化变质，最终投向阶级敌人的怀抱。本应公开承认在党的基本政策问题上完全违背了马克思列宁主义路线，而南斯拉夫共产党领导人企图以完全不符合实际情况的声明来掩盖这些错误。

卢加同志说，用一些"左"的措施和蛊惑人心的声明是骗不过我们的，例如这样一种可笑的论点，认为在南斯拉夫用不了多长时间便可以彻底消灭人剥削人的制度。同样，企图否定对南共领导人掩盖党的旗帜和拒绝在人民面前说明党的领导作用的批评，也骗不过我们。

出现这种无产阶级政党不能容许的情况，原因在于南共领导人心怀叵测，以突出个人取代突出党。卢加同志指出，南共领导人至今不想解释清楚，出于什么原因，他们在国家从德国占领下解放出来4年之后仍使党处于半合法状态。这一沉默应被看作是斯大林同志和莫洛托夫同志信中所作评价的新的证明，即这一政策的目的是欺骗人民，使人民保持幻想，认为在南斯拉夫现实生活中敌人将停止斗争，放弃合法和非法的活动。

茹约维奇和赫布朗同志的事件表明，南共领导人在政治上和道德上

---

① 此处删掉了卢加发言中的一句话："到处都存在着分裂反对帝国主义阵线的团结统一的类似企图，尤其是在新民主制的国家里"。

已堕落到何等程度,他们拒绝公开的行动,以残酷镇压的方法破坏党内民主、批评和自我批评。卢加同志说,我们完全同意联共(布)中央为防止茹约维奇和赫布朗同志被从肉体上消灭所采取的措施,完全支持这些措施。

卢加同志指出,南共领导人企图否定对人民阵线和南共关系的批评。铁托声明说,共产党的纲领和人民阵线的纲领是一致的,农民是人民制度的主要基础,试图找到对这一完全错误的声明的认同,是徒劳的。然而,尽管人民阵线的基础是反马克思主义和反革命的思想,南共领导人仍然断言,在其他人民民主国家,各民主主义阵线"开始按照南斯拉夫人民阵线的榜样发展"。

卢加同志说,至于我们,我们认为其他兄弟党的意见也是这样,我们过去和现在都不打算按照南斯拉夫人民阵线的路线走。我国的人民民主阵线包括罗马尼亚工人党和公开承认无产阶级及其政党领导作用的各群众性的民主组织。人民民主阵线的基础是工人阶级和劳动农民的联盟。我们引导农民和小资产阶级群众加入人民阵线之中的各群众性民主组织。这些组织是党建立的,处在党的领导之下。因此,这样的群众已经不是资产阶级机动的后备军,而是在人民民主阵线的范围里跟随我们党前进的群众。

我们所说的人民民主制度,指的是向社会主义过渡的一种特殊形式。列宁在1916年就指出:"一切民族都将走向社会主义,这是不可避免的,但是一切民族的走法却不会完全一样,在民主的这种或那种形式上,在无产阶级专政的这种或那种形态上,在社会生活各方面的社会主义改造的速度上,每个民族都会有自己的特点。"①

---

① 引文出自列宁1916年《论面目全非的马克思主义和"帝国主义经济主义"》一文,见《列宁全集》中文第2版第28卷第163页。——编者注

卢加同志声明说，我们认为，列宁这些话对于理解人民民主向什么方向发展，所谓人民民主和向社会主义过渡的特别形式是什么意思，具有重要的指导意义。但特别形式绝不意味着阶级斗争的熄灭。阶级斗争不断尖锐化是人民民主发展的规律。不遵循这一真理而行动的党必定会失去自己的革命性质，失去领导国家沿着建设社会主义道路前进的能力。在南共发生的正是这种情况。

通过人民民主向社会主义发展的特点在于，许多国家人民民主制度的诞生和发展是由于俄国无产阶级在布尔什维克党的领导下于1917年10月夺取了胜利，是由于俄国无产阶级专政的建立，是由于苏联存在了30多年，最后，是由于社会主义国家的军队战胜了希特勒的军队。

否定苏联的作用，即在被苏联红军解放的国家里，苏联是人民民主制度可能出现和发展的决定性因素，是铁托和南共领导人的严重错误，甚至是最大的错误。这一错误的根源是南共领导人骄傲自大，过高地估计了自己的力量。

卢加同志介绍说，南共方面曾努力向罗马尼亚出版物推荐南共中央委员武克曼诺维奇的文章，后者在文章中断言，南斯拉夫的榜样表明游击战争可能导致彻底胜利。这样，武克曼诺维奇大胆地否定了甚至连敌人都承认的事实——最终的胜利是苏联军队夺取的。

特别令人气愤的是，在国际关系问题上，如在的里雅斯特、卡林西亚、阿尔巴尼亚问题上，南共领导人对苏联和联共（布）表现出不诚实和两面派的态度。日丹诺夫同志通报的事实表明，无论南共领导人发表什么样的建设社会主义的声明和政策，他们都将把和平阵营，特别是人民民主国家的利益置于威胁之下，并将把南斯拉夫推向帝国主义阵营。

卢加同志声明说，罗马尼亚代表团同其他党的代表都认为，南共领导人的反苏立场应受到情报局最严厉和最坚决的谴责。

他同意这种观点，南共领导人的立场意味着对苏联和人民民主国家统一的社会主义阵线的背叛，这一立场是非常有害的，可能给南斯拉夫人民带来毁灭性的后果。

　　毫无疑问，南共领导人的反苏立场不会得到南斯拉夫人民的认可，南斯拉夫人民同俄罗斯人民有悠久的友好传统。南斯拉夫人民对自己的解放者——苏联深怀感激之情。这正是南共领导人采取两面手法的原因，他们不敢向人民讲明自己的真实政策，只能用忠于苏联和马克思—列宁—斯大林学说的词句进行粉饰。

　　卢加同志说，应该指出，在我们国家情况完全不同。统治阶级在数十年的时间里一直在培植对苏联的仇恨。我们国家卷入战争，站到了法西斯一边，它的军队参与了对苏联领土的占领和掠夺。所有这一切不能不在人民群众中留下痕迹。与这一倾向相反，我们党坚定地、公开地与反苏情绪进行了无情的斗争。因而，我们党在广大人民群众中唤起了他们对苏联的热爱、尊敬和感激之情。由于实施这一政策，我们的党巩固了，并扩大了自己在群众中的影响。我们把这些结果看成是我们政策的胜利。

　　在民族政策方面，我们党也进行了反对民族主义和沙文主义情绪的斗争。党的坚定政策和对马列主义学说的忠诚，保障了我们在这方面的胜利。

　　南共领导人背离马克思列宁主义政策，这使它走上了沙文主义、资产阶级民族主义和背叛国际主义事业的道路。这种民族主义不仅表现在同其他民族的相互关系上，而且表现在南斯拉夫的国内政策上。例如，现在南斯拉夫正在采取取消生活在那里的罗马尼亚人国籍的行动。生活在那里的罗马尼亚人面临着抉择：或放弃罗马尼亚的民族属性，或离开这个国家。

　　卢加同志接下来分析了罗马尼亚工人党从斯大林同志和莫洛托夫同

志信中得出的自己的结论。

他指出,波兰会议①对罗马尼亚工人党改善自己的工作提供了宝贵的援助。使它得出了这样的结论:为争取人民民主制度的新的阵地,必须加强反对阶级敌人的斗争。表明实施这一政策的是我们党现在取得的以下成就:从政府中清除了特特勒斯库集团,推翻了君主制和宣布共和国的成立②,通过了新宪法③,最后,对主要的工业和银行企业、交通和保险业实行了国有化。④

卢加同志说,斯大林同志和莫洛托夫同志的信,使我们认真地检查了我们的工作。这有助于我们纠正某些党员表现出来的自我满足倾向——看不到阶级斗争的尖锐性,每当取得成绩的时候就声称通向社会主义的最后障碍已被排除。我们还没有充分揭露阶级敌人的各种反抗表现。为了教育党员做好战斗准备和提高警惕性,坚决揭露这些反抗是必要的。我们没有充分揭露反革命的理论,如帕特拉什卡努⑤的理论——放弃阶级斗争政策、宣扬同剥削阶级合作、否定无产阶级在罗马尼亚民主发展中起领导作用的典型范例。在我们党的工作中,批评和自我批评,党内民主和集体工作方法还未充分扎根。

中央全会(今年6月10—11日)决议指出了农村阶级斗争的尖锐性和中央深刻研究农村阶级关系的任务。决议强调指出,只有通过联盟

---

① 指1947年9月在波兰召开的共产党情报局会议。

② 1947年12月30日,根据罗马尼亚共产党和政府领导人的命令,军队封锁了米哈伊国王的王宫,国王按照乔治乌-德治和部长会议主席格罗查的要求被迫签署了退位诏书。当天晚上,议会投票赞成取缔君主立宪制政体,并宣布罗马尼亚为"人民共和国"。

③ 罗马尼亚人民共和国宪法于1948年4月13日通过。

④ 关于国有化的法令是1948年6月11日通过的。

⑤ 帕特拉什卡努,罗马尼亚共产党领导人之一,曾任罗马尼亚司法部部长。1948年因所谓从事反对国家活动的罪名受到审判并被判处监禁,1954年被处决。

并在工人阶级领导下反对资本主义剥削,保卫劳动农民的利益才有可能。在目前阶段,我们在农村的这一斗争只是采取了限制资本主义成分的方针。全会决议揭露了帕特拉什卡努的反革命理论和各种机会主义理论,它们都是资产阶级影响在我们党队伍中的反映。

全会决定最近将开始审查党的队伍,清除钻进党内的异己分子和敌对分子。

全会讨论了开始批评和自我批评以及全党机关严格遵守集体工作方法的问题。全会指出,党的工作的一个薄弱环节是"党的干部在学习马列主义理论方面处于落后状态"。

卢加同志声明说,我们认为,进一步改善我们党工作的必要条件是掌握和运用联共(布)的历史经验,联共(布)不仅为俄国无产阶级,而且也为全世界无产阶级解决了马克思列宁主义政党的基本政策和组织活动的问题。这一经验是我们党和其他兄弟党取之不尽的宝库。轻视和否定这一经验将导致什么,从南共现在的形势中看得很清楚。

战争结束之后,莫洛托夫同志在表达全体苏联人民的感情时说:"在严酷的战争年代,领导苏联军队和苏联人民的是英明的、久经考验的苏联领袖——伟大的斯大林,这是我们的幸福。"我们也可以说:有斯大林同志这样的导师和领导人——马克思—恩格斯—列宁事业的天才继承者,这是我们共同的幸福,是全世界无产阶级的幸福。

在发言结束时,卢加同志指出,如果南共领导人拒绝考虑和改正自己的政策,拒绝承认和改正自己的错误,那我们的责任就是公开指出南共现领导人的严重危险的错误。这样,我们将按照革命无产阶级以及整个和平、民主和社会主义阵营的共同利益行动,帮助南斯拉夫共产党和南斯拉夫无产阶级实行符合南斯拉夫人民和国际无产阶级利益的政策。

卢加同志声明说,罗马尼亚代表团完全同意日丹诺夫同志报告中的结论,同意这种看法,即南共领导人以其政策和拒绝参加在情报局会议上讨论南共状况问题，已经把自己和南共置于了情报局队伍之外。南共状况的教训应该进一步提高我们的警惕——防止帝国主义分子分裂我们的企图，应该启发我们进行更坚决的斗争以反对帝国主义，全面地加强人民民主国家与取得了社会主义胜利的国家——苏联之间的统一的社会主义阵线。

会议主席：谁还想发言，就议事日程第一项进行辩论？

没有发言。辩论结束。日丹诺夫同志作总结发言。

日丹诺夫：辩论表明各代表团对南斯拉夫形势和根据形势提出的任务，意见完全一致，没有不同意见。因此我不再作总结发言。

会议主席：我们转入决议问题。建议成立第一项议事日程决议起草委员会。

日丹诺夫：我提议由陶里亚蒂同志领导该委员会，委员会由每一个代表团派出一名代表组成。

拉科西同志：……还有报告人。投票。一致通过。

各代表团推出的委员会成员有：陶里亚蒂（主席）、日丹诺夫、谢嘉、马林科夫、贝尔曼、斯兰斯基、基希涅夫斯基、科斯托夫、拉科西、法戎等同志。

会议到此结束。

日丹诺夫等关于捷、意、罗代表团发言致斯大林电

(1948年6月22日)

莫斯科

致菲利波夫：①

在6月22日上午的会议上，对茹拉夫廖夫的报告进行了讨论，发言的有斯兰斯基、陶里亚蒂和卢加。

斯兰斯基代表捷克斯洛伐克共产党中央委员会，对于联共（布）中央对南斯拉夫共产党中央委员会提出的合理的批评，以及茹拉夫廖夫的报告表示完全赞成。早在4月19日，在捷克斯洛伐克共产党中央委员会政治局的决议中，就已经表达了捷克斯洛伐克共产党在这些问题上的立场。自那时起南斯拉夫共产党中央委员会的错误就加重了，目前我们面临着更加重大的决定。1947年9月在波兰召开的九国共产党情报局会议上，我们就约定了协调行动。南斯拉夫人也同意这一点。这种决定是依据世界已经划分为两个阵营——反帝国主义的民主阵营和帝国主义阵营——所做出的。现在，南斯拉夫领导人抛弃了协调行动的原则，并脱离了统一的社会主义阵营。谁拒绝进步的民主阵营，他也就不可避免地跌入帝国主义的阵营。他们是在欺骗自己的人民，既使他们一再肯定，自己的行动是为了保护国家的民族利益。谁孤立于工人阶级的国际义务之外，他就是在帮助实现帝国主义的计划。南斯拉夫共产党持不正

---

① 该文件首页上有日丹诺夫的批示："未发出"。

确立场的原因是,南斯拉夫共产党的领导层脱离了无产阶级国际主义的立场,转向了资产阶级的民族主义立场。① 这一点首先表现在南斯拉夫共产党领导人对待苏联的态度上。苏联作为整个反帝国主义的民主阵营的重要支柱,是全体人民的和平和独立的支柱,是社会主义的支柱。南斯拉夫共产党领导人否认了这一点。南斯拉夫共产党的立场的荒谬性和虚假性是显而易见的。捷克斯洛伐克的反动派也正是这样考虑的,他们竭力削弱苏联在捷克斯洛伐克人民心目中的威望,从而使捷克斯洛伐克更容易地服从于帝国主义的利益。我们决不允许反动派的这种阴谋得逞。

斯兰斯基还回忆了苏联去年在粮食方面给予的帮助,当时捷克斯洛伐克遭遇了灾难性的歉收,并出现了国家经济衰落的危险。在这种情况下,国家可能会倒退许多年,社会主义运动可能会就此停止。多亏了苏联和斯大林同志所给予的帮助,这一切才没有发生。当 1948 年 2 月反动派试图进行反人民的运动时,人民在共产党的领导下摧毁了他们。这个胜利是在苏联和整个民主阵营胜利的大环境中取得的。如果捷克斯洛伐克共产党本身是孤立的,那么也就不可能在自己的国家里打败反动派。

只是由于苏联在反对希特勒分子的战争中所起的解放作用,人民政权才能够得以实现。人民民主国家走上了发展社会主义的道路,因为在 1917 年俄国的工人和农民在布尔什维克党的领导下夺取了政权,将俄国从一个落后的国家建设成为一个繁荣强盛的社会主义国家,并在斯大林同志的领导下摧毁了德国帝国主义。苏联为我们的人民打开了通向社会主义的道路。

---

① 下面是被删掉的内容:"只是狭隘地理解自己国家的利益以及骄傲自大的情绪。这样,他们就背叛了国际团结的原则并转向资产阶级民族主义的立场"。

莫沙·皮亚德的论断是荒谬和愚蠢的，他在《战斗报》上曾经发表声明说，在南斯拉夫国家政权的形式要高于在苏联的国家政权形式。类似的论断是与苏联正在"蜕化变质"并且不再是革命的因素，而南斯拉夫已经变成革命的因素这样愚蠢的和敌对的理论联系在一起的。在南斯拉夫人那里，左倾的词句掩盖了其敌对的活动。他们试图分裂统一的社会主义阵营。只有叛徒才可能下决心反对苏联。对一切诚实的人，而不仅仅是对共产党员来说，对苏联的态度就是试金石，是最重要的问题。只有借助于苏联的帮助以及与其进行密切的合作，人民民主国家才能够向社会主义前进，否则，就会不可避免地蜕化成为资产阶级。

斯兰斯基完全赞成茹拉夫廖夫在报告中对于南斯拉夫共产党中央委员会对内以及对外政策的评价。

南斯拉夫共产党领导人已经丧失了革命发展的共同方向。他们的发展前景就是将南斯拉夫变成资本主义制度的附庸。由此可以明白，南斯拉夫共产党领导人为什么禁锢南斯拉夫共产党，不允许党发展成为战斗的领导力量，而共产党正应该成为这种力量。党作为阶级组织的最高形式，作为已经觉悟了的工人阶级的组织，是有碍于南斯拉夫共产党领导人实施其犯罪的政策的。经验教导我们，在以布尔什维克的组织原则为基础建立的党内，异己思想总是被打败，没有其他出路。但是，在南斯拉夫已经不存在马克思列宁主义类型的党了，因为它已经融入了人民阵线之中。

对于我们来说必须从这整个事件中吸取教训。对捷克斯洛伐克共产党发展道路上存在的危险进行分析，斯兰斯基指出有两个主要的危险：

（1）胜利后的盲目乐观和骄傲自大，以及关于"目前一切进展顺利"的理论；

（2）党的队伍膨胀的危险性，形形色色的投机钻营分子渗入到党内，以及对党的工作缺乏准备的人出现在党的队伍中。

现在党内已经有 200 多万名党员。目前还将面临着接收来自社会民主党的 15 万人。虽然按照社会成分党内超过半数以上的成员是工人,但是仍然有许多投机钻营分子渗入了其中。目前我们所奉行的方针是严格地接收入党人员,并准备在 1949 年 1 月 1 日前夕审查党的队伍,清除党内的几十万不坚定分子,开始大规模的提高党员思想水平的运动,在党员中开展教育工作。

接着斯兰斯基还举了几个例子,说明南斯拉夫人对捷克斯洛伐克共产党的傲慢态度。他顺便还谈到吉拉斯给予捷克斯洛伐克人的冒险主义的劝告:"强攻占领布拉格的克里姆林宫并逮捕贝奈斯"。吉拉斯还答应派南斯拉夫的一个游击团援助捷克斯洛伐克人。

在援助希腊的问题上南斯拉夫人的立场具有挑拨的性质。南斯拉夫人向希腊人声称说,捷克斯洛伐克人不愿意帮助希腊人进行斗争,而他们自己却不允许捷克斯洛伐克的军用列车通过南斯拉夫的领土。他们以此欺骗希腊同志并希望挑起我们与希腊人的争执。

在此斯兰斯基声明说,他赞同在茹拉夫廖夫的报告中对南斯拉夫共产党领导人的政治和道德品质所作的评价。南斯拉夫人将自己置于共产党情报局的队伍之外。坚决地和公开地进行反对他们的行动,这是我们应该做出的唯一正确的结论。拒绝出席情报局会议,这就是伪君子的样板。是什么妨碍他们来到这里并对自己的立场进行解释呢?他们害怕公开的批评,害怕自己的党员,害怕自己的广大人民群众,他们对自己的党员和人民隐瞒了真相。代替民主和自我批评的是镇压。

在上一次波兰的九国共产党会议上,法国和意大利的同志们不知道自己将要受到批评,也不可能对此有所准备,但是,他们以布尔什维克式的态度接受了批评。南斯拉夫人在批评法国共产党和意大利共产党时甚至滥用了这一点。事情并不在于南斯拉夫人总是描写的那种受到的侮辱,而是在于对他们的错误持有的原则性的政治立场。社会主义的利益是与各国劳动人民密切相关的事业，对于南斯拉夫所发生的事情我们不可能做到漠不关心。南斯拉夫人民定会找到与自高自大的领导人意愿相反的一条正确的道路。

情报局第一次会议给了我们以巨大的帮助，帮助我们战胜了反动派。本次会议的意义也不小。它将更加巩固统一社会主义阵营内的国际合作，使各国共产党团结在令我们自豪的联共（布）周围。

陶里亚蒂在会上作了篇幅较长的、内容丰富和有趣的发言，在发言中他不仅对南斯拉夫共产党领导人的叛变政策进行了分析，而且还提出了与在现今条件下各国共产党的工作有关的一些问题，指明了党因其规模的扩大以及在工人阶级的斗争中占据了领导地位而出现的一系列困难和危险。

陶里亚蒂声明，意大利共产党中央委员会完全拥护联共（布）中央的信件以及茹拉夫廖夫同志的报告及其结论。

我们完全赞成对南斯拉夫共产党内状况所作的评价，完全赞成对南斯拉夫共产党领导人的政策所作的批评性的评价，并赞成所提出的结论。对于共产党人来说在所有这些问题上不可能有丝毫的动摇和怀疑。南斯拉夫共产党领导人的错误的严重性令我们感到惊讶和震动。在与南斯拉夫共产党的某些领导干部，包括与来自中层的领导干部的接触过程中，我们很久以来就发现，南斯拉夫共产党在确定总体目标的工作方面情况发展不良。首先我们发现，战后在南斯拉夫共产党的干部中，对于新战争的思想在一定程度上存在着幼稚的冒险的倾向。我们还发现南斯拉夫领导人对待其他共产党使用傲慢无礼的腔调。在的里雅斯特自由区建立党组织的问题上与南斯拉夫人发生了冲突，我们看到，南斯拉夫人脱离了列宁—斯大林的建党原则，他们是自上而下建党的。在私下进行交谈时我们批评了南斯拉夫共产党领导人的某些不正确的论点，但是，我们没有勇敢地在南斯拉夫共产党中央委员会里公开批评这些问题。

我们衷心地感谢联共（布）中央委员会，特别是要感谢斯大林同志，是他们公开地提出了这些问题。这有助于我们以及全体共产党员认清在联共（布）中央与南斯拉夫共产党中央委员会之间出现的分歧，具有极其重大的原则性意义。很清楚，这里所指的不是由于两国之间的关系或者是误解而发生在两党之间的某种偶然的冲突。显然，南斯拉夫共产党的领导同志对于联共（布）中央和苏联持有的不仅仅是否定的态度，而且是一贯的敌视的态度。

根本的问题是：关于在人民民主国家、欧洲西部各国的民主和共产主义运动与作为社会主义国家的苏联之间的统一阵线的问题。南斯拉夫的同志在这个根本性问题上背叛了战争时期我们为之奋斗的、现在和将来我们仍然为之而奋斗的那种历史性发展方向。显然，人民民主制度和西欧国家的共产主义运动所取得的成绩①，是苏联在反对法西斯主义和帝国主义的斗争中所付出的巨大的力量的结果。此处所指的不仅仅是苏联给予的巨大的物质援助，而且还有苏联红军摧毁了德国法西斯主义。

近20年来，在加强和巩固国际工人运动的斗争中，苏联起到了历史性的主导作用。对于全体共产党员②来说，苏联的这种主导作用应该是很清楚的。令我们感到震惊和气愤的是，南斯拉夫共产党领导人竟然不承认这个公认的事实。如果没有苏联军事的、外交的和经济上的援助，就不可能在欧洲的一系列国家里建立这种新的、进步的人民民主制度，这一点对于所有的人都是十分清楚的。至于意大利，那么在第二次世界大战之后，那里的共产主义和社会主义运动也获得了我们无法想象出的巨大发展。现在我们能够同帝国主义进行斗争。但是，没有苏联的支持我们是不可能占领这些阵地的。

---

① 电报草稿在"共产主义运动所取得的成绩"一句前还有"民主的"一词。
② 此处删掉了："对于全体人民民主制国家"。

还提出了另外一个原则性的问题：什么是人民民主制？它还不是社会主义制度，而是一种发展的进步的民主制制度。共产党人领导着被组织到民族阵线中的群众。如果人民民主制国家是孤立的，那么他们就不可能沿着社会主义道路发展。其他国家的工人革命运动，（这首先是）与社会主义国家——苏联的最密切的合作，这就是人民民主制国家发展的基础。由此可以清楚：人民民主制国家、社会主义国家以及其他一些国家的工人革命运动之间的统一阵线的历史意义。马克思主义承认经济落后的国家是能够向着社会主义方向发展的，但是，为此应该有取得了社会主义胜利的国家的支持这一点作为必备的条件。南斯拉夫的同志批驳①了我们的观点以及我们的历史远景，认为他们正在建设真正的社会主义，而苏联正在"蜕化变质"。众所周知，南斯拉夫是一个经济落后的国家，它不可能独立地开始社会主义的建设。在南斯拉夫共产党领导人的观点中，我们找到了一种孟什维克、民粹主义和托洛茨基路线混合的大杂烩理论。南斯拉夫的同志们完全脱离了马克思—列宁主义的学说。正是由于这样，南斯拉夫的同志们轻率地与人民民主国家的、苏联以及其他国家工人革命运动的统一战线断绝了关系。

他们走上了什么道路？他们认为，孤立地。甚至是在资本主义国家的帮助下，南斯拉夫能够发展"超社会主义"。这是谬论。南斯拉夫共产党领导人正在跌入资产阶级民族主义的泥潭。在资本主义国家里寻找帮助——这意味着使南斯拉夫丧失独立，使南斯拉夫人民遭到毁灭。

另外一些问题是与党的组织和建设、党的领导作用、党在人民阵线群众中的工作等问题有联系的。南斯拉夫共产党领导人否认列宁斯大林关于党的建设、党内民主的学说。在历史发展方向以及党的作用问题上出现了极其严重的有原则性的分歧。南斯拉夫共产党领导人坚持认为，

---

① 此处是日丹诺夫的手迹，以此来取代原来的"攻击"一词。

我们对南斯拉夫共产党内的状况知之甚少，这是荒唐的。他们是可以来到这里并向我们提供必要的信息的，但是，他们不愿意这样做。

在共产国际的发展历史中，进行反对无产阶级国际主义的斗争并最终表明自己是工人运动和社会主义公开敌人的各类机会主义分子，经常抱怨共产国际上层领导人不了解下层的情况。关于联共（布）中央，特别是斯大林同志和莫洛托夫同志对南斯拉夫共产党内的状况缺乏了解的这种论点，只不过是证明了南斯拉夫共产党所持的敌对立场。

在这种情形下，我觉得南斯拉夫共产党领导人这样的论点，即他们忠诚于各国共产党的合作和兄弟般团结的政策的论点，是荒唐可笑的。我们并不是由几个朋友组织起来的某种团伙，在这种团伙里，大家的关系是建立在资产阶级礼节规范的基础上。我们是统一阵线，这是在一定的历史条件下为一种明确的共同的目标而奋斗的统一阵线。我们是这样一些政党，承认马克思—列宁主义学说是他们的思想和行动的基础。如果脱离这些原则，如果与这些原则断绝关系，那么就是将自己置于统一阵线之外。

在成立情报局时，我们说过，情报局的目的是交换情报以及各国兄弟共产党自愿协调自己的行动。这首先要求以自我批评为前提条件。自我批评是我们兄弟般的团结与合作的基础。如果抛弃了这个基础，就是将自己置于我们的队伍之外。从南斯拉夫共产党领导人的行为中可以清楚地认识到，在制定情报局章程时，我们必须将批评与自我批评这个最为具体的任务作为我们团结与合作的基础。顺便提一下，我们应该注意那样一个事实：在第一次情报局会议上对意大利共产党提出批评时，尽管它没有预料到这一点，但是这种批评对于我们仍然产生了有益的后果。我们不认为这种批评是对我们党的领导人的一种侮辱，正好相反，这种批评促使我们去思考国内的状况，思考党内的状况，在这种批评的基础上我们做出了必要的结论——改组人民阵线，找到了一种动员群众的新方法，并巩固了我们的各级组织。

茹拉夫廖夫同志的建议是完全合理的。应该公开地提出这个问题，并且要立即这样做。这是我们能够给予南斯拉夫共产党的，以便使它战胜自己领导人的错误的最好的帮助。南斯拉夫共产党的整个发展历史是艰难的和沉重的。我还记得，作为共产国际执行委员会的代表，我出席南斯拉夫共产党的最后一次秘密代表大会的情形。在代表大会上，各种派别的斗争使党处于极端混乱的状态。但是，从另一方面来说，党拥有一批优秀的干部，这是根据我们学说的精神培养和教育的干部。我们正是应该对于这些党的干部进行呼吁，对党员群众和南斯拉夫人民提出呼吁，并坚信，他们是会理解我们的，并将采取必要的措施来改变其党内的状况。十分清楚，由于南斯拉夫共产党领导人所犯的错误，导致其脱离了人民民主国家、苏联和其他国家共产党的统一阵线，这对于全世界的民主制度以及共产主义运动是一个沉重的打击。帝国主义分子及其社会民主主义的仆从们，为达到其目的千方百计地利用这种分裂。杜克洛同志提出在宣传领域应该进行顽强的斗争和开展大规模的论战，这是正确的。对此我们应该做好思想准备。

但是，重要的还不是这一点。从南斯拉夫领导人的错误中我们得出了一些结论。这些错误向我们再一次表明了一些思想和政治倾向，在自己的国家里我们应该同这些倾向作斗争。共产主义运动已经获得了相当大的规模，这种规模甚至对我们来说都有几分意想不到。在一些国家里共产党还变成了执政党。这就给共产党人造成了新的危险。他们会由于自己的成绩而丧失正确的历史发展目标，骄傲自大，脱离马克思—列宁主义的原则。

领导"大规模的"人数众多的共产党变得有些困难了。出现了一些新的问题。应该清楚地看到，这里隐藏着什么样的危险。其中最大的危险就是——丧失党作为工人阶级和民主主义运动的先锋队这样的概念，丧失党作为人民的领导力量这样的概念，存在着党变成没有思想统一性的非正式的组织。党能够成为群众的领导并领导他们，这样是否就足够了呢？——对这一问题我们十分担心，因为在某些国家的党里，党员的数量比工会成员的数量还多。

意大利共产党目前拥有220多万名党员。这给我们提出了一系列与加强党的思想和组织工作有关的问题。关于提高党的思想水平问题是最实质性的问题。第二个问题——使绝大多数党员积极行动起来，第三个问题——关于大规模地组建业务熟练的党员干部队伍。在所有这些方面我们党的状况都是令人十分忧虑的。

在我们党的队伍中也出现了南斯拉夫人那些错误的萌芽。资产阶级民族主义的倾向，隐瞒自己党员身份的倾向，在那些宣称说我们党是苏联代理人的帝国主义分子面前投降的倾向，所有这些倾向在我们党某种程度上存在着。目前，我们正在开展与这些错误和倾向的斗争。

陶里亚蒂还提请注意，我们对南斯拉夫人提出的批评，不要被理解为是从民族主义的立场出发的。例如，在意大利人们可能说过，"铁托永远会被看作是一名强盗"。应该站在更高的思想原则水平上对南斯拉夫共产党的这些错误进行批评，以避免重犯这些错误。

当前在思想教育方面需要进行大量的工作。我们深信，本次情报局会议的决议将有助于我们进行这方面的工作，正如第一次情报局会议给予我们的帮助那样。我们将努力做到一切，以便从对南斯拉夫共产党的错误进行的批评中吸取教训。

卢加声明说，联共（布）中央委员会的信件以及茹拉夫廖夫同志的报告，深刻并极为正确地分析了南斯拉夫共产党内的状况。南斯拉夫共产党党内的状况问题，与其他各国共产党的利益是密切相关的。罗马尼亚工人党中央委员会完全赞成联共（布）中央的立场。南斯拉夫人拒绝参加情报局会议的这种行为，是对我们的统一阵线的沉重打击。南斯拉夫共产党领导人执行的是叛徒的政策。

卢加尖锐地批评南共领导人置自我批评的精神于脑后，表现出妄自尊大和傲慢无礼，这些行为不可避免地导致蜕化变质并跌入敌人的阵营里。逃避公开承认自己粗暴地破坏了马克思—列宁主义的原则，南斯拉夫共产党领导人以欺骗的手段企图隐瞒这一点。左倾的措施和煽动性的声明，即"南斯拉夫消灭人剥削人的制度已经是指日可待了"，是不可能欺骗我们的。南斯拉夫领导人不负责任的态度、蛊惑性的宣传以及两面派的手腕引起了我们的极大愤慨。脱离马克思—列宁主义关于政党的学说，使阶级敌人在南斯拉夫共产党内的活动变得轻松了。南斯拉夫领导人不是以党员的面目，而是以一个具有过重的虚荣心和独裁者的企图的人的面目出现，它以野蛮的镇压扼杀了党内的民主和自我批评（如发生在茹约维奇同志和赫布朗同志身上的事情）。

南斯拉夫共产党领导人还厚颜无耻地认为，在其他国家里人民阵线是"按照南斯拉夫的方式"发展的。卢加批驳了这些论调并声明说，罗马尼亚不打算走南斯拉夫的人民阵线的道路。罗马尼亚的人民民主阵线是由罗马尼亚工人党领导的。国家的劳动人民群众的所有组织都公开承认无产阶级及其政党的领导作用。

人民民主制度——这是向社会主义过渡的一种特殊的形式。还在1916年列宁就曾经指出，一切民族都将达到社会主义，但是，不是所有的民族都以同样的方式达到社会主义。这些指示有助于我们理解人民民主制度是向社会主义过渡的一种特殊的形式。但是，这种特殊的形式并不代表着阶级斗争的熄灭。阶级斗争的经常尖锐化——这是人民民主制度的必然规律。忘记这一点，就意味着丧失了革命的发展方向，这正如在南斯拉夫共产党内所发生的那样。

只是由于苏联方面的支持，人民民主制度才得以建立、保持和发展。不承认这一点，这种错误比铁托以及其他人的错误还要严重。这些错误的根源——就是南斯拉夫共产党领导人患有骄傲自大和过高估计自己的力量的毛病。

南斯拉夫共产党领导人企图"输出"自己的思想体系。卢加还谈到武克曼诺维奇在保加利亚所进行的宣传工作的情况。在罗马尼亚,武克曼诺维奇将游击战争说成是获得社会主义最终胜利的手段。

南斯拉夫领导人还捏造历史,否认苏联所起的作用,这说明他们已经堕落到了何种地步。

对于在国际问题上——在关于的里雅斯特、关于卡林西亚以及阿尔巴尼亚问题上,南斯拉夫人的两面派政策及其不诚实的行为,罗马尼亚工人党是以极其愤怒的心情看待的。

情报局应该严厉地指责南斯拉夫共产党领导人的反苏立场。这是对统一的社会主义阵营的背叛行为。南斯拉夫共产党领导人的这种立场,不仅有害于我们的统一阵线,而且有害于南斯拉夫本身。南斯拉夫人民与苏联有着伟大的传统友谊。南斯拉夫人民并不支持自己现任领导人的反苏立场。南斯拉夫共产党领导人知道这一点,他们不敢公开行动,并以"忠诚于苏联、联共(布)、马克思—列宁主义"这样的词句来掩盖自己的反苏立场。

卢加指出,掌握联共(布)的历史经验,这是巩固共产党的基本条件。联共(布)的经验——这是取之不尽的宝库。南斯拉夫共产党的例子已经表明,拒绝这种经验将会导致什么结果。我们的共同幸福在于,我们拥有斯大林同志这样的领导人——马克思、恩格斯、列宁事业的天才继承人。

应该公开说明南斯拉夫共产党的极端危险的错误,这样才符合世界无产阶级运动的共同利益。南斯拉夫领导人逃脱义务,并将自己置于情报局队伍之外。我们应该加强我们的统一阵线。

对于茹拉夫廖夫报告的讨论到此结束了。辩论表明,无论是在评价南斯拉夫党内的状况方面，还是在由此而确定的任务方面，各代表团达成了充分的一致。这样，茹拉夫廖夫就不再作总结发言了。

接着，为修订会议日程第一个问题的决议草案，成立了以陶里亚蒂为首的有各代表团代表参加的委员会。委员会在自己的第一次会议上作为基础接受了我们的决议草案。晚上，委员会将着手审理修改的意见。

布加勒斯特会议关于各项问题决议的讨论记录

(1948年6月23日)

绝密

会议于11时开始,12时15分结束。

陶里亚蒂同志主持会议。

听取了:

对议事日程第一个问题决议草案《关于南斯拉夫共产党的状况》的意见。

决议起草委员会主席陶里亚蒂同志的报告。

陶里亚蒂同志通报说,委员会对决议草案进行了研究,结果只作了一下顺序调整。但应该指出,还有一处重要修改,即在第8页第6条"……大规模集体农业的条件还不具备"之后又加上了一句话:"现在大多数劳动农民不相信集体经营方式的优越性"。

然后陶里亚蒂同志把决议草案提交表决。

陶里亚蒂同志提出的关于南斯拉夫共产党形势的决议草案被一致通过。(附后)

听取了:例行问题——

一、情报局的驻地问题。

陶里亚蒂同志作报告。

决定:

把情报局从贝尔格莱德迁往布加勒斯特。

二、关于情报局机关报《争取持久和平，争取人民民主!》编辑部驻地问题。

陶里亚蒂同志作报告。

决定：

把情报局机关报《争取持久和平，争取人民民主!》编辑部由贝尔格莱德迁往布加勒斯特。

三、关于情报局机关报编辑部成员问题。

尤金同志作报告。

决定：

根据情报局对议事日程第一项的决议，认为南共中央代表季赫尔和戈尔希奇已退出情报局机关报编辑部。

四、关于贝尔格莱德工会公约和巴尔干青年理事会问题。

乔治乌－德治同志作报告。

德治同志通报说，罗马尼亚工人党政治局今年5月25日讨论了贝尔格莱德工会公约和巴尔干青年理事会的问题。1947年11月，根据南斯拉夫工会的建议，召开了巴尔干国家工会会议，目的是拟订援助民主希腊的措施。根据南斯拉夫代表团的建议，签订了巴尔干国家工会公约。在此之前还成立了巴尔干青年理事会。

罗马尼亚工人党政治局考虑到了这种组织的存在将破坏国际团结，即破坏世界工会联合会和世界民主青年联盟的统一，有害于这些组织，使工会和青年孤立于其他国家，尤其是孤立于苏联之外。

这也是工人统一的敌人积极活动的借口，他们正着手建立地区组织（在斯堪的那维亚国家等）。

政治局已建议罗马尼亚工会和青年领导机关撤出这些组织并解散它们。①

德治同志还通报说，保加利亚工人党（共）也做出了类似的决定。他建议在情报局内讨论这个问题并作出相应决议。

辩论发言：

契尔文科夫同志说，保加利亚工人党（共）政治局完全同意和支持罗马尼亚同志们的这一建议。政治局已建议保加利亚总工会中央理事会宣布废除贝尔格莱德工会公约，建议保加利亚人民青年中央退出巴尔干青年理事会，并建议取缔这些组织。

拉科西同志说，匈牙利工会也被邀请参加贝尔格莱德工会公约。但我们认为，这将是有害的，起初决定派出观察员，后来又改变了主意，于是写信谢绝了。对巴尔干青年理事会我们也采取了同样的态度，写信声明我们拒绝参加巴尔干青年大会。

日丹诺夫同志说，联共（布）代表团同意报告人和其他同志对这个问题的意见。类似名称的组织的存在将给英国工联和美国劳联黄色组织中的分裂分子以可乘之机，让他们发展自己的分裂活动，保存和发展

---

① 巴尔干国家工会公约和巴尔干青年理事会是根据南斯拉夫的倡议产生的，因此，南斯拉夫人在这些组织里起了主导作用。1948 年 3—4 月期间，也就是苏南冲突开始的时候，在莫斯科，尤其是在苏联青年反法西斯委员会中，已经研究了与这些组织存在有关的问题。依据苏联列宁共产主义青年团中央委员会于 4 月 10 日提交给苏斯洛夫的会议记录报告，联共（布）中央对外政策部下达指示指出，苏联已经做出了关于取缔巴尔干青年理事会的决议，并建议由加入了这个理事会的"青年组织自己来执行这个决议是适宜的"。1948 年 6 月初，在与抵达莫斯科的罗马尼亚工人青年联盟总书记弗洛雷斯库进行会谈时，苏联方面向他表示了关于不希望巴尔干青年理事会存在的愿望。鉴于在保加利亚人和阿尔巴尼亚人那里都出现了与这方面有关的一些问题，通过苏联驻索非亚的临时代办以及驻地拉那的苏联参赞向他们通报了这一意见。

接受马歇尔计划的 16 国的分裂工会组织。①

陶里亚蒂同志宣读了关于这个问题的决议草案。

拉科西同志对决议草案提出了修改意见：在第 2 条里，除保加利亚和罗马尼亚青年组织以外，再加上匈牙利青年组织。

拉科西同志的修改意见被一致通过。

这样，考虑到拉科西同志的修改意见，通过了如下最后决议修改稿：

"注意到：

1. 贝尔格莱德工会公约的签订和巴尔干青年理事会的建立是政治错误；

2. 上述类似组织把参加它们的工会和青年组织同其他国家、苏联和人民民主国家统一阵线的工会和青年组织隔离开来，以及同其余组织——世界工会联合会和世界民主青年联盟隔离开来；

3. 这些组织有害于全世界民主组织的战斗统一，给民主和民主力量统一的敌人以借口分裂世界工会联合会和世界民主青年联盟以及世界民主妇女联盟。

情报局会议决定：

1. 承认贝尔格莱德工会公约和巴尔干青年理事会继续存在是不合适的，是错误的；

2. 赞成罗马尼亚工人党、保加利亚工人党（共）和匈牙利劳动人民党中央的决定——即建议罗马尼亚劳动总工会中央和保加利亚总工会中央理事会宣布废除贝尔格莱德工会公约，建议罗马尼亚民族青年联合会理事会、匈牙利民主青年中央和保加利亚人民青年协会中央宣布自己

---

① 此处指的是 1948 年 3 月在西欧国家的工会伦敦代表大会上成立的工会协商委员会，在这次会议上马歇尔的计划得到了拥护。

退出巴尔干青年理事会,并提议解散它;

3. 把情报局此决定通知希腊共产党和阿尔巴尼亚共产党中央"。

五、关于某些共产党加入情报局的申请。

马林科夫同志作报告。

马林科夫同志说:联共(布)代表团认为必须向情报局报告,希腊的同志们表示愿意加入情报局,成为情报局成员。这一愿望他们是在本次会议前不久向联共(布)中央提出的。在表达自己的愿望时,他们请求联共(布)中央表示对这个问题的意见。联共(布)中央认为必须把此事报告情报局,必须向希腊同志们表明自己的意见——认为现在希腊共产党加入情报局不合适。

马林科夫同志说,我们出于这种考虑,在现在的国际形势下,在目前希腊国内的形势下,希腊共产党加入情报局会给希腊同志们造成额外困难。英、美和希腊反动派会立即利用这一情况把希腊共产党人说成是莫斯科的代理人,把他们同希腊反动派的斗争说成是受外国控制的,自然是由莫斯科通过情报局控制的运动。我们认为,现在希腊同志们暂时不应加入情报局。同时我们认为,把情报局的活动告诉希腊同志们是可以的,也是有益的。这就是联共(布)中央对于希腊同志们关于希腊共产党加入情报局请求的意见。扎哈里亚迪斯同志[①]同意联共(布)中央的这一意见。我们认为我们有义务把此事报告情报局。

马林科夫同志说,接下来还应该向情报局报告,阿尔巴尼亚共产党中央也表示阿共愿加入情报局。对此我们也想表达自己的看法,我们认为也应该向阿尔巴尼亚的同志们解释清楚,阿共现在加入情报局不合时

---

① 尼科斯·扎哈里亚迪斯,希腊共产党中央委员会总书记。

宜。这种决定的理由是：阿尔巴尼亚的独立现在是由三国协定①保障的。阿尔巴尼亚还未被接收加入联合国，自然，在这种情况下加入情报局会使本来就很微妙的阿尔巴尼亚的国际地位更加复杂化。我们觉得，阿尔巴尼亚的同志们将会同意这些理由。我们还认为，应该把情报局的活动通报给阿尔巴尼亚的同志们。

马林科夫同志说，最后，芬兰同志们也想加入情报局。我们认为这个问题应在下一次情报局会议上邀请芬兰同志们参加讨论这个问题。我们还考虑到，今年7月初芬兰将举行议会选举。所以，在这次情报局会议上解决芬兰共产党加入情报局的问题不合适，但我们认为在不久的将来解决这个问题没有障碍。

这就是我们认为必须向情报局报告并提交本次情报局会议讨论的我们对某些共产党申请加入情报局问题的考虑。

大家都同意联共（布）代表团的意见。

陶里亚蒂同志宣读了关于这个问题的建议：

"关于芬兰共产党中央请求加入情报局的问题，将在下一次情报局会议上邀请芬兰共产党中央代表讨论"。

建议被会议一致通过。

六、关于情报局章程。

杜克洛同志作报告。

杜克洛同志建议通过这个问题的决议。

交换意见的结果，会议一致通过了以下决议：

"认为必须有情报局章程，委托由杜克洛同志（主席），苏斯洛夫

---

① 指苏联、美国和英国政府之间所签署的协定，根据该协定，苏、美、英三国应在1942年12月17—18日发表内容相似的关于不承认意大利对阿尔巴尼亚的占领以及支持其恢复独立的声明。

同志,杰奥尔杰斯库同志和贝尔曼同志组成的委员会在两个月期限里制订出情报局章程草案"。

七、关于情报局机构。

苏斯洛夫同志作报告。

苏斯洛夫同志说,现在情报局没有常设机构。这非常不方便,给情报局各党之间的联系造成了困难,使情报局不能对自己的机关报编辑部实行经常监督。

由于情报局没有常设机构,各党之间需要联系和进行接触,甚至发送召开情报局会议的消息,都不得不由联共(布)中央自己承担,自然,不能认为这种状况是正常的,这不能充分保障定期的和有效的联系。

情报局没有常设机构,还给情报局机关报《争取持久和平,争取人民民主!》编辑部的工作造成了困难,因为编辑部在遇到某篇重要文章或执行例行任务时,没有可以协商的机关。实际上情报局没有对报纸编辑部工作进行日常监督和指导的机关。

所有这一切,再考虑到情报局第一次会议到本次会议期间的工作经验,表明情报局必须有常设机关——秘书处。

秘书处的基本任务是:

——保障情报局各党之间的联系;

——对情报局机关报编辑部实施监督。

苏斯洛夫同志宣读了这个问题的决议草案。

辩论时发言的有马林科夫、拉科西、法戎、陶里亚蒂、斯兰斯基和日丹诺夫等同志。

交换意见的结果,与会者达成了共识——必须成立情报局秘书处,并一致通过了以下决定:

1. 成立情报局常设机关——秘书处,秘书处由参加情报局的各党代表组成，每党中央出一名代表。

2. 秘书处的基本任务是：保障加入情报局的各党之间的联系，对情报局机关报编辑部实施监督。

3. 已经获悉：向秘书处派出的代表有联共（布）中央——苏斯洛夫同志，罗马尼亚工人党中央——基希涅夫斯基同志，意大利共产党中央——巴叶塔同志①。

4. 已经获悉：其他党中央代表团声明3天之后提出情报局秘书处成员候选人。②

对例行问题进行的讨论

听取了：

1. 批准关于情报局会议的公报。
2. 尤金同志作报告。

通过如下决议：

批准公报的如下文本：

《共产党情报局会议公报》

6月下旬，在罗马尼亚召开了共产党情报局会议，出席会议的代表

---

① 朱里安诺·巴叶塔，意大利共产党中央委员会政治局候补委员。
② 在1948年7月5日召开的共产党情报局秘书处第一次会议上，作为共产党代表参加会议的有保加利亚工人党（共）的格·加涅夫，匈牙利劳动人民党的比罗·佐尔坦，波兰工人党的Я.伊齐多里奇克，法国共产党的П.昂热，捷克斯洛伐克共产党的Э.弗里什。意大利共产党的代表没有出席会议，而昂热只是临时代表，因为法国共产党还没有来得及任命自己的常驻代表。

有保加利亚工人党（共产党）的特·科斯托夫同志和维·契尔文科夫同志，罗马尼亚工人党的戈·德治同志、瓦·卢加同志和安·保克尔同志，匈牙利劳动人民党的拉科西·马加什同志、法尔卡什·米哈伊同志和格罗·埃诺同志，波兰工人党的雅·贝尔曼同志和亚·萨瓦茨基同志，苏联共产党（布尔什维克）的安·日丹诺夫同志、格·马林科夫同志和米·苏斯洛夫同志，法国共产党的雅·杜克洛同志和艾·法戎同志，捷克斯洛伐克共产党的鲁·斯兰斯基同志、威·希罗基同志、贝·格敏德尔同志和古·巴雷什同志，以及意大利共产党的帕·陶里亚蒂同志和彼·谢嘉同志。

情报局讨论了关于南斯拉夫共产党的形势，并一致通过了关于这个问题的决议案。

2. 关于公布情报局公报和决议案的日期和程序问题，由尤金同志进行汇报。

决定：

"在星期二，6月29日，公布情报局的公报和决议案，与此同时，在参加情报局的各国共产党的所有机关报上予以发表"。①

关于会议议事日程第二个问题的决议属于机密，不予公布。

---

① 出席会议的八国共产党的中央机关报都于1948年6月29日公布了关于协商会议的公报以及"关于南斯拉夫共产党内部状况"的决议案。这样一来，全世界就都知道了苏联与南斯拉夫的冲突。同一天，在贝尔格莱德召开了南斯拉夫共产党中央的全体会议，会上通过决议，驳斥共产党情报局的决议案是毫无根据的，其中对南斯拉夫共产党及其领导人的指控也是虚妄的。自6月29日下午起，在党的非公开会议上，开始向南斯拉夫的共产党员们介绍这个决议，以及共产党情报局决议案的内容。1948年6月30日在《战斗报》上公布了这两份文件。南斯拉夫共产党中央全体会议6月29日决议中表达的立场，得到了于1948年7月21—28日召开的南共第五届代表大会的拥护。

3. 关于批准情报局会议的会议记录问题，由巴拉诺夫同志进行汇报。

巴拉诺夫同志说，根据情报局的决定，除会议日程第一条的决议案和公报是采用了俄文和法文两种文字之外，情报局会议所有的会议记录都是用俄文书就的。

会议记录包括1948年6月19—23日期间召开的情报局6场会议的即时笔录；情报局给南斯拉夫共产党中央的电报，建议南共中央派自己的代表参加情报局的会议以及南共中央对该电报的复函；日丹诺夫同志就会议日程的第一个问题所作的报告；参加会议的各国共产党代表就日丹诺夫同志的报告所作的发言讲话记录；关于南斯拉夫共产党的状况问题的决议案；关于情报局会议的公报以及就会议日程的所有问题——"例行问题"所作的有关决议案。

各位代表就会议日程的第一个问题进行的发言讲话的记录，由与会者自己阅读和修改，秘书处最后修订会议记录文本时应考虑到上述修改内容，并将这些内容列入其发言稿中。

秘书处请各位代表签署情报局会议记录：

（1）签署关于会议日程第一个问题的决议案俄文和法文文本；
（2）俄文和法文两种文本的公报；
（3）关于秘书处报告的决议案。

决议：

批准情报局的会议记录。

陶里亚蒂同志在情报局会议结束之际，进行了总结性的发言，他说，我们结束了第二次情报局会议的工作。同志们将会很好地记得，我们的第一次会议具有怎样的巨大意义。当时，我们在各国共产党之中，在各个国家的民主主义运动之中建立了组织合作中心，并对某些党的工作进行了相互的批评。后来我们运动的发展情况表明：整个国际共产主义运动得到了继续的巩固。我们拥有了人民民主国家、社会主义国家苏联、资本主义国家的共产主义和民主主义运动的统一阵线。

陶里亚蒂同志说,自第一次会议起已经过去了9个月的时间,我们能够说,我们执行了上次会议的决议,党在国内已经巩固了自己的地位。

在这样的情况下,情报局的第二次会议召开了,我们按照联共(布)中央委员会的提议,对南斯拉夫共产党的状况进行了讨论,南斯拉夫共产党由于其一小撮领导人的罪过,中断了自己的国际联系并脱离了民主统一阵线。

陶里亚蒂同志接着说,讨论这个问题对我们来说,心情感到沉重,但是,必须这样做,因为我们知道,只有在同任何一种脱离无产阶级国际团结的倾向和偏离行为进行斗争的过程中,才能够巩固民主主义阵线的力量。

陶里亚蒂同志声明说,我以全体与会代表的名义,对于联共(布)中央及斯大林同志本人关于将关于南斯拉夫共产党状况的问题提交情报局会议进行讨论这一倡议,表示真诚的感谢。

我们全体一致赞同情报局会议通过的关于所讨论的这个问题的决议。这再一次表明我们的运动是充满力量的,我们的思想是一致的,我们的事业是共同的。这个决议为反对帝国主义、争取民主和社会主义而斗争的事业做出了新的贡献。

我们目前所处的国际形势不容乐观。帝国主义分子正在集结自己的力量,并企图破坏民主主义阵营的团结统一。这次会议的决议,有助于我们更好地与我们的敌人进行斗争,更加稳固地加强兄弟般的团结和扩大争取社会主义的斗争。

陶里亚蒂同志说,我们感到,摆在我们面前的新的任务是十分艰巨的。但是我们坚信,我们的党已经得到了巩固,我们是有能力承担这些任务的。

在苏联共产党（布尔什维克）和斯大林同志的亲自领导下，我们将勇往直前，去夺取新的胜利。

让工人阶级的国际团结更加巩固。

同志们，再见！（雷鸣般的掌声。）

附件一：

《情报局关于南斯拉夫共产党状况的决议》

由保加利亚工人党（共产主义者）、罗马尼亚工人党、匈牙利劳动人民党、波兰工人党、苏联共产党（布尔什维克）、法国共产党、捷克斯洛伐克共产党和意大利共产党的代表组成的情报局，在讨论了南斯拉夫共产党的状况并确认南斯拉夫共产党的代表已经拒绝出席情报局会议之后，一致赞同如下结论：

1. 情报局指出，南斯拉夫共产党的领导机关最近在内政、外交等主要问题上，执行了一种不正确的路线，一种脱离了马克思列宁主义的路线。因此，情报局批准了苏联共产党（布尔什维克）中央委员会的行动，即倡议揭露南斯拉夫共产党中央委员会的不正确的方针政策，尤其是铁托、卡德尔、吉拉斯和兰科维奇的不正确的方针政策。

2. 情报局确认：南斯拉夫共产党的领导机关对苏联和苏联共产党执行着一种不友好的政策。在南斯拉夫执行了一种诬蔑苏联军事专家和诽谤苏联的可耻的政策。南斯拉夫对苏联的文职专家们设立了一种专门的机构，使他们处于南斯拉夫国家保安机关的监视之下，并不断地受到跟踪。苏联共产党（布尔什维克）驻情报局的代表尤金同志和苏联驻南斯拉夫的一些官方代表，都受到了南斯拉夫国家保安机关的这种跟踪和监视。①

所有这些事实，以及其他类似的事实证明，南斯拉夫共产党的领导人已经采取了不是共产党人所应有的立场，开始把苏联的外交政策和帝国主义国家的外交政策混为一谈，并以对付资产阶级国家的同样态度来对付苏联。正是由于这种反苏的立场，从反革命分子托洛茨基的武器库中借来的所谓苏联共产党（布尔什维克）"蜕化"、苏联"蜕化"的诽谤宣传，才得以在南斯拉夫共产党中央委员会中散布。②

情报局斥责南斯拉夫共产党领导人的这种反苏立场，认为这种立场是与马克思—列宁主义不相容的，它只是适合于民族主义分子的立场。

3. 在对内政策上，南斯拉夫共产党领导人脱离了工人阶级的立场，背离了马克思主义关于阶级和阶级斗争的理论。他们否认资本主义成分在他们国内的增长，从而否认了阶级斗争在农村中的加剧。这种否认是

---

① 在另一份决议草案文本中，代替"苏联驻南斯拉夫的一系列官方代表"这句话的是日丹诺夫手书添写的如下内容："南斯拉夫政府和南斯拉夫共产党中央委员会，在对待苏联大使的态度方面持有敌对的立场，执行的是一条对其进行政治孤立的路线，对于苏联大使的态度，如同对于资产阶级国家的官员的态度"。

② 在另一份决议草案文本中，此处的内容如下："南斯拉夫领导人提出了无知的和敌对的观点，仿佛南斯拉夫不用以苏联为首的整个民主和社会主义阵营的支持，就能够建成社会主义。南斯拉夫共产党领导人对将南斯拉夫从德国占领者手中解放出来并站在世界整个进步的民主力量的前列的苏联，持有类似的敌意态度，这意味着，南斯拉夫共产党的首领们已经走上了背叛苏联和人民民主国家的统一的社会主义阵线的道路，走上了孕育着首先是对南斯拉夫共产党和南斯拉夫人民来说是严重后果的道路。多亏有苏联这样一个强大的社会主义国家的存在以及它所给予的支持，人民民主制度才得以取得胜利并得到巩固，其他国家的社会主义民主运动才得以发展。苏联是整个民主和反帝阵营的主要和领导力量，是全世界无产阶级的堡垒，是和平和民主的最可靠的支柱。企图离间南斯拉夫与统一的社会主义阵营的国家，南斯拉夫领导人破坏了南斯拉夫本身的民主和社会主义发展的基础，给无产阶级的共同事业造成了危害。任何企图削弱人民民主国家和苏联的统一阵线的尝试，都是与共产主义不相容的。"

从机会主义的观点出发的，即在从资本主义到社会主义的过渡时期，不是阶级斗争的尖锐化，如像马克思—列宁主义所教导的那样，而是阶级斗争的熄灭，如像布哈林式的机会主义者所断言的那样，后者曾鼓吹资本主义和平生长为社会主义的理论。

南斯拉夫领导人在农村中执行着一种不正确的政策，忽视了农村中的阶级分化，把个体农民看作是一个整体，而这就违反了马克思—列宁主义关于阶级和阶级斗争的学说，违反了列宁的著名论点——小生产的个体农民经济每日每时地、不断地、自发地、大量地产生资本主义和资产阶级。不仅如此，南斯拉夫农村中的政治情况，并没有令人沾沾自喜和引以自满的根据。在南斯拉夫，个体农民的经济还占着优势，土地还没有收归国有，土地私有的制度还存在着，土地还可以买卖，大量的土地还集中在富农的手里，并可以使用雇佣劳动——在这种情况下，如果用阶级斗争熄灭和阶级矛盾缓和的精神来教育党，就一定会使党在面临着社会主义建设的困难时解除自己的武装。

南斯拉夫共产党领导人在工人阶级的领导作用的问题上，脱离了马克思—列宁主义的道路，走上了民粹主义的富农党的道路，认为农民是"南斯拉夫国家的最稳固的基础"。列宁教导我们说：无产阶级是"现代社会中唯一革命到底的阶级……在全体人民争取彻底的民主变革的斗争中，在一切劳动者和被剥削者反对压迫者和剥削者的斗争中，必然是领导者"。

南斯拉夫领导人违背了马克思列宁主义的这一论点。

就农民而言，农民中的大多数人，也就是说，贫农和中农，是可以和工人阶级结成联盟的，在这个联盟中，工人阶级起着领导的作用。

南斯拉夫领导人的这些态度，无视这些马克思—列宁主义的论点。

不难看出，这种态度反映了适合于小资产阶级民族主义的观点，而不是马克思列宁主义的观点。

4. 情报局认为：南斯拉夫共产党的领导机关修改了马克思—列宁主义关于党的学说。根据马克思列宁主义的理论，党是国家的主要的指导和领导力量，它有自己专门的政治纲领，并且不把它自己溶解在非党的群众之中。党是工人阶级的最高组织形式和最重要的武器。然而，在南斯拉夫，认为国内的主要领导力量不是共产党，而是人民阵线。南斯拉夫领导人降低了共产党的作用，实际上把党溶解在非党的人民阵线之中，而这个人民阵线包含着极复杂的阶级成分（工人、个体农民、富农、商人、小企业主、资产阶级知识分子等等），以及形形色色的政治派别，包括某些资产阶级的政党在内。南斯拉夫领导人固执地拒绝承认他们的观点是错误的，硬说南斯拉夫共产党不能够而且也不应当有自己专门的政治纲领，而应以人民阵线的政治纲领为满足。

在南斯拉夫，在政治舞台上出现的只有人民阵线，而党及其组织并不用它自己的名义在人民面前公开出现，这一事实不仅降低了党在国家政治生活中的作用，而且使党不能成为一个独立的政治力量，而党是负有通过公开的政治活动，通过公开宣传它的观点和纲领，以取得人民日益增长的信任并扩大自己对广大劳动人民的影响的使命的。南斯拉夫共产党领导人正重复着俄国孟什维克的错误，把马克思主义的党溶解在非党的群众组织中。所有这一切，说明南斯拉夫共产党存在着取消派的倾向。

情报局深信：南斯拉夫共产党中央委员会的这种政策，威胁着共产党本身的生存，并包含着最终使南斯拉夫人民共和国蜕化的危险。

5. 情报局认为：南斯拉夫共产党领导人在党内造成的官僚主义的统治，对南斯拉夫共产党的生存和发展是致命的危险。党内没有民主，没有选举，没有批评与自我批评。与铁托和卡德尔的没有根据的保证相反，南斯拉夫共产党中央委员会的大多数委员都是指定的，而不是选举出来的。共产党实际上处于半合法的状态。党的会议或者是不举行，或者是秘密举行，这种情况只会破坏党在群众中的影响。南斯拉夫共产党的这种组织形式，只能称之为宗派—官僚主义的组织。它导向取消党，使之不能成为一个积极的、独立活动的组织，并助长党内军事领导的方法，如同托洛茨基从前所主张的方法一样。

在南斯拉夫共产党内，党员最基本的权利都被剥夺了，党内对错误措施的最轻微的批评，都会受到野蛮的压制，这种情况是完全不能令人容忍的。

情报局认为：南共中央委员茹约维奇和赫布朗同志因为敢于批评南斯拉夫共产党领导人的反苏立场和赞成南斯拉夫与苏联的友好，而被开除出党并遭到逮捕，这一事实是可耻的。

情报局认为：共产党内不能允许这种可耻的、完全是土耳其式的恐怖统治。南斯拉夫共产党生存和发展的利益，要求彻底结束这种统治。

6. 情报局认为，苏联共产党（布尔什维克）中央委员会和其他各国共产党中央委员会对南斯拉夫共产党中央委员会的错误所作的批评，和它们用这种方式给予南斯拉夫共产党的兄弟般的帮助，为南斯拉夫共产党提供了一切必要的条件以迅速改正它所犯的错误。但是，南斯拉夫共产党领导人不但不诚恳地接受这些批评，采取布尔什维克式的改正错误的道路，反而由于害上了极端野心、骄横和自大的毛病，以挑战和敌视的态度来对待这种批评。他们走上了一概否认自己的错误的反党道路，违背了马克思列宁主义关于一个政党对待自己的错误所应持的态度的学说，从而加重了他们的反党错误。

南斯拉夫共产党领导人由于不能面对苏联共产党（布尔什维克）中央委员会和其他兄弟党中央委员会的批评，而走上了公然欺骗他们自己的党和人民的道路，向南斯拉夫共产党隐瞒了中央委员会因其不正确的政策所受到的批评，同时向党和人民隐瞒对茹约维奇同志和赫布朗同志采取野蛮措施的真正原因。

最近，在苏联共产党（布尔什维克）中央委员会和其他兄弟党批评了南斯拉夫领导人的错误之后，南斯拉夫领导人仍然企图颁布若干新的左倾的法令。他们急匆匆地颁布了一个把小工业与贸易企业收归国有的法令，然而，实行这一法令的基础却完全没有准备好。由于如此匆忙，这一决议只会妨碍对南斯拉夫居民的商品供应。他们还以同样匆忙的方式，颁布了一个对农民征收粮食税的新法令，这个法令也是没有准备好的，因此，它只会使城市居民的粮食供应脱节。最后，南斯拉夫领导人在不久以前，还大喊大叫地宣称他们对苏联的爱戴和忠诚，然而，实际上大家都知道，他们正在执行着一种对苏联不友好的政策。

而这还并不是问题的全部。南斯拉夫共产党领导人最近以完全自信的态度，宣布了一个在南斯拉夫消灭资本主义成分的政策。铁托和卡德尔在4月13日给苏联共产党（布尔什维克）中央委员会的信中写道："中央委员会全体会议批准了中央委员会政治局提出的在国内肃清资本主义残余的措施"。

根据这个方针，卡德尔4月25日在南斯拉夫国民议会中发表演说时宣称："在我们的国家里，所有人剥削人制度的残余存在的日子，已经屈指可数了"。

在南斯拉夫现存的条件下，南斯拉夫共产党领导人关于消灭资本主义成分，从而消灭富农作为阶级的态度，只能是冒险的、非马克思主义的东西。因为，只要不可避免地会产生资本主义的个体农民经济在国内还占优势的话，只要大规模的农业集体化的条件还未具备的话，只要劳动农民的大多数还不相信集体耕作方法的好处的话，这个任务是不可能得到解决的。苏联共产党（布尔什维克）的经验证明，要消灭最后一个也是最大的一个剥削阶级——富农阶级，只有在大规模的农业集体化的基础上才能做到；而消灭作为一个阶级的富农，乃是农业集体化的一个有机的组成部分。

为了顺利地消灭作为一个阶级的富农,从而消灭农村中的资本主义成分,党必须进行细致的准备工作,以限制农村中的资本主义成分,加强工人阶级领导下的工农联盟,使社会主义工业能够制造集体农业机构所需要的机器。在这个问题上的急躁冒进,只能带来无法弥补的损失。

只有在周密准备和坚持实行这些措施的基础之上,才有可能从限制农村资本主义成分,过渡到最终消灭它们。

南斯拉夫领导人匆忙地或者是以一纸命令的办法来解决这个问题的一切企图,意味着这种冒险行为早已注定是要归于失败的,意味着这种冒险行为只是夸张的、空洞的和蛊惑人心的宣言。

情报局认为:南斯拉夫领导人力图用这些虚伪的和蛊惑人心的手段,来表明他们不但赞成阶级斗争,而且甚至走得更远,并超过了根据现实可能性在限制资本主义成分方面向南斯拉夫共产党提出的要求。

情报局认为:由于南斯拉夫领导机关这些左的法令和宣言都是蛊惑人心的,在目前条件下是不能实行的,因此,它们只能玷污南斯拉夫社会主义建设的旗帜。

这就是情报局为什么把这类冒险主义的手段,看作是卑鄙的手段和一种不能允许的政治赌博的原因。

由此可见,南斯拉夫领导人的这些左的、蛊惑人心的措施和宣言,目的就在于掩盖他们拒绝承认错误和拒绝老老实实地改正错误。

7.① 考虑到南斯拉夫共产党的状况,并为了向南斯拉夫共产党领导人指出脱离这种状况的道路,苏联共产党(布尔什维克)中央委员会和其他兄弟党的中央委员会曾经建议,南斯拉夫共产党的问题应当根据在情报局第一次会议上讨论其他各国共产党的活动那样的正常的党的原则,在一次情报局会议上来加以讨论。可是,南斯拉夫共产党领导人

---

① 此处删掉了决议草案最初文本中的部分内容,参见附件二。

拒绝了各兄弟党关于在情报局会议上讨论南斯拉夫共产党状况的历次建议。

南斯拉夫领导人为了逃避兄弟党在情报局会议上的正当的批评，杜撰了他们似乎处于"不平等的地位"的谎言。这种谎言没有一丝一毫是真实的。大家都知道，在情报局成立的时候，各国共产党是基于这样一个无可辩驳的原则进行工作的，即任何一个党可以向情报局提出报告，如同任何一个党有权批评其他的党一样。在九国共产党第一次会议上，南斯拉夫共产党曾经充分地利用了这一权利。南斯拉夫共产党拒绝向情报局报告它的活动，拒绝听取其他国家共产党的批评，实际上就意味着破坏了各国共产党间平等的原则，事实上等于要求南斯拉夫共产党在情报局中享有特权的地位。

8. 鉴于上述事实，情报局表示完全同意苏联共产党（布尔什维克）中央委员会曾于1948年3月至5月给南斯拉夫共产党中央委员会的一些信件中对南斯拉夫共产党情况的评价，对南斯拉夫共产党中央委员会所犯错误的批评以及对这些错误所进行的政治分析。

情报局一致得出结论：南斯拉夫共产党领导人，由于他们的违反马克思—列宁主义的反党、反苏的观点，由于他们的整个态度和他们的拒绝出席情报局会议，已使他们自己处于和参加情报局的各国共产党相对立的地位，走上了脱离反帝国主义的统一的社会主义阵线的道路，走上了背叛劳动人民国际团结的事业的道路，采取了民族主义的立场。

情报局斥责南斯拉夫共产党中央委员会这种反党的政策和反党的态度。

情报局认为：鉴于上述一切，南斯拉夫共产党中央委员会已使它本身和南斯拉夫共产党处于兄弟的共产党的大家庭之外，处于统一的共产主义阵线之外，从而处于情报局的队伍之外。

情报局认为，南斯拉夫共产党领导机关所犯的这些错误的根源，在于下列无可置疑的事实：

从前用伪装形式存在的民族主义分子，在过去五六个月中，在南斯拉夫共产党的领导机关中取得了统治的地位，因此，南斯拉夫共产党的领导机关就背离了南斯拉夫共产党的国际主义传统，走上了民族主义的道路。

南斯拉夫领导人大大地过高估计了南斯拉夫内部的民族力量和南斯拉夫的能力，认为他们不要其他国家共产党的支持，不要人民民主国家的支持，不要苏联的支持，也可以保持南斯拉夫的独立，并建设社会主义。他们认为，新南斯拉夫没有这些革命力量的支持也能生存下去。

南斯拉夫领导人不了解国际形势和帝国主义分子的讹诈与恐吓，认为他们可以用让步的办法来博得帝国主义国家的欢心。他们认为，他们可以同帝国主义国家就南斯拉夫的独立问题进行商议，并逐步地使南斯拉夫人民倒向这些国家，也就是说倒向于资本主义。在这一点上，他们是心照不宣地从某种资产阶级民族主义的论点出发的，即认为"资本主义国家对南斯拉夫独立的危险，比苏联对南斯拉夫独立的危险还要小些"。

南斯拉夫领导人显然是不了解，或者可能是装作不了解：这种民族主义的路线只能致使南斯拉夫蜕化成为一个一般的资产阶级共和国，丧失它的独立，并变成帝国主义国家的殖民地。

情报局并不怀疑，在南斯拉夫共产党内存在着忠于马克思—列宁主义的、忠于南斯拉夫共产党的国际主义传统的、忠于统一的社会主义阵线的足够健康的力量。

这些健康力量的任务在于迫使他们目前的领导人公开地、诚实地承认错误并改正错误，脱离民族主义并回到国际主义方面来，并且用一切办法来巩固统一的反帝国主义的社会主义阵线。如果南斯拉夫共产党目前的领导人证明不能做到这一点,那么,这些健康力量的任务就是要撤换他们,并选举出一个新的国际主义政党的领导机构。

情报局不怀疑南斯拉夫共产党将会完成这一光荣的任务。

附件二:

情报局会议决议草案被删掉的第7条片断

情报局确认,南斯拉夫共产党领导人的典型特征,不仅是他们脱离了马克思—列宁主义并转变到反党的立场上,而且在其政治活动的风格和方法方面,广泛地采用了有损于其名誉和尊严的欺诈手段和政客作风。南斯拉夫领导人的这种掺杂着政客作风和欺诈手段的政策,还表现在就南斯拉夫提出的南斯拉夫—奥地利边界的领土要求所进行的谈判中。最初是奥地利方面提出的使南斯拉夫在领土方面进行重大让步的要求,后来南斯拉夫领导人向英国人通报说,他们将在领土方面做出让步。但是,关于这些幕后允诺的对英国人和美国人的让步,南斯拉夫人并没有正式声明过,也没有就此向苏联通报任何情况,这使苏联理解为,应该坚持南斯拉夫最初的要求。这样一来,南斯拉夫人就将苏联推入那样一种境地,即苏联坚持南斯拉夫人的立场比他们自己更坚决,在向英国人做秘密让步的同时,南斯拉夫人不仅企图将苏联置于尴尬的地步,而且以向英国人和美国人让步来为自己创造机会,并将自己的不顺利……①的全部罪责,即南斯拉夫人不可能达到其要求的这种罪责推到苏联身上。

这种行为,不仅对于共产党人来说,而且对于任何一个诚实和正派

---

① 此处原档字迹不清。——编者注

的人来说，即使他不是一名共产党员，都是不体面的行为。

第二，根据苏联与南斯拉夫之间签署的协定，两国政府有责任就国际关系方面的一系列重大问题进行互相协商。但是，南斯拉夫政府接连不断地破坏这个协定，并以此来阻碍苏联对外政策工作，这也削弱了自己的地位并迎合了卑鄙的政客作风。例如，在的里雅斯特问题上，当英国人和美国人单方面地建议撕毁的里雅斯特国际条约并将其归还意大利时，就出现了这样的情况。不顾苏联和民主主义国家为解决的里雅斯特的地位问题所付出的巨大努力，南斯拉夫政府在没有通知苏联也没有与其进行协商的情况下，匆忙宣布自己同意与意大利就改变的里雅斯特的地位和将其转交给意大利举行单方面的会谈，这样就加强了英国人和美国人以及意大利反动派的地位。南斯拉夫共产党和政府领导人，背信弃义地破坏了同苏联的协定以及人民民主国家和苏联的统一阵线，这种行为，不仅对于共产党人来说，而且对于任何一个信守诺言的诚实和正派的人来说，都是不体面的行为。

第三，在1948年年初，南斯拉夫在没有通知苏联也没有与其进行协商的情况下，决定向阿尔巴尼亚派出自己的一个师，这就将阿尔巴尼亚的安全置于危险之中，因为英国人和美国人会将南斯拉夫人的这种举动看作是企图破坏阿尔巴尼亚的独立，并以此为借口在阿尔巴尼亚采取军事干涉行动，这意味着在巴尔干地区有建立战争策源地的危险。苏联政府在偶然地获知南斯拉夫人的这种打算之后，对于南斯拉夫人在不同苏联协商的情况下就决定这个问题的实质和方法，向南斯拉夫人提出了义正词严的抗议。南斯拉夫政府打消了向阿尔巴尼亚派出自己的师的打算，但是，它甚至没有将自己的行动步骤告知苏联政府。南斯拉夫领导人的这种行为以及破坏双方已经缔结的协定，不仅对于共产党人来说，而且对于任何一个诚实和正派的人来说，都是不体面的行为。

情报局认为，诸如类似的事实，不仅证明南斯拉夫共产党领导人在马克思主义方面所犯的错误，而且还证明他们低下的政治道德水平，以及他们已经从诚实的、有原则性的政策轨道，跌入了下流的政客作风和对自己同盟者进行卑鄙的欺骗的轨道上。

情报局关于南斯拉夫共产党情况的决议（摘录）*

（1948年6月28日）

一、情报局着重指出，近来南共领导在对内对外政策方面的一些主要问题上，实行了一条不正确的、背离马克思列宁主义的路线。在这一点上，情报局赞成联共（布）中央的行动，即主动揭发南共中央的错误政策，特别是铁托、卡德尔、吉拉斯和兰科维奇等同志的错误政策。

二、情报局宣布：南共领导正在实行一条对苏联和联共（布）不友好的政策。南斯拉夫执行了一个诽谤苏联军事专家和损害苏联名誉的下流政策。南斯拉夫为苏联文职专家制定了一种特别的规定，从而使他们受到南斯拉夫国家公安机关的监视，并经常被跟踪。联共（布）在情报局的代表尤金同志和苏联在南斯拉夫的许多官方代表，都曾受到南斯拉夫国家公安机关的跟踪和监视。

所有这些事实和一些类似的事实都说明，南共领导人所采取的立场和共产党人的身份是不相称的，他们已经开始把苏联的对外政策与帝国主义列强的对外政策混为一谈，而且用对待资产阶级国家的同样方法对待苏联。南共中央这种反苏立场造成的结果，就是使那些从反革命托洛茨基主义武器库里借来的诸如联共（布）已经"变质"，苏联已经"变质"等等的诽谤性宣传广为流传。

情报局谴责南斯拉夫领导人的这种反苏态度，认为它是与马克思列

---

* 南共中央是通过南斯拉夫通讯社得到这个决议的。

宁主义不相容的，这种态度只是民族主义者的态度。

三、在对内政策方面，南斯拉夫领导人正在背离工人阶级的立场，放弃马克思主义的阶级和阶级斗争的理论。他们否认在自己的国家里滋长着资本主义成分，从而也否认农村阶级斗争日益尖锐化。这种否认是机会主义信条的直接产物。这种机会主义信条主张，在从资本主义到社会主义的过渡时期，阶级斗争不是像马克思列宁主义教导的那样变得更加尖锐，而是熄灭了，这恰恰是布哈林之流的机会主义分子所宣传并断言的资本主义和平长入社会主义的理论。

南斯拉夫领导人正在农村推行一种错误政策，他们无视农村的阶级分化，并且认为个体农民都是单独的统一体，这是和马克思列宁主义的阶级和阶级斗争的学说背道而驰的，是和列宁关于小农生产不断地、每日每时地、自发地和大批地产生着资本主义和资产阶级的著名论断背道而驰的。而且，南斯拉夫农村的政治形势并没有使人沾沾自喜、自鸣得意的理由。在南斯拉夫盛行的情况是：个体农民生产占优势，土地尚未国有化，还存在着土地私有和土地自由买卖，大部分土地集中在富农手中，并且使用雇佣劳动——在这种情况下，毫无疑问，他们会以掩盖阶级矛盾、调和阶级斗争的精神教育南共，而这样一来，必然会使党在建设社会主义的困难面前解除自己的武装。

在工人阶级领导作用的问题上，南斯拉夫领导人正在背离马克思列宁主义道路，走上民粹党、富农党的道路，因为他们断定农民是南斯拉夫国家"最稳定的基础"。列宁教导说，无产阶级作为"现代社会唯一彻底革命的阶级，应当成为全体人民在争取彻底的民主主义变革的斗争中、全体被剥削劳动者在反对压迫者和剥削者的斗争中的领导者"[1]。

南斯拉夫领导人正在违背这个马克思列宁主义的论点。

---

[1] 《列宁全集》第20卷，人民出版社1989年版，第309—310页。——编者注

就农民而言，即使可能其大多数（即贫农和中农）已同工人阶级结成了联盟，但工人阶级在这个联盟中起着领导作用。

南斯拉夫领导人的态度是漠视这些马克思列宁主义论点的。

显而易见，这种态度也反映了与小资产阶级民族主义而不是马克思列宁主义相适应的观点。

四、情报局认为南共领导正在修正马克思列宁主义关于党的学说。根据马克思列宁主义的理论，党是国家主要的指导和领导力量，它有自己的特殊的纲领，不能把自己溶解于非党群众之中。党是工人阶级的最高组织形式和最重要的武器。

然而，在南斯拉夫，被看作国家主要领导力量的是人民阵线，而不是共产党。南斯拉夫领导人贬低共产党的作用，实际上把党溶解于由极为复杂的阶级成员（工人、从事个体农业的农民、富农、商人、小业主和资产阶级知识分子等）所组成的非党的人民阵线之中，并把党与包括某些资产阶级政党在内的政治团体混同起来。南斯拉夫领导人顽固地拒绝承认他们这样一种信条的虚伪性：即所谓南共不能有、也不应该有自己的特殊纲领，南共应满足于人民阵线的纲领。

在南斯拉夫，只有人民阵线在政治舞台上占据重要位置，而党及其组织没有以自己的名义公开出现在人民面前，这一事实不仅贬低了党在国家政治生活中的作用，而且损害了作为一种独立政治力量的党的本身，因为党的任务是通过公开的政治活动及公开宣传自己的观点和纲领，赢得人民不断增长的信任，并影响更广泛的劳动人民群众。南共领导人正在重复俄国孟什维克分子关于将马克思主义的党溶解于非党群众组织之中的错误。所有这一切暴露出南共党内存在着取消主义的倾向。

情报局相信，南共中央的这个政策威胁着共产党本身的生存，而且终究将导致南斯拉夫人民共和国变质的危险。

五、情报局认为：南共领导人在党内建立的官僚统治，对南共的生存和发展来说是一场灾难。南共党内没有民主、没有选举、没有批评和自我批评。尽管铁托同志和卡德尔同志有过一些空洞的保证,但南共中央的大多数委员是指定的,而不是选举产生的。共产党实际上处于半合法状态。党的会议或是根本不开,或是秘密召开,这个事实只能削弱党在群众中的影响。像南共这种类型的组织,只能被称为宗派主义、官僚主义的组织。它正在把一个生龙活虎的、作为独立活动的有机体的党引向灭亡,它正在党内培养着与托洛茨基在当时所提倡的方法类似的军事领导方法。

南共党员最根本的权利受到压制,对党内的不正确措施哪怕只作一点点批评,也要受到粗暴的制止。这一事态是完全不能令人容忍的。

情报局认为,由于南共中央委员茹约维奇和赫布朗敢于批评南共领导人的反苏态度,并要求南斯拉夫与苏联友好,南共领导人就把他们开除出党并且加以逮捕,这种行动是不光彩的。

情报局认为,这种不光彩的、纯粹土耳其式的恐怖统治,在共产党内是不能容忍的。南共本身的存在和发展的利益要求结束这种统治。

六、情报局认为,联共(布)中央委员会和其他共产党中央委员会对南共中央委员会的错误所作的批评,给予了南共中央委员会以兄弟般的帮助,并向其领导人提供了迅速改正所犯错误的一切必要条件。

然而,野心勃勃、骄傲自满和自高自大的南共领导人,不是诚恳地接受批评,并以布尔什维克式的态度改正他们的错误,而是以挑战和敌意来对抗批评。他们走上了不分青红皂白地否认他们的一切错误的反党道路,并违反了马克思列宁主义关于一个政党如何对待自己错误的学说,从而加重了他们的反党错误。

由于不敢正视联共(布)中央委员会和其他兄弟党中央委员会的批评,南共领导人走上了公然欺骗党和人民的道路,它向全党隐瞒对中央委员会错误政策的批评,向党和人民隐瞒对茹约维奇和赫布朗同志采取残暴措施的真正理由。

近来，在联共（布）和其他兄弟党批评了南斯拉夫领导人的错误之后，他们试图新增加一些左的法令。他们匆忙颁布命令，对中型工商业实行国有化，尽管完全缺乏这样的基础。由于匆忙地增加了一种新的粮食税，而对实施办法同样未作准备，因此这只能打乱对城市人口正常的粮食供应。还有，就在最近，南斯拉夫领导人大声疾呼，宣称他们热爱并忠诚于苏联，但是，众所周知，在实践上他们却执行着对苏联不友好的政策。

事情还不止于此。近来南斯拉夫领导人一直信心十足地高声宣讲一项在南斯拉夫清除资本主义因素的政策。在4月13日给联共（布）中央的信中，铁托同志和卡德尔同志写道："中央委员会全体会议同意中央政治局提出的关于在国内清除资本主义残余的各项措施。"

按照这条路线，卡德尔同志4月25日在斯库普什蒂卡的讲话中宣称："在我国，人剥削人的残余现象不会存在很长时间了"。

在目前南斯拉夫现有的条件下，南共领导人关于清除资本主义分子——从而清除作为一个阶级的富农——的主张，只能被认为是冒险的而且是反马克思主义的。因为只要不可避免地产生资本主义的个体农民经济在国内占优势，只要大规模农业集体化的条件还不具备，只要大多数农业工人对集体耕作方法的好处还没有信服，要想解决这项任务就是不可能的。联共（布）的经验表明，只有在农业大规模集体化的基础上，消灭最后和最大的剥削阶级——富农阶级——才是可能的，而消灭富农阶级也是农业集体化不可缺少的有机组成部分。

为了消灭作为一个阶级的富农，从而在农村消灭资本主义因素，党需要在农村进行限制资本主义因素的仔细的准备工作，加强工人阶级领导下的工农联盟，并使社会主义工业能为集体经营的农业生产机器。在这方面仓促从事只能招来不可弥补的危害。

只有在仔细准备和不断执行这些措施的基础上，才能从限制农村资本主义因素过渡到消灭这些因素。

南斯拉夫领导人仓促地使用行政命令的办法解决这个问题的一切企图，都意味着或者这种冒险是注定要失败的，或者，这只不过是一个自吹自擂、空洞无物、蛊惑人心的宣言罢了。

情报局认为，南斯拉夫领导人正竭力用这种虚伪的和蛊惑人心的策略，表明他们不仅赞成阶级斗争，而且甚至走得更远，但考虑到现实可能性，这样的做法已超出了南共在限制资本主义因素方面所能提出的要求。

情报局认为，既然南斯拉夫领导人的这些左的法令和宣言在目前条件下不过是在蛊惑人心，而且是行不通的，因而他们只能有损于南斯拉夫社会主义建设的旗帜。

正是出于这些原因，情报局认为这样的冒险策略是一种下流的花招和不能允许的政治赌博。

正如我们所看到的，南斯拉夫领导人的这些左的煽惑性措施和宣言，其目的是为了掩盖他们拒绝承认错误并诚恳改正错误的事实。

七、考虑到南共党内的局势，并为了设法向南共领导人指出摆脱这种局势的途径，联（布）中央委员会和其他兄弟党中央委员会建议，应该像在情报局第一次会议上讨论其他共产党的活动一样，以同样的、正常的伙伴关系为基础，在情报局会议上讨论南共党内的情况。

然而，南斯拉夫领导人却拒不接受兄弟党一再提出的关于在情报局会议上讨论南共党内情况的建议。

南斯拉夫领导人企图逃避兄弟党在情报局内提出的公正批评，捏造了所谓他们的"不平等地位"的无稽之谈。这种说法是完全不真实的。众所周知，当情报局成立时，各个共产党的工作都是建立在这样一个不可争辩的原则基础之上的，即每一个党，正像它有权利批评其他党一样，有义务向情报局报告它的工作。

在九国共产党第一次会议上，南共曾充分利用了这种权利。

南斯拉夫人拒绝向情报局报告自己的活动并听取其他共产党的批评，这实际上就意味着破坏各共产党之间的平等地位，而且事实上就等于南共要求在情报局里享有特权地位。

八、鉴于以上情况，情报局表示完全赞同联共（布）中央1948年3月到5月间给南共中央委员会的信件中对南共党内局势的评议，对南共中央委员会所犯错误的批评和对这些错误的政治分析。

情报局得出了一致的结论，即根据南共领导人的与马克思列宁主义不相容的反党反苏观点，根据他们的整个态度和拒绝出席情报局会议这一事实，南共领导人已将自己置于情报局所属各个共产党的对立面，走上了脱离反对帝国主义的社会主义统一阵线的道路，走上了背叛工人阶级国际团结事业的道路，并采取了民族主义的立场。

情报局谴责南共中央委员会的这种反党政策和态度。

情报局认为：鉴于上述情况，南共中央委员会已经将它自己和南斯拉夫共产党置于共产主义统一阵线之外，从而也将自己置于情报局之外了。

……

情报局认为：南共领导所犯错误的基础，在于这样一个不容置疑的事实，即在过去五六个月的时间里，从前以伪装形式存在的民族主义因素，在南共领导中已获得了统治地位，因此，南共领导已经同南共的国际主义传统决裂而走上了民族主义道路。

由于过高地估计了自己内部的民族力量及其能力，南斯拉夫领导人认为，没有其他国家共产党的支持，没有各人民民主国家的支持，没有苏联的支持，他们也能保持南斯拉夫的独立，并建设社会主义。他们认为新南斯拉夫可以不要这些革命力量的援助。

南斯拉夫的领导人由于不了解国际形势,并被帝国主义的敲诈威胁所吓倒,因此,他们认为,用让步的方法可以讨好帝国主义国家。他们认为,他们可以和帝国主义国家搞交易,以获得南斯拉夫的独立,并且逐渐地使南斯拉夫人民适应这些国家,也就是适应资本主义。在这方面,他们正在悄悄地从这样一个著名的资产阶级民族主义论点出发——"对南斯拉夫的独立来说,资本主义国家比苏联的危险要小一些"。

南斯拉夫的领导人显然不了解,或者可能是假装不了解,这样一条民族主义路线只能使南斯拉夫蜕变成一个普通的资产阶级共和国,丧失独立,沦为帝国主义国家的殖民地。

情报局并不怀疑,南共党内存在着忠于马克思列宁主义、忠于南共国际主义传统、忠于社会主义统一战线的健康力量。

健康力量的任务是,迫使他们现在的领导人承认他们的错误,并且公开地、诚恳地加以纠正;迫使他们与民族主义决裂,回到国际主义上来,千方百计地巩固反对帝国主义的社会主义统一战线。

如果南斯拉夫共产党现在的领导人办不到这一点,这些健康力量的任务就是要取而代之,形成党的国际主义的新领导。

情报局并不怀疑南共将会完成这项光荣的任务。

南共中央关于情报局决议的声明（摘录）

（1948年6月29日）

从内容来看，情报局"关于南斯拉夫共产党的情况"的决议显然是有其历史根源的。

它是以联共（布）中央发给南共中央的一些信件为基础的。在今年3月27日的第一封信中，联共（布）中央对南共中央提出了谴责，这封信同时也发给了共产党情报局的其他成员党，但却未将此事通知南共中央。另外，联共（布）中央转来了匈牙利共产党中央委员会完全支持联共（布）中央的看法的一封信。匈共中央的这封信也发给了其他各党。南共中央还收到了除法国和意大利之外的情报局其他成员党写来的类似的信件。南共中央指出，上述各党在未曾听到南共中央的意见，也没有听取其反驳的情况下，就接受了联共（布）中央的观点，并将其作为自己的根据。在联共（布）中央的这封信和其他各党中央委员会的信件之后，以及在南共中央4月13日给联共（布）中央的回信发出之后，南共中央分别于5月4日和22日收到了联共（布）中央的信件。这些信件都或多或少地坚持了第一封信中的路线。情报局"关于南斯拉夫共产党的情况"的决议，基本上是联共（布）中央这些信件的复制品。

在这些信件中，联共（布）中央指控南共中央，并要求它承认自己的错误，例如：第一，南共领导人对苏联口头上说的好听，而背地里却诋毁苏联和苏联共产党；第二，南斯拉夫领导人一直诽谤苏联军队，苏联专家受到敌视，苏联公民和尤金同志受到公安机关特务的跟踪；第三，党的干部受国家安全部长的控制，党内没有民主和批评，而是以军事领导方法进行统治；第四，南斯拉夫政府希望通过间谍讨好帝国主义，并将自己置于帝国主义国家的控制之下；第五，党把自己溶解于人民阵线之中，因而不能再认为是马克思列宁主义的组织，它已渗透了伯恩斯坦主义、布哈林主义和福尔马主义关于资本主义因素和平消亡而进入社会主义的理论；第六，某一帝国主义强国的大使在南斯拉夫俨然以主人自居，南斯拉夫人民的刽子手奈迪奇的亲友们轻而易举地在南斯拉夫政府和党的机关里谋得舒适的职位；第七，南斯拉夫领导人把苏联的对外政策与帝国主义的对外政策混为一谈；第八，南共领导成员在关于工人阶级领导作用的问题上已经背离了马克思列宁主义路线；第九，德国伞兵摧毁了南斯拉夫"游击队"司令部，结果人民解放运动发生了严重危机，此后苏军前来进行帮助，解放了南斯拉夫，为南共掌权创造了条件；第十，南共过分吹嘘自己战争时期的成就，虽然它的功劳同波兰、捷克斯洛伐克、罗马尼亚、匈牙利、阿尔巴尼亚、保加利亚等国共产党比起来并不突出。除上述谴责外，还有情报局决议中所提出的谴责，这里就不一一列举了。

在南共中央政治局向情报局提交的一份声明（该声明将作为附件发出）中已经表明，只有把事情的真实情况弄清楚，只有把谎言和联共（布）中央方面或情报局其他成员国党中央委员会方面在原则问题上的真正不满区分开来，南共中央才能同意讨论联共（布）中央出于诽谤、杜撰以及对南斯拉夫情况的无知而作出的指控。

对于情报局决议的发表，南共中央声明如下：

一、决议中包含的批评是以不确切的和无根据的断言为依据的，它企图破坏南共在国内外的威望，企图在国内群众中和在国际工人运动中引起混乱，并削弱南共党内的团结和党的领导作用。因此，南共中央在

4月13日的信中建议联共（布）中央到现场核对它的说法，但却遭到了联共（布）中央的拒绝，这是令人吃惊的。

二、决议在未举出任何证据的情况下，坚持说南共领导对苏联执行了一项敌对政策。关于苏联军事专家在南斯拉夫没有受到足够的尊重和苏联公民受到国家公安机关特务的监视的说法，根本不符合事实。直到他们被撤回，没有一个苏联代表曾提请南斯拉夫代表注意这件事。苏联公民，尤其是尤金同志在南斯拉夫曾受到监视的说法，完全是虚假的。这项声明，特别是与尤金同志有关的声明，不过是为了让南共及其领导在其他共产党的心目中威信扫地而已。

与此相反，正如4月13日致联共（布）中央的信中所说的，根据南共党员给自己党组织写的大量报告及我国其他公民的陈述，从解放起直到最近，苏联情报机关一直设法要吸收他们，则确有其事。南共中央过去和现在都认为，用这种态度来对待一个共产党人执政的、正在向社会主义迈进的国家，是不能允许的，因为这种做法将导致南斯拉夫联邦人民共和国公民道德败坏，并将削弱和破坏我国政府和我党的领导。南共中央过去和现在都认为，南斯拉夫同苏联的关系只能以信任和真诚为基础，并且为了坚持这个原则，南斯拉夫国家机关甚至从未梦想过要跟踪住在南斯拉夫的苏联公民，或对他们实行任何控制。

三、决议批评了南共关于处理阶级斗争的政策，特别是南共在农村的政策。关于这一点，还援引了人们熟知的列宁的论述。南共中央指出：在南共限制农村资本主义因素的政策中，它正是以上述的和类似的列宁著作中的有关论述作指导的，这一点，决议的作者们——如果他们不辞劳苦的话——或许在我党已发表的文件和文章中读到过，或许了解关于这一政策的实际执行情况。因此，决议中提出的指控以及联共（布）中央对我们的指控，实际上不过是徒劳罢了；客观上，它们不可避免地有助于鼓励和支持城乡反动的资本主义因素，并在居民中引起混乱,似乎在从资本主义到社会主义的过渡时期,客观上的困难,特别是在供应方面的困难,都应归咎于南共中央及其政策。南共中央认为,作为一种方法来说,根据引自各个斗争时期的只言片语,或是根据个别的、孤立的和歪曲了的事实,来评价其活动,这是不能允许的。南共中央认为,在估价南共的政策时,像估价其他党的政策一样,首先应当考虑的是党的实践——党在使国家向社会主义过渡的斗争中是取得了胜利,还是没有取得胜利,整个资本主义因素是削弱了还是增强了,国民经济中的社会主义因素是减弱了还是加强了。

四、南共中央不能不以极大的愤慨否认以下的断言:什么南共领导阶层正滑入富农党的道路,滑入对党的取消主义歧途;什么党内没有民主,党内滋长着军事领导的方法;什么党员最基本的权利在党内受到践踏,对党内的不正当行为的最温和的批评也会招来最剧烈的报复,等等。难道身经百战、视死如归的共产党员们能够容忍党内这种为男子汉和共产党员所不齿的事态的存在吗?断言我们党内不准批评以及类似的说法,对我们党的每一个党员都是极大的侮辱,它贬低我党昔日英勇的、光荣的业绩和我党当前为重建并发展南斯拉夫国家而进行的英勇斗争。南共中央强调指出,不能因为一些党组织尚未进行选举,就断言我们党内没有民主。这些都是战争时期和我党经历过的战后的急剧发展所遗留的问题。当时,在其他共产党内,而且在苏联党内,也存在这些问题。

至于我们党正消失在人民阵线之中,以及领导阶层正走上富农党的道路的说法,它在客观上对于在工人阶级领导下在联合组织(即人民阵线)中实现劳动群众的大团结起到了破坏作用,并使党脱离劳动群众。这一断言的根源,除以上所述之外,在于对南斯拉夫党和人民阵线之间的关系的误解,在于对南斯拉夫人民阵线的实质以及工人阶级在该阵线中发挥领导作用的方式缺乏了解。在这个问题上,这一断言的出发点也不是事实，而是一些凭空捏造的说法，继之以引用列宁著作中的著名论述进行论战，而对于列宁著作中的那些论述，南共负责人中谁也没有提出过争论。客观事实，以及在整个战争期间和战后不仅由共产党人而且由阵线非党人士发表的许多宣言表明：（1）共产党在阵线中是领导力量；（2）共产党并非消失在阵线之中，恰恰相反，党正在以其马克思列宁主义政策的精神教育阵线的广大成员，从思想上和政治上提高他们；（3）南斯拉夫人民阵线实际上正在为社会主义而战斗，如果各种各样的政治团体——像决议中所说有资产阶级政党、富农、商人、小业主等等——在人民阵线中起重要作用的话，或者，如果人民阵线是共产党和其他政党的联合组织或无产阶级和资产阶级的协议形式的话，那么，为社会主义而战斗必然是不可能的；（4）党并未接受人民阵线的纲领，而人民阵线的基本方向和纲领却来自共产党，由于党在人民阵线中的领导作用，事情自然是如此的。

因此，南共中央强调指出，党的最重要任务之一，是使人民阵线的群众队伍在思想上和政治上进一步接近，把党的政治活动与人民阵线的活动以及人民阵线的全部行动联系起来。

最后，南共中央指出，本党大多数的中央委员都不是指派的，而是选举的。联共（布）中央在计算时，并未把第五次全国代表会议单独选出的政治局委员们计算在内。因此，联共（布）中央在它的一封信中提到的南共中央全体会议的 22 名委员应加上这 7 名政治局委员。南共中央在战争中失去了 10 名委员，因而主要从南共中央候补委员中指定 7 名填补空缺，南共中央为此而受到责备，这是很奇怪的。

南共中央否认关于南共处于非法状态的断言，认为这个断言是荒谬的和不真实的，并且认为这也是对南共在特定条件下和特定时间内的工作方式缺乏了解的证明。南共的工作方式产生于我党长期革命实践的具体条件；这些工作方式在实践中证明是正确的，并且是党取得群众信任的一个重要因素。

五、南共中央否认如下的文不对题的谴责：什么土耳其式的统治方式在南共党内盛行；什么南斯拉夫领导人"向全党隐瞒对中央委员会错误政策的批评"；"向党和人民隐瞒对赫布朗和茹约维奇同志采取残暴措施的真正理由"。在联共（布）中央公布自己的信件之前，南共中央是不能公布这些信件的。然而，南共现有全部机构都知道联共（布）中央信件的内容，并且所有党员都得到了关于赫布朗与茹约维奇案件的通报。

情报局成员党的代表们，不向南共中央询问详细情况，竟然将赫布朗和茹约维奇置于他们的保护之下，对此，南共中央不能不表示惊奇。南共中央很想知道为什么像茹约维奇之类的人竟受到保护，例如，根据共产国际决定，茹约维奇在1937年同高尔基奇一起被开除出南共；又如，赫布朗曾在乌斯塔沙警察面前有过背叛行为，在这个问题上他欺骗了党，这些人在南共党内进行分裂活动，并干着毁灭党和破坏南斯拉夫发展和工业化进度的勾当。这难道不是对分裂活动、对叛徒、对瓦解南共的活动进行鼓励吗？因此，我中央委员会作为附件公布了有关赫布朗和茹约维奇的材料。

六、南共中央否认如下的荒谬断言：什么近来南斯拉夫领导人为了匆忙把小型工业和小商店国有化，为了蛊惑人心，采取了一些措施。事实上这些措施在联共（布）中央向南共中央提出指责的六个月之前就准备好了，这是社会主义成分加强和发展的结果。

从卡德尔同志演讲中断章取义摘出的引语，只是在一般意义上的说法，而他演讲的全文，事实上提出了党在目前阶段逐步摒除资本主义因素的路线。

联系上述这些事实，就可以理解，为什么近来在情报局的刊物、苏联的报纸以及其他一些党的报纸上刊登的新闻中，一直没有关于南斯拉夫经济发展方面的成就，例如进一步削弱资本主义因素的措施，实现计划取得的成就，工人阶级和团结在人民阵线里的劳动人民在代表大会前进行的群众性竞赛，等等。然而，事实毕竟是事实。对有关上述成就的事实保持缄默的人，无法掩盖其对南斯拉夫联邦人民共和国政府的经济政策和南共中央经济路线的批评纯属是专横的和完全没有根据的。

七、南共中央声明，南共领导人中没有任何人认为在南斯拉夫建设社会主义和维护独立的斗争中不需要人民民主国家和苏联的帮助。只有那些完全脱离实际的人才会有这类的主张。因此，南共中央必须强调指出，扩大这种帮助与合作不仅依靠南共本身，而且依靠人民民主国家和苏联。南共中央认为，这种帮助必须与南斯拉夫的内外政策联系起来，但决不能与南共所不能接受的那种毫无根据的、不符合事实的指责联系在一起。

关于南斯拉夫领导人正在准备向帝国主义做出让步，并在有关南斯拉夫的问题上与他们作交易的断言，完全是捏造的，是对新南斯拉夫最恶毒的诽谤。

然而，南共中央必须强调指出，在一些人民民主国家里，党和国家机关搞了一连串的无缘无故的行动，这种行动对南斯拉夫人民、对他们的国家、对国家的代表人物是一种侮辱，这种行动将削弱上述的合作，恶化与南斯拉夫的关系。南共中央认为，它不能保证对于未来的类似行动保持缄默。

八、南共中央认为，南共中央决不会由于拒绝讨论它实际上未曾犯过的错误，就损害了共产主义阵线的团结。这个阵线的团结不是以承认捏造或虚构的错误和诽谤为基础，而是以一个党的政策实际上是否符合国际主义这样一个事实为基础的。不过，人们不能忽视这样的事实，即情报局已经背离了作为它自己的基础的各项原则，这些原则为每个党提供了根据自己的愿望做出决定的权利。然而，情报局不仅强迫南共领导人承认他们不曾犯过的错误,而且号召南共党员在党内造反,破坏党的团结。南共中央永远不能同意在凭空捏造和缺乏相互信任的非同志式的态度的基础上讨论它的政策。这样的基础是一个没有原则的基础,在这个意义上,而且只是在这个意义上,南共中央认为,在讨论中它没有平等的地位,因此它决不能接受在这个基础上进行讨论。再者,联系到上述种种情况,南共中央坚决拒绝关于南共已滑到民族主义立场上的指控。从南共的全部内外政策来看,特别是从南共在人民解放战争时期的斗争以及实事求是地解决南斯拉夫民族问题的方式来看,证明南共的实际情况与对它指控的情况恰恰相反。

上述不公正的指责,使我们的党、我们的工人阶级和劳动群众,使南斯拉夫全体人员以及他们无私的和英勇的斗争,都蒙受了历史上最大的冤屈。

南共中央清楚地知道,联共(布)中央对南共中央指责,将被敌人的宣传机关用来诽谤苏联、南斯拉夫及其他民主主义国家。但是,南共中央宣布:它对这一切现象不承担任何责任,因为它不曾有过引起这些诽谤的任何行动。

南共中央号召全体党员紧密团结起来,为实现党的路线和进一步增强党的团结而斗争,同时号召工人阶级和其他劳动群众聚集在人民阵线之中,为建设我们的社会主义祖国更加坚持不懈地进行工作。这就是用行动充分证明上述指责不公正的唯一途径和唯一方法。

苏联在情报局内部的整肃（上）

联共（布）中央政治局关于同东欧各国签订互助条约问题给外交部的指示

（1947年10月14日）

秘密

批准关于同东欧各国签订互助条约问题给外交部的如下指示：

一、首先应确保在东欧小国（罗马尼亚、保加利亚、匈牙利、南斯拉夫、捷克斯洛伐克、波兰）之间签订互助条约，在此之后再签订苏联与上述国家中那些尚未与苏联签订此类条约的国家之间的互助条约。

二、支持这样的建议，即拟议中的东欧小国之间的互助条约出发点应当是互相支援，以反对来自任何国家的侵略的义务，而不仅仅是反对来自德国及与之共同推行侵略政策的国家的侵略。

三、如果在上述国家中的这些或者那些国家之间不能就签订符合第二项内容的互助条约达成一致，在这种情况下，则应另行研究签订互相支援条约的问题，该条约旨在反对德国及其他直接或以任何别的形式与之共同推行侵略政策的国家的侵略。

斯大林关于阿尔巴尼亚局势给铁托的信（节录）

（1947年12月23日）

……根据您的建议，政治局委员日丹诺夫同波波维奇同志①就阿尔巴尼亚问题谈了两次话。由于在这两次谈话中发现了新问题，所以我们希望您最好能派一位负责同志来莫斯科，可能的话，就派吉拉斯②或其他最了解阿尔巴尼亚局势的同志来。我准备满足您的所有愿望，但是我需要正确地了解这些愿望。

致同志式的敬礼！

约·斯大林

1947年12月23日

---

① 波波维奇，时任南斯拉夫驻莫斯科大使。
② 米洛凡·吉拉斯，南共中央政治局委员，中央书记兼宣传部部长。

苏斯洛夫与拉科西关于匈共情况的会谈纪要

（1948年2月19日）

秘密

与苏斯洛夫同志谈话开始时，拉科西·马加什谈到一些问题，想了解联共（布）中央对这些问题的意见，然后简短地讲述了国内的情况和匈牙利共产党的策略及近期的前景。

拉科西·马加什的问题是：是否可以召开九国共产党协商会议的例会，讨论一些已成熟的问题。拉科西在此说明，他与铁托和希罗基（捷克斯洛伐克）就这个问题交换过意见，他们也承认有必要召开情报局协商例会，但谁也不想开这个头。

按拉科西的意见在共产党情报局的例会上应该讨论下列问题：

1. 关于承认民主希腊的马科斯政府的问题。拉科西同志就此告之，马科斯的代表和南斯拉夫的同志一起来到匈牙利，他们请求就帮助希腊民主军队向匈牙利转移基地做些工作。拉科西通知说，除了匈牙利的社会组织过去和现在给予马科斯的帮助外，我们同意每月从预算中拨出200万福林。拉科西说明，这个事他已与总统蒂尔迪达成一致。

按拉科西的意见，当希腊共产党组建马科斯政府的时候，毫无疑问，它主要考虑的是对这个政府的承认问题，而首先是来自新人民民主国家的承认。

2. 关于成立巴尔干国家的联邦问题。

拉科西说，虽然我们没有发言，没有支持季米特洛夫同志发言谈到的建立联邦共和国的想法①，但我们想知道，匈牙利共产党和其他共产党在这个问题上应采取什么样的路线。比如，罗马尼亚政府总理格罗查在与我谈话时，同时提出匈罗关税同盟的问题，我们暂时没有答复这个建议。

3. 拉科西同志说，接着必须讨论和调整匈牙利和捷克斯洛伐克的关系。因为到现在为止，我们没有达到所希望的结果。拉科西同志详细地讲述了在这个事情上他们所遇到的困难，按他的观点批评了捷克和斯洛伐克共产党，说他们对居住在斯洛伐克的匈牙利居民，采取了对捷克斯洛伐克和匈牙利都不利的错误和有害的政策。

由此拉科西同志还讲了自己对捷克斯洛伐克民族议会大选前的形势分析，他认为捷克斯洛伐克的现状不利于共产党。所有的资料证明，捷克斯洛伐克共产党只处在防守状态，最近共产党执行委员会的声明②证明了它已陷入被孤立的状态。在这种条件下，拉科西认为暂时不宜同捷克人去谈匈牙利居民的问题，但在大选后这个问题应得到最终解决。

然后拉科西估计了近年来力量分布的方向改变，说明了匈牙利的局势。

拉科西声称，我们有一个转机，即使资产阶级也开始承认，共产党人会很好地工作。现在有大量的社会民主党党员转到共产党的队伍

---

① 1948年1月17日季米特洛夫对记者讲到了关于所有东欧国家建立联邦或同盟的前景（希腊可待革命成功后加入），以及缔结关税同盟的问题。1月20日季米特洛夫的这个声明发表在《工人事业》报上，1月23日《真理报》进行了转载。

② 指1948年1月捷克斯洛伐克共产党中央委员会全体会议采取的争取大多数民族参加即将举行的1948年选举的方针。

中。为了争夺社会民主党的成员站到我们一方，现在我们给该党领导层内的右派分子以打击，在这方面，目前我们做得很成功。鉴于匈牙利共产党在其他党派内有很大的影响，将来的任务是社会民主党和共产党的联合。拉科西说，我们认为，与社会民主党员联合没有危险，因为我们可以保证通过其他党派，对居民中小资产阶级阶层产生影响。

接着拉科西谈到共产党对天主教会及其领导人红衣主教——明森蒂的立场。他说我们暂时没有公开反对教会，如果他们开始进行反对我们的战争，我们会找到很好的精神病医生，他们会鉴定明森蒂是精神病。

谈话结束时，拉科西提出一些请求。

第一，他请求尽快允许现在在苏联的、过去被镇压的政治侨民和他们的家属回到匈牙利，这些人有几百个。同时，拉科西引证了斯大林同志对阿巴库莫夫的指示，说斯大林同志同意释放这些人回国。

第二，拉科西请求瓦尔加①同志4、5月到匈牙利出差2—3个月，财经工作者要向他咨询匈牙利的金融流通和价格方面的问题。

然后他请求对在苏联学习的匈牙利学生免收学费，理由是因为英国人、美国人都不收留学生学费，如苏联收，则不好办。

拉科西提出可以有同等数量的苏联学生免费到匈牙利学习。

苏斯洛夫同志答复拉科西同志的问题时说，他将把谈话内容汇报给联共（布）中央委员会。

他个人认为，有关召集九国共产党协商会议例会的事，必须在党中央委员之间交换意见。

关于承认马科斯政府的问题，苏斯洛夫向拉科西提问："是否早了

---

① 叶·萨·瓦尔加，苏联经济学家，科学院院士，《经济问题》杂志编委。

些？是否会促使英、美对匈牙利的军事侵略？"苏斯洛夫说，"必须把对游击队的帮助和正式承认马科斯政府区别开。"拉科西同志同意这些意见。

至于巴尔干地区国家的联邦问题，苏斯洛夫说，正像你们知道的，这完全是个臆想出来的意见。①

我们按照九国共产党协商会议的决议，所有共产党的主要任务是为争取自己祖国和人民的独立和主权而斗争。拉科西同志也同意苏斯洛夫同志的这条意见。

接着苏斯洛夫说，捷克斯洛伐克的情况比较困难，所以在九国共产党协商会议上讨论这个问题不一定合适。如果这个问题在没有任何外来干扰和互相谈判的基础上解决，一般来说好一些。拉科西同意这个意见，但是他说，如果捷克人不改变自己的立场，那么未必还有解决问题的可能。

苏斯洛夫告诉拉科西，关于同意政治侨民返回匈牙利的问题是肯定会解决的。拉科西所请求的大多数人都可以允许出境。

拉科西同志转交了新的政治侨民名单，请求也允许他们回国。苏斯洛夫答应尽快研究拉科西的请求。

苏斯洛夫答应研究瓦尔加出差匈牙利的事，及匈牙利学生在苏联学

---

① 1948年1月28日《真理报》发表编辑部文章，对季米特洛夫提出的联邦问题进行了严厉批评。索非亚很快对这个批评作出了反应。1月29日季米特洛夫通过苏联使馆向维辛斯基转达了保加利亚通讯社声明的全文，文中专门强调季米特洛夫认为，"建立联邦和同盟是一个为时尚早的和非当务之急的问题"，至于降低关税问题，季米特洛夫也不是指所有东欧国家的关税同盟，而是指保加利亚与南斯拉夫，保加利亚与罗马尼亚，保加利亚与阿尔巴尼亚之间签订的协议。2月2日季米特洛夫在祖国阵线第二次会议上的发言承认，《真理报》的批评是有"充分的理由"的，是"及时的、重要的，有利于防止危害人民民主的倾向"。

习的费用问题。

苏斯洛夫询问拉科西关于派遣苏联作家代表团赴匈牙利的事是否合适，这是苏联作家协会收到匈牙利作家的邀请信后提出的建议。

对此，拉科西同志作了肯定的答复。

巴拉诺夫　记录
1948 年 2 月 19 日于莫斯科

联共（布）中央对外政策部关于匈共民族主义宣传的调查报告

（1948年3月24日）

绝密

匈牙利共产党领导人的民族主义错误和资产阶级对匈牙利共产党报刊的影响

随着苏联红军1944年对匈牙利领土的解放，匈牙利的共产党组织在被解放的领土上恢复了自己的活动。匈牙利共产党走出地下状态开展工作，并宣布了自己的目标——为自由和独立的匈牙利而斗争，也就是为了匈牙利人民的民族利益而奋斗。这样，在匈牙利解放后，匈牙利共产党便是作为匈牙利民族的党在人民中开始活动的。后来，党的领导人在自己所有的发言和声明中经常强调和展开的就是这一观点。同时，反对派的宣传活动一直都在诋毁匈牙利共产党，说共产党就像是莫斯科的代理人，而不是匈牙利的党。匈牙利共产党人面对这种敌对的宣传，更加强调自己党的民族性。这在共产党的宣传中特别明显。在共产党的宣传画上，经常看到科苏特、裴多菲和其他匈牙利独立运动战士的画像。共产党的招贴品上一般都框有绿红白三条颜色（匈牙利民族旗帜的颜色）。而不久前党的标志也发生了变化——现在也画出三种颜色来代替红色。

匈牙利共产党领导人强调，匈牙利共产党是匈牙利独立斗争和为匈牙利人民民族利益斗争的优秀战士，是继承科苏特和裴多菲及过去其他革命民主党人的优良传统，这无疑是正确的，但匈牙利共产党的领导人在这样强调的同时，极力在本国人民面前以民族党的面目出现，经常脱离正确路线，滑入民族主义的立场。这最明显地表现在匈牙利共产党领导人对苏联的态度上。

拉科西、法尔卡什、雷沃伊及其他共产党领导人在自己的正式发言中，强调了匈牙利共和国与苏联友好的必要性，讲述了苏维埃的伟大历史使命和斯大林同志的作用。但在日常的工作中，大多数匈牙利共产党的领导人都害怕被说成是"莫斯科的代理人"，排斥苏联，尽量闭口不提苏联，还时而做出他们与苏维埃国家毫不相干的姿态。

苏联监察委员会驻匈牙利的代表斯维里多夫同志和苏联派到匈牙利的公使普希金向我们报告了一些事实，当共产党领导人想表现他们是代表匈牙利民族利益的时候，曾经阻挠将过去在匈牙利的德国人的财产按波茨坦决议移交给苏联当局。比如，去年一位匈牙利工程师向苏联当局通报说，在匈牙利凯奇凯梅特市的罐头工厂是德国人的财产，并带来相应的证据。按照共产党中央委员瓦什同志的指示，匈牙利警察局逮捕了这个工程师。他的行为被指控为损害了匈牙利的民族利益。由于斯维里多夫同志的干预才释放了这位工程师。拉科西同志和其他领导人都被告知了所发生的事情，而他们在这个问题上的立场好像是在默认类似的行为。这件事，正如已经查明的那样，并不是孤立的。

匈牙利共产党领导人忽视苏联和苏联的利益，特别表现在他们在匈牙利不宣传也没有兴趣宣传苏联和苏联的文化，但是对于书籍和出版物中大量严重歪曲苏联现实及反对苏联的内容却采取了容忍的态度。

比如，1946年共产党出版物《西克拉》发表了蒂波尔·杰尔克的小说《地下世界的游戏》，这部小说描写了布达佩斯居民在防空洞中的生活。小说中有一章是写苏联军队到来的情景，红军被写成粗野的人和强暴者。对这种恶意诽谤苏联人的书在出版时却冠以赞赏的前言。

1946年布达佩斯出版了大部头的《苏联百科辞典》，由作为共产党员的教授波尔加尔主编。这部书严重地歪曲了苏联的现实。可以说，书里接连不断地出现这样的"发明"，比如说，在苏联北方生活着野蛮的萨莫耶德人，俄罗斯小伙子消遣时喜爱拳斗等等。作者在这部"著作"中的这些"发明"，是源于德国人上个世纪出版的关于俄罗斯的书。

去年底，布达佩斯图书馆出版了《俄罗斯文学图书索引》，书中历数了用匈牙利文出版的所有俄罗斯作家的书籍。在历数俄罗斯古典和有名的苏维埃作家的著作的同时，索引中还列有皮利尼亚克①、特列季亚科夫和柯伦泰的书，甚至还有左琴科和阿赫玛托娃的书。在俄罗斯作家的目录里不知为什么列入了德国作家普利文，而这个人去年从德国的苏联管辖区跑到了比左茨。

对于类似的事件，共产党领导人都采取了容忍的态度，如上所述，共产党领导人对宣传苏联的事不感兴趣。匈牙利文化交流协会与苏联的联系很薄弱，共产党中央对此也无帮助。协会总书记桑托同志只到共产党中央的组织部听过一次报告，在这之后，协会这方面的工作也无改善。

"玛菲尔特"电影公司属共产党管辖范围，布达佩斯的大多数电影院都归它管。这个公司没有很好地发行和放映苏联电影。电影要经过共产党中央委员们事先审查，很明显，许多好的苏联电影以各种借口未能被他们通过放映。最经常的理由是匈牙利观众不喜欢看战争电影，而大多数的苏联电影都是战争片。在这个借口下很长时间没有放映电影《誓言》，只是在斯维里多夫同志和普希金同志的坚持下才在匈牙利放映，

---

① 鲍·安·皮利尼亚克，苏联作家，其作品在苏联被认为具有自然主义倾向。

并获得了很大的成功。苏联的好电影《带枪的人》也未被允许放映。而在"玛菲尔特"的电影院却放映了很多美国和英国的电影,其中也有战争片。

共产党的刊物完全不宣传苏联的情况。在共产党中央机关报《自由人民报》没有登载任何有关苏联人、苏维埃生活和联共(布)的材料。同样,在共产党出版的其他报纸上,像是规定一样,都闭口不谈苏联。

所有报纸都登载了苏联与匈牙利的友好合作互助条约,也刊登了莫洛托夫同志和匈牙利政府代表团成员的声明及相应的照片,但接着就没有下文了。在共产党的报纸上照样没有关于苏联资料的报道。

文学杂志《论坛》的编辑部成员卢卡奇是共产党员,杂志登载了内容广泛的西方文学和哲学,但完全不谈苏联的文学和文化。整个1947年的杂志只登过两次不大的关于苏联文学的文章。

匈牙利共产党的报刊这样对待苏联是要造成其与苏联没有任何关系的印象,好像它们是与苏联隔绝的。

因此在其他的重要问题——共产党的报纸刊物的宣传方法上,它们也坚持这种做法。

共产党的一些从事出版宣传的领导人(雷沃伊等)都曾长期生活在苏联,但他们不仅没有掌握布尔什维克办报纸刊物的方法,连向这方面学习一点方法的努力都没有做过,反而排斥这些方法。甚至可以说,匈牙利共产党在出版宣传中,大量采用庸俗市侩的和资产阶级的方式和方法。

日报《自由报》是共产党领导的,却经常登载一些轰动一时的充满市侩习气的绯闻逸事。共产党办的画报《匈牙利时代报》通常在第一版上刊登凶杀、偷盗和其他刑事犯罪的照片,"宣扬"这些罪行。几乎每天报纸上都有半裸体女人的照片。根据以下事实,就可以判断出这家报纸对于重大问题的态度。在2月21日的报纸上,对于鲁达什·劳斯洛纪念《共产党宣言》发表100周年的报告只摘引了10行，旁边还配有英国女歌手的照片。而在此前后，报纸上都没有对纪念《共产党宣言》发表100周年加以任何报道。

共产党出版的一种幽默杂志《别什基·伊泽》，在形式上是一份私人杂志，但布达佩斯人人都知道它的出版者是共产党员。这份杂志从头到尾是淫秽的内容，大多数版面的画都是裸体女人。在这些画里有时有个别的揭露反动派的政治讽刺画，但这些讽刺画都淹没在淫秽的海洋中。共产党对出版这样的杂志解释为考虑读者的趣味，在特殊的条件下进行宣传。

就这样，匈牙利共产党出版刊物的领导人没有同无原则的思想和资产阶级影响作斗争，而是大量采用庸俗市侩的办报纸杂志的方法，自己本身也就成了无思想原则的资产阶级俘虏。匈牙利共产党负责出版工作的领导人极力适应被资产阶级培植起来的反常的嗜好，尾随资产阶级的报纸杂志。他们对文化方面的问题完全不感兴趣，也不去进行研究。与此同时，资产阶级的影响和无原则的思想正是在匈牙利的这个领域里泛滥。

上述材料使人感到匈牙利共产党领导人无疑犯有民族主义的错误，采用资产阶级办报刊的方法，在对西方资产阶级影响进行斗争的问题上严重认识不足。

Г.科罗特克维奇
谢·扎沃日斯基
1948年3月24日于莫斯科①

---

① 1948年3月25日，巴拉诺夫将该报告寄给苏斯洛夫以便使其了解情况。

梅德韦杰夫关于二月事件后捷国内情况给联共（布）中央的报告

（1948年3月29日）

绝密

自1948年2月20日至3月11日在捷克斯洛伐克逗留期间（由于第三次全斯拉夫民族委员会全体会议的工作在布拉格进行），我了解了捷克斯洛伐克国内政治局势的一些情况，并产生了一些印象，感到有必要进行汇报。

捷克斯洛伐克1948年2月间的政治事件和这些事件的后果

观察最近国内政治事件的过程可以得出以下结论：

捷克斯洛伐克共产党的领导人没有足够了解捷克斯洛伐克人民的力量和正确评价这个力量，因此在1948年二月事件的过程中，过分相信有最广泛劳动群众支持的政治行为的特殊作用。

最近的政治事件和捷克斯洛伐克民主力量对国内反动派斗争的胜利，明显地证明捷克斯洛伐克共产党领导人只有坚持与国内反动派进行不妥协的政治斗争（包括民族阵线内的），只有坚定和坚决地实现捷克斯洛伐克国内进一步的民主化改革，才能保证真正地巩固人民民主阵地，在新的道路上发展民主。

共产党对于在改变国内政府的成分及其政策，使人民群众的民主组织（特别是工会组织）加入到民族阵线内，以加强民族阵线内部的一致性等斗争中取得的成绩，对于民族阵线其他党右派分子的严重失败，以及民族社会党、人民党（天主教）和斯洛伐克民主党领导人的威信扫地，在各种场合都表现出宽容和自信，不加批评地评价所发生的政治进展和反对派在国内的失败。

国内反对派的失败和不断加剧的政治派别的尖锐分化过程，使全国形成了一种许多可疑的政治派别加入到捷克和斯洛伐克共产党队伍中来的倾向①。在目前的情况下（由于共产党领导人实行大量接收党员的方针），引起党员在思想和组织质量上的严重危险。

因此必须指出下列问题：

1. 今年3月8日，在莫拉夫斯卡亚—奥斯特拉瓦市一些高等学校和企业内发现了秘密的由民族社会党反对派集团散发的传单，目的在于号召反对派"保存力量，不要和现今的政治体制进行公开的政治斗争，相信马萨利克和贝奈斯的思想一定胜利，因为我们的时代很快就到来"。这些号召与那些其他党派（非共产党）中右派所信奉的战术，即"保存在现有条件下可以保存的一切力量"，以及右翼党派的政策——企图在组织上全力保存这些党的地方组织以此来保存他们在基层的影响——有直接的关系。

2. 从捷克和摩拉维亚的一些城市（赫拉德茨、克拉洛维、利托美

---

① 斯洛伐克共产党总书记巴什托万斯基确认：1948年2月前加入共产党的人数为每月5000—10000人。而"在2月以后的一个月中，斯洛伐克共产党就增加了30000人。可以期望，最近还会有30万人加入斯洛伐克共产党的队伍"。希罗基毫不隐讳地说，在一些共产党中有不少"暗藏的和明显的无赖，他们用各种借口把自己装扮起来，钻进共产党内，这就叫做投机分子"。

什里、布尔诺）和斯洛伐克的一些城市（布拉迪斯拉发、科希策、图尔弄斯基—上马尔基）市领导人（共产党员）的谈话中，可以得出结论：他们过高地评价了对反对派所取得的胜利，倾向于确认在右翼政党内部发生的"深刻的思想上和组织上的解体"（在斯洛伐克：弗里什同志、诺沃麦斯基同志、马乌列尔同志、卡博什同志等）。

3. 同一些共产党员和民族阵线组织的活跃分子的谈话表明：他们大多数人不能准确地说出现在国内及政治生活和各地成立的行动委员会（有一些是自发成立的）① 的作用和地位。由于对这个问题缺乏明确的认识，在对待一些人的态度方面，已经给许多党员和这个行动委员会的成员带来不公正的惩罚（按照清洗的方式）。比如，发生过这样的情况，某些工程师因为在生产过程中对工人要求严厉而被辞退，而这一点却被认为是他们对现存制度不满。同时，参加"行动委员会"的共产党员，时常地用直接的行政手段和方式不合理地干预国家管理的事务，撤换地方政权的合法机构——民族委员会。在一系列场合下，这种情况的后果是人民政权这些机构的威信没有得到提高，特别是在逐出了他们中间的反动分子之后，这些共产党员允许"行动委员会"不合理地干涉民族委员会的职能，有时还直接撤换它们。

4. 如果说在今年2月底到3月初捷克斯洛伐克政治斗争尖锐化的激烈阶段，工人阶级绝大多数的政治成熟性和农民的政治积极性为国内的重大转变创造了良好的条件，那么知识分子各阶层（特别是在地方机

---

① "行动委员会"是在所有工厂、机关和政治党派的地方组织中成立的由共产党员组成政治清洗的工具。例如，在共和国总统办公室成立的行动委员会于1948年2月25日向政府领导人提出了要辞退的机关职员的名单。尽管贝奈斯没有同意进行政治清洗，但还是进行了人员的辞退。行动委员会以充实民族阵线组织为借口，解散了民族社会党、人民党和民主党的地方组织，使这些过去在民族阵线里与共产党平起平坐的伙伴变成了没有群众基础的党派。

关）的思想状况则导致在政治斗争的过程中出现了某些消极现象，因为在相当一部分知识分子中，直到现在都不能理解国内发生的事件，特别是在估计右派及其首领的破坏活动方面，他们的思想处于令人吃惊的混乱状态。

捷克斯洛伐克共产党领导人在一些国内政策和党的建设问题上的立场

二月事件期间在布拉格召开了农民大会，在市中心举行了大规模的游行活动（有15万人参加）。在大会和游行期间，捷克斯洛伐克共产党领导人（哥特瓦尔德、朱里什）答应，党将通过农业方面的全部法规，其中包括土改方面的法令，该法令所依据的原则是超过50公顷以上的地主的土地收归国有。当时农民代表团喊叫着坚决要求把土地使用标准限制在20公顷以下。后来在捷克斯洛伐克共产党中央委员会里与斯兰斯基同志、什维尔莫娃同志、柯别茨基同志、格敏德尔同志谈话时，对于所提出的关于捷克斯洛伐克共产党领导人按农业改革新规定来确定土地使用限度的观点的问题，斯兰斯基同志回答说，党将在国会中确定的数额为50公顷。对于农民中存在的限定20公顷对农民有利的情绪，斯兰斯基同志回答说，这个数额不可能被采纳，因为在早些时候，捷克斯洛伐克共产党领导人就要求在国会中通过50公顷的限额标准，并告示农民，法规正是按照这个精神制定的。当时很清楚，50公顷这个标准是国会委员会所提建议中得出的折中数字（在二月事件很早以前），当时共产党不可能在其他党的面前再降低这个标准了。现在国会确认了这个土地使用的标准——50公顷，并以此作为土地改革的法规。

尽管斯拉夫国家代表团在布拉格全斯拉夫民族委员会全体会议上提出一系列有关在捷克斯洛伐克的匈牙利人状况的事实，一些集团对待匈牙利人的沙文主义事实和歧视在捷克斯洛伐克的匈牙利居民的事实（这些都是一些斯拉夫国家代表中的共产党员与捷克斯洛伐克共产党中央委员会领导人谈话的内容），斯兰斯基、什维尔莫娃、内耶德利、诺沃麦斯基、柯别茨基在申述斯洛伐克人民群众情绪的同时，都试图证明他们有权对匈牙利人使用这种政策，并特别强调对于捷克斯洛伐克共产党来说"匈牙利问题不是民族问题，而是阶级问题"。据说这首先是指，从捷克斯洛伐克迁走的是匈牙利富农。实际上并不是那样，因为匈牙利人迁回匈牙利的问题，以及捷克斯洛伐克当局对待匈牙利居民的不适当政策，以明显的形式涉及到这部分居民中的无产阶级部分（特别是东部斯拉夫人）。

在大量接收共产党员进入共产党的问题上，捷克斯洛伐克共产党领导人虽然承认有敌对分子钻入党内的明显危险，特别是那些从其他党派投奔来的人，但他们仍然坚决地坚持必须无条件地大量吸收人们入党的观点，目的是在大选中利用他们的选票，以后再计划进行清洗党的队伍。同时捷克斯洛伐克共产党领导人（斯兰斯基、什维尔莫娃）同意，在这种形势下应该坚决地提高和开展党内的思想工作，尽管应当指明，这方面的工作实际上还没有做。

关于根据改组民族阵线和加强民族阵线范围内群众的政治统一而斗争的精神和计划，在最广泛的各界人民群众中进行政治思想教育的问题，捷克斯洛伐克共产党领导人承认，这方面的工作还需要认真组织。通过与捷克斯洛伐克共产党领导人在这方面交换意见（3月11日在捷克斯洛伐克共产党中央委员会的谈话）表明，根据民族阵线计划的精神，在群众中进行思想政治教育工作这个任务，可以而且应该作为改组后民族阵线中央及地方的"行动委员会"的主要工作任务。

今年2月26日，政府为全斯拉夫民族委员会代表团举办了欢迎招待会，捷克斯洛伐克共产党领导人和捷克斯洛伐克总理克·哥特瓦尔德在致欢迎词时指出（因为在捷克斯洛伐克共和国发生的二月政治事件），最近几个月从所有斯拉夫国家寄来了"斯拉夫朋友们"的不少针对捷克斯洛伐克（明显地也是针对捷克斯洛伐克共产党）的批评意见。克·哥特瓦尔德承认，这些批评本质上是正确的，今年发生在捷克斯洛伐克2月20—25日的事件的结果表明，现在人民民主思想牢固地进入了捷克斯洛伐克人的家庭。克·哥特瓦尔德特别着重指出了在萨格勒布市召开的斯拉夫国家新闻记者会议所起的作用，以及在那里因捷克斯洛伐克报界诽谤捷克斯洛伐克的同盟国——各斯拉夫国家而对其提出的批评的意义。

在这方面应该指出，一些在捷克斯洛伐克共产党中央委员会做领导工作的人（什维尔莫娃、格敏德尔、巴雷什同志）至今仍坚持这样的意见，认为邀请人民民主国家——匈牙利、罗马尼亚、阿尔巴尼亚的客人——新闻记者到萨格勒布市参加斯拉夫国家新闻记者会议的决定是"错误"的。理由似乎是因为这样做，实际上是"九国共产党协商会议"的重演，从而使捷克斯洛伐克所处的地位复杂化（很明显是因为捷克斯洛伐克与匈牙利的关系的现状）。

从捷克斯洛伐克共产党个别领导人的发言和声明中，从与他们的谈话中（特别是柯别茨基、格敏德尔同志）可以明显地看出，他们显然是过高地评价了捷克斯洛伐克政治变动的后果，并且因而得出结论说，现在捷克斯洛伐克共产党（也就是捷克斯洛伐克）似乎不仅是"赶上"了，而且还"超过"了某些国家（！）。

总之，涉及在捷克斯洛伐克的斯拉夫组织活动和斯拉夫人的工作状况，应当说明以下意见：

1. 捷克共产党中央和斯洛伐克共产党中央领导人承认，直到现在他们实际上没有研究这些问题，只是现在他们才依据事实确信，在政治工作上这种因素具有重大的和实际的意义，特别是在斯洛伐克（反对天主教的斗争从根本上说是反对天主教的反动分子）。

2. 捷克共产党中央和斯洛伐克共产党中央领导人确认，应该努力迅速改善斯拉夫组织的工作，并保证斯拉夫运动的群众性，在这种形式下进行社会政治工作时，实现共产党方面的经常性监督。

全斯拉夫民族委员会秘书长　伊·梅德韦杰夫

1948 年 3 月 29 日于莫斯科

联共（布）中央对外政策部关于
捷共错误给苏斯洛夫的调查报告

（1948年4月5日）

秘密

致联共布中央委员会书记米·安·苏斯洛夫同志：

关于捷克斯洛伐克共产党所犯的错误

研究了一系列有关捷克斯洛伐克共产党政策和策略的原始资料，基本的结论是：这个党及其领导人犯了严重的错误，产生了危险的后果。这些错误中主要的问题如下所述：

在理论和实践中不用牺牲和阶级斗争的方式，而依靠特别的和平方式过渡到社会主义。在实质上是滑到了资本主义和平地过渡到社会主义的立场；

在党内对议会的幻想流传甚广，对议会的斗争形式估计过高，对群众工作评价过低；

用社会民主的方式来建设党，拒绝用布尔什维克的组织原则建设捷克斯洛伐克共产党，违背了斯大林同志的教导：共产党不能也不应该是选举机关，不能也不应该只适合搞议会选举和进行议会斗争；

在民族问题上忽视列宁—斯大林的学说，捷克斯洛伐克共产党在民族问题的政策上附和落后的捷克人中的民族主义分子；

捷克斯洛伐克共产党领导人不研究农民问题，也没有科学的纲领，只局限于实行一些不触动农村中资本主义基础的措施。共产党对富农的危险估计不足，并站在"放任自流"的反马克思主义的立场上对待国家农业的社会主义改造问题。

捷克斯洛伐克以和平途径向社会主义发展的反马克思主义的方针

捷克斯洛伐克新人民民主制度的确立以及捷克人、斯洛伐克人的民族阵线联合政府的建立（1945年与资产阶级政党一起进入民族阵线政府的还有共产党）使捷克斯洛伐克国家的政治和经济结构发生了重大改变，劳动群众相当的左倾，其直接成果是使共产党在1946年的议会选举中获得全部选票的40%以上。这一切使共产党的队伍及其领导人产生了错觉，认为在捷克斯洛伐克社会主义的胜利可以通过和平的途径很"轻易地"取得，而不必经过牺牲和搞阶级斗争。

捷克斯洛伐克共产党领导人在自己的讲话里不止一次地以各种形式表现出这样的情绪，并试图给他们以相应的"理论的"根据。这些讲话的主要意思都是要证明捷克斯洛伐克可以按照和平的人民民主的途径发展社会主义。

在1947年1月捷克斯洛伐克共产党中央委员会全体会议上，哥特瓦尔德同志在总结时说：

"我们走上了和平的人民民主的通往社会主义的道路。这条道路更为复杂，从一定的意义上讲更为困难，但却是一条正确的道路。"

这个论点与以这样一种理论为根据的捷克斯洛伐克社会主义建设问题有直接的联系，而这种理论是哥特瓦尔德同志1946年十月在捷克斯洛伐克共产党中央委员会全体会议上作报告时声明的：

"正如经验所表明以及马克思和列宁的经典著作对我们所教导的那样，通往社会主义的道路不止是一条——通过无产阶级专政和苏维埃的道路。在国际和国内力量处于一定差别的情况下，还可以有新的途径走向社会主义……

我们已经按我们特有的捷克斯洛伐克的方式，走过了一段通往社会主义的道路……"

显然，考虑到捷克斯洛伐克自己发展的历史和内部政治的条件，我们没有理由否定其按自己的方式走社会主义的道路。但是不能同意哥特瓦尔德同志和其他的捷克斯洛伐克共产党领导人关于以"和平"为特征的"人民民主"方式走向社会主义的说法和那些他们附加在这个概念上的东西。

不少捷克斯洛伐克共产党的领导人所犯的严重错误，可以归结为他们幼稚地相信"可能"与资产阶级政党在民族阵线及其政府的范围内"密切合作"。直到最近，捷克斯洛伐克共产党领导人在自己的实际活动中仍错误地认为，在民族阵线纲领下与资产阶级政党的"联合协作"可以避免阶级斗争。

站在拒绝坚持对资产阶级进行不妥协斗争的立场上，否定阶级斗争是国家顺利地沿人民民主道路走向社会主义的必须条件，捷克斯洛伐克共产党领导人最近仍企图在自己的国家事务中实行与自己民族阵线中的伙伴们"和平"协作，而在实践中却滑向了对资产阶级无休止的退让和腐朽的妥协道路。

捷克斯洛伐克共产党采取的妥协，明显地违背列宁主义的原则，即善于对摇摆不定的小资产阶级民主派做出让步以有利于无产阶级的原则。

弗·伊·列宁在《共产主义运动中的"左派"幼稚病》的专著

中研究了妥协和让步的问题，他教导说，共产党人的正确策略应当立足于利用资产阶级和无产阶级之间的动摇分子。弗·伊·列宁同时解释到：

"在他们转向无产阶级的时候，实行让步，看他们转的程度，来决定让步的程度；同时要同那些转向资产阶级的分子作斗争"。①

捷克斯洛伐克共产党领导人破坏了列宁关于让步的原则，他们经常对那些不应该退让的人让步。共产党同意了民族社会党关于停止进一步工业国有化的意见，似乎认为会影响两年计划的完成，这本身就给了反对派重新组织和加强自己在工业和商业中力量的机会。共产党员居然在1947年建立新的斯洛伐克全权代表团时对反动党派让步，使斯洛伐克的反动派有可能在政府机关中保存和加强自己的位置。1947年初，共产党掌握了必要的材料，却不主张追究斯洛伐克民主党的反动活动，为的是保持民族阵线队伍中的虚假团结。在这种情况下共产党给了反动派保存自己力量的机会。如此，共产党做了一个接着一个这样的让步，而这些让步不是对无产阶级有利而是对反动派有利。

捷克斯洛伐克共产党领导人成员之一，中央政治局委员扎波托茨基1947年12月在制宪民族议会上的发言是最明显说明捷克斯洛伐克共产党政策的例子。扎波托茨基在自己的发言中回忆了民族阵线全体党派通过的科希策纲领的原则，他说：

"共产党有责任与其余的社会民主主义的和进步的党派一起紧密合作，准备以和平发展的方式达到社会主义，这样将阻止相互的斗争，而这种争斗只会给人民带来新的牺牲。"

接着，扎波托茨基同志转向所有签署了科希策纲领的各党派代表，声明：

---

① 《列宁全集》中文第2版第9卷第54页。——编者注

"现在我们还没有社会主义的共和国,但我们有责任并且可以期望,通过努力将达到这个目标。通过友好合作、避免斗争和重大牺牲达到社会主义,必须要实现他们在革命时期所期望的一切。"

扎波托茨基同志代表共产党在议会上所作的专门声明,主要想证实通过和平途径,没有阶级斗争,没有牺牲走向社会主义的可能性。

扎波托茨基同志在同一次讲话中还作了以下声明,正是从共产党的这种政策出发,必然得出的结论:

"……我们现今的人民民主共和国应当通过持续地发展变为社会主义的共和国。"

事实证明,捷克斯洛伐克共产党通过"和平"途径走向社会主义的这个方针在党的宣传中得到相当广泛地传播。我们举一些例子:

1946年12月,奥斯特拉夫市捷克斯洛伐克共产党地方委员会机关报《新自由报》编辑部在发表的文章《沿着自己的道路》一文中确认:

"我们沿着自己的道路走向社会主义。我们没有选择无产阶级专政的途径,而选择了与所有社会民主主义的和先进的党派合作的方式。……我们将沿着自己独特的捷克斯洛伐克的道路与他们精诚合作。"

这种题目的文章还登载在捷克斯洛伐克共产党委员会的政治文化杂志《创造》周刊上(1946年12月),在"通往社会主义的不同道路"的标题下,文章确认:

"比较苏联革命的途径,即无产阶级专政的途径,还可能有其他的途径(通往社会主义)——这正是和平的途径,议会的途径。我们共产党和所有承认辩证唯物主义的人投入一切力量,正是要使捷克斯洛伐克能真正沿着这条道路走向社会主义……"

党的新闻机关发表文章不是偶然的,是捷克斯洛伐克共产党既定方针的体现,捷克斯洛伐克共产党中央委员会宣传部部长巴雷什在1948

年1月思想工作者代表会议上作的报告可证明这点,报告的题目为《人民民主制和我们通往社会主义的道路》。报告说:

"我们的人民发现有这种和平的、无害的通往社会主义途径的可能性。"

巴雷什同志为证明这个结论,赶紧摘引了斯大林同志在《论列宁主义的基础》一文中有名的论断:

"在遥远的将来,如果无产阶级在那些最重要的资本主义国家内获得胜利,如果现在的资本主义包围被社会主义包围所替代,那么某些资本主义国家走上'和平'发展的道路是完全可能的,这些国家的资本家由于国际环境的'不利',会认为最好是'自愿地'向无产阶级做出重大的让步。……"(第11版第32页)①

对斯大林同志这一观点的这种随意注释,有意地明显地歪曲了上面摘引的斯大林原话的真正意思,报告者肯定地说,虽然"……资本主义在世界范围内的包围没有被社会主义的包围所替代,但在捷克斯洛伐克却形成了具体的像斯大林所说的那种形势"。

就是这样,强拉硬扯地把马克思列宁主义经典作家关于可能有"和平的"发展途径的原话用于说明捷克斯洛伐克的情况,而实际上完全不是斯大林同志的原意。由于他们认为存在着和平长入社会主义的可能性和资本家自愿向无产阶级让步的条件,捷克斯洛伐克共产党领导人走上了放弃阶级斗争原则的道路,无条件地相信捷克斯洛伐克资产阶级会"自愿地"向新人民民主制度让步。

捷克斯洛伐克共产党领导人错误地把捷克斯洛伐克所进行的政治和经济结构的改变,说成是捷克斯洛伐克资产阶级"肯于让步"的结果,是与资产阶级政党"和平协作"的结果,他们实际上在宣扬"和平进

---

① 《斯大林全集》中文版第6卷第104页。——编者注

行社会的社会主义改造"的观点。

斯大林同志在联共（布）中央委员会全会《论联共（布）中的右倾》的讲话中指出：

"二者必居其一：或者是马克思的阶级斗争理论；或者是资本家长入社会主义的理论。或者是阶级利益的不可调和的对立性；或者是阶级利益协调的理论。"（第11版第227页）①

显然，引证哥特瓦尔德1946年3月在捷克斯洛伐克共产党第八次会议上的声明就足以说明，捷克斯洛伐克共产党领导人忘记了斯大林同志这个重要的指示。哥特瓦尔德当时肯定地说，在捷克斯洛伐克"……民族阵线团结了各阶层的人民，他们没有根本的利害冲突……"

因而，哥特瓦尔德同志承认，在民族阵线范围内，作为其成员的共产党与其他党派及与他们有关的阶级（包括资产阶级）没有利害冲突。

产生这种错误观点的根源在于对民族阵线及其政府内与资产阶级政党"合作"存在幻想，以及折中和妥协主义的有害实践，结果是捷克斯洛伐克共产党的领导人直到最近，还不能充分估计国内阶级斗争发展的必要性和利用工人、农民反对反动势力的坚定行动。

最有代表性的是1948年初捷克斯洛伐克共产党中央机关报《红色权利报》上发表的捷克斯洛伐克共产党中央委员会政治局委员柯别茨基同志在政治思想工作代表大会上的简明报告，其中甚至有以"反动派正在挑起阶级斗争"为标题的专门章节。

在这个报告中，柯别茨基同志只停止在承认这个事实，即在捷克斯

---

① 这段引文出自斯大林1929年4月在联共（布）中央委员会和中央监察委员会联席全会上的演说（速记记录），见《斯大林全集》中文版第12卷第29页。——编者注

洛伐克"进行着不同力量的斗争，这些力量推动我们沿社会主义方向向前发展，但资产阶级也加紧自己的反动企图"。柯别茨基没有分析存在的阶级矛盾，没有强调在资产阶级和工人阶级之间的对立，更没有把下面这个马克思主义的著名论点运用到捷克斯洛伐克的具体环境中。

斯大林在《列宁主义问题》（第11版第541页）中指出："不应当掩饰资本主义制度的矛盾，而应当揭露和研究这些矛盾，不应当熄灭阶级斗争，而应当将阶级斗争进行到底。"

由于醉心于在国家社会政治民主化和经济生活方面所取得的成绩，对于反动派的力量及它们的破坏作用估计不足，在共产党的领导人中产生了对捷克斯洛伐克阶级力量实际对比的错误认识。

举例说，共产党中央宣传部部长巴雷什在1948年捷克斯洛伐克共产党中央委员会出版的小册子里，对国内民主力量和反动势力的力量对比作了如下评价：

"通往社会主义的人民民主道路……意味着在民族民主革命的进程里，工人阶级和劳动群众获得了如此重要的地位，足以使他们有可能顺利地进行反对大资本家和大地主反动残余势力的斗争，而不需要经过任何震荡、转折和革命。通往社会主义的人民民主的道路意味着工人阶级和劳动群众已经具备了优势力量，足以使他们能对社会进行和平的社会主义改造"。

捷克斯洛伐克工人阶级和劳动群众具备"优势力量"的类似声明，明显与国内至今存在的实际情况相矛盾，只要看看捷克斯洛伐克资产阶级和地主所占据的重要经济地位就足够了。例如，根据弗莱科1948年1月在党的思想政治工作代表会议上作报告时所说明的官方材料，可以看出，私人资本主义成分占国家所有工业企业总数的52%，其中工人占全捷克斯洛伐克工人总数的20%以上。在建筑行业，私营成分约占全行业整个生产规模的90%，国内贸易的75%是私营商业。到1948年初，在国内私营资本主义企业中，一般有500名工人，有的甚至达到1000人。在农业经营中（除了苏台德地区）捷克和斯洛伐克的地主（除少数外）在自己手里还有相当大片的土地。从这些材料中知道，大地主（拥有50公顷以上的土地）手中集中了全国近20%的精耕土地，在富农手里占有全国15%的可耕地。

过分地评价捷克斯洛伐克在推翻个体资本主义经济基础问题上的实际情况，并尽可能地否定在政治及经济方面残酷的阶级斗争环境，使得捷克斯洛伐克共产党的活动家和许多党的宣传工作人员在评价国家沿社会主义道路的发展远景问题上还犯了其他严重的错误。比如，在上边已经提过的，发表在捷克斯洛伐克共产党中央委员会的杂志《创造》周刊上的文章《通往社会主义的不同道路》中，一字不差地写着：

"另一种道路，我们沿着它前进，并沿着它走过了像英格兰一样的最初的发展阶段，我们认为，通过和平的、不流血的道路……也是可能的。同时在这个事业中，我们的情况比英格兰更好，在我们这里资本主义（？）的资产阶级已经被赶出了所有重要的阵地，垄断资本也被消灭了。而在英格兰垄断资本还掌握着经济和政治的关键阵地。"

可见，如果相信捷克斯洛伐克共产党中央委员会的杂志，在捷克斯洛伐克和在英格兰似乎可以没有流血就通过全部和平的途径走向社会主义（!!）。

党把注意力放在可能"和平通往社会主义的道路"上，同时对阶级斗争作为国家顺利地始终不渝地发展社会主义的必要条件只字不提，捷克斯洛伐克共产党领导人实际上是站在斯洛伐克资产阶级及其党派——斯洛伐克社会党（以前的民族社会党）的立场上，代表了他们的观点，其中包括在社会主义问题上的观点。

众所周知，贝奈斯以及过去捷克社会党、天主教党的领导人不止一次地声明实现独立的"捷克的社会主义"，似乎是否认暴力的，与"承认暴力的"马克思主义的社会主义相对立。在这里具有典型意义的是1945年9月国家社会党机关报《自由言论报》号召"研究捷克社会主义的特殊理论,这种社会主义应当考虑到所有阶级的利益"。紧随国家社会党之后说出自己观点的还有天主教徒。天主教党的报纸《人民民主报》写到:"我们需要自己的通往社会主义的道路,它将符合我们的特点和我们的要求。"

难道所有这些与贝奈斯的提法本质上有什么区别吗?贝奈斯说:"现在是从资产阶级的民主制度发展到人民民主制度,……用和平的途径,依照民主的方式,不采用无产阶级专政,不采用马克思列宁主义的既定理论。"贝奈斯特别强调的思想难道是偶然的吗?他说,在捷克斯洛伐克必须"逐步地采取措施,引导到社会主义,避免强迫性地从一个制度过渡到另一个制度"。

显然,捷克斯洛伐克共产党领导人不仅没有站在马列主义的立场上,彻底揭露反科学的、适用于"所有阶级"的"捷克自己的社会主义""理论",而且本身就宣传"通往社会主义的和平途径"的思想,他们自己实际上是支持这种"理论"的。

捷克斯洛伐克共产党不能实际地评价捷克斯洛伐克沿社会主义道路发展的问题,站在这种虚幻的立场上,他们原本没有能力击败捷克斯洛伐克资产阶级提出的"捷克的社会主义"的"论点"。资产阶级打算用这些论点来批评捷克斯洛伐克国家的对外政策方针,在人民中间散布对苏联的不信任。为了掩饰自己的这种政策,又蛊惑人心地表示必须在捷克斯洛伐克建立"自己的、不受其他国家约束的社会主义"。

通过这些可以清楚地看出:

捷克斯洛伐克共产党领导人坚持以和平的途径通往社会主义,不必牺牲,不要阶级斗争的反马克思主义的方针;

捷克斯洛伐克共产党领导人过高地评价国内民主改革的成果,过低估计反动资产阶级和地主的势力及掌握在他们手中的经济基础；

捷克斯洛伐克共产党领导人企图证明和平发展到社会主义的可能性，似乎在民族阵线内没有不同阶级的利益对立，实际上是掩盖了阶级矛盾，因此背离了马克思列宁主义的阶级斗争理论；

捷克斯洛伐克共产党领导人一直到国内最近（2月）的事件发生，都低估了劳动群众和党自身的力量，及被各界广大人民支持的群众政治行动的重要作用。由此在国家事务中不可避免地滑到向资产阶级政党实行妥协和各种退让的错误道路。

捷克斯洛伐克共产党成了议会幻想的俘虏

还在为解放捷克斯洛伐克而与德国法西斯侵略者进行斗争的时候，共产党领导人和在伦敦组成捷克斯洛伐克政府的资产阶级各党派的代表人物就讨论了与未来捷克斯洛伐克国家有关的、以及与在新民主主义基础上组建政府有关的问题。由于当时的情况，未来国家政权的性质以及社会政治和经济结构改革的性质，与其说是受到本国民族解放斗争革命过程的影响，还不如说是受到贝奈斯阵营的政治方针的影响，贝奈斯与当时侨居在苏联的捷克斯洛伐克共产党领导人谋求的是自己所期望和所能采纳的协议。

众所周知，这个时期捷克斯洛伐克共产党在与贝奈斯和其他右派组织的领导人谈判时，成功地对谈判进程施加了积极影响，和他们签订了（1945年3月）关于在捷克和斯洛伐克建立民族阵线的协议，通过了由共产党人研究制定的、以民族阵线纲领为基础的后来十分著名的科希策纲领。在国家解放后实施国内民主改革的这一纲领，在一定程度上是共产党和其他政党（其中包括资产阶级）的领导人相互妥协的结果，其实质上反映了这样一种追求，即消灭对立阶级在利益上的差异，建立起可以被民族阵线中各党派接受的和平协作的基础。

这种状况很大程度上是由于捷克斯洛伐克共产党领导人对共和国民主建设中议会的作用和意义抱有陈旧的幻想所产生的。

事实表明,直到最近,捷克斯洛伐克领导人都毫无根据地夸大了议会斗争的形式,认为这些形式是加强和发展国内人民民主的政治活动的基本形式。另一方面,事实还十分明显地表明,在许多情况下,在议会中仅拥有38%席位(300个席位中的114个)的共产党都是预先采取了步骤,由民族阵线和议会来制定加强国家民主进程、巩固人民民主阵地的新法律。但是在大多数情况下,特别是最近(至1948年2月)遇到与包括社会民主党在内的所有其他党派发生组织上的冲突时,都不得不重新回到妥协和退让的老路上。

在制定国家两年发展计划以及在议会和总统审批这一计划时,共产党迫于右翼党派的压力不得不同意他们停止对工业进一步实行国有化的要求,这个事实就足以说明问题了。这样,在1946年7月8日议会开会时,捷克斯洛伐克共产党领导人、总理克·哥特瓦尔德以1946年议会选举产生的新政府名义发表了政府宣言,他声明:

"……政府声明,它认为在生产部门的国有化工作已经结束"。

尽管最近以来捷克斯洛伐克领导人明显认识到资产阶级政党对今后国内民主化事业的顽强抵抗,他们还是继续地相信议会活动的决定性意义,低估其他非议会形式的斗争。在这方面的表现是,他们力求把国内政治斗争局限在民族阵线和议会的范围内,以此保持与左派和右派能够进行"合作"的条件。捷克斯洛伐克共产党的这种立场一直保持到1948年二月事件,这些可以看作是捷克斯洛伐克共产党错误和危险的社会—民主政策弊端的全部基础。

而且,作为资产阶级议会幻想的俘虏,由于过高估计国家民主化斗争的成绩,捷克斯洛伐克共产党领导人打算把战胜资产阶级政党的反抗和改变民族阵线的政策寄托在争取例行的议会选举的大多数选票上。

捷克斯洛伐克共产党把党的方针放在必须争取大多数人民群众的信任和支持上，把它作为顺利地推动社会主义道路向前发展的必要条件；在实践中推行这个政治任务，首先为党能争取到议会的大多数而斗争。

在1947年捷克斯洛伐克共产党六月中央全会上，哥特瓦尔德同志说：

"我们再次强调，我们想争取大多数的人民，不是为了得到51%的多数票从而可以压倒49%的票数，而是为了使我们拥有更高的威信和更大的实力。"

同时，哥特瓦尔德同志强调，争取共产党方面的多数票（也就是指议会的多数票）并不破坏"与其他党派的合作"，但不可避免地要改变民族阵线的政策。

在1948年2月20—25日政治事件的前几天，在莫克雷市郊党的骨干分子大会上，捷克斯洛伐克共产党总书记斯兰斯基同志在其《论捷克斯洛伐克迫切的政治问题》的讲话中说：

"在选举中决定性的最重要的问题是谁将获胜：是进步的、社会主义的力量，还是寄生的、剥削阶级的残余。"

正如实际所表明的，捷克斯洛伐克的反动势力除了支持从外部给共产党以打击外，不等到选举就以强制的方式（包括组织有国外武装帮助的叛乱）来改变国内政治体制。总结捷克斯洛伐克1948年的二月事件，明显地证实了要改变民族阵线的性质及其政策，使其更符合劳动群众的要求，共产党必须具备必要的力量和条件，而不能等待党在选举中得到51%的席位，即议会的大多数。

上述捷克斯洛伐克共产党准备面临的议会选举（1948年5月）的事实，以及捷克斯洛伐克共产党的宣传材料，特别是在选举前加紧接收新党员的做法，都说明共产党及其领导人还没有摆脱对议会的幻想，并像以前一样企图利用党作为竞选斗争的某种武器和机构，使捷克斯洛伐克共产党在新的议会选举中获得胜利。这本身就忽视了马克思列宁主义关于党在国家中的地位和作用的学说，以及在具体的情况下，在人民民主的议会制共和国里党的地位和作用的问题。

在建设捷克斯洛伐克共产党的问题上
轻视布尔什维克主义的原则及其后果

提出争取大多数人民倒向共产党一方的任务后，捷克斯洛伐克共产党采取了加紧扩大共产党队伍的方针。由于准备即将来临的议会选举，党中央委员会对地方党组织提出党员要达到 150 万人，然后再达到 200 万人。

在 1947 年 11 月捷克斯洛伐克共产党中央全会的报告中，斯兰斯基同志总结说，在党的地方组织，首先是地区一级组织中，党的队伍扩大了；按选举人数的比例吸收党员的工作顺利完成了。他指出，作为先进的地区，克拉德诺区在这段时间里吸收了 32% 的选举人入党，在卡罗维发利是 27%，在乌斯季是 27%，等等。

斯兰斯基在这个报告中确认了大规模接受新党员入党的目的，他说：

"谈到在党内被组织起来的参加选举的人数，我们希望到（1948 年）5 月 1 日以前把这一人数扩大到参加选举人数的 25%，以取代上次选举时被组织起来的 20% 的参选人数……

我们的首要任务是继续吸收新党员的运动，为了达到（1948 年）5 月 1 日前的 150 万党员，必须在 5 个月内吸收 21.8 万人入党，也就是每月吸收 4.5 万人"。

接着他说：

"如果我们完成了这些任务，我们将能够保证在选举时得到最多数的选票"。

斯兰斯基同志声明："我们的同志应以这样的口号指导自己：每一个党员都要说服和吸收自己的熟人和亲戚入党"。

至于为什么要实现以"接收熟人和亲戚"的原则吸收党员这样的政策，可以根据捷克斯洛伐克共产党中央委员会组织部书记什维尔莫娃同志在1948年3月7日《红色权利报》上的文章做出判断，文章中清清楚楚地写道：

"我们为有10万人成为党员而打开了大门。我们对他们只有一个要求：热爱共和国吗？你是好人吗？如果诚实地回答这两个问题，则可以在我们的队伍里找到位置并得到帮助，使他成为我们党的好党员。是的，这就是我们想要的加入我们党的人。他们入党的条件——只要是一个好的捷克人，一个诚实的人"。

一个捷克斯洛伐克共产党中央领导人在党中央的报纸上发表这篇文章，专门用来解释捷克斯洛伐克共产党在今年3月7日到14日被称为"哥特瓦尔德周"的日子里，吸收"新的10万人入党"的这件事，是有代表性的。我们注意到，在这一周的时间里，正如《红色权利报》报道的那样，接收了19万多（！）新党员加入捷克斯洛伐克共产党。

最近的事实证明，捷克斯洛伐克反动势力1948年2月的失败及国内政治力量急剧的分化过程决定了大批可疑分子（有时明显是投机分子）加入共产党队伍的倾向，在目前的形势下，捷克斯洛伐克共产党领导人存在的大量接收新党员的想法，自然会引起对共产党队伍的思想和组织状况的担忧。

但是，至今捷克斯洛伐克共产党领导人没有表示关心党的队伍的纯洁性问题，仍旧把发展党的队伍的问题服从于吸收大多数选民入党的任务。用机械地招收几十万新党员的做法，代替了在广大人民群众中进行经常不断的思想工作，因此说，捷克斯洛伐克共产党领导人走上了公开违背和忽视列宁和斯大林关于党及党的建设的学说的歧路。

列宁在谈到党作为工人阶级的先进队伍时指出：

"忘记先进部队和倾向于它的所有群众之间的区别，忘记先进部队的经常责任是把愈益广大的阶层提高到这个先进的水平，那只是欺骗自己，无视我们的巨大任务，缩小这些任务。抹杀靠近党的分子和加入党的分子之间的区别，抹杀自觉、积极的分子和帮助党的分子之间的区别，正是这种无视和遗忘的表现。"（第6卷第205—206页，第3版）①

事实证明，捷克斯洛伐克共产党领导人忘记了列宁同志的教导，忘记了共产党人与那些向往共产党的人之间的区别，忘记了我们的任务根本不在于利用党来进行招募和"捞"选票，而是使党作为工人阶级先进的、有组织的队伍，并经常不断地用党的政治思想工作教育更广大的人民群众，把他们提高到能完成捷克斯洛伐克共产党为之奋斗的政治任务的水平。

捷克斯洛伐克共产党领导人对机械招收新党员做法的危险性认识不足，还表现在捷克斯洛伐克共产党中央书记处今年3月发表的另一个文件中，这个文件由捷克斯洛伐克共产党中央总书记斯兰斯基同志签署。文件以捷克斯洛伐克共产党中央委员会的名义提出，地方组织"要为忠诚的工人、农民、手工业者和劳动知识分子打开党的大门"。

违背了马克思列宁主义党的建设原则，捷克斯洛伐克共产党领导人把共产党变成为群众性的党，变成为思想上松散的党的倾向，致使他们在确定党的阶级本质上犯了严重的错误，使他们差不多要把党变成了"全民"的组织。

举例说，在捷克斯洛伐克共产党中央第八次委员会上，斯兰斯基同

---

① 见《列宁全集》中文第2版第8卷第255页。——编者注

志是这样来说明共产党的性质的：

"我们是工人阶级、劳动人民和全体人民的党"（!）。

关于这种"工人阶级、劳动人民和全体人民的党"的社会成分，斯兰斯基同志在 1947 年 11 月捷克斯洛伐克共产党中央全会上有下面的表述，当时在捷克斯洛伐克共产党队伍中有工业和农业工人 47%，农民 7.4%，家庭妇女 19.1%，职员 16%，商业和手工业者 4.1% 等。

对自己队伍中这样的社会成分，捷克斯洛伐克共产党领导人认为，只有在 1945 年 5 月以前入党的 3% 的党员，实际上是党的基本队伍。

很明显，捷克斯洛伐克共产党领导人采取了无限制地扩大党的队伍的方针，以获得即将进行的议会选举的胜利。他们聊以自慰的希望是在选举后进行清党，可以轻易地开除不适合的分子和临时的同路人。但将来这一步所酝酿的危险，难道捷克斯洛伐克共产党领导人不清楚吗？当然，毫无异议，如果捷克斯洛伐克共产党走到这个地步，那么它为自己造成的形势将是，大量的开除出党不可避免地造成数量巨大的党的敌对分子，他们中间的大多数会附和反动阵营和加强反动势力。

由于党的干部队伍在思想和组织上准备不足，捷克斯洛伐克共产党领导人在党的建设方面的错误倾向和把作为工人阶级先进分子有组织的队伍、无产阶级组织的最高形式的共产党，埋没在思想上没有培养好的新党员之中的倾向，更加严重了。

捷克斯洛伐克共产党领导人直到现在都没有考虑到斯洛伐克共产党是否应继续存在的问题，而此前斯洛伐克共产党在组织和实践工作中都是一个独立的政党。如果说在捷克的范围内共产党是最强有力、最有影响的政党，那么斯洛伐克共产党至今在组织上还是软弱的，在各阶层人民群众中也没有树立起必要的威信（1946 年的选举中斯洛伐克共产党才获得 30.4% 的选票）。看来，捷克斯洛伐克共产党没有采用联共（布）的建党经验，即把各民族的共产党在政治和组织上合为一体。

保留斯洛伐克共产党组织上的独立，无疑在按共产党员的愿望获得议会、政府和民族阵线中更多的席位时起到了不小的作用。把党的建设问题服从于在议会取得成绩的局部利益，捷克斯洛伐克共产党领导人忽视了列宁—斯大林的教导："只有各民族工人结成这种统一的组织，无产阶级才有可能胜利地进行反对国际资本、反对资产阶级民族主义的斗争。"（《联共（布）党史简明教程》第 188 页）。①

斯大林同志指出，共产党不是工人阶级唯一的组织，无产阶级还有一系列其他的组织，没有它们，就不可能顺利地进行斗争。这些就是工会的、合作社的、妇女的、青年的组织，等等。

如果说在工会中捷克斯洛伐克共产党有巩固的地位，那么在合作社、妇女和青年的组织中，共产党的地位还很薄弱，这是在巩固共产党的地位，支持共产党的走社会主义道路的政策，发展捷克斯洛伐克的事业中，对这些群众组织的意义和作用估计明显不足的结果。

通过这些清楚地说明：

捷克斯洛伐克共产党领导人把党的建设问题服从于议会活动的局部利益违背了马克思列宁主义的基本原则，真正的工人阶级的革命政党不会是（像第二国际的党）只适合议会选举和议会斗争的选举人的机构。

捷克斯洛伐克共产党领导人实际上已否定了共产党作为工人阶级先进队伍的作用，毫无道理地为了选举斗争的局部利益而采用了大量招募各种不同的人入党的方式，走上了把革命的马克思主义的政党变为某种"全民"性质的组织的歧途。

---

① 《联共（布）党史简明教程》，人民出版社 1975 年版，第 212—213 页。——编者注

捷克斯洛伐克共产党在民族问题上的错误

捷克斯洛伐克共产党领导人,用共同的捷克斯洛伐克民主改革的纲领把自己和资产阶级党派联系起来,自祖国从德国法西斯侵略者手中解放出来的第一天起,就与贝奈斯和所有资产阶级党派的领导人共同合作,在解决居住在捷克斯洛伐克的德意志人和匈牙利人的问题上有着共同的立场。在这个问题上所有党派都一致认为必须在捷克斯洛伐克建立"捷克人和斯洛伐克人的国家",这是国家政策的实质。

很多事实证明,直到最近,捷克斯洛伐克共产党领导人在非斯拉夫少数民族问题上实际上完全保持着和资产阶级党派领导人一致的观点,这在一定程度上与捷克斯洛伐克共产党领导人的意愿有关系,这就是使广大捷克斯洛伐克人民确信共产党是始终不渝、坚定不移的"共和国根本利益的捍卫者"。另一方面,很多事实又表明,捷克斯洛伐克共产党领导人牺牲马克思列宁主义民族政策的基本原则(所有坚定不移的马克思主义的党都有责任捍卫它),与资产阶级一道,服从国家政策中"民族统一"的利益,这一点特别表现在对待匈牙利人的问题上。因而,捷克共产党领导人(以及斯洛伐克共产党领导人)都不可避免地在民族问题上犯有严重的错误,准确地说,造成共产党不得不执行民族主义的异常行为和捷克斯洛伐克资产阶级极端的沙文主义政策。

让我们来看看在捷克斯洛伐克非斯拉夫民族问题上国家政策的某些方面和这种政策的后果。

在所有党派通过的民族阵线政府的科希策纲领(1945年4月)中,公正地指出了捷克人和斯洛伐克人在与德意志和匈牙利少数民族关系中汲取的"痛苦的经验",众所周知,德意志和匈牙利少数民族曾充当过奴役斯拉夫人民的希特勒政策的工具。但同时又强调，捷克斯洛伐克共和国"……不想也不会惩罚自己奉公守法的德意志和匈牙利民族的公民，特别是那些在最艰难的时期都忠于祖国的人"。

接着科希策纲领写到：在慕尼黑协议前归附捷克斯洛伐克的德意志和匈牙利民族的公民，"如果他们是反纳粹和反法西斯的分子"，并且他们在慕尼黑协议之前就"积极与汉伦①进行斗争，与匈牙利的意大利民族统一运动党斗争，才会承认其捷克斯洛伐克的国籍……"

纲领还指出，在捷克斯洛伐克的德意志人和匈牙利族人中，在慕尼黑协议后迁入捷克斯洛伐克领土的"为捷克斯洛伐克的利益工作过的"人将被留下（不被赶走）。

必须指出，在科希策纲领公布和纲领制定者回国后，贝奈斯和所有党派、组织的领导人以及报刊，在谈到从捷克斯洛伐克迁出德意志人和匈牙利族人时，通常讲的都是全体德意志人和全体匈牙利族人。

这种倾向是由于当时国家的一定的政策决定的，足以明确地表现这一点的是捷克斯洛伐克军队报纸《我们的部队》记者在科希策市与内务部部长共产党员诺塞克的访谈，这篇访谈于1945年4月15日发表，其中写道：

"在我们的共和国内应当只留下这样的匈牙利族和德意志族的公民，他们在1938年慕尼黑协议前以及在整个抵抗运动时期，已经在为共和国与捷克和斯洛伐克人共同进行反对德意志人和匈牙利人的斗争。但在这种情况下，政府保留了承认这些人国籍的权利，对每一个人都要单独地进行甄别，而不是普遍地予以承认。所以，几乎所有的德意志人和匈

---

① 汉伦是捷克斯洛伐克苏台德德意志党创始人，1939年以后成为法西斯德国在苏台德区的全权代表。

牙利族人都不会成为共和国的公民。"

各党派和政府关于非斯拉夫少数民族的政策是通过各党派的中央机关报体现出来的。在这些报纸中，自然表现最积极的是右派和资产阶级政党的报纸。在这方面具有典型意义的是1945年5月18日的人民党（天主教党）中央机关报《人民民主报》，其中写道：

"德意志人和匈牙利族人集体地对我们的国家犯有过错，他们应集体地为自己的过错负责。我们尊重保护他们的国际准则，认为他们永远是弱者，现在他们应该感觉到我们的力量……"

该报纸还肯定地说：

"……大概，没有一个问题像消灭德意志人和匈牙利族人的问题那样，在解决它时，政府可以更多地依靠人民的统一意志去实现……"

一位社会民主党领导人——劳什曼在1945年5月23日讲话时说，捷克斯洛伐克将会是捷克和斯洛伐克人的国家，并特别强调了以下的意思：

"在少数民族的问题上我们永远不会再绞尽脑汁……"

其他党派的领导人，包括贝奈斯总统，都从这一精神出发，不止一次地发表过声明。

众多事实表明，在捷克斯洛伐克有组织地、公开地进行了反对德意志人和匈牙利族人的运动，同时所有国家和政党的领导人都是以这一运动的精神公开表示意见的，这不可避免地在相当多的捷克斯洛伐克人民群众中激化和加剧了民族主义和极端沙文主义的情绪。

在这种情况下，共产党及其领导人看来也陷入了这个明显散发着沙文主义气味的运动，并且他们没有看透这样一个明显的事实，即国内的反动派故意扩大这一运动，其目的是利用迫害德意志人和匈牙利族人的政策，在国家必须进行连续不断的清理反革命和捷克斯洛伐克人民的叛徒的问题上，转移劳动群众的注意力，而这些反革命和叛徒是右派的依靠力量，并很快补充了他们的队伍。

还在1945年7月，哥特瓦尔德在捷克斯洛伐克共产党自治州和地区骨干分子大会上指出，工人阶级是民族阵线的主导力量，而且"其政策在相当程度上是由工人阶级确定的"，而从另一方面来说，这也是民族阵线的政策。

"反对德意志人和匈牙利族人，大体上可以认为是反对过去的、现在已被推翻的、异国土地上的民族统治者的代表"。

在1946年3月捷克斯洛伐克共产党第八次代表大会上，哥特瓦尔德指出捷克斯洛伐克解放后的一个任务是：

"完全可以利用德国法西斯和它的喽啰们的战败，有意识地使共和国摆脱以德意志和匈牙利少数民族面目出现的第五纵队。"

援引了慕尼黑协议和被占领时期的痛苦经验，哥特瓦尔德同志确认：

"……捷克人和斯洛伐克人不可能和这样的少数民族生活在一个屋檐下……"

涉及进行捷克斯洛伐克和匈牙利之间交换居民的事（按照1946年2月27日协议），哥特瓦尔德说明：

"交换结束后，我们将继续争取达到把剩下的部分匈牙利居民迁移回匈牙利，使斯洛伐克的南方边界重新成为斯洛伐克人的"。

尽管从那时起在捷克斯洛伐克国内政治状况发生了重大变化，匈牙利事情的状况也发生了彻底的改变，但实际上捷克斯洛伐克共产党（也包括斯洛伐克共产党）在共和国内匈牙利人状况的问题上，立场并没有改变。直到最近在捷克斯洛伐克的国家政策中仍保留着剥夺那些仍留在以民主自由为基础的国家中的匈牙利人的精神，也就是实质上推行官方的歧视匈牙利人的计划，还在1946年2月底在布达佩斯新闻代表会上，捷克斯洛伐克外交部副部长共产党员克莱门季斯当时描述的那样：

"……对于留在捷克斯洛伐克的匈牙利人，今后将不给予任何少数民族的权利……"

注意到今年 1 月 28 日捷克斯洛伐克共产党中央机关报《红色权利报》上发表的编辑部文章《论捷克斯洛伐克共产党对匈牙利人的态度》，文中写道：

"……共产党在匈牙利人的问题上对自己的观点，没有任何补充"，并且"共产党坚持匈牙利应根据和平条约履行自己的义务……"

文中指出，捷克斯洛伐克共产党认为"现在的匈牙利人民共和国是不同于霍尔蒂时期匈牙利的另一个国家"，并欢迎"匈牙利向社会主义发展走出的每一步"，捷克斯洛伐克共产党中央没有找到比援引这样的话更好的说明了，即共产党人"……在自己这个立场上并不是孤立的"。……在此，利用贝奈斯在读者中的威望而援引了总统在布拉格第一次接见匈牙利公使时的讲话。报纸援引贝奈斯辞藻华丽的讲话，以如下最后的声明结束了这篇文章：

"我们不知道对此还能够补充什么"（?!）。

捷克斯洛伐克共产党领导人在非斯拉夫少数民族问题上的错误政策（包括对生活在捷克斯洛伐克的匈牙利人的态度方面的政策），首先因为这些共产党著名的活动家实际上已经走上了使民族政策在原则基础上迎合一些落后的居民阶层的民族情绪的错误道路，并以"论传统"、"论过去的经验"等等的声明来论证这种迎合的正确性。

1948 年 2 月底在布拉格全斯拉夫民族委员会第三次全体会议上，捷克斯洛伐克斯拉夫民族委员会主席、捷克斯洛伐克共产党中央政治局委员内耶德利同志，就主席团提及的匈牙利—捷克斯洛伐克关系问题的发言，相当详细的表达了在捷克斯洛伐克共产党中央领导人中存在的一种观点：

"当谈到在斯洛伐克迫害匈牙利人的时候,实际上谈的不是民族问题,而是阶级问题——是反对匈牙利富农和大土地所有者的斗争。"

所以提出类似的"理由",捷克斯洛伐克共产党领导人是想以此证明在国内反对匈牙利人的政策是合法的,虽然实际上从捷克斯洛伐克遣返的不仅是匈牙利人中的富农,因为目前捷克斯洛伐克政权对待匈牙利人的政策已经触及了斯洛伐克的这个少数民族的其他阶层(其中包括无产阶级)。

匈牙利问题作为捷克斯洛伐克总的民族问题的一部分,是与其基本的民族政策问题相联系的,即捷克人和斯洛伐克人在现代条件下的相互关系问题。

捷克斯洛伐克共产党热衷于倡议和平地解决与斯洛伐克人在统一的捷克斯洛伐克共和国的地位有关的一切问题,几年来获得了明显的成绩。无疑,这些成绩为保证将来在统一的共和国内捷克人和斯洛伐克人的平等权利,铲除捷克反动资产阶级力图保留捷克人与斯洛伐克人在政治、经济上的不平等陋习,创造了前提条件。但是,共产党及其领导人没有看到这样一个明显的事实,即在捷克特别是斯洛伐克人民中一些阶层对匈牙利人(和德意志人)表现出极端的沙文主义,而这些表现却从党的活动家和国务活动家那里得到了支持。沙文主义的表现已经不可避免地对捷克和斯洛伐克的关系,以及实际解决这个主要的民族问题产生了不良的影响。

尽管科希策纲领承认捷克人和斯洛伐克人的平等权利,由于捷克斯洛伐克共产党的努力在解决斯洛伐克问题上迈出了实际的步伐,但在捷克人和斯洛伐克人的相互关系上到现在仍然存在着相当尖锐的政治问题。

许多事实表明,目前在国家机关的实际工作中,仍然可以看到错误和有害的现象(特别是建设军队的问题,把一些企业的基地从捷克转移到斯洛伐克等方面），这在某些情况下实际上激化了斯洛伐克问题。

捷克斯洛伐克共产党及其领导人对这个问题的所有严重性和斯洛伐克政治上的困难，还是没有足够的估计，事实证明，在当时（以至现在），在斯洛伐克共产党为持久巩固其在斯洛伐克各界人民中的地位和影响的事业中，捷克斯洛伐克共产党没有给予必要的帮助。这种状况在一定程度上使斯洛伐克反动势力至今还在人民中保留着自己的影响（特别是在农民群众中），挑起和加剧分立和反捷克的情绪，就更不用说1946年这种状况给斯洛伐克的议会选举所带来的影响了。因此必须指出，解决斯洛伐克问题的重要条件是使目前的国家议会通过能够正确反映在统一的捷克斯洛伐克国家中斯洛伐克人的作用和地位的宪法。但是，众所周知，制定新宪法的事情交给了特别的议会委员会，因此这个最重要的国家措施，实质上没有为广大捷克和斯洛伐克人民所掌握，而捷克斯洛伐克共产党（按自己追求的"合作"和对议会原则的遵守）将不能在斯洛伐克人民面前发表自己关于宪法，特别是有关将来斯洛伐克自治机构的地位和作用问题的看法。

由此看来，应当承认：

捷克斯洛伐克共产党领导人轻视斯大林民族政策的理论和实践问题，在本国民族问题的方针和行动上犯有严重的错误。

捷克斯洛伐克共产党领导人直到最近在客观上仍然是资产阶级民族主义倾向的俘虏，没有坚决反对国家政策中对匈牙利居民的沙文主义和歧视政策的种种表现，反而使自己党在这个问题上的路线迎合了存在于人民的某些阶层中的陈旧的民族主义情绪。

捷克斯洛伐克共产党领导人容忍在国家机关的活动中扭曲的和偏激的民族主义行为，同时企图以形形色色反马克思主义的思想来证实反匈牙利人政策的合理性。

捷克斯洛伐克共产党领导人至今对斯洛伐克问题的重要性和复杂性估计不足，没有采取所有组织上的和其他可能的办法巩固共产党在斯洛伐克人民中的影响，以及首先根据将来国家的宪法来确认自己在捷克—斯洛伐克相互关系问题上明确的立场。

捷克斯洛伐克共产党在农民问题上的错误

捷克斯洛伐克共产党领导人把注意力集中在国家经济建设中目前迫切需要解决的任务上，首先根据农村当前的政治和经济任务来确定自己的土地政策原则。

如果说在 1945 年科希策的政府纲领和哥特瓦尔德的政府纲领（1946 年 7 月）中，都确定了在实现了农村一些民主改革的情况下（农业改革、国家给农民提供帮助、规范农村的税收政策等），把农村经济提高到战前水平的迫切任务作为国家的土地和农业政策方面的主要任务，那么在捷克斯洛伐克共产党关于农民问题的政策（到 1947 年春以前）中，其指导方针还是仅仅局限于解决农业经济建设中现实的和迫切需要解决的问题。

只是在 1947 年 6 月捷克斯洛伐克共产党中央委员会全体会议上，哥特瓦尔德同志才通报了党的农业纲领的一些基本原则。在全会的报告中哥特瓦尔德说：

"我们在农村方面的纲领现在是赫拉德茨纲领……"

这个所谓的"赫拉德茨"纲领，实际上是当前国家的种种措施的总和，而这些措施是共产党在共产党员、农业部长朱里什的法案中拟订的，并包括了以捷克斯洛伐克共产党的名义向议会提出的种种建议。这些法案是朱里什 1947 年 4 月 4 日在赫拉德茨—克拉洛维市颁布的，其实质不过是建议对（1919 年）第一次土地改革的结果进行核查；缩减土地占有量，限制在 50 公顷以下；制定农业方面的统一税收；妥善解决农业贷款的问题；在农民中推行社会保险制度等等。

谈到党对农村的这个纲领时，哥特瓦尔德指出：

"这个纲领中最重要的问题是核查原来的土地改革，然后进行新的土地改革。依据这个行动纲领，我们应当在近半年中，顺利地开展争取大多数农民的斗争"。

显然，捷克斯洛伐克反动势力在农业问题上对于共产党提出的法案极端仇视，在很长时间内千方百计地阻止议会对这些法案进行审批。只是在 1948 年 2 月的政治事件之后，在民族阵线内和政府中有了实质性的改变之后，由捷克斯洛伐克共产党在近一年以前就已经拟定的全部法案才有可能被议会通过。

这样一来，在 1945 年的农业民主改革部分措施（包括没收德意志人和匈牙利人的土地及少量的变节分子的土地）的基础上，又增加了农业改革的新内容，这些新内容的实质可以归结为向捷克和斯洛伐克地主赎买超过 50 公顷以上的土地。无疑，所有现在这些人民民主政权的措施都是为了限制捷克斯洛伐克大土地占有者的数量，而根本没有铲除捷克斯洛伐克农村资本主义的基础，因为在个人手中土地限额在 50 公顷以下的规定，在国家农业生产高度集约化（高商品率）的情况下，将成为发展和加强富农阶级的广泛基础。

显然，根据国内农村的这种状况，无法得出农村人民民主改革已经取得胜利的结论，也无法证明农民坚定地、毫无保留地站在支持政府和共产党政策的立场上。但此时哥特瓦尔德却在 1947 年 6 月的捷克斯洛伐克共产党中央委员会全体会议上自信地声明：

"我们已经给了农民很多东西，没有任何理由为我们在农村的阵地担心"。

在评价农村实际的阶级力量对比时，捷克斯洛伐克共产党领导人的这种宽容政策明显地反映在捷克斯洛伐克共产党中央委员会的杂志《创造》（1947年5月号）和捷克斯洛伐克共产党中央委员会的情报通报（1947年第5号）发表的文章中，文章的标题是《赫拉德茨纲领——农业的社会主义革命》（！）。文章指出："赫拉德茨纲领"恰恰是"……至今在世界上首创的农业社会主义革命"（？！）。

这篇文章承认，赫拉德茨纲领的主要内容是把解决土地所有制的问题作为捷克斯洛伐克共和国"巩固经济联合"的重要手段，从而彻底揭示了"党对农村的这个纲领"的真正含义，文章写道：

"……农民获得了信心、安定以及宪法给予的拥有土地权的保障。没有根据的、引起农村恐慌的关于集体农庄和国营农场的言论消失了"。

捷克斯洛伐克共产党领导人力图在捷克斯洛伐克农村走"和平"地发展社会主义的道路，避开那些根本性的问题，如农村中的阶级斗争，又如在私人资本基础上发展农村生产的条件下农业的资本主义问题，等等。这就决定了捷克斯洛伐克共产党在农业问题上所采取的政策和进行的实际工作。

捷克斯洛伐克共产党领导人在农村以"和平"道路发展私人资本主义经济的方针是有据可查的，事实是，尽管在今年2月底布拉格召开的农民大会上，许多农民代表团要求把土地分配限制在20公顷以下，但捷克斯洛伐克共产党领导人批准并决定执行的还是限制拥有土地在50公顷以下的提案，这个提案是今年3月在议会提出并通过的。

看来，捷克斯洛伐克共产党领导人本身就想在民族阵线内保持与自己伙伴的一致，而不顾有可能加强农业生产中资本主义成分（特别是富农）的危险，没有给自己提出铲除农村反动势力的基础的任务，以此作为保证始终不渝地巩固人民民主制度的必要条件和过渡到社会主义的基础。

于是，可以做出这样的结论：

捷克斯洛伐克共产党领导人在农业政策问题上没有一个明确的、科学的纲领，而局限于采取部分措施，这些措施实质上没有触动农村资本主义的基础。

捷克斯洛伐克共产党领导人对农村中实际的阶级力量对比估计不足，容忍党的骨干分子陶醉于在农业政策中取得的局部结果和妥协成果的危险现象，从而在争取大多数农民站到党的一边的工作中犯了错误。

捷克斯洛伐克共产党领导人没有让党的干部了解富农阶级增长的危险性，在农村社会主义改革中实际上滑到了反马克思主义的"放任自流"的立场上。

1948年2月在反动党派引起的政府危机期间（即将发生反政府的武装叛乱），捷克斯洛伐克共产党领导人可能从经验中认识到，对议会的幻想和希望不开展对资产阶级的阶级斗争，而通过"紧密合作"取得成果，是多么的危险。应当指出，共产党很好地利用了有组织的工人阶级、农民和所有劳动群众，反击反动势力。在群众的积极参与下，利用了工人阶级的最高组织形式——行动委员会，共产党使反动势力和他们在右派中的代理人惨遭失败。

捷克斯洛伐克共产党领导人在这个阶段显然已经坚信，只有始终不渝和毫不妥协地反对国内反动势力的斗争的政策，只有党为达到这些目的而做出坚定和顽强的努力，才能保证进一步加强民族阵线，巩固国内的民主力量。

伴随着二月事件，在共产党队伍中出现了高枕无忧和宽容的现象。在共产党的领导人号召民族阵线内所有伙伴走"和平协作"的道路，"不需要牺牲"地建设社会主义的同时，资产阶级政党的反动领导人却为了夺取政府机关、广播电台和国家政权，准备和武装了专门的军事组织和行动小组。

捷克斯洛伐克共产党领导人曾不得不坚决利用自己在内务部和国家安全机关的有利地位,解除阴谋参与者的武装和清除他们的危害。全副武装的工人警察队伍在2月进行的盛大游行,是对人民民主共和国敌人的严重警告。

在解决了政府危机之后,改组后的民族阵线和哥特瓦尔德政府工作卓有成效,议会通过了许多新的法令,这些都说明了过去共产党希望所有的问题都通过妥协来解决是错误的。

但是,由于共产党在改变政府组成和它的政策中获得的显著成绩,以及在所有党派中右派的惨重失败,社会民主党、人民党(天主教的)、斯洛伐克民主党的领导人威信的降低,导致中央和地方在一系列场合下产生出宽容心理和自满情绪,并在评价已过去的政治转变时,不加任何反省。这些更是不正确的,因为众所周知,反动势力在二月事件后采用号召所有反动分子"保存实力",不要与现政权"进行公开的政治斗争",并"相信马萨利克和贝奈斯的思想一定胜利"。显然,这些号召决定了他们的策略,现在其他政党的右派分子也采用了这种策略——"保存一切现在条件下还能够保存的东西"。

在2月成立的一些地方上所谓行动委员会的组织的领导人,不能准确地把握他们在政府和社会政治生活中的作用和地位。由于对这个问题不明确,致使许多共产党员——这些行动委员会的成员对进步的、没有过错的人进行毫无理由地惩罚(以清洗的方式)。同时这些本身在行动委员会的共产党员有时使用直接行政管理的方式,干预国家管理的事务,替代了地方政权的司法组织——民族委员会。

从以上所述内容可以看出,捷克斯洛伐克的二月政治事件纠正了共产党的理论方针和实践活动。

共产党及其领导人更有必要面对一系列国家政治、经济建设的问题，特别是党的建设问题，认真地重新考虑修正党的理论方针和政策。

共产党及其领导人不能不看到，国内这次事件的结果，无疑是巩固了现在的人民民主政权的地位，捷克斯洛伐克共产党面临的任务是要善于利用过去的这次政治事件的转变，使它有利于捷克斯洛伐克人民民主制度的全面胜利。

作为捷克斯洛伐克共产党面临的这个重要任务所必需的条件如下：

——不断地阐明党作为工人阶级先进的、有组织的队伍，作为无产阶级这个阶级组织的最高形式的作用，努力做到清除党建工作中的社会民主（党）的倾向，结束利用党作为选举的机构，使其迎合议会选举和议会斗争的反马克思主义的活动；

——坚定不移地为巩固共产党在民族阵线中的地位而斗争，使其作为阵线的重要和主导力量，避免与民族阵线内其他政治倾向的党派在指导纲领和党的政策上搞"平等"，因此，坚决消除一切妥协和折中的痼疾，牢记只有在所有战线上与反动势力进行坚持不懈的、毫不妥协的斗争，才能取得人民民主事业的成功，过渡到社会主义，才能使党的干部彻底摒弃与资产阶级"和平协作"的幻想；

——正确地制定党在民族问题上的政策，坚决地反对民族主义和极端沙文主义倾向，这些倾向会危害马克思主义政党的地位，并以资产阶级民族主义腐蚀党的干部；

——明确地制订党在农民问题上的指导纲领，并在捷克斯洛伐克共产党的农业政策上根除党内存在的根深蒂固的"和平"发展捷克斯洛伐克农村的"理论"；

——为最终铲除农村的资本主义基础，准备与富农阶级进行不可避免的斗争。这是国家转到建设社会主义道路的重要条件。

应当相信，捷克斯洛伐克共产党有足够的力量和斗争经验，证明自己的党在国内所起的领导作用,并将率领工人阶级和所有真正拥护党的人,为了使马克思列宁主义思想在完成历史使命——使捷克斯洛伐克和其人民转向最高级的社会发展形态的斗争中获得伟大胜利。

列·巴拉诺夫
B. 莫舍托夫
A. 安季波夫
1948年4月5日于莫斯科

联共（布）中央对外政策部关于波兰工人党反马克思主义观点的调查报告

（1948年4月5日）

绝密

致联共（布）中央委员会书记米·安·苏斯洛夫同志：

关于波兰工人党领导人反马克思主义的思想观点

一、"波兰的马克思主义"是波兰民族主义的一种表现

很多世纪以来，在俄国专制制度情况下，波兰统治阶级传播和培植了反俄罗斯的情绪。斯大林同志在1945年4月发表的谈话中指出："近五个世纪以来，我们两国的关系有很多相互疏远和不友好的因素，并有不少公开的战争冲突。"波兰战前执政集团在与苏联和德国之间的政治交往中，不仅加强灌输反俄情绪，而且还有反苏维埃的情绪。在第二次世界大战期间，由于苏联成为波兰人民在德国奴役下的解放者，"苏波联盟和友好关系发生了根本性的转变"（斯大林），这种关系在1945年4月苏联和波兰共和国之间签订的友好互助和战后合作协议中，得到了确认和巩固。斯大林同志说："这个协议结束了我们国家之间旧的关系，并把它们送进了坟墓，协议以苏波之间的联盟和友好态度奠定了改变旧

的不友好关系的现实基础。"很明显,发展和尽可能地加强苏联和波兰之间的联盟和友好关系,对于将来的波兰人民具有何等关键和重要的意义。

根据研究的材料(波兰工人党领导人的报告和发言,第一次大会及主席团的决议,波兰报纸杂志上的文章)可以得出结论:波兰存在着民族主义的倾向,表现在对苏维埃社会主义共和国联盟的不友好的态度上,特别是对苏联社会主义建设的成就和经验保持沉默。

在国内和党内的这种状况下,波兰工人党领导人有责任对波兰民族主义的各种表现进行斗争。但波兰工人党不但不与民族主义进行斗争,其本身对这个问题就持有不忠实和有害的立场。[①]

瓦·哥穆尔卡在四月全会的报告提纲中指出:"在部分波兰人民中间还没有完全消除对波兰工人党不信任的态度,特别是在我们对所谓的波兰独立和波兰苏维埃化问题的态度方面。"

波兰工人党领导人害怕承担极力使波兰"苏维埃化"的责难,因而使波兰工人党的理论去适应波兰的民族主义和民族主义的实践。

波兰工人党领导人以党的思想路线迎合民族主义的根据是提出了波兰发展与苏联发展的根本区别问题。瓦·哥穆尔卡在1946年11月30日华沙波兰工人党和波兰社会党的骨干分子大会的讲话中明确地提出了这个观点。

---

① 苏联驻华沙大使列别杰夫在1948年3月10日给莫洛托夫的信中指出,"在波兰共产党领导层有一些危险的倾向",即该党已经形成了两个互相斗争的派别。一派以哥穆尔卡为首,"为波兰沙文主义所毒害",另一个派以明兹为首,"他们战时站在苏联一边,现在仍带有明显的亲莫斯科方针的特点"。这两派的斗争目前还限制在党中央内部,即使对苏联方面也没有透露。至于贝鲁特的立场,列别杰夫认为,他与任何一派都没有内在的联系,采取的是"不同于两个极端派别的克制和理智的路线",但"对哥穆尔卡的行为和压力表现出神经质的紧张"。

哥穆尔卡说:"第一个区别,在俄罗斯,社会政治变革是通过流血的革命,而我们是通过和平的途径。

第二个区别应当说是苏联经过了无产阶级专政的阶段,而我们没有这个阶段,并且可以避免这个阶段。

第三个区别是两国发展道路所具有的特殊性。结论是,在苏联,政权是通过苏维埃代表来实现,也就是苏维埃结合了立法和执法的职能,表现为社会主义的政权体制。我们的社会是将立法和执法分开的,国家政权依靠的是议会民主制度。"

从提纲中可以看出,瓦·哥穆尔卡强调在波兰社会政治的变革是"通过和平途径"。他解释和平过渡的条件是因为波兰地主、资本家的软弱,他们没有国家的机器和军队,在波兰的外国资本也很薄弱。只是在历数了所有这些理由后,瓦·哥穆尔卡说:"此外,所有的反动势力在法西斯失败和苏联红军胜利的影响下,处于恐惧之中,显然没有能力与民主制度进行有效的斗争。"

力图证明波兰可以走和平进化的发展道路,瓦·哥穆尔卡居然得出结论说:"波兰解放的时候,国家政权可以说是唾手可得的。"

从瓦·哥穆尔卡的全部论点中可以看出,他过低评价了苏联和苏联军队所起的决定性作用,在波兰民主力量战胜反动势力和巩固民主制度的过程中,苏联和苏联军队提供了有利的前提条件。分析以往的事实说明,波兰建立和巩固人民民主制度是在非常尖锐的阶级斗争下进行的,只是因为苏联红军进入波兰以后,才保证了民主力量在与反动势力的斗争中处于有利的地位,使形势发生了决定性的转折。严酷的阶级斗争表现在当波兰就要解放和民主力量即将获得政权的时候,国内却活动着由波兰侨居国外的政府领导的相当数量的反动武装力量(近10万人)。

国内这些势力的领导核心是以奥古里茨基将军为首的一些人。

在与反动势力斗争的时期,波兰民主力量遭受了巨大的人员伤亡。

瓦·哥穆尔卡在九国共产党代表的协商会议上的报告中说过："在与法西斯匪帮的斗争中，我们牺牲了14876人，大多数都是我们党的成员"。

众所周知，苏联武装力量在与波兰反动地下活动斗争时也承受了很大的损失。在宣布1947年5月的大赦后，公开地下活动的人数超过了5.5万，这就证明了反动地下武装势力活动的事实。瓦·哥穆尔卡在九国共产党代表的协商会议上的报告中说："现在虽然还没有斩草除根，但基本上平定了反动势力的武装破坏活动。"

从上述所举的例子可以看出，哥穆尔卡确认波兰社会政治变革是"通过和平的途径"的说法是不符合实际情况的。看来，这样来说明波兰建立民主制国家阶段的特点，是瓦·哥穆尔卡为了论证波兰可以用和平进化的途径发展到社会主义的需要。为此他还提出了这样的观点：波兰不一定需要无产阶级专政的时期。"工人阶级在民主阵营成为领导阶级以后，已经没有必要进行工人阶级的专政。因为反动势力的反抗不能形成大的反革命浪潮，他们也没有组织这种反抗的能力"。

不但如此，瓦·哥穆尔卡还热衷于议论无产阶级专政，看来是出于策略上的考虑（担心无产阶级专政引起波兰社会党的恐惧），他说，"苏联的敌人和那些不了解无产阶级专政的人们坚持认为，至今在俄罗斯存在着专制。这一点，自然是政治上的胡言乱语……按照很简单的道理，在苏联已经再没有了无产阶级专政的位置，因为解决阶级之间的问题已不需要谁对谁采用阶级压制的方法"。从上述对苏联苏维埃代表制和它的功能的议论可以看出，瓦·哥穆尔卡有意在纯理论的角度，不偏不倚地论述这个问题，却闭口不谈苏维埃专政是民主制的最高形式。

以波兰与苏联发展的根本区别的论点为基础，产生了必须适应波兰工人党领导中的民族主义和民族主义倾向的"波兰的马克思主义理论"。

"波兰的马克思主义"的使命是在波兰更改马克思、恩格斯、列宁和斯大林的学说。"波兰的马克思主义"是把现代波兰的现实和波兰人民的历史与马克思主义的理论相结合。"我们的党是马克思主义的党,是工人阶级和波兰人民的政党。我们应该以波兰人民的历史为基础学习马克思主义。如果简单的话,可以说,我们的党应该研究波兰的马克思主义。"(1947年4月瓦·哥穆尔卡在波兰工人党中央委员会全体会议上的报告)

在所有党的文件(波兰工人党全体会议和大会的决定和决议)中,在用于教育党的干部和党员的思想理论刊物——党的理论机关报《新道路》上发表的波兰工人党领导人的讲话和文章中,只谈"马克思主义的理论",有意识地回避在帝国主义和无产阶级革命时代,在苏联建设社会主义时期,列宁、斯大林对发展马克思主义新阶段的意义和列宁—斯大林学说的作用。不谈布尔什维克党在国际工人运动中的丰富经验和贡献及其对发展现代化波兰的意义。

"波兰的马克思主义"的实质是把完整统一的马克思、恩格斯、列宁和斯大林的学说分隔成两部分,并轻视列宁和斯大林学说对于波兰的意义和作用。这些使我们能够说,波兰工人党的领导人只是形式上承认"马克思主义的理论",因为没有列宁、斯大林的学说就没有对马克思主义的创造。波兰工人党领导人有意识地不谈列宁、斯大林学说的意义,实际上是否定布尔什维克党在为群众的斗争中以及在建设社会主义时的思想理论和实践经验,从而在思想上解除党的武装。

列宁在1902年时说,"没有革命的理论,就不会有革命的运动。……只有以先进理论为指南的党,才能实现先进战士的作用。"[①]波兰工人党缺少革命理论的武装,明显地倒向民族主义,严重地危害波

---

① 这段引文出自列宁《怎么办?》(1902年)一文,见《列宁全集》中文第2版第6卷第23、24页。——编者注

兰工人党今后的政治路线和实践，产生了党内某些组织蜕变的危险。"波兰的马克思主义"用来适应波兰民族主义的观点，没有促进波苏人民之间的友好，而是相反地给波苏人民友好事业带来了严重的损失。

波兰工人党领导人在实际活动中的民族主义目的，更加重了上述的情况。特别是在宣传苏联解放波兰的问题上，在各个方面阐述苏联成就的问题上，表现得十分明显。波兰工人党中央机关报《人民之声》，在波兰解放后的很长一段时间里竭力回避报道有关苏联的文章。对苏联社会主义社会的建设成就采取避而不谈的方针，不仅是波兰工人党的理论机关报，还有《新道路》杂志。在7期这份杂志上（除第6期纪念苏联十月社会主义革命三十周年的专号以外）没有一篇讲述苏联在战胜法西斯匪帮，将波兰从法西斯奴役下解放出来所起到的历史作用的文章。杂志中只稍微提到苏联给予波兰的经济帮助。以下是发表在5期（第1—5期）《新道路》杂志上有关苏联简短文章的目录（每1期为12个印张）：《五年计划中的科学——历史和哲学部分》（第1期）；C.鲁宾斯坦：《苏联心理学的方法和成就》（第2期）；C.茹拉维茨基：《苏联报刊摘要》（第4期）；3.里萨：《苏联音乐风格的形成》（第4期）；H.希德洛夫斯基：《苏联年轻的戏剧工作干部》（第5期）等。

《新道路》杂志中有关苏联的文章登在专门的"苏联"栏目里，通常情况下，只涉及一些次要的问题，带有新闻报道的性质。其他的波兰报刊对于苏联生活的说明和报道也完全不能令人满意。波兰省一级共出版了20种日报。它们一次的发行量为250万份，占全波兰日报发行总量的72%。

1947年波兰省级日报一共只发表过486篇关于苏联的文章和简讯（文章不超过75—80篇）。平均每家省级日报每年发24篇文章和简讯。另一些报纸，如《罗兹日报》和《什捷金斯基信使报》一年只发11篇有关苏联的简讯。

波兰工人党的民族主义意图也突出地表现在波兰军队中。他们力图把苏联共产党员的指挥官排挤出波兰军队，阻止有关苏联的消息的传播，对苏联军队在过去的战争和解放波兰时的伟大使命避而不谈。

在战争结束后，波兰司令部以各种借口解除了苏联共产党员指挥官的职务，并替换为没有经过军事方面培养的干部。比如，解除了苏联将军切尔尼亚夫斯基波兰边防军指挥官的职务，取而代之的是中校古塔克尔——一个没有受过军事培养的人。指挥一个军的苏联将军基涅维奇被换成了没有经过军事培养和指挥经验的将军斯韦特利克，波兰军队撤换了柳布林斯基军团的指挥员苏联将军别夫久克，解除了边防军指挥官——一个有20年边防军服役经验的苏联将军切尔温斯基。

波兰军队领导人的公开表演证明这些事实不是偶然的，反映了波兰工人党领导人在建设波兰军队上的民族主义意图。

波兰工人党中央政治局委员、波兰国防部副部长斯佩哈尔斯基就曾在1946年底对苏联政治工作人员德莱丘克少将说："部队里与其有俄罗斯政治工作人员，还不如没有政治工作人员。我们对俄罗斯政治工作人员米科瓦伊奇克恨之入骨。"表示这种情绪的还有波兰空军政治部领导人米诺尔斯基上校（波兰工人党党员）："我们应当尽快地摆脱俄罗斯人，为了达到这个目的，甚至应当做到不怕影响空军的战斗训练。"

1947年1月，另一个波兰国防部副部长雅罗谢维奇（工人党党员）在马索维亚—明斯克的选举组（华沙省）选举前的会议上发言说："我们将像加强西部边界一样加强东部的边界。"

为了尽可能地阻止在波兰军队中传播苏联的消息，波兰军队政治管理局局长扎日茨基将军（工人党党员）1947年4月下达指示，波兰居民订阅苏联军队出版的报纸《自由》，要限制在500份以下，取消以前无偿提供给军队的发行量在20000份的各种报纸，而限制在4000份以下。扎日茨基这样解释自己的"措施"，他不能允许苏联报纸像波兰工人党的机关报《人民之声》一样,在波兰军队中大量发行。

在授予波兰军队现役军人苏联颁发的"战胜日耳曼"奖章的态度上,也说明波兰工人党的立场。他们轻视苏联奖章的意义,波兰国防部至今没有颁发给波兰现役军人从苏联及时寄到波兰的10万枚苏联奖章。

1946年波兰边境警备部队管理署制订了一个动员计划,整个计划都写成波兰好像要受到来自东方的进攻,也就是来自苏联的进攻。因此苏联在这个计划中被看成是可能出现的敌对国家。

这些例子反映出波兰工人党领导人所创造的、适应民族主义的"波兰的马克思主义理论"在他们实际活动中的表现。

波兰工人党在理论和实践中的民族主义倾向,对于加强波苏人民联盟和友好事业危害极大,客观上助长了波兰资产阶级民族主义的政策。

二、在统一工人阶级的问题上波兰工人党从思想意识上附和波兰社会党[①]

波兰工人党的领导人根据这样的前提,即"工人统一战线、波兰工人党和波兰社会党的合作是按社会主义道路发展波兰的主要运动力量"(瓦·哥穆尔卡1947年9月在九国共产党协商会议上的报告),1946年11月对波兰社会党提出了组织上统一的问题。波兰工人党领导人正确地理解了两党统一的问题,即首先是党内的问题,从而提出加强党的思想理论问题。瓦·哥穆尔卡在1947年4月波兰工人党中央全会的报告中说,"准备组织上的统一问题,我们应当从我们的党开始,从必须保

---

① 1948年4月底,联共(布)中央对外政策部工作人员写了一份调查报告《关于在当前波兰社会党的活动中资产阶级民族主义政治的表现》,报告主要讲的是波兰社会党的思想面貌。

证加强思想意识工作开始,这种思想意识工作的加强要与我们数量上的增加同时并行。我们面临的任务是教育党的干部:首先起码要求有几千名党员,是在各个方面受过培养的社会活动者,能够在一个县、市、地区的范围内做政治和组织工作,从他们中再分出更少的一些活动家,能够有在党的机关——不论是中央还是省里工作的能力。这些都必须以提高党的质量为条件"。所有这些从总的和客观上提出的问题都是正确的,但问题的实质明显地在于用什么思想理论为基础进行党的教育。从所有波兰工人党领导人的发言和波兰工人党理论刊物《新道路》发表的理论文章里可以看到,党是如何在"以马克思理论与波兰实践相结合,与波兰人民的历史相结合"的基础上,以"马克思主义的精神"教育全党的。在《新道路》杂志第1期(1947年1月)的前言里,编辑部在阐述自己建立掌握"马克思主义的武器"、"马克思主义的科学"和"马克思主义的思想"的理论观点的同时,写道:"波兰工人党是先进的马克思主义政党",波兰工人党理论家们的任务在于"创造波兰的马克思主义思想"。到处讲的都是党的思想,写的和说的都是"马克思主义的思想",却有意识地不谈列宁、斯大林的学说及其丰富的思想,以及布尔什维克党的经验。

如果用完整的马克思、恩格斯、列宁、斯大林的理论来检验波兰工人党领导人和《新道路》杂志的"理论家"们,可以看到波兰工人党在思想意识上明显地附和波兰社会党的倾向。

在这样的"马克思主义思想"的基础上,波兰工人党和波兰社会党在思想意识方面正在接近,这就是"在波兰加强统一战线和为建立统一的工人阶级政党准备的条件中最重要的事实"(瓦·哥穆尔卡)。在与《工人报》①辩论和反驳它关于波兰工人党力图搞"机械上的统一"

---

① 波兰社会党机关报。

的责难时，瓦·哥穆尔卡说："工人党的理论是马克思主义的思想理论，它以这个理论指导自己日常的活动，波兰社会党也认为，马克思主义的理论是自己的思想体系，马克思主义的思想不是脱离客观生活的空谈，可以讲也可以不讲，在生活中可以采用也可以不采用……它应当成为两个工人党行动的指导思想"。

这样的思想基础和这样的"马克思主义"——所谓"独立"于列宁和斯大林的学说及布尔什维克党的丰富思想理论——完全适合于波兰社会党的所有团体，除了社会党里的极右分子。1946 年 11 月在波兰工人党和波兰社会党骨干分子协商会议上，瓦·哥穆尔卡说："波兰工人党在波兰建设和发展道路问题上的这种立场将保证我们与波兰社会党的谈判成功，并签订两党间统一行动和相互合作的协议……"波兰工人党主动地接近波兰社会党，把有关社会主义问题的优先权交给了对方。比如，瓦·哥穆尔卡与《工人报》论战时写到："我们没有反对波兰社会党的同志们在每个适合的场合强调社会主义的口号，把它作为该党的主要目标。波兰工人党作为马克思主义的党，在自己的长远纲领中把建设社会主义作为目标，虽然上述这个阶段的发展主要强调巩固和加深人民民主制度的社会体制，就是走波兰的社会主义道路。"

这样滋生的波兰民族主义的"波兰的马克思主义"，同时又适用于波兰工人党在思想意识上附和波兰社会党的目的。波兰工人党领导人培植起来的这种思想意识，无疑能够很快消除差异，使波兰工人党和波兰社会党思想观点接近一致。现在波兰工人党和波兰社会党的领导人已经声明："统一工人党已完成了在思想上的第一阶段的联合"。瓦·哥穆尔卡在《新阶段》一文中指出："我们已经进入了第二阶段，在这一阶段中，组织统一的问题应当是组织和政治上的具体问题。"波兰工人党中央委员会和波兰社会党中央委员会联合给军队、县市一级两党委员会全体书记的指示（1948 年 3 月）说："为提高党员的思想水平，用马克思主义的世界观教育他们,波兰工人党和波兰社会党中央委员会提出以下原则为指导,广泛采用联合教育党员的形式:在各工厂和地方学校进行统一的党的教育,最大限度地统一教学大纲,全面地交换经验等等"。正如上面所指出的,波兰工人党和波兰社会党思想上统一的过程是以"波兰的马克思主义"为基础的。现在临近波兰工人党实行统一的时候,"波兰的马克思主义"观点的危险性就更大了,因为瓦·哥穆尔卡在四月全会上就正确地预见到会发生的事——部分波兰工人党将融合到统一工人党中。这种被称为"波兰的马克思主义"的体系,给资产阶级民族主义分子、各种反动势力的代理人和那些在工人运动中见风使舵、极力削弱波兰工人党在民主党派中地位的人进行活动提供了肥沃土壤。

三、波兰工人党在关于农民问题的理论和实践上的"尾巴主义"

在研究这个问题之前,我们必须对波兰土地改革后的波兰农业状况谈一些看法。在总的2113.4万公顷可耕地中,分配给农民的已有760万公顷(还有近200万公顷的土地也面临着分配)。在150万农民家庭中只有90万户在土地改革后获得了分配的土地,每户分到5公顷。就是这样,在这些(占有5公顷土地的)农户中,大约有60万户基本上没有从土地改革中得到土地。波兰农村在实现土改以后最常见的是中小农户。现在波兰农村居住着全国69%的人口。波兰农村的这种状况给波兰资本主义提供了大量的阵地。弗·伊·列宁说:"小生产无时无刻不在经常地大量地产生着资本主义和资产阶级"(第25卷第173页)。①

---

① 这段引文出自列宁的《共产主义运动中的"左派"幼稚病》一文。见《列宁全集》中文第2版第39卷第4页。——编者注

斯大林同志指出，"列宁说'当我们还生活在小农经济国家时，资本主义在俄国比共产主义有更坚固的经济基础'。"①

针对波兰的实际情况，列宁、斯大林的这些观点显得更加明确，因为在波兰农村除了富农外，天主教堂和部分地主还继续保留着自己的地位。现在国内有每户占有 100 公顷土地的农户 10 万户。这个经济集团，首先是富农，手中掌握着商品粮，并利用这些商品粮在 1945 年到 1946 年破坏了国家供给系统，而在 1947 年又突然提高食品的价格。Г. 明兹 1947 年在波兰工人党中央委员会四月全会所作的报告提纲中说："农村中的富裕农民控制了被视为最有价值的货币——粮食的供给。国家的税收数量很小，富裕农民通过卖肉类和经济作物补偿了自己的支出，而把粮食留下用来做投机买卖"。由于政府采取专门与投机买卖斗争的措施及苏联的帮助，波兰政府才稳定住货币，并圆满地解决了工人阶级和城市居民的粮食供给问题。分析 1947 年工业和农业的发展指标，可以看出工业和农业经济恢复速度上的差距，在保障城市粮食和工业原料方面，农业经济明显地落后于工业发展的需要。如果 1947 年总的工业产品指标为 1938 年的 103% 的话，人均粮食产量仅为 72.6%。波兰农村的这种情况首先说明了波兰工人党领导人在农村推行"巩固和全面支持个体农民经济的政策"（摘自波兰工人党中央委员会 1945 年 5 月的决议）时，没有注意农村中的富农危险，也没有明确的农村远景规划。瓦·哥穆尔卡在 1947 年波兰工人党中央四月全会的报告提纲中写道："至今我们还没有制定出具体的农村规划"。

由于缺乏关于农民—土地问题的远景规划，使波兰工人党领导人认为，只要"国家工业产品丰富到可以消灭市场上的商品奇缺现象"，只

---

① 斯大林：《列宁主义问题》，外国文书籍出版局 1946 年版，第 295 页。——编者注

要组织和发展起国家贸易,并限制了"发展和鼓励所谓的个人积极性"(摘自瓦·哥穆尔卡在波兰工人党四月全会的报告),就能解决农村和城市中与私人资本主义成分的存在和活动有关的所有经济困难。从而出现了一种独具特色的理论和实践,即随着工业的国有化,农业经济会自发地发展起来。斯大林同志在1928年指出:"不能只在工业方面建设社会主义,而听凭农业去自发地发展,以为农村'自然会跟着'城市走。"他写道:"城市里社会主义工业的存在,是农村里社会主义改造的基本因素。但这还不是说,这个因素是完全足够的。为要使社会主义的城市能够完全引导农民的农村,就必须依照列宁的指示,'把全国经济,包括农业在内,转移到新技术基础上,转移到现代的大生产技术基础上'。"①

对波兰目前的条件来说,斯大林同志的这些讲话并不是绝对地完全适用(因为条件和起作用的力量不同)。应当指出,波兰城市的工业远没有达到社会主义化。尽管经济方面的关键阵地掌握在国家手里,但在波兰仍有18474家私营工业企业,其产品占社会工业总产品的15%以上,还有15.9万家私营商业企业,它们掌握着87%的零售贸易额和24%的批发贸易额。我们引用明兹1947年在波兰工人党四月全会的报告,对波兰资本主义势力的活动作一补充说明。他说:"我们是否确定了为占领市场而进行斗争?是否确定了为控制市场,为控制市场资本主义成分并争取消灭这些成分而斗争?当然,没有。我们没有给自己确定这样的任务。我们是否明确了要控制市场,并从行政方面对市场资本主义成分的发展进行限制?当然,也没有。如果我们能给自己提出这样的任务,限制可能发展的资本主义市场,那么我们就可以禁止农村的土地

---

① 斯大林:《列宁主义问题》,外国文书籍出版局1946年版,第239页。——编者注

买卖，而这些，很明显，我们没有做。我们本来可以禁止或限制在农村雇工，而显然，我们没有那么做。我们本来也可以在城市中禁止或限制手工业者和小商人购买机器，扩大和新建作坊，扩大雇佣劳工，建造房屋，开办和扩大货摊、仓库和商店。"

这样看来，如果说在苏联无产阶级专政的条件下，在城市拥有社会主义工业的条件下，引用上述斯大林同志的话，还不具备这样的足够因素——使农村自发地、彻底地跟随在城市之后，更何况在目前人民民主制度的波兰呢。斯大林同志在1929年就警告说："社会主义建设事业'自留'论是反马克思主义的理论"。① 波兰工人党在解决农民—土地问题方面缺乏鲜明的和准确的纲领，在农村社会主义改造中就不可避免地导致波兰农村发展的放任自流和自发性质。其最初的后果之一就是使农村经济严重地落后于工业。斯大林同志在联共（布）第十五次大会上谈到苏联农村经济落后于工业的危险时说：

"出路就在于把分散的小农户转变为以公共耕种制为基础的联合起来的大农庄，就在于转变到以高度的新技术为基础的集体耕种制。出路就在于逐步地然而一往直前地不用强迫手段而用示范和说服的方法把小的以至于最小的农户联合为以公共的互助的集体的耕种制为基础、利用农业机器和拖拉机、采用集约耕作的科学方法的大农庄。别的出路是没有的。"②

波兰工人党的领导人否认列宁—斯大林学说是放之四海而皆准的真理，不承认苏联社会主义建设经验适用于波兰，拒绝搞集体农庄。斯大林同志指出：集体农庄"基本上代表了农村发展的新道路，是与富农和

---

① 斯大林：《列宁主义问题》，外国文书籍出版局1946年版，第383页。——编者注
② 《斯大林全集》第10卷，人民出版社1954年版，第261页。——编者注

资本主义发展道路相对立的社会主义农村发展道路"。上面所述当然并不是说在波兰要搞集体农庄,而是说波兰工人党领导人拒绝了列宁的合作化计划,却没有提出任何确切的农村发展前景规划。

瓦·哥穆尔卡在波兰九国共产党协商会议(1947年9月)上说:"我们的党在很长的时间内没有在农村组织合作经济,到现在我们也没有给农民提出其他具体的致力于农村经济改革的规划"。这种状况导致波兰工人党领导人成为了尾巴主义,拱手把农民问题的优先权交给了波兰社会党,而他们提出了自己的合作化计划。由于波兰工人党没有农村的远景规划,他们在与波兰社会党辩论合作化问题时,处于非常不利的地位,除了泛泛地声明外,提不出任何可以具体对抗波兰社会党的意见。为了看看波兰工人党领导人在与波兰社会党辩论时提出了什么样的论据,我们引用了瓦·哥穆尔卡(1947年5月1日)的谈话和明兹(1947年波兰工人党四月全会报告片段)的详细内容。瓦·哥穆尔卡驳斥波兰社会党报刊上指责波兰工人党反对合作化的斗争时顺便讲道:"我们只是反对合作化过程中不好的、与合作化思想没有任何共同之处的歪曲和糟蹋合作化的东西。可以指责我们的是,作为一个政党,我们至今很少研究合作化的问题,仅此而已。我们拥护广泛地健康地发展合作化及与此并行的国家贸易多种机构的发展。因为我们认为,在这样重要的经济生活领域——商业流通,国家应有直接从属于它的商业机构,应当有明确的行为准则,并准备在任何时候以此指导他们的行动。不可以尝试传播'斯波联姆'① 垄断收购粮食的试验,因为任何类似的试验都可能导致破坏居民供给定额的危险,都会引起不仅是经济上的,还有政治上的严重后果。但完全应该好好利用'斯波联姆'的机构来征购

---

① 波兰社会党倡议的"斯波联姆",是一种大型合作制机构,负责制作、加工和销售农业经济的产品。

国家供给所需要的粮食。我们对于合作化的态度是赞同的和实事求是的，并会永远持这种态度。但是，在世界上没有合作社社会体制，不论是什么样的学说——马克思主义的或是资产阶级的，都没有建立这种体制的理论"。明兹说："不可能建立任何合作社的制度，所以不能讲在我们的经济体制中存在着这种制度的要素。习惯上把我们的经济分为三种成分（国有的、资本主义的和集体的），只是从法律和形式上的观点来说是正确的。合作化的真正任务在于把小商品生产者和国营成分联系到一个由国家领导的经济系统中来。合作化的形式是小生产者最能理解和最适合的进化到社会主义的形式。但是不应该忘记，在一定的条件下，在一定的阶级力量对比下，合作化也可能利用小商品经济和资本主义经济的成分来反对国家的监督。这就意味着可能在合作化的招牌下，加速使人民民主化的经济以独特的形式退回到私营资本主义的经济。我们的党应当坚决地反对尝试在某种据说是'合作体制'新阶段的伪理论下走上合作化转型的轨道。同时我们的党应当坚决地阻止把国有化的生产工具进行所谓的合作化的企图，反对所有把'社会化'和'国有化'错误地对立起来的企图。显然，不管怎么样，这都不意味着对合作化持反对的态度。相反，我们党将以合作的态度、用更大的精力投入更广泛的合作化建设和它的正确发展之中。"

分析瓦·哥穆尔卡和希·明兹这两个摘引的讲话内容，必须指出，波兰工人党领导人在和波兰社会党辩论时，首先是站在防守的立场上。其次，在正确地发表反对波兰社会党的关于合作化体制的"理论"的同时，波兰工人党领导人却反对即使在将来在波兰建立集体农庄，未能提出适用于农村社会主义改造的、任何确定的发展合作化道路的纲领。这些都是波兰工人党领导人迫于反对派的作用和自己的同盟者——波兰社会党的压力，同时出于策略上的考虑，从而拒绝集体农庄，并声明它们对"波兰政治和经济不利"（瓦·哥穆尔卡），继续坚持这种立场的结果。因此，他们在与波兰社会党辩论时，不能实质性地讲出合作化发展的前景和它对于实现波兰农村社会主义改造的巨大作用。所以他们只能声明："合作化的形式是小生产者最能理解和最适合的进化到社会主义的形式。"（明兹）

这样，上述情况就产生了把合作化运动与集体农庄对立起来的结果。在波兰农村发展远景的问题上，波兰工人党的领导人把合作化运动引入了死胡同。斯大林同志在1928年5月就说过："人们有时候把集体农庄运动与合作社运动对立起来，大概认为集体农庄是一回事，而合作社却是另一回事。这当然是不对的。其实，集体农庄是一种合作社形式，是最明显的生产合作社形式。有销售合作社，有供给合作社，也有生产合作社。集体农庄一般说来是合作社运动不可分开的组成部分，局部说来是列宁合作社计划不可分开的组成部分。实行列宁合作社计划，就是把农民从销售合作社和供给合作社提高到生产合作社，提高到集体农业合作社。也就是由于这个原因，所以我们的集体农庄，是在销售合作社和供给合作社发展和加强了的时候才产生和发展起来的。"① 1929年斯大林同志在其他地方讲到："把集体农庄同合作社对立起来，就是侮辱列宁主义并证明自己愚昧无知。"②

这样，波兰工人党领导人拒绝列宁—斯大林的学说和拒绝在波兰社会主义建设中使用布尔什维克党的经验，也就使波兰工人阶级的党在农民问题上丧失了战斗力。在农民问题上的这种状况不仅现在严重地困扰着党在农村中的地位，而且在将来也会给国家的民主体制带来巨大的损失。显然，工人阶级领导下的人民民主制度最重要的基础是巩固工农联

---

① 斯大林：《列宁主义问题》，外国文书籍出版局1946年版，第271页。——编者注

② 《斯大林全集》中文版第12卷第117页。——编者注

盟。工人党领导人没有鲜明的和明确的关于农民问题的远景规划，可能会导致波兰工人党在农村政治上和组织上影响的削弱，导致工人阶级在工农联盟中领导作用的削弱，使这个联盟丧失前途。

所有上述情况表明了波兰工人党领导人理论思想方针的错误，及在党内存在的明显的民族主义倾向。波兰工人党领导人力图用"波兰的马克思主义"来替代马克思、恩格斯、列宁和斯大林的学说，并且一些波兰工人党活动家（在报刊上和军队中）的民族主义行为证明，在党内渗透了很深的民族主义。波兰工人党领导人轻视列宁—斯大林的学说，他们倾向民族主义，在理论上丧失了战斗力。这些都是波兰工人党领导人使波兰工人党的思想意识附和波兰社会党的社会民主思想意识的证明。而在农民问题上的"尾巴主义"，则反映了波兰工人党对农村缺乏远景规划。

列·巴拉诺夫
恩·布赫洛夫
鲍·奥夫恰罗夫
1948年4月5日

联共（布）中央对外政策部关于保共从南共错误中吸取教训的调查报告

（不晚于1948年6月3日）

绝密

保加利亚工人党（共产党）领导人完全接受了联共（布）中央的建议，同意在共产党和工人党情报局会议上讨论南斯拉夫共产党内的状况问题。①

保加利亚工人党（共产党）领导人完全赞同联共（布）中央对南斯拉夫共产党状况的评价。

保加利亚工人党（共产党）从对南斯拉夫共产党状况的批评中首先要接受的教训是——要全力为马克思列宁主义理论的纯洁性而斗争，要提高党内思想工作水平和加强马克思列宁主义的宣传。

保加利亚工人党（共产党）领导人在强调忠于马克思列宁主义的同时，犯了一些理论上的错误，曲解了马克思列宁主义在某些重要问题上的基本原理：如工人阶级的领导作用、工农联盟问题、从资本主义过

---

① 1948年5月联共（布）中央对外政策部给情报局各成员国共产党领导人致信，建议开会讨论"苏南分歧"的问题。会议计划在1948年6月3—5日召开。5月18日苏斯洛夫致信保加利亚工人党（共产党），确认情报局提议在1948年6月8—10日开会，主要的问题是"讨论南斯拉夫共产党内的状况问题"。格·季米特洛夫在信中批示表示："同意。任命科斯托夫和契尔文科夫为代表。"

渡到社会主义阶段的阶级斗争问题等。

现举例如下：

季米特洛夫同志1946年2月26日在索非亚州保加利亚工人党（共产党）代表大会上谈到在保加利亚的条件下，有可能不用无产阶级专政向社会主义过渡的问题时，错误地、简单解释了苏联的工人阶级专政。

他说："由于存在着苏联那样伟大的社会主义国家，并且许多国家在战后完成了历史性的民主改革，所以当这些国家面临实现社会主义的问题时，这个问题已不再是工人阶级为社会主义而反对国内其余的社会生产阶层的问题，相反，是工人阶级与国内农民、手工业者、知识分子及先进和进步的各阶层人民合作的问题。"

从他的讲话中得出的结论是，工人阶级专政的目的是反对落后的生产者，也就是国内劳动的社会各阶层，尽管很清楚，工人阶级专政是工人阶级和其他非无产阶级的劳动群众联盟的特殊形式，是用于反对剥削阶级而不是劳动者的。

不考虑列宁、斯大林对工人阶级专政的这个定义，季米特洛夫同志接着表示，"当我们保加利亚也面临着我们的人民要从现在的社会制度过渡到新的社会主义制度时，共产党员们将依靠人民群众建设新的社会主义社会，这个斗争不是反对农民、手工业者和知识分子，而是与他们一道，这是全体人民的历史性事业。"这条社会发展的道路"看起来比'拿着武器去战斗，建立自己的专政'更漫长……"

这样简单地解释工人阶级专政，很难正确地理解其本质。

这个讲话曾在保加利亚工人党（共产党）中央机关刊物《工人事业报》上全文刊登，只是在打印他的讲话和文章汇编时，这些地方才得到纠正。

由于把工人阶级专政仅仅理解为是依靠武力的政权，保加利亚工人党（共产党）的领导人在保加利亚环境下竭力回避提工人阶级专政。

季米特洛夫同志1947年7月26日在与美国杂志《星期六晚邮报》记者谈话时声称，保加利亚可以不要无产阶级专政而过渡到社会主义。季米特洛夫同志此时也没有强调，如果这是可能的话，则一定要有最先进和最有组织的社会力量——工人阶级的领导。

1948年3月季米特洛夫同志在第二次工会代表大会的发言中已经比较确定地讲到工人阶级的作用，不久前这个讲话编在《没有工人阶级就没有人民民主制度》的单独小册子里出版。

从上述材料看出，保加利亚工人党（共产党）领导人对纠正过去关于无产阶级专政问题、工人阶级领导作用问题上所犯的严重错误，已走出了第一步，但还应该系统地、持久地宣传马克思列宁主义革命理论的这个重要原则。

在保加利亚，直接和公开地讲到保加利亚人民是在保加利亚工人党（共产党）和祖国阵线的领导下建设社会主义的。这些季米特洛夫同志不止一次地在自己的讲话中声明，在保加利亚工人党（共产党）的章程中，在今年2月通过的祖国阵线纲领和其他一系列正式文件及出版物中也都写明了这一点。

谈到保加利亚的社会主义建设，直到最近保加利亚工人党（共产党）领导人仍不强调在社会主义建设时期不可避免地要加强阶级斗争的必要手段。因此，过去对来自阶级敌人方面的危险性估计不足，犯了严重的机会主义错误。

保加利亚工人党（共产党）书记契尔文科夫同志的言论是这方面最典型的例子。

他在保加利亚工人党（共产党）理论刊物《新时代》杂志1947年1月第1期的《论保加利亚的社会发展问题》一文中写道：

"实践证明了由马克思主义的经典作家们预见的、实现社会主义过渡的另一种特殊道路的现实可能性——不通过无产阶级专政和苏维埃政权,而是在人民政权下经过所有生产阶层,其中包括资产阶级中真正民主人士的共同努力,逐步地发展和扩大民主、公有经济的形式来实现。我们生活的必然进步不是与主要的、不可抗拒的走向社会主义的历史趋势相对抗,而是在我们的条件下通过没有较大阵痛的合作来实现这种趋势。这才是问题所在。"

接着契尔文科夫同志声明,"在这种情况下,我们的社会政治和经济生活中充满了社会主义内容的民主形式,所以,我国人民以没有较大阵痛的方式过渡到社会主义是适宜的和可行的。目前有可能把实现向社会主义的过渡作为所有社会生产阶层——工人、农民、手工业者、知识分子和资产阶级中的真正进步和民主人士的共同事业,或者,按季米特洛夫同志的说法,作为全民的历史性事业。"

接着,契尔文科夫同志说,其实,这个问题的提出与 20 世纪初保加利亚改良主义提出的问题没有任何共同之处,它也不同于第二国际的改良主义和机会主义者提出的关于资本主义"和平"长入社会主义的理论和实践。但就上述情况的本质而言,契尔文科夫同志离机会主义地提出这些重要问题相距并不遥远。

契尔文科夫同志上述的论点直接与马克思列宁主义理论家关于建设社会主义道路的主要原则和保加利亚的真正现实相矛盾。事实说明,随着祖国阵线政府的每一项新措施,阶级斗争在保加利亚不断地加剧,而且每一天都在走向尖锐化。

在实现工业国有化后,一些企业产量下降,出现了亏损。企业主在国有化前不久故意提高工人工资,迫使人民政权面对现实情况不得不降低工人的工资,从而引起了工人的不满。敌对活动和破坏活动的数量有所增加。不是所有的部门都完成了两年计划,比如,3月份建筑行业的计划只完成了 20%。

近来保加利亚小股匪帮活动更加猖狂。正在对 227 个国事犯进行侦查，3月份在地方上有16股匪帮活动。今年2月在戈尔诺－朱玛区，匪帮杀害了保加利亚工人党（共产党）区委书记。反动的宗教集团正在加剧活动，他们号召居民参加"基督兄弟会"，这些组织成了形式上的宗教中心和内容上反政府的宣传中心。妇女和青年都被拉进了这个活动，并组成了自己的反动宣传的骨干力量。莫斯科东正教圣大牧首公署在宗教报刊中加强了怀有敌意的、由西方策划的宣传。

在公开斗争中被击败了的反动派改变了自己斗争的方式，但并没有放下武器。反动派加紧了秘密的活动。

所有这些事实，同其他大量的事实一样，说明了在保加利亚存在着激烈的阶级斗争。

在这种情况下，需要的是警惕、警惕、再警惕，而不是用走特殊道路过渡到社会主义，以及与资产阶级一起建设社会主义的说法来哄骗党和人民。

至今被保加利亚工人党（共产党）领导人所鼓吹的思想理论和观点，仍起着削弱警惕性，麻痹群众的作用，而没有动员群众投入战胜阶级敌人的斗争和建设社会主义的斗争。

保加利亚工人党（共产党）领导人明显地过高估计了保加利亚发展民主事业中的成绩，仓促地评价国内阶级的变动。今年3月份季米特洛夫在工会会议上正确地谈到工人阶级的领导作用时说："人民民主制……只能使工人阶级享有领导作用，没有其他的可能"。季米特洛夫说，"工人阶级不再是过去理解的那种受资本主义制度剥削和压迫的无产阶级。我们的工人阶级已经摆脱了资本主义剥削制度，基本的生产资料已经转交到他们手中，转交到人民手中，转交到我们的人民国家手中"。

其他重要的改变，季米特洛夫说，是通过土地改革的方法组织农业的合作农场和国营农场，以及把重要的农业生产工具转交到国家手中的类似方法,"实现消灭带有寄生性质的大型的农业所有制,最终用这种方法阻止产生类似的剥削农业生产者劳动的寄生经济"。

从这里明显可以得出结论,他过高地评价了所取得的成绩。诚然,在保加利亚国民经济和社会政治生活中发生了重大的改变。保加利亚全部实现了大型、中型及相当部分的小型工业的国有化,进行了土地改革。在南多勃鲁热土地最大占有量为30公顷和保加利亚其他地方占有土地为20公顷的农业劳动合作社得到了重大发展(已有600多个农业劳动合作社和30个农业拖拉机站)。但是说已经完全"阻止了产生剥削农业劳动者的寄生经济"还为时过早。在保加利亚还存在着代表富农阶级的富农经济。在农业集体经济的基础上暂时还无法完全消灭富农阶级,不能讲杜绝了剥削经济的产生。

列宁不止一次讲过资本主义的势力存在于小生产中,因为它"经常地、每日每时地、自发地和大批地产生着资本主义和资产阶级"。

列宁教导说:"消灭阶级不仅意味着要驱逐地主和资本家——这个我们已经比较容易地做到了,——而且意味着要消灭小商品生产者,可是对于这种人不能驱逐,不能镇压,必须同他们和睦相处;可以(而且必须)改造他们,重新教育他们,这只有通过很长期、很缓慢、很谨慎的组织工作才能做到。"①

在工业、流通领域和农业中存在着大量的私人和小商品经济,是人民民主制度的主要薄弱环节和今后国家发展社会主义的主要困难。而且这是实现人民民主制度和国家走社会主义道路最大的隐患之一。

列宁在《关于粮食税》的小册子中针对我国的情况讲,小资本主义经济和小资本主义的自发势力是我国社会主义的主要敌人。

他说:"或者是我们使它服从我们的监督和计算(如果我们把穷人

---

① 《列宁全集》中文第2版第39卷第24页。——编者注

组织起来，即将大多数市民和半无产者团结在有觉悟的无产阶级先锋队周围，我们是能够做到这一点的），或者是这种小资产阶级自发势力必然地推翻我们工人阶级的政权，就像那些正是在这种小私有者的土壤上生长起来的拿破仑们和卡芬雅克们推翻了革命一样。问题就是如此。问题也只能如此。……"[①] 弗拉基米尔·伊里奇曾反复这样说。

这正是保加利亚现在存在的问题。

这样看来，保加利亚共产党从南斯拉夫共产党的错误中吸取的主要教训是应为马克思列宁主义理论的纯洁性而斗争，必须加强宣传马克思—恩格斯—列宁—斯大林的革命学说。

由南斯拉夫共产党的错误得出的第二个教训是应在加强理论工作的同时，巩固党的组织建设。

在保加利亚党的组织工作中，还有不少缺点。党的工作削弱的一个原因是：所有在保加利亚中央委员会担任负责工作的共产党员，都把党的工作和政府工作混淆起来。现在保加利亚共产党中央委员会政治局没有一个成员和候选人员是完全只做党的工作的，他们都有政府部门的职务，主要精力都放在政府工作中。这种状况如得不到纠正，必然会导致党内工作的削弱，给党的战斗力带来消极的影响。

依据对南斯拉夫共产党错误的批评，保加利亚共产党应当重新研究自己的理论基础和实践活动，对自己的缺点展开批评和自我批评，这将有助于今后党的工作的提高和增强国家的民主化发展。

[①] 这段引文最早出自列宁1918年发表的《论"左派"幼稚性和小资产阶级性》一文（《列宁全集》中文第2版第34卷第277页）；1921年列宁在《论粮食税》中再次部分引用了自己的这段引文（《列宁全集》中文第2版第41卷第228页）。——编者注

季赫尔关于情报局刊物上表现的反南倾向给主编尤金的信[*]

（1948年6月7日）

南斯拉夫共产党中央委员会委托我向你们转达以下事情：

一、在最近几期《争取持久和平，争取人民民主！》中，经常出现对南斯拉夫共产党的间接攻击，主要依据的是人所共知的斯大林和莫洛托夫的两封信[①]。很清楚，南斯拉夫共产党认为，上述信中对南斯拉夫共产党政策的评价，其一些本质的要点，都建立在一些以不可靠的事实

---

[*] 1948年6月12日，编辑部全体成员讨论了这封信。讨论后通过的决定写道："……季赫尔同志的信在形式和实质上都是不可容忍的。很清楚，南斯拉夫共产党中央委员会的错误政策遭到了来自所有参加情报局的共产党方面的一致批评。南斯拉夫共产党非但不感到难为情，反而提出断然的不合理要求，让情报局机关报不报道参加情报局的各个共产党的观点，而报道南斯拉夫共产党中央反马克思主义的观点。南斯拉夫共产党中央委员会抱怨在刊物的版面上间接地批评它的领导政策，其实对反苏、反马克思主义的南斯拉夫共产党的政策早就不应该进行间接批评，而是应该进行直接的批判。《争取持久和平，争取人民民主！》编辑部全体成员不接受南斯拉夫共产党中央委员会信中提出的抗议，不认为有必要在南斯拉夫共产党中央委员会反马克思主义情绪的要求下改变刊物的路线。编辑部人员认为有必要把南斯拉夫共产党中央委员会的信及编辑部现在的决定提交给情报局各党的中央委员会。"除南斯拉夫的两位编辑外，所有与会者都对决定投了赞成票。

[①] 这里是指斯大林和莫洛托夫在1948年3月27日和5月4日写给南斯拉夫共产党中央委员会的信。参见本卷《斯大林、莫洛托夫关于苏南关系诸问题致铁托的信》和《联共（布）中央关于南共问题致南共中央的信》文件。

为基础的情报上。根据一些共产党在波兰情报局协商会议开始提出的自愿协调一致的决议，南斯拉夫共产党认为自己有权不同意这个评价，有权要求进一步纠正和讲清南斯拉夫的真实情况。与此同时，南斯拉夫共产党中央委员会认为情报局机关报对南斯拉夫共产党采用直接或间接的攻击是不对的。

二、《争取持久和平，争取人民民主！》在最近一段时间经常对新南斯拉夫的政治、经济和建设采取完全不理睬的态度。比如，编辑部秘书处甚至拒绝发表南斯拉夫人民议会4月末定期例会的简报，尽管这次会议通过了许多今后在南斯拉夫经济中依靠排挤资本主义经济的成分，加强社会主义经济形式的措施。后来，由共产党中央宣传教育局党员学习处的主任德·武奇尼契同志所写的关于南斯拉夫政治思想工作安排的情况通报，也被主编拒绝发表，其理由是，该文章没有按照上述斯大林和莫洛托夫同志的信所指示的思想，对南斯拉夫党的工作进行批评。

三、南斯拉夫共产党中央委员会关于南斯拉夫共产党召开第五次大会的报道被《争取持久和平，争取人民民主！》以如此形式安排在如此版面，可以认为是对南斯拉夫共产党和南斯拉夫人民的一种侮辱行为。为南斯拉夫共产党召开大会的报道分配了一块很小的地方，甚至比米哈伊国王被剥夺罗马尼亚国籍的报道的地方还小。不仅缩减了南斯拉夫共产党送交的正式报道，而且完全不考虑大会的召开在广大南斯拉夫劳动群众中的巨大反响。因此，我们坚持提出：

在下一期报上登载有关人民群众对南斯拉夫共产党召开大会的巨大反响的简讯；

在下一期报上登载根据1948年6月5日《战斗报》社论精神所写的有关南斯拉夫共产党第五次代表大会的意义的文章。

南斯拉夫共产党请求把这封信的内容通报给那些来自其他的、加入了情报局的党的编辑们,因为他们只了解根据斯大林和莫洛托夫同志的信所形成的观点。

致以共产主义的敬礼!

受南斯拉夫共产党委托
副主编　鲍里斯·季赫尔①
1948年6月7日于贝尔格莱德

---

① 季赫尔是南斯拉夫共产党派驻共产党工人党情报局机关刊物《争取持久和平,争取人民民主!》的副主编。

南共中央关于召开南共五大致联共（布）中央的信[*]

（1948年7月1日）

致苏联共产党（布）中央委员会

南斯拉夫共产党第五次代表大会定于7月21日开幕。代表大会要开若干天。请你们派贵党代表与会，并请不晚于7月15日告知我们能否期待你们的代表团出席和贵党代表是谁。

南斯拉夫共产党中央委员会

1948年7月1日

---

[*] 这封信是1948年6月29日发给南共中央驻联共（布）中央的代表 П. 别洛维奇的，委托他转交联共（布）中央。但是，联共（布）和其他各国共产党都没有派代表参加南共第五次代表大会，因为在情报局的6月会议上，根据联共（布）的倡议，通过了一项建议：劝告所有的党同南共断绝任何关系。7月3日，别洛维奇从莫斯科致电贝尔格莱德："今天我被召唤到中央，莫舍托夫通知我，鉴于已经出现的情况，从今天起停止我的工作。……明天我必须搬出办公室。"

情报局秘书处关于共产党代表团参加南共五大的决定（摘录）

（1948年7月5日）

秘密

一、情报局成员对南斯拉夫共产党中央邀请派代表团参加南斯拉夫共产党第五次代表大会的态度①

加入情报局的各党就南斯拉夫共产党中央委员会邀请派代表团参加南斯拉夫共产党第五次代表大会的问题交换了意见，情报局秘书处一致通过了如下结论：

---

① 1948年7月1日，南斯拉夫共产党向欧洲各共产党发出邀请后，有些东欧党表示愿意参加南共第五次代表大会。例如，匈牙利共产党在表示了这样的意见而没有得到苏联的答复后，7月5日拉科西第二次以个人便函形式致电"索罗金"（苏斯洛夫），请求回答这个问题。拉科西表述了匈牙利共产党中央对于出席南共代表大会的立场："我们认为派代表去是适宜的，并可以此来影响南斯拉夫的形势。但是我们认为，只有在其他的兄弟党，特别是斯拉夫国家的兄弟共产党都出席的情况下，我们去才是合适的。在这种情况下我们准备派法尔卡什、格罗和马罗山同志去。希望知道你们的意见并请答复。"苏斯洛夫在情报局秘书处会议上以联共（布）中央的名义提出了苏联领导人的意见："联共（布）中央委员会认为派代表团参加南斯拉夫共产党第五次代表大会是不合适的"。苏联的建议被一致通过。会议还做出在南斯拉夫大会开幕之前再给南斯拉夫人直接答复的一致意见，也就是不理睬南斯拉夫人关于在7月15日以前给予答复的请求。

鉴于南斯拉夫共产党所有的反党行为和拒绝出席情报局会议，南斯拉夫共产党领导人已经使自己与参加情报局的各党对立起来，并走上了脱离统一的社会主义阵营，背叛劳动人民国际团结事业的道路。鉴于南斯拉夫共产党中央委员会把自己和南斯拉夫共产党置于兄弟党大家庭之外，情报局秘书处提议不接受南斯拉夫共产党中央关于参加情报局的各国共产党派代表团参加南斯拉夫共产党第五次代表大会的请求。

各党中央委员会可以根据各自的理由单独拒绝派遣代表团。

兹将秘书处的上述结论通知参加情报局的各个共产党中央，并向阿尔巴尼亚、希腊、芬兰共产党通报情报局秘书处对南斯拉夫共产党中央委员会邀请各共产党派代表团参加南斯拉夫共产党第五次代表大会一事所持的态度。

基尔萨诺夫与费伊奇关于从苏联召回所有南斯拉夫公民的谈话记录[*]

(1948年7月6日)

秘密

7月6日根据费伊奇①的请求接见了他。

一、费伊奇交给我一份照会,照会中大使馆通知,南斯拉夫政府决定召所有在苏联的南斯拉夫公民回国。鉴于将会产生的预先计划和组织的那种局势,这些公民继续驻留在苏联是没有可能的。(照会附上)②

费伊奇请求尽快回复此照会。

递交照会时费伊奇很激动;关于照会的内容他没有再讲什么,也没有补充任何意见。

读了照会后,我说,我将按照会内容给外交部领导报告。

---

* 分送:维·莫洛托夫、安·维辛斯基、H. 古谢夫、瓦·佐林、安·拉夫连季耶夫(贝尔格莱德),归档。

① 费伊奇,南斯拉夫驻苏联临时代办。

② 照会没有发表。照会内容是关于苏联方面对在苏联普通学校和军事学校学习的南斯拉夫学生和在苏联工作的南斯拉夫人民民主共和国公民,"为了使他们改变对南斯拉夫领导人的态度"施加影响的具体事实。

二、按照佐林①同志的指示，我通知费伊奇，苏联的战争残疾人组织不打算参加南斯拉夫人准备在今年举办的战争残疾人代表大会。

说明：5月10日波波维奇通知我，南斯拉夫人民阵线战争残疾人协会决定在贝尔格莱德召开残疾人代表会议。因此，就关于召开这样的代表大会是否合适及苏联是否可能派代表团参加问题，他请苏联提出意见。

谈话进行了10分钟。

萨哈罗夫同志在场。

苏联外交部巴尔干国家司代理司长　C.基尔萨诺夫

---

① 瓦列里安·亚历山德罗维奇·佐林（1902—?），1947—1955年任苏联外交部副部长。

联共（布）中央政治局关于成立共产党情报局秘书处技术部门的决定

（1948 年 8 月 26 日）

莫斯科

1948 年 8 月 26 日

绝密

1. 允许苏斯洛夫同志把他们得到的关于秘书处技术部门组织结构的建议提交例行召开的情报局秘书处会议进行审议。

2. 关于成立共产党情报局秘书处技术部门：

（1）允许苏斯洛夫同志把情报局秘书处和机关报的人员总数增加到 50—60 人，作为对以前得到批准的《争取持久和平，争取人民民主！》机关报人员组成的补充。

（2）另外批准联共（布）在 1948 年向情报局拨款 53.9 万卢布。

附件：

共产党和工人党情报局秘书处机关组织机构

在情报局秘书处下设以办公厅主任为首的办公厅。

办公厅的组成为：

（1）通信科

（2）技术秘书处

（3）翻译局

（4）业务科

直属于书记处的办公厅主任，根据秘书处的任务和需要，对办公厅的所有工作进行领导。

通信科进行双边联系，同加入情报局的各党互通情报。

技术秘书处保障公文的起草、接收和清点，并接收记者的来稿。下设记录组、设备组和档案组。

业务科为情报局秘书处提供物质技术保障，对情报局的场所提供警卫，并为情报局秘书处及《争取持久和平，争取人民民主！》报的工作人员的日常生活提供物质保障。

鉴于情报局秘书处技术部门的组建，参照以前批准的《争取持久和平，争取人民民主！》的人员组成，情报局秘书处和机关报编辑部的人员总数增加到50—60人。

РЦХИДНИ，Ф.17，Оп.162，Д.39，Л.102、114

波兰工人党中央"关于执行共产党情报局六月会议决定"的资料摘录[*]

（1948年10月7日）

绝密

情报局作出"关于南斯拉夫共产党情况"的决议正值我党领导层处于严重危机时期。这场危机是由前总书记维斯瓦夫[①]同志的严重的机会主义错误所引起的。

早在情报局的决议通过之前的一段时间里，在大部分政治局委员与维斯瓦夫同志之间，关于如何评价南斯拉夫共产党领导人反苏反马克思活动方面，出现了一些分歧。6月初，也就是在情报局会议前不久，维斯瓦夫同志在波兰工人党中央全会上发表了长篇纲领性演说，对波兰过去的工人运动做了机会主义和民族主义的评价，遭到了出席中央全会的大多数代表的抵制，并引发了维斯瓦夫同志和其他政治局委员之间一场公开的冲突。

在这样的形势下，情报局的决议大大加速了揭露和克服党的领导人右的和民族主义倾向的过程。一方面，决议有助于揭露维斯瓦夫同志在

---

[*] 该资料是"作为对情报局秘书处咨询的答复"，由波兰工人党中央委员会寄给苏斯洛夫的。档案原件第二、三、五点没有标出。

① 即哥穆尔卡。

农村发展道路问题上的机会主义方针,另一方面,从思想上武装了党的领导人,帮助他们彻底揭露上述倾向。尽管党的大部分领导人早就对其表现进行了斗争,但做得还很不够。情报局的决议帮助党理解在阶级斗争发展的新阶段右的和民族主义倾向的危险实质,并对波兰做出了相应的结论。

一、情报局的决议有助于党的领导人制定人民波兰继续发展社会主义道路,从思想上和组织上巩固党。它对党正确地提出农村政策和继续开展使小农和中农摆脱富农和其他资本主义分子剥削的斗争有着特殊的影响。它帮助党制定出对仍占波兰三分之二人口的数百万落后的小农经济的技术改造和社会改组的明确计划。提出这些问题,无疑调动了农村劳动群众的积极性,急剧加深阶级斗争,使力量的对比逐步变得有利于劳动人民。

公布情报局的决议对党的各级组织产生了巨大的影响,使广大的党的活动分子加大了对所有错误倾向的批评力度。这些错误倾向表现在评价以前的波兰工人运动,人民民主的阶级实质和阶级斗争的尖锐化问题,城乡社会主义发展的前途和道路等问题上。公布决议还提高了广大积极分子对党的领导作用的认识。

对情报局决议的广泛宣传,巩固了波兰工人党广大党员对联共(布)在国际工人运动中的领导作用和苏联在反对帝国主义的民主阵营的主导作用的理解和认识。

由于对情报局决议的广泛宣传,对广大党员群众正确理解波兰工人党七月中央全会和继续做好认真的准备,对八月中央全会党的领导层克服右的民族主义倾向和将党在农村的任务具体化等方面也是一个不断的促进。

还在情报局决议公布之前,中央就召开了大规模的党的骨干分子会议。贝尔曼同志在会上介绍了情报局会议的总结,特别强调了波兰工人党应从南斯拉夫事件中吸取的教训。随后,将情报局决议连同有关讲解在波兰工人党的所有报刊上全文发表,其中日报总发行量120万份,周报总发行量 60 万份。波兰社会党机关报《工人报》也发表了决议。波兰其他所有报纸也发表了决议（发行量 250 万份）。电台多次播放决议的缩写本。我们的报刊系统地报道了南斯拉夫问题，发表了许多文章和评论。兄弟共产党关于这个问题的决议，或者决议的摘录及文章，也在我们所有党报上系统地进行了选登。党的报刊或者全文或者摘要地转载了在情报局机关报《争取持久和平，争取人民民主！》上发表的关于南斯拉夫问题的材料。

署名"中央委员会"的《真理报》文章[①]也在我们所有党的报刊上转载了。

7 月（4—5 日）中央全会将传达情报局决议列为议事日程中的第一项。关于这一问题的报告人是萨瓦茨基同志，中央全会完全拥护情报局的决议。

对于在全会上对情报局的决议持"保留"意见的贝尼科夫同志，已在全会闭幕后立即撤销了其担任的波兰工人党中央教育、文化和宣传部长的职务，并在 8 月的全会上撤销了其中央委员的职务。[②]

中央七月全会之后，举行了中央、各省、区、乡党的骨干分子代表大会，在这些代表大会上，关于全会总结的报告都对情报局关于南斯拉夫共产党形势的决议给予了特别的注意。有 60000 多名党员参加了这些骨干分子会议，5000 多人发了言。所有的基层党组织都讨论了关于波兰工人党七月全会的总结。在所有这些代表大会上以及党组织的会议上都通过了决议，强调了与情报局决议和波兰统一工人党全会决议完全保

[①] 指发表在 1948 年 9 月 8 日《真理报》上的文章《南斯拉夫的铁托集团将社会主义引向何方》。

[②] 在波兰工人党中央七月全会上，贝尼科夫认为情报局的决议"不能理解和不能令人信服"，并警告有夸大民族主义现象的危险。代表们对于这些"保留意见"进行了激烈的批判。

持一致。这些会议导致党的政治生活和思想生活大大活跃，表明党员群众对情报局决议和波兰统一工人党七月中央全会依据决议所做出的结论保持一致。然而，也出现过一些动摇，但是这种现象大部分发生在担任某种职务的党员中间。州一级党的骨干分子中间只发现了一个动摇分子，即克拉科夫州委委员、剧作家塔德乌什·霍卢依，他反对情报局和波兰工人党八月全会的决议。霍卢依已被开除出党。

中央七月全会和八月全会的决议使情报局决议更加深入人心。应当强调指出，除了关于全会的材料之外，党的报刊对情报局决议提出的许多问题，从理论上进行阐述并提出论据尚嫌不足。情报局决议的普及加深了党的队伍的国际主义感情，巩固了波兰工人阶级和兄弟共产党的团结，提高了对马克思列宁主义理论问题的兴趣，巩固了与国际工人运动的领导党——联共（布）的联系。

……

四、八月中央全会对我党继续发展的特殊意义不仅在于全会克服了党的领导层中右的和民族主义的倾向，向全党揭露了这一倾向的危险，还在于以情报局的决议为依据动员全党克服党的所有机关存在的缺点和错误，以公开的、波兰迄今罕见的规模开展了批评和自我批评运动。

八月中央全会之后所开展的总结运动，其出发点是决心彻底改变波兰阶级力量对比的现状，使其朝着有利于工人阶级的方向转化，千方百计加强工人阶级的领导作用，巩固党在迈向社会主义道路的所有政治、社会、经济和文化改革中的领导作用。在党的基层组织中特别强调了在实践中采用各种新的形式在更加广泛的基础上加强工农联盟的充分的必要性。八月中央全会之后的这一时期，党的领导人在让广大党员群众掌握党的决议方面做了大量工作。

八月中央全会以后的总结运动使全党的积极性大大提高，其规模为议会选举以来所罕见。政治和思想积极性提高的一个主要动力是在实践中开展了批评与自我批评，这在广大党员中反应强烈，现在仍是各地的主要工作方法之一。总结运动除了涉及全国级的党的骨干分子队伍外（1000人），还涉及所有省、县级骨干分子及乡党委书记，总数达20多万人。全会之后，中央委员在一些最大型的工厂和矿山召开了85次党的大会，有30万名党员参加了会议。现在正在举行党的基层组织会议，截至9月25日，在华沙市组织中有15000名同志参加了这些会议，200多人在讨论中发了言，足见积极性的高涨。

为了实现八月中央全会的决议，并使其发挥作用，中央委员会在9月召开了全波兰国营工业、国营和合作社贸易工作者党的骨干分子（厂长和党委书记）会议，与会人数达1000人，还召开了有500人参加的工人党员领导干部会议，700人参加的行政机关党的骨干分子大会，500人参加的青年骨干分子大会，600人参加的军队骨干分子大会。政治局委员在这些大会上，根据中央全会的决议，对上述各部门党组织的任务作了报告。

在上述会议上，对贯彻执行党的路线过程中的一些不良现象提出了严厉的批评：如实践中不重视党的领导作用，广泛存在的与群众的疏远，经济、工会、国家机关、劳动者代表会议甚至党的机关的某些部门的党员领导干部对广大工农群众的需要漠不关心，脱离群众，官僚主义，骄傲自大等等。同时还批评了经济机构惧怕下级的批评和监督，经济部门不善于将一长制的原则和吸引群众参加经济建设，发挥其积极性的原则相结合，不重视工会联合会和工厂委员会的作用，在开展劳动竞赛方面经常忽视工会组织的作用，人民代表大会和基层行政机关混进了阶级异己分子，政府机关不重视人民代表大会的作用，国家机关在对待阶级斗争的问题上在经济机构散布机会主义的"中立"原则，对阶级敌人在经济、行政机关的腐蚀活动缺乏警惕，这些机关的工作人员与资本主义分子经常相互勾结。大会对所有这些问题都通过了相应的决议。

会议还做出了许多组织结论。

……

六、在执行全会决议的过程中，正是由于明确提出了阶级斗争尖锐化的问题和农村社会主义改造的前景，才清楚地发现阶级异己分子和腐化变质分子已经混进党内，而这一现象与接收党员时警惕性不高、基层党组织责任感不强、不注意经常纯洁党的组织有直接关系。波兰工人党中央已经通过了一个"关于将阶级异己分子和投机分子清除出党"的内容详细的决议，责成基层组织在（与社会党的）统一大会召开前夕清理自己的队伍，并在此期间限制入党人数。这一时期只接收先进的工农业产业工人和积极参加反对富农斗争的贫农和中农入党。

分析八月全会后的党内形势，可以看出：由于党的领导人把全体党员动员在全会决议的周围，党的队伍出现了高涨的势头。阶级警惕性加强了。党员的思想水平提高了。

但是，还应当指出，面临阶级斗争尖锐化和阶级敌人活动频繁的形势，党的队伍的积极性和警惕性仍然显得欠缺。这种现象表现在全会之后，敌对分子开始制造恐慌和紧张气氛，导致居民开始大量囤积食品，商店囤积日用品，而党的组织没有针对这一行动迅速采取反击措施，使消灭阶级敌人制造的这种状况的过程拖得长了一些。

自情报局决议和七月中央全会的决议公布以来，在阶级敌人制造的反对集体农庄、诬蔑和恐吓农民运动的压力下，农民中许多党的组织转入了守势，互助组、合作社和行政机关对消灭富农影响的斗争仍然没有表现出足够的积极性。基层党组织的活动仍然局限于泛泛地开展关于生产合作社的讨论，而没有在贫农中组织有影响的对富农的具体斗争。

农村的县一级组织尚未做好充分准备，开展与日益猖獗的由富农分子组成的土匪武装的复活，以及与天主教的主动出击的斗争。

七、情报局的决议和波兰工人党中央委员会七月全会和八月全会以来的决定，在波兰所有民主党的骨干分子和党员群众中引起了强烈的反响。

为了实现八月中央全会的指示，我党领导人彻底废除了维斯瓦夫同志与"整个波兰社会党合并"（即将右派分子也包括在内）的方针。这一工作已在波兰社会党总委员会会议和决议中得到体现。我党对会议的准备发挥了决定性的影响。总委员会的会议实际上是由以希维特科夫斯基、马杜舍夫斯基、巴拉诺夫斯基和雷比茨基为首的波兰社会党的左翼力量领导的。我党还给会议以思想上、组织上的支援，对以西伦凯维兹、腊帕茨基、茨维克和阿尔斯基为首的比较健康的中派分子施加了压力，克服了他们的动摇和妥协的倾向。我党还帮助波兰社会党实现了转折，即孤立了右派及其附属的部分中派，实现了波兰社会党的左翼与西伦凯维兹集团的结盟，波兰社会党的领导层发生了重新组合。波兰社会党总委员会在克服笼罩在党内的修正主义、机会主义、民族主义的倾向和错误方面做了大量的思想工作。

我们首次粉碎了波兰社会党领导层用政客式掩饰分歧的方法代替思想斗争的企图。我们首次迫使波兰社会党领导层大规模地开展反对修正主义、机会主义和民族主义的斗争，实行批评与自我批评，在波兰社会党骨干分子的队伍里引起了思想震动。波兰社会党总委员会进行的反对右派和中间派的斗争，是波兰工人党和波兰社会党在思想上的继续接近的决定性因素。总委员会的决定无疑提高了波兰工人党的威信，使波兰社会党的广大党员认识到波兰工人党的领导作用。目前正在举行的波兰社会党省级骨干分子大会，所举的旗帜是从思想上克服社会民主主义，与右翼进行斗争并将他们从地方组织中清洗出去。

农民党总委员会也有了积极性的进步。总委员会已经将人民民主的明显敌人、前部长、此前一直担任农民党主席的普捷克开除出党，同时还开除了几名右派活动家。农民党第一次明确承认了工人阶级和波兰工人党的领导作用。

波兰农民党总委员会对波兰工人党八月中央全会的决议也表现出肯定的态度。从总委员会的决议，从撤销前部长、此前一直担任总委员会主席的凯尔尼克职务这些事上都可以反映出来。

民主联盟各党派的上述变化无疑意味着它们的进一步联合。我们力争这些变化能在这些党的地方组织中彻底完成。

八、波兰工人党中央依据情报局的决议，在自己的八月中央全会上制定了继续将波兰从人民民主发展到社会主义的路线，其途径是彻底限制城乡资本主义成分，逐步增加和巩固城乡经济的社会主义成分，加强贫农、中农与工人阶级紧密团结，并在此基础上经过长期的斗争，为完全消灭富农阶级创造条件。

九、为了实现全会的方针，中央委员会现在正将自己和全党的注意力集中在以下问题上：

1. 巩固党的领导作用方面

（1）纯洁党的队伍运动，提高党组织在与阶级敌人斗争中以及防止他们从政治上、思想上侵蚀党的队伍的警惕性和积极性。下级组织必须在上级组织的帮助下，在统一代表大会之前将阶级异己分子、蜕化变质分子、投机钻营分子及其他分子清洗出党。中央委员会打算开除4万—5万名党员。

中央委员会还同时给自己提出了全面协助波兰社会党清理其队伍的任务。我们希望，在波兰社会党总委员会决定的清党运动期间，能够开除4000—5000名公开的和隐蔽的右翼代表，在统一大会开幕前通过审查，将从波兰社会党50万党员中间查出数万名阶级异己分子和官僚分子。

（2）为了提高企业党组织的作用和工会联合会的作用，当前在工厂正在进行一场旨在解释经理室、党组织、工厂委员会的任务及其相互关系的运动。

（3）由于我们打算在12月上旬进行两党统一，我们现在正在准备统一工人党的党纲、宣言和党章，准备出席代表大会的代表的选举。

2. 巩固农村中的国家、行政及社会经济团体机关

一场大规模的将富农分子及其走狗从基层行政机关和人民委员会清除出去的运动业已开始；为了同一目的，在互助组和合作社已经开始进行新的选举。为此目的，已经动员了我们农村组织的全部力量和农民党、波兰农民党的优秀农民。为进行这一运动，已经吸收我们的工人党组织对农村组织提供重大的帮助。只有这种运动才能从实质上提高我们的组织在与富农斗争中的战斗力，有助于克服波兰工人党的农村组织在农村社会主义改革前景问题上的动摇性。

同时正在起草经济发展和巩固国有土地（占全国耕地面积的10%）的两年计划，对拟于1949年成立的首批数百个示范性生产合作社正在做准备工作。

我们还打算成立一定数量的土地共耕社，现在正在起草章程。估计还得为此而开办此类合作社的主任和会计学校。计划组织部分农民赴苏联集体农庄参观学习。

3. 政治局还计划制定反对天主教日益活跃的措施

4. 为实现八月中央全会的决议，政治局正在加强中央直属机关单位的建设

政治局将特别注意加强思想领导，为此在中央委员会机关已成立了宣传部。

以上所有从思想上和组织上巩固党的措施，都是为了顺利地执行波兰工人党八月中央全会的决议。①

---

① 1948年10—11月期间，联共（布）中央对外政策部也收到了来自意大利和匈牙利共产党的类似的情报资料。

丘瓦欣与佐泽关于在阿共一大发言进行
自我批评的谈话纪要[*]

(1948年11月5日)

摘自德·斯·丘瓦欣的工作日志

绝密

　　今日上午 11 时,我应阿尔巴尼亚共产党中央前任组织书记、阿尔巴尼亚政府前任内务部长科奇·佐泽中将的约请会见了他。

　　这位前中央组织书记说,他找我是想就如何更好地准备在即将举行的党的代表大会上的发言征求我的意见。科奇·佐泽说,如果有机会,他打算在党的代表大会上发言,承认自己所犯的错误,承认最后一次中央全会以及在这次会议之后举行党的骨干分子会议上对这些错误的批评。据他说,他已经准备好了讲话草稿,对自己过去在阿尔巴尼亚共产党中央委员会以及担任内务部长期间所进行的全部工作的情况进行了全面的分析。他认为,党对他过去的活动进行了尖锐的批评,并撤销了他在党内和政府内的所有领导职务,无疑是正确的。他完全同意这些决定,并打算在即将举行的党的代表大会上公开宣布这一点。据科奇·佐泽说,他同时还将在党的代表大会上,揭露自己在 1944 年 10 月的阿尔巴尼亚共产党培拉特中央全会期间以及在这次全

---

[*] 抄送:莫洛托夫、佐林、送苏联外交部巴尔干国家司,归档。

会之前的一段时间里与南斯拉夫共产党托派领导人的联系。科奇·佐泽没有忘记说与托派分子武克曼诺维奇-滕波①自1943年起就建立了联系，他对泰波是言听计从的。据科奇·佐泽说，他曾告诉武克曼诺维奇·泰波许多关于阿尔巴尼亚共产党内部的情况，阿尔巴尼亚某些领导人的行动以及他认为的南斯拉夫共产党代表米拉丁·波波维奇的工作中的错误。"正是从这个时候，即我同武克曼诺维奇·泰波初次相识起"，科奇·佐泽说，"应当认为我就开始堕落了"。我的交谈者泪流满面，愤怒地开始谈起南斯拉夫驻阿尔巴尼亚代表的反马克思主义活动。他重复了早就为人所知的南斯拉夫共产党中央驻阿尔巴尼亚代表韦利米尔·斯托伊尼奇在培拉特全会上的阴谋，还谈到南斯拉夫公使约瑟夫·杰尔吉的阴谋。据科奇·佐泽说，公使多次唆使他反对恩维尔·霍查，与苏联驻阿尔巴尼亚工作人员争吵。在这方面，科奇·佐泽还谈到自己1948年3月10日在苏联代表团授予恩维尔·霍查苏沃洛夫一级勋章举行的招待会上与杰尔吉的谈话。科奇·佐泽说，招待会的正式部分结束之后，杰尔吉与我进行了这样的一场谈话。杰尔吉说，苏联驻地拉那的代表怎么能这么办事呢？为什么只授予恩维尔·霍查一人勋章，而在南斯拉夫，苏联的勋章却授给了党和政府的许多领导干部呢？据科奇·佐泽说，他反驳说，苏联政府向恩维尔·霍查授勋，目的是以此表彰我们整个国家、整个军队，以此承认阿尔巴尼亚在反对法西斯主义斗争的共同事业中所作出的巨大贡献等等。杰尔吉对此似乎回答说，"你们都是工人，不理解这次授勋的意义，你们应当好好想想这个问题"。

科奇·佐泽承认他过去在担任中央组织书记和政府内务部长时期全部的活动给党带来了巨大损失，特别是1947年底到1948年初，这种活

---

① 斯韦托扎尔·武克曼诺维奇-滕波，时任南斯拉夫人民军政治部主任。

动间接反对了苏联,但又指出他将永远忠于苏联。无论有人多么起劲地给他戴上反苏分子的帽子,但他从来不会同意这一点。"我准备用自己的全部生命,"科奇·佐泽十分激动地说,"表明我不是反苏分子,我自己也从未反对过苏联。"

听完科奇·佐泽的话以后我回答说,由于科奇·佐泽所理解的原因,我在关于他如何准备自己在党的代表大会的"自我批评"发言稿问题上不能向他提出任何建议。但我指出,可以这样说,正如党的骨干分子会议所表明的那样,党要求您帮助党查清您和其他中央委员所犯的全部错误。我认为,党需要您不仅承认自己的错误,而且从根本上分析并亲自对这些错误进行一定的批评。党现在需要您这位前领导人之一,帮助党制定迅速纠正这些错误的方法,最后我还说,必须注意:在分析您所犯错误的问题上,在党如何评价这些错误的问题上,我认为除了您本人之外,其他任何人都无能为力。

科奇·佐泽同意我的意见,并且说他并不是为了征求我的意见而来,而是"简单地,同志式地想了解我对他在即将举行的党的代表大会上的发言实质性问题的看法"。在科奇·佐泽说了这个意见之后,我没有就他发言的实质性问题说什么。

随后科奇·佐泽说,按照有关交换情报的规定,他想将自己在大会上发言的副本寄给我。对此我表示同意。

鉴于路透社最近援引贝尔格莱德的消息,说对地拉那的事态和阿尔巴尼亚"讨伐"铁托支持者的情况谈得很多,我问佐泽是否了解英国在这方面的宣传,如果了解,他怎么看待这些宣传。科奇·佐泽回答说,他是从政治局委员贝德勒·斯巴秀那儿了解到这些情况的。在与贝德勒·斯巴秀谈话之后,他已经向《团结报》编辑部准备了一封公开信的草稿。据科奇·佐泽说,在这个已经准备好的稿子里他尖锐地批判了英国人的宣传,痛斥以铁托为首的南斯拉夫民族主义分子的背叛活动，声明自己完全同意党和政府关于他的问题的决议。

谈话到此结束。科奇·佐泽沮丧地离开了苏联使团大楼。谈话时 М.Ф.格拉兹科夫同志在座。

1948 年 11 月 5 日于地拉那

联共（布）中央政治局关于对阿共领导人立场的评价给丘瓦欣的电报

（1948年11月20日）

绝密

关于丘瓦欣同志的电报

由于丘瓦欣同志发来关于阿尔巴尼亚共产党代表大会的电报，现给他复电如下：

"地拉那（苏联）公使：

我们认为您对阿尔巴尼亚共产党代表大会工作的评价是片面的、不正确的。您将该党的领导人揭露科奇·佐泽反党集团的行为视为'野蛮'、'粗暴'等等也是完全不妥当的，是错误的。

我们认为，您所提议的拟向恩维尔·霍查所提的建议也是不能接受的。①

上级机关"

1948年11月20日于莫斯科

---

* 抄送：莫洛托夫和佐林。

① 在1948年11月召开的阿尔巴尼亚共产党代表大会上，开展了对科奇·佐泽及其支持者的揭露和批判。丘瓦欣在给联共（布）中央的报告中认为，批判带有"尖锐的、残酷的性质，直至要求将集团的成员交付审判，永远将其消灭"。丘瓦欣请求莫斯科批准他与恩·霍查会晤，以便提请他注意必须制止反对科奇·佐泽及其支持者的过火行为。随后，便收到了这封电报，并被召回莫斯科述职，直接领受莫洛托夫和斯大林的训示。

丘瓦欣与尼沙尼关于佐泽的错误及阿南、阿苏关系的谈话纪要[*]

（1948年12月7日）

摘自德·斯·丘瓦欣的工作日志

绝密

今日（12月7日）10时，应阿尔巴尼亚人民共和国议会主席团主席奥梅尔·尼沙尼博士的请求，我在使馆大楼会见了他。

奥梅尔·尼沙尼首先说，他早就想会见苏联公使。今天，他想在"友好的气氛中谈谈自己对阿尔巴尼亚最近所发生的一些事态的看法"。人民议会主席团主席首先从党的代表大会问题谈起。奥梅尔·尼沙尼在对党的代表大会的工作做了总的正面评价之后说，现在阿尔巴尼亚人民满怀希望，政府将采取一些实际措施纠正过去所犯的错误。他说，自从揭露了由科奇·佐泽领导的国家安全机关的非法行动以来，人民大大地喘了一口气，感到某种放松，据他说，事态曾经发展到人们已经不相信自己，对每个人都进行监视，人们不愿意与自己的亲朋好友聚会，害怕"无孔不入的科奇·佐泽的警察"怀疑自己。奥梅尔·尼沙尼说，国家安全机关和科奇·佐泽不奉公守法，忘记了宪法，现在这一点已经不是秘密。他们不提出任何指控就把人关进监狱，连续几个月关起来既不审

---

[*] 抄送：莫洛托夫、佐林，送苏联外交部巴尔干国家司，归档。

判，也不侦查，而是搞逼供信。奥梅尔·尼沙尼指出，事情已经发展到采用真正的强盗手段。人们在光天化日之下"失踪"，谁也不知道他的命运如何。说到这里，奥梅尔·尼沙尼举了大学生哈季比的例子。据他说，此人被用真正的强盗手段所劫持，无疑是没有经过审判和侦查就被杀害了。奥梅尔·尼沙尼接着谈了内务部对私人通信的检查。他并不掩饰对他的私人通信也进行了检查，他相信对恩维尔·霍查的私人通信也进行控制等等。奥梅尔·尼沙尼说，这一切引起了人民的强烈不满。每一个诚实的爱国者都会对自己提出一个合法的问题："难道人民民主就应当是这个样子？"尽管现政府是由于全体人民在反对占领者的斗争中取得胜利而执政的，但他的无视这些人民，不倾听他们的声音，简直是脱离了他们。奥梅尔·尼沙尼说，像科奇·佐泽这样的人，一旦国家和他们这些领导人遇到了新的威胁，将被迫再次向人民求助。他继续说道，应当尊重人民，应当时刻保持同他们的联系。阿尔巴尼亚人民尊敬那些奉公守法，行动有法律依据的领导人。奥梅尔·尼沙尼指出，我国人民最近几年所经受的一切，是国家历史上的黑夜。这种无法无天的现象，即使在"国民阵线"时期也不多见。

接着，奥梅尔·尼沙尼谈到了阿尔巴尼亚与南斯拉夫的关系。他说，从戈戈·努什在党的代表大会上关于经济问题的报告中，他同全国人民一样，了解到许多新的内容。据他说，戈戈·努什在代表大会上清楚地提出了南斯拉夫人大力在阿尔巴尼亚推行殖民制度的问题。他说，这一切讲得都不错。但现在人民要问："这个戈戈·努什部长从前干什么去了？!"据奥梅尔·尼沙尼说，之所以发生这一切，是因为阿尔巴尼亚领导人忘记了自己的尊严，在普通阿尔巴尼亚人的心目中，几乎把铁托当成了需要顶礼膜拜的神。我们的某些领导人开始忘记，我们也有自己的祖国，我们也应当热爱和尊敬它。只有通过热爱自己的祖国，我们才能真正地热爱自己的朋友。奥梅尔·尼沙尼说，我想，尤其要这样热爱和尊敬苏联。我们应当向那些实际上并不喜欢苏联，但表面奉承和尊敬苏联的蛊惑家宣战。"为什么阿尔巴尼亚人民热爱苏联和苏联人民？"奥梅尔·尼沙尼激动地说，"因为他们视苏联人为英雄，在与德国法西斯军队的殊死搏斗中保卫了自己的祖国；因为苏联人民兄弟般地帮助了小小的阿尔巴尼亚，不仅送来了面包、各种物资和专家，还在国际会议上保护了小小的阿尔巴尼亚的利益；还因为阿尔巴尼亚人民想沿着苏联各族人民的足迹前进"。奥梅尔·尼沙尼继续说，我们需要苏联和莫斯科的经常援助，不希望最近几年在阿尔巴尼亚出现的令人痛心的错误和无法无天的现象重演。他指出，现在大家都承认，如果不是布尔什维克党的历史性文件，那么阿尔巴尼亚的形势将会一如既往。奥梅尔·尼沙尼指出，在我国人民的文化水平还没有提高之前，我们经常需要苏联的援助和建议。

奥梅尔·尼沙尼在谈到阿尔巴尼亚政府组成最近发生的变化时说，在人民群众中享有威望的好人，在与法西斯占领者的斗争中不惜牺牲自己的人进了领导班子。这是我们的领导人走上了正确的道路，并开始在实际中实现党的代表大会所表达的愿望的标准。

我认为没有必要就奥梅尔·尼沙尼所提到的问题进行争论。在谈话过程中只提了几个建议，奥梅尔·尼沙尼也立即表示同意。

谈话结束时奥梅尔·尼沙尼要求我向他解释几个俄文单词的意思，这是他在学习俄文过程中遇到的（奥梅尔·尼沙尼几个月前开始学习俄文，现在已经能够自由地读比较复杂的俄文课文和解释一般的问题）。

谈话到此结束。

苏联驻阿尔巴尼亚公使　德·丘瓦欣
1948 年 12 月 7 日于地拉那

哥穆尔卡关于拒绝参加波兰统一工人党领导机构致斯大林的信

(1948年12月14日)

译自波兰文①

约·维·斯大林同志:

由于波兰工人党中央委员会政治局建议我参加统一工人党政治局,您,斯大林同志,今年12月9日在与我谈话时也支持这一建议,我认为有必要再次向您报告我的初衷,并请您劝说波兰同志满足我的愿望,在统一工人党政治局选举时,不要再计划将我列入候选人名单。②

---

① 原档案附有一个批示:"波诺马廖夫同志已将原信和译文送往波斯克列贝舍夫同志处。1948年12月24日第5372号"。波斯克列贝舍夫是斯大林的秘书。

② 在1948年7月6—7日波兰工人党中央政治局会议和8月31日至9月3日举行的波兰工人党中央全会上,哥穆尔卡因其所谓的"右倾—民族主义倾向"而受到极为严厉的政治批评和指责,并被解除了党的总书记的职务,但其仍然担任中央委员和中央政治局委员。由于波兰工人党和波兰社会党即将合并,以贝鲁特为首的波兰工人党领导人征得苏联同意,决定在确定未来统一工人党的领导人名单时,仍然保留哥穆尔卡的政治局委员职务。哥穆尔卡对此表示拒绝,并在同斯大林谈话时直接表明了这一态度。1948年12月16日,当时哥穆尔卡的这封信尚未到达莫斯科,斯大林和莫洛托夫便通知贝鲁特:"根据与哥穆尔卡同志谈话得出的印象,我们可以发表自己的意见,即直到现在他并没有认识自己的错误,因此才拒绝参加领导机构——中央政治局。所有这一切使我们得出结论,哥穆尔卡同志对党的态度及其是否真诚尚需继续进行考验"。接到这封信时,波兰工人党和波兰社会党的合并大会正在召开(1948年12月15—21日),于是,莫洛托夫立即于12月19日向贝鲁特发出指示:"最好将哥穆尔卡留在中央委员会,但不参加政治局。党并不会因此而失败,反倒会胜利"。

在同您直接谈话时，我已经努力解释了我上述观点的理由。可能由于我的俄文水平不高，结果表达得杂乱无章和含糊不清。因此关于这一问题，根据今年12月10日我与莫洛托夫同志在电话交谈时所发表的意见，我想向您补充解释促使我不参加统一工人党中央政治局候选人提名的主要原因。

毋庸置疑，对我在担任总书记期间，特别是在最近确实犯下的错误，应进行尖锐的批评和自我批评，事实上也是这么做的。

我认为，对我的错误进行批评和自我批评，有两种方法。

第一种方法，也是我认为最正确的方法，即对于我曾经发表过的错误观点，或者在讨论某些问题时，在与同志们争论时，没有正确地表达出来的自己的思想，原则上只在党的机关内部开展批评与自我批评。而这种场合只限于党的两个机关——中央委员会和政治局。这种方法使我有可能在辞去总书记职务后继续留在政治局，显然，这种方法已经被否决。

还有另一种借助其可能会实现批评与自我批评的方法，这也是政治局选择的方法，即公开承认自己的错误（带有明显的扩大化的倾向），在全党面前将我当成被告人。尽管我所发表的不正确的和错误的观点仅仅是在党的最高机关里，况且我的错误原则上并没有破坏我党的总政治路线，但政治局和普通党员仍然对我进行了诬蔑性的攻击。这导致了（不可能不导致）我的精神崩溃，破坏了我的威信，使我至少在相当长一段时间内无法重返党的领导岗位。

我无意批评政治局在选择第二种方法问题上的决议。也许这种方法比较容易将党引导到新的政治道路，在统一代表大会之前实现波兰社会党的决定性转折。但政治局在选择这种方法时应当认识到，此举会将我从党的领导人中间一笔勾销。

这就是使我不能同意在波兰统一工人党中央政治局选举时提名我为

候选人的第一个原因。

　　我在同您谈话时已经声明，我今后仍然不同意我党 8 月中央全会通过的决议的第 5 条。① 我在这次中央全会上第一次进行自我批评的发言中已经提出了自己反对决议第 5 条的理由。这次自我批评被认为是很不充分，许多同志对我就决议第 5 条的态度进行了尖锐的批评。从某些政治局委员和中央委员的发言中我才明白，他们并不打算客观地分析波兰被占领时期的形势（这对恰当地评价当时党的领导人的政治行动是必要的），他们抱有另外的目的，即全盘否定我在当时担任总书记期间所进行的活动。也许这是选举党的新任总书记，或者是选举统一工人党主席之前所需要的。

　　在 8 月全会上，事实上我面临着如下选择：或者我承认决议草案第 5 条对我的错误的提法，或者我不承认它，从而表明我不同意党的决议，企图破坏党的队伍的团结。明兹同志的发言特别明显地表现出这一点，况且他是在大会的第一天代表政治局发言的，并给所有的讨论定下了调子。根据政治局的意图，在 8 月中央全会上，我已经丧失了对自己在波兰被占领期间立下的任何功劳进行辩护的权利，我不想向任何人提供我企图分裂党的任何口实，所以被迫承认了决议第 5 条所包含的指责是正确的。

　　8 月中央全会过了几天，在华沙举行的全波兰党的骨干分子大会上曾指责我企图将波兰的政权拱手交给伦敦流亡政府，其结果是将把为共产党人准备的大量绞刑架运回波兰，这一指责是形势发展的必然结果。这一诬蔑性的蛊惑人心的举动没有受到参加这个会议的政治局委员们的任何制止。

---

　　① 指哥穆尔卡对全国人民代表会议与人民统一代表会议协同行动问题上的立场。

对会议发言做总结的贝鲁特同志，也不认为有必要对我的活动做出的如此"评价"而表明自己的态度。所以，我只能保持沉默，因为任何异议都会被认为是我企图分裂党。这样一来，所有道听途说的关于我的"莫须有"的罪名都被从全国召集来开会的代表们信以为真。因此，在全国党的基层组织的会议上和党代表大会上，在解释八月中央全会的决定时有人指责我企图叛党并要求逮捕①我就不足为奇了。这仅仅是上层制定的明确路线的结果，其目的是在劳动群众中消灭我自认为对党、对工人阶级、对我的祖国建立的一切功勋。

我清楚地认识到，恢复有关决议第5条的争论只能引起党内的混乱，我也从未打算向党的政治局声明我今后仍然不接受决议第5条对我的指控。但出于同样的原因，我也不能同意提名我为政治局候选人。这种同意意味着我肯定对我的指控是公正的，以及与此有关的八月全会及在全国范围内开展的总结运动的所作所为都是公正的。

进入党的政治局一级机关的委员，对党的政策的完整性，对党评价其历史和过去（被占领时期）共同担负着极其重大的责任。我不能不对八月全会决议的第5条表示自己的否定态度，这就不可避免地对党及其领导层的团结造成混乱，并带来有害的后果。

这就是我不允许被提名成为统一工人党政治局候选人的第二个原因。

所有政治局委员都了解我对党关于犹太人同志的政策的态度。我在政治局会议上和与政治局委员个别谈话中也多次谈过这个问题。我认为，从民族观点来看，党和国家各级领导机关的人员构成对我们基础的扩大造成了不利的障碍，特别是在知识分子中间，还有农村，但首先是在工人阶级队伍里。党和国家领导机关有如此高比例的犹太人，也确实

---

① 瓦·哥穆尔卡于1951年8月2日被捕，1954年年底被释放。

可以把它看成是我的责任，但造成这种局面的主要错误首先应当由犹太族同志承担。身为党的总书记，我关于党应该贯彻的干部政策的看法不仅没有取得他们的理解和支持，而且在经常性的实际工作中，他们也没有按照我的看法去做。这样一种说法也不符合事实真相，即完全是由于波兰族党的干部的严重缺乏，导致无法实行有别于现行干部政策的另一种政策。如果党不创造合适的环境，也就是不从它所掌握的环境中把最能干的同志提拔到关键岗位，那么干部将永远不会成长起来。

经过多次观察，完全可以负责地说，部分犹太族同志并没有意识到自己与波兰人民以及波兰工人阶级之间有丝毫的联系，或者可以说是站在了民族虚无主义的立场上。所有这些因素，在选拔各种高级职务的人员时并未引起充分注意。

我掌握了大量的事实，表明无论在党内还是在国家机关中，领导干部的如此现状引起了许多人的焦虑和不安。与此同时，在党内，特别是在八月全会以后，出现了谁也不敢批评现行干部政策，只能在私下里对这种状况表示不满。

我深信，我在党的民族干部政策问题上的观点，尽管不是公开地，但也在相当程度上影响到解决党的领导层最近一场危机的形式和方法，我也不怀疑，如果我继续留在政治局里，事情一定会发展到这一步，即由于我关于党政领导机关中民族干部的观点，会导致我与某些政治局委员之间产生新的分歧和争议。我认为，不仅必须制止犹太人在党政机关的比例继续提高的势头，而且还要逐步缩小这个比例，特别是在高级机关。根据我在担任总书记期间积累的经验，我相信，在我目前所处的条件下，如果不迎击那些旨在"结束"我在党内工作的各种公开或隐蔽的活动，那么我在这方面将寸步难行。而只要我还是政治局委员，我就不会对此无动于衷。

这就是我不能和不应当留在统一工人党政治局的第三个原因。

政治局在解除我的总书记职务时所采用的某些做法，至今仍使我难以忘怀，我很难想象政治局还会保持经常性的步调一致和真诚合作（同时还应当记住，早在今年6月，我已经在政治局或与政治局委员的谈话中，主动要求解除我的职务）。回顾一下政治局所选择的对我的错误进行批评的方法和方式，我很难理解，也很难明白政治局对我采用这些方法的目的何在。例如，今年8月上旬，以贝鲁特同志为首的三名政治局委员建议我和全体政治局委员一起去找您——斯大林同志。当我高兴地接受了这一建议，并带着这一目的来到当时住在波罗的海海滨的政治局委员同志们的住处时，他们又建议我批准为党的8月中央全会准备的决议草案，并同时向我宣布，已经没有必要去找您了，因为政治局委员已经就解决党的领导层的危机问题与您达成一致了。类似的事实还有很多，只要回忆一下对我指责的例子就足够了：非难波兰工人党前总书记帕威尔·芬德尔①；贝鲁特同志在波兰被占领期间给季米特洛夫同志的信；贝尔曼同志声称，还在1944年，当他抵达卢布林之后，贝鲁特就告诉他，由于我担任总书记时所执行的错误政策，党在波兰被占领时期就面临着分裂的威胁；8月全会之后，政治局告诉我，只向波兰全国代表会议传达我在波兰全国党的骨干分子会议上所作的自我批评的发言，而实际上他们在没有征求我的意见的情况下，在报刊上还公布了我在8月全会上所有自我批评的发言，类似的事情举不胜举。这样的方法只能用于极力与党作斗争，并企图分裂党的队伍、破坏党的团结统一的人身上。可我不是这样的人，对此，党的政治局是一清二楚的。

这样的方法不可能不给我留下痛苦的回忆。过去的事情历历在目，它们使我无法直接面对政治局委员，在政治局会议上畅所欲言。我不希

---

① 1943年11月27日波兰工人党第一书记帕·芬德尔被盖世太保逮捕，随后哥穆尔卡出任了波兰工人党新的领导人。

望在任何时候把我的每条意见再次拿去公开讨论,这些意见在讨论各种问题时总会出现。我在任何情况下都不会违心地把自己认为错误的事说成是"正确"的,把自己认为正确的事说成是"错误"的,不会不分场合地永远高喊"是"。

这就是不同意提名我为统一工人党政治局委员的第四个原因。

此外,过去党的工作,特别是最近的事态,损害了我的神经系统。在我目前身体的状况下,考虑到最近事态造成的自我感觉,我也无法担负起党的领导工作。

这是迫使我坚持这一观点的补充理由。

我出身于工人。我为劳动人民的事业奋斗终生,忠诚地为自己的阶级和自己的人民服务了一生。

我一向视苏联为波兰最好的朋友,视联共(布)和您——斯大林同志为我党的英明导师。

无论我今后在什么地方工作,我将永久忠于此前我为之奋斗终生的理想。

衷心感谢您为我花费了对您来说宝贵的时间。请您正确地理解我在同您直接谈话和在此信中努力表达的我的观点。

瓦·哥穆尔卡
1948 年 12 月 14 日于华沙

又及:由于我没有信得过的翻译,只好将这封没有翻译成俄文的信寄给您。

图书在版编目（CIP）数据

共产党和工人党情报局文献.2／崔海智主编.—北京：中央编译出版社，2017.10
（国际共产主义运动历史文献／王学东主编；60）
ISBN 978-7-5117-3434-1

Ⅰ.①共… Ⅱ.①崔… Ⅲ.①共产党情报局-文献-汇编 Ⅳ.①D17

中国版本图书馆 CIP 数据核字（2017）第 262976 号

共产党和工人党情报局文献.2

出　版　人：葛海彦
出版统筹：贾宇琰
责任编辑：李媛媛
责任印制：刘　慧
出版发行：中央编译出版社
地　　址：北京西城区车公庄大街乙 5 号鸿儒大厦 B 座（100044）
电　　话：（010）52612345（总编室）　　（010）52612335（编辑室）
　　　　　（010）52612316（发行部）　　（010）52612346（馆配部）
传　　真：（010）66515838
经　　销：全国新华书店
印　　刷：北京印刷一厂
开　　本：787 毫米×1092 毫米　1/16
字　　数：444 千字
印　　张：34.5
版　　次：2017 年 10 月第 1 版
印　　次：2017 年 10 月第 1 次印刷
定　　价：198.00 元

网　　址：www.cctphome.com　　邮　　箱：cctp@cctphome.com
新浪微博：@中央编译出版社　　　微　　信：中央编译出版社（ID：cctphome）
淘宝店铺：中央编译出版社直销店（http://shop108367160.taobao.com）
　　　　　（010）55626985

本社常年法律顾问：北京市吴栾赵阎律师事务所律师　闫军　梁勤
凡有印装质量问题，本社负责调换，电话：（010）55626985